HALF VOL

Half vol

DE GESCHIEDENIS EN STRALENDE TOEKOMST VAN 10.000 JAAR OPTIMISME

Willem Meiners

Bicker Hollow

Contents

1

Woord vooraf

Optimisme is net een mens. Het heeft een verleden, en een geboortedatum.

Zodra onze opa's en oma's in de prehistorie een fatsoenlijk gevulde hersenpan ontwikkelden, pakweg tienduizend jaar geleden, kreeg optimisme vleugels. Dat werd hoog tijd. Want het is één ding om als recht overeind lopende man of vrouw een talentvolle spons in je hoofd te hebben liggen, maar wat heb je eraan zolang eten en poepen meer energie vergen dan nadenken?

Ze hadden seks. Dat weten we omdat ze baby's kregen. Wat we niet weten is of het vooral hormonen waren die hen ertoe aanzetten om zich te vermenigvuldigen, zoals bijvoorbeeld de Mississippi wolf en de dodo dat deden, of dat ze veeleer werden gedreven door een behoefte aan meer mankracht. Uiteindelijk haalden de wolf en de vogel het niet, die stierven uit. Daarom waren hormonen alleen waarschijnlijk niet de voornaamste motivatie van de mens om te paren. Ze hadden extra personeel nodig.

De voorouders leidden heel lang een monotoon bestaan. Dat is niet hetzelfde als saai, want aanhoudend op zoek moeten naar iets te eten bracht vaak meer opwinding met zich mee dan hun lief was.

Tussen de twintig- en dertigduizend jaar geleden schreven ze daarover, met vingerverf op grotwanden. Ze tekenden bisons, herten, zwijnen, vogels, bomen, planten, hun hele menu. Dat moest allemaal eerst doodgemaakt, omgehakt of losgetrokken worden. Ze beschikten over een perfect stel duimen, die kwamen goed van pas. Net zoals de baby's zodra die groot genoeg waren om de handen uit de mouwen te steken.

En dan moest het echte zware werk nog beginnen: het kauwen, doorslikken en verteren van rauw voedsel. Opa en oma in de oertijd waren allebei één wandelend spijsverteringskanaal. Het eiste alle aandacht op van hun lichaam, en het vrat energie. Niemand werd oud.

Maar dat veranderde op slag zodra ze leerden koken, en dat is wat er tienduizend jaar geleden gebeurde. Het onder controle krijgen van vuur leidde tot het bakken van klei en het maken van kookpotten die niet lekten. In de potten kookten ze soep. Heet water maakte vlees, vis, groenten, granen, noten en vruchten voortaan zacht, en een groot deel van de spijsvertering werd nu uitbesteed aan de pan op het vuur. In het lijf van de voorouders werd de vrijkomende energie opgeëist door hun hersenen. Het was het allerbelangrijkste moment in de hele geschiedenis van de mensheid.

Je hersenen gebruiken meer brandstof dan enig ander orgaan. Onder een microscoop begrijp je waarom. In de hersenpan wonen honderd miljard neuronen, zenuwcellen. Die sturen signalen naar elkaar met een snelheid van 400 kilometer per uur, via een wegennet van bloedvaten met een gezamenlijke lengte van 150.000 kilometer[1]. Al die signalen en boodschappen hebben maar één doel, zorgen dat jij op de meest efficiënte en effectieve manier in leven blijft.

Over de uitkomst van hun inspanning zijn je hersencellen permanent optimistisch. Dat is levenslang hun job, optimisme. Zodra ze die verwachting kwijt zijn, geven ze het op, dan ga je dood. Maar in afwachting daarvan is het bovenin je kop één groot rooskleurig festival. Wonderlijk, want de bezitter van de hersenpan zelf deelt dat optimisme van zijn eigen hersencellen lang niet altijd. Sinds vuur en de kookpot ons tienduizend jaar geleden het vermogen tot goed nadenken bezorgden, zijn we verbazend vaak in mineur. Ondanks de onwaarschijnlijk fenomenale prestaties die we met z'n allen hebben geleverd en in almaar toenemende mate blijven leveren.

Ik ben zelf van huis uit journalist, rechtstreeks van de schoolbanken naar achter de schrijfmachine. Eerst twintig jaar bij een krant in Europa, daarna dertig jaar als verhalenverteller in Amerika. Al die tijd heb ik me verwonderd over de behoefte van de lezer aan slecht nieuws, en ik geef je een voor iedereen herkenbaar voorbeeld. Elke dag vliegen tussen er Europa en Noord Amerika circa 2500 vliegtuigen tweemaal de Atlantische Oceaan over, heen en terug. Allemaal landen ze veilig. Vijfduizend vluchten per dag, bijna twee miljoen ieder jaar. Geen woord daarover in de krant. Totdat er een keer eentje uit de lucht valt. Dat is een zo grote uitzondering dat het alle voorpagina's haalt. Ik heb ze eens opgeteld, meer dan twaalfhonderd keer binnen de eerste vierentwintig uur. Want iedereen wil het weten.

Waarom is dat? Waarom concentreren we ons op die ene zeldzame keer dat er iets fout gaat? Waarom koesteren we pessimisme, terwijl we eigenlijk qua aanleg kanjers van optimisten zijn? Zoals de feiten zullen laten zien, is optimisme in de loop van de achterliggende tien millennia een zo sterke drijfveer geworden dat het de paringsdaad heeft vervangen als het belangrijkste overlevingsinstrument van de mensheid. Seks bevindt zich sindsdien binnen het domein van passie en affectie, waar het zich beter thuis voelt. Niettemin reageren en gedragen we ons hardnekkig alsof het einde der dagen aanstaande is.

Hoog tijd voor een reality check. Want in werkelijkheid wijst niets erop dat de wereld naar de knoppen gaat. Integendeel, het tegenovergestelde is het geval. Immers, optimisme heeft niet alleen een verleden, maar ook een toekomst. Een schitterende. Kijk maar met me mee.

2

Inleiding

Pessimisme maakt overuren. Het is al zo lang vijf voor twaalf dat het binnenkort wel mis moet gaan, onvermijdelijk. Statistisch gezien is het slechts een kwestie van tijd, niet óf, maar wanneer. Stikstof. Plastic in de oceanen. Te hete zomers. Vluchtelingen. Mondkapjes. Stijgende zeespiegels. Landen met atoombommen die ze niet zouden moeten hebben. Rare complotdenkers. En nieuws dat van geen kanten te vertrouwen is, iedereen zegt maar wat. We leven in de gouden eeuw van het pessimisme.

Maar niet heus.

Er zijn volop problemen, narigheid, uitdagingen en dilemma's die schreeuwen om een oplossing, dat is glashelder. Maar we zijn met z'n allen geen onbeschreven blad. We hebben als soort een prima gedocumenteerde geschiedenis van probleemoplossingen die klinkt als een klok. We zijn zo goed in het vinden van een antwoord op zelfs de taaiste uitdagingen, dat we in die grote hersenpan van ons telkens opnieuw de prikkel vinden om de volgende breinbreker te lijf te gaan.

Niet zomaar een prikkel. Het is aangeboren optimisme, een diep weten dat het eens gaat lukken.

Op een enkel klein detail na. Iedereen wordt geboren met een voorgeprogrammeerde wetenschap dat één moment in onze toekomst onvermijdelijk is. We weten niet wanneer, maar er komt een keer een einde aan ons eigen leven. Ook al worden we er almaar beter in om dat incident steeds verder voor ons uit te schuiven, vroeg of laat gaan we dood.

Daar staat tegenover dat al het andere vermijdbaar is, tenzij het om gevallen gaat die het woordenboek omschrijft als orkanen of aardbevingen. Dat wil niet zeggen dat er niet om de haverklap van alles misgaat, we weten wel beter. Maar we weten ook dat iets wat vandaag onvermijdelijk lijkt, op een dag niet meer onontkoombaar zal zijn. En als wij zelf daaraan niet meer kunnen bijdragen, dan doet de volgende generatie het wel. Want een mensenleven mag dan, zegt de psalmdichter, kortstondig zijn gelijk het gras, de mens als soort is gelijk een onkruid, weg te denken noch weg te krijgen[2].

Herinner je je de naam van die Hongaarse professor, Erno Rubik? In 1974 bedacht hij een kubus met 54 beweegbare vlakjes, elk uitgevoerd in een van zes verschillende kleuren, negen vlakken per kleur. Rubiks kubus heeft 43 triljoen mogelijke combinaties, dat is 43 met achttien nullen, maar slechts één goede. Het kostte professor Rubik zelf de eerste keer een volle maand om de zes zijden van zijn kubus elk helemaal groen, geel, blauw, oranje, rood of wit te maken. Acht jaar later werd het eerste wereldkampioenschap "Rubiks kubus oplossen" gehouden. De winnaar deed het binnen 23 seconden[3].

Of het voorbeeld van de Deense speelgoedfabrikant Lego. Toen die in 1949 overging op het maken van plastic bouwblokjes, zat daar een vernuftig idee achter. Tot dan toe bestond er geen combinatie van speelgoed dat onderling op elkaar was afgestemd. Ouders kochten voor hun kroost een pop, een wiegje, een poppenkast, een brandweerauto of een trein, allemaal van verschillende makelij, en meestal van verschillende fabrikanten. Met de plastic Legoblokjes konden kinderen ineens alles zelf bouwen, huizen, auto's, beesten, een dinosaurus, raketten, de mogelijkheden zijn eindeloos. Waarom? Omdat je met alleen al zes blokjes, elk met acht noppen, 915 miljoen verschillende combinaties kan maken[4]. Laat staan wat je kan met 15 miljoen blokjes. Daarmee bouwde Lego in het Deense Billund een compleet pretpark.

Getallen met meer dan een paar nullen doen de meeste mensen duizelen, maar diezelfde meeste mensen hebben weleens Lego in hun vingers gehad, of de kubus. Ongeacht hoe groot de kans is dat we deze of gene oplossing tevoorschijn toveren, het voorbeeld van simpel speelgoed bevestigt wat het brein allang weet: ingewikkelde dingen zijn doenlijk, uitdagingen worden op een dag overmeesterd.

De wereld vandaag is beter dan op enig ander moment in de geschiedenis. Je kan net zo veel brandende kwesties opsommen als je wilt, en ze zijn allemaal waar, maar het leven van nu is voor verreweg de meeste mensen op aarde beter, veiliger, gezonder, comfortabeler en amusanter dan ooit tevoren. Dat is geen toeval, er is tienduizend jaar lang keihard aan gewerkt, met alleen maar dat ene ingrediënt, die ene drijfveer die al tien millennia sterker is dan doemdenken, optimisme. De optimist accepteert van nature niet dat er ook maar iets onoplosbaar is. Elk mens aanvaardt nederlagen en tegenvallers, maar alleen tijdelijk. Totdat we erbij neervallen, en dan pakt een ander de draad op.

En dus lopen we nu allemaal rond met een tabletje van zeven bij vijftien centimeter, acht millimeter dik, leverbaar in alle kleuren van de regenboog, met de ouderwetse naam "telefoon". Het is in feite een Zwitserse uitvinding uit het jaar 1890, toen ze in dat land soldaten een zakmes gaven waarin opgevouwen ook een schroevendraaier zat, en een priem, een blikopener en een sleutel om hun geweer mee te openen en te repareren[5].

Onze zaktelefoon is een radio, een tv, een camera, een computer, een rekenmachine, een betalingsmiddel, een zaklantaarn, een woordenboek, een video- en audiorecorder, een tekst- en emailzender en -ontvanger, een bibliotheek, een boekenkast, een winkelcentrum, een typemachine, een gps, een weersvoorspeller, een vertaler die 133 talen beheerst, een fotoalbum, een telefoon, een klok, een stopwatch, een batterijmeter, een vergrootglas, een spiegel, een wekker en voorts drie miljoen andere toepassingen die we gratis of voor een grijpstuiver uit de appswinkel kunnen laden.

Dertig jaar geleden bestond dit niet. Toen bestonden er evenmin consulten met je huisarts per computer, elektrische auto's die zichzelf opladen door over een snelweg met zonnepanelen te rijden, robots die in het bejaardencentrum komen controleren of opa zijn pillen heeft geslikt en die de zuster waarschuwen als oma verhoging heeft, afhaalmaaltijden die per drone thuis op je stoep worden bezorgd, of een prik tegen huidkanker. Dat is er nu allemaal, en elk van de voorbeelden bevindt zich nog maar in een beginstadium. Niemand weet wat er weldra allemaal mogelijk wordt met kunstmatige intelligentie, crypto betalingen, robots of zelfrijdend verkeer. Het enige wat we wel weten is dat we het in minder dan geen tijd gewoon gaan vinden. Zoals alles wat ons tien, vijftig, honderd, laat staan duizend jaar geleden versteld zou hebben doen staan.

***

In dit boek bladeren we door de geschiedenis van tienduizend jaar optimisme. Ik ben verantwoordelijk voor de sightseeing terwijl ik ons van de ene naar de andere bezienswaardigheid navigeer. Maar hoewel ik het verslag doe, zijn het voornamelijk andere mensen en gebeurtenissen het het verhaal vertellen. Zoals Nelson Mandela, Melina Mercouri, de kardinaal van Manilla en de magere generaal in het Spaanse parlement die het vertikte om een militaire staatsgreep te accepteren. Allemaal moedige optimisten die weigerden zich te laten ontmoedigen.

Je hoort van de hoofdredacteur van een woordenboek die alle zevenhonderdduizend woorden van de Engelse taal uit zijn hoofd kent, maar die zijn optimisme op de proef gesteld ziet worden zodra hij thuis tegen een woordeloze muur aanbotst. Er is een lunch met een gekwelde minister van defensie die een nucleaire oorlog vermeed maar een niet-nucleaire oorlog verloor en die een leven lang niet begreep wat er fout ging. En dan is er de bestsellersschrijfster die het snapt, die begrijpt wat vrouwen drijft.

We kijken naar de biologie en de genetica van optimisme, naar het onwankelbare optimisme van liefde en huwelijk, naar de sterk toegenomen invloed van vrouwen overal, naar de fascinatie van kinderen voor slechteriken, en naar hoe landen en culturen zich tot elkaar verhouden. We stoppen in Portugal, Griekenland, het oude Rome en Spanje. We vergelijken Amerikanen met Nederlanders, en de Fransen met Duitsland en Engeland. Optimisme brengt ons naar IJsland, China, Rusland en India, en we maken uitstapjes naar Afrika, Turkije en Japan. We gaan in gesprek met de klassieke doemdenkers Thomas Hobbes en Robert Malthus, en ook met hun meer zonnige tegenhangers Jean-Jacques Rousseau en de jongedame Pollyanna.

En dan zijn er de probeerders, de waaghalzen. Risiconemers die de eersten waren. Geen gokkers, maar buitenbeentjes, kansberekenaars zoals Annie, die zich als eerste met de Niagara-waterval omlaag liet vallen, blinde Joe die de eerste hacker werd, Jeff die de grootste winkel ter wereld bouwde, Isabella die als koningin ook echt iets te zeggen wilde hebben. Kloosterabt Nollet die zijn monniken elektrocuteerde en daarmee de basis legde voor de telegraaf, Harpa de koe die van de slager wegvluchtte en daarmee een heel land inspireerde, timmerman John die met een houten klok schepen van de ondergang redde, en het meisje Tilly die hetzelfde deed voor honderd badgasten.

Optimisme botst soms met pessimisme, zoals we zullen zien naarmate we de geschiedenis van complotdenkers tegen het licht houden, de kiezers van Donald Trump onder een vergrootglas leggen en even binnenlopen bij mijn buren op het platteland van Maine voor wie de veranderingen te snel gaan. Maar vaker botst optimisme met realisme. Hopen, niet zeker weten, en toch vertrouwen, dat is optimisme. Samuel Johnson, de 18e-eeuwse essayist, vatte dit ooit samen met: "Hoop wint het van ervaring." Dromen, ook wensen en hopen, maar beseffen dat dit alles is wat we tot en met vandaag kunnen bereiken: dat is realisme. Het verschil kennen tussen beide heeft in de geschiedenis menige ramp voorkomen. Het verschil *niet* herkennen heeft de geschiedenis menige ramp bezorgd.

Ik ben je navigator in deze biografie, want met navigeren heb ik praktijkervaring, weliswaar alweer een tijdje terug, maar het is net als fietsen, je verleert het niet. Het was mijn taak in de cockpit van een kleine helikopter, toen ik probeerde ermee het Andesgebergte over te steken. Vliegen is, net als ruimtevaart, een van de meest in het oog springende prestaties van het optimisme in de geschiedenis, omdat het de wetten van de fysica tart. In alle tienduizend jaar van mensen met grotere hersenen dan voorheen, hebben ze met jaloezie gestaard naar vogels en vlinders. Al die tijd wilden ze kunnen vliegen, maar pas sinds 1903 hebben ze uitgevonden hoe dat moet. Tegen een hoge prijs. Tegenwoordig zijn vliegtuigongelukken een uitzondering, maar alleen omdat we hebben geleerd van fouten, mislukkingen en dingen die we niet wisten. Jarenlang was vliegen in hoge mate riskant, ronduit gevaarlijk en vaak spelen met je leven.

Honderd jaar na de eerste vlucht van Orville en Wilbur Wright nam ik vlieglessen en kocht ik een kleine helikopter, een vierzitter. Samen met Noorse, Nederlandse, Amerikaanse, Engelse en Duitse piloten doorkruiste ik het continent. Ik was onder de indruk van de pracht van de vijftig Amerikaanse staten, omlaag kijkend vanaf een gemiddelde hoogte van driehonderd meter. De wereld zien vanuit een helikopter is verslavend, en ik voelde al snel een drang opwellen om als eerste een uniek lange afstand af te leggen[6]. Ik wilde naar het dorp Barrow vliegen, helemaal bovenin Alaska, en vandaar zuidwaarts naar Ushuaia helemaal onder in Argentinië[7]. Dat betekende het volgen van de gehele kustlijn van de Stille Oceaan, van de ene poolcirkel naar de andere, alvorens linksaf te slaan naar de Atlantische Oceaan, en vandaar weer omhoog, naar huis. Niemand had dit eerder gedaan, niet in een helikopter, en zeker niet in zo'n kleintje.

Ik was er optimistisch over dat het me zou lukken. Vooral omdat zo'n expeditie niet één lange tocht is, maar honderd korte, die elk een paar uur duren tot de brandstof op is en het tijd is om te landen en bij te tanken. Elke eerstvolgende beslissing om al dan niet op te stijgen naar een onbekende bestemming, over onbekend terrein, wordt voorafgegaan door een ontmoeting tussen optimisme en realisme, elke keer weer. Hier en daar in dit boek deel ik een paar hachelijke momenten met je, als een kapstok voor wat anderen heeft gemotiveerd en bewogen die in de loop van tien millennia hebben geprobeerd om het zoveelste "nog niet eerder gedaan" af te vinken.

***

Er is een espensoort die de Amerikaanse ratelpopulier wordt genoemd. Hij groeit in mijn achtertuin, het begin van een woud van naald- en loofbomen dat zich vanaf de Penobscot-rivier in Maine duizend mijlen uitstrekt tot hoog in Canada. In Amerika heet de boom *quaking aspen*. De naam verwijst naar het geluid van de blaadjes zodra de wind ze in beweging brengt. Ze trillen en zingen. Een kolonie espen van die soort is ondergronds onderling met elkaar verbonden. Alle bomen zijn ontstaan uit een en hetzelfde boomzaadje, dat telkens ergens een nieuwe esp doet groeien. Ze delen allemaal één stelsel van wortels, en hoewel individuele bomen uiteindelijk sterven en omvallen, blijft het wortelsysteem in leven, honderden, soms duizenden jaren lang.

De esp is een metafoor. Bestaat de geschiedenis uit onvermijdelijkheden, uit momenten en gebeurtenissen en beslissingen die onontkoombaar uit elkaar voortvloeien, of niet? Ik geef je een voorbeeld. Negen dagen na het uitbreken van de eerste wereldoorlog overleed in het Witte Huis de echtgenote van president Wilson. Op een moment dat de gebeurtenissen in Europa zijn volle aandacht opeisten was de man ontroostbaar. Maar niet lang, want een paar maanden later liep hij de weduwe van een Washingtonse juwelier tegen het lijf. Zij was zestien jaar jonger en een flirt, hij was de zoon van een dominee. Ze trouwden binnen de kortste keren.

Edith Wilson praatte hartstochtelijk op de president in. Ze vertelde hem dat hij de messias was die de wereld uitgerekend op dit moment nodig had, een leider, een voorganger. Het ging erin als Gods woord in een ouderling, want Woodrow Wilson had van zichzelf altijd al gevonden dat hij een zending had te vervullen. In elke stad waar hij woonde, sloot hij zich aan bij het kerkkoor, en telkens als het zingen begon, brak hijzelf van pure aandoening in tranen uit[8]. De uitwerking van Ediths woorden was dat de president meteen na het einde van de oorlog naar Europa reisde, om daar zelf een half jaar lang de vrede te stichten. Zij ging mee, maar hij liet zijn ministers en de meeste van zijn assistenten thuis.

Wilson was dermate eigenwijs, anderen zeiden arrogant en hoog-dravend, dat de Vrede van Versailles die hij bekokstoofde van alle praktische waarde was ontdaan. Als hij de kenners en deskundigen hun werk had laten doen, zouden er andere, meer bruikbare afspraken zijn gemaakt, en dan was Europa niet binnen twee decennia zo goed als vanzelfsprekend naar een tweede oorlog afgegleden. Na terugkeer uit Parijs en een besmetting met de Spaanse griep kreeg Wilson een hersenbloeding. Edith sloot hem op in de slaapkamer, schermde hem af, en nam tot het einde van zijn ambtstermijn een reeks van presidentiële beslissingen namens hem.

Gebeurtenissen als een espenbos, de ene leidde zo te zien vanzelf tot de volgende[9]. Wat begon met de dood van de eerste mevrouw Wilson net toen de eerste wereldoorlog begon, eindigde met het uitbreken van de tweede wereldoorlog. Onvermijdelijk?

Het lijkt een verleidelijke conclusie. Maar zoals we zullen zien, de geschiedenis is een stuk genuanceerder, met kruispunten, en met keuzemogelijkheden bij elke afslag, waarbij iedere nuance en elk kruis-punt een kans biedt om het lot te beïnvloeden.

Kom maar mee, ik heb een indrukwekkende reeks van voorbeelden voor je.

3

Even plassen met Mandela, de kardinaal en de springster

Op de zevende verdieping kwam Nelson Mandela de lift binnenstappen. We verbleven allebei in hetzelfde hotel in Kyoto. Hij was langer dan ik me had voorgesteld, met schouders die licht voorover bogen, maar zijn gezicht was precies zoals iedereen het kende, vriendelijk, glimlachend, kort halfgrijs haar. Hij wenste mij een goede morgen. Op de vierde verdieping ging de liftdeur opnieuw open en een jonge vrouw liep binnen. Ze droeg het uniform van de hotelreceptie, en ze sprak hem aan, nerveus. "Meneer Mandela, de directie vraagt of u het VIP gastenboek zou willen tekenen."

Hij aarzelde geen moment. "Natuurlijk. Als de VIPs er geen bezwaar tegen hebben."

Het is mijn favoriete anekdote uit de drie dagen die ik in zijn nabijheid doorbracht. Het was 22 april 1991, hij was nog geen voorzitter van zijn politieke partij ANC en het zou nog drie jaar duren voordat hij tot president van Zuid Afrika zou worden gekozen. Hij was pas een jaar op vrije voeten na meer dan een kwart eeuw gevangen te hebben gezeten voor zijn overtuiging dat blank en zwart gelijke rechten behoorden te hebben. Terwijl we in die lift stonden, was Apartheid nog steeds een feit. Maar niet in Nelson Mandela's hoofd. Daar was het al afgeschaft. Hij ging dit winnen.

We waren allebei uitgenodigd voor een van de bijeenkomsten die het International Press Institute belegde in de jaren dat ik er als lid deel van uitmaakte, in steden als Kyoto, Istanbul, Berlijn en Bordeaux. Dat leverde soms verrassende ontmoetingen op. Ik schudde de vuist van Manuel Gutierrez Mellado, een korte, gedrongen man van 76, formeel een markies, maar de wereld kende hem beter van het moment waarop rebellerende soldaten in Madrid een staatsgreep probeerden te plegen. Ze bezetten voor het oog van live tv-camera's het Spaanse parlement. Markies Guttierrez was generaal en minister van defensie, hij stond op en schold de muiters de huid vol. Ze probeerden hem omver te duwen, maar hij gaf geen krimp. Ik begreep meteen waarom, zodra hij me een hand gaf. Een ijzeren knuist. De coup in Madrid in 1981 faalde.

In Istanbul kreeg ik een hug van Melina Mercouri, zangeres en actrice, toen 69. Op de dag dat de Griekse kolonels in haar land met geweld de democratie opschortten, op 21 april 1967, verbleef zij op Broadway in New York. Mercouri, genomineerd voor een Oscar vanwege haar rol in de film *Nooit op Zondag*, begon meteen de volgende dag een internationale verzetsbeweging. De kolonels reageerden door haar haar paspoort en haar nationaliteit te ontnemen. Ze mocht nooit meer naar huis. Haar antwoord: "Ik ben als Griekse geboren en zal als Griekse sterven. Die schoften zijn als fascisten geboren en gaan ook dood als fascist." Ze kreeg gelijk. Melina Mercouri overleed niet alleen als Griekse, thuis, maar ook in het harnas, als de langstzittende Griekse minister van kunst en cultuur ooit. In 1994 kreeg ze een staatsbegrafenis in Athene.

Soms was de ontmoetingsplaats ongewoon. Met kardinaal Jaime Sin van Manilla, zestig jaar oud, liep ik zij aan zij naar de herentoiletten, hij gekleed in een wapperende zwart met paarse soutane. Hij wees met zijn kin naar de deur van de dames en gaf aan dat hij een vrouwenliefhebber was. De kardinaal die zich had voorgesteld met *"My name is Sin; without sin there is no Savior"*, had zojuist een hoofdrol gespeeld in de val van het regime van Ferdinand en Imelda Marcos door voorop te gaan in straatprotesten en door tanks de weg te versperren. Hij verdween in een toilethok, bekommerde zich niet om de deur, ging plassen, en liet vervolgens een keiharde wind. Kon 'm niks schelen.

In Kyoto was Nelson Mandela de voornaamste gast. Op het podium die dag stonden vier stoelen voor hotemetoten, Mandela nam de buitenste. Zijn beurt om iets te zeggen kwam zodra de kroonprins van Japan zou zijn uitgesproken. Maar dat duurde nogal, en ook Mandela besloot dat hij eerst even naar het toilet moest. Dus stond hij ten overstaan van een bomvolle zaal op, verdween tussen de coulissen, deed wat hij moest doen en keerde keurig op tijd terug. Geen gêne, gewoon zijn eigen gang, een man die na 27 jaar achter tralies lak had gekregen aan wat een ander van hem verwachtte.

De kardinaal, de magere generaal met zijn stalen knuist, de actrice, en de gevangene die vrijkwam en vervolgens vrijwel in zijn eentje geweldloos een einde maakte aan de Apartheid. Volbloed optimisten.

***

Maar ook allemaal een stuk ouder dan de meeste andere mensen. Dat wettigt de vraag: wie is optimistischer, een jonge vrouw of een oudere man? Een vent van vijfentwintig of een mevrouw op leeftijd? Niemand neemt het je kwalijk als je zou zeggen dat jongere mensen nog vervuld zijn van hoop en verwachting, en dat oudere mensen genoeg hebben gezien om er cynisch van te zijn geworden. Dus: hoe jonger hoe optimistischer?

Anderzijds, jonge volwassenen voelen zich meer bekeken en beoordeeld dan ouderen. Hun uiterlijk vinden ze dan nog belangrijk, ze zijn zich in die fase meer bewust van hun houding en verschijning. Ze staan langer voor de spiegel, en ze zijn niet gauw tevreden met wat ze zien.

Gil Zamora besloot op een dag om dit fenomeen aan een test te onderwerpen. Hij werkte zestien jaar voor de FBI en voor de politie in het Californische San Jose, als tekenaar van signalementen. Getuigen van een misdrijf vertelden hem hoe een verdachte eruit zag, en Gil maakte dan een zo goed mogelijk gelijkende schets. Toen hij voor zichzelf begon, huurde hij een verlaten bedrijfsruimte, met daarin een werktafel, een kruk voor hemzelf en een gemakkelijke stoel voor een gast. Daartussen plaatste hij een gordijn. Als de gast binnenkwam, zat hij met zijn rug naar haar toe. Hij en zij konden elkaar niet zien.

Gil vroeg haar om haar eigen gezicht te beschrijven, ogen, haren, kin, voorhoofd, mond, de vorm van haar neus. Hij schetste terwijl ze sprak, net zoals hij bij de FBI en de politie had gedaan. Als hij genoeg had gehoord, stuurde hij haar weer weg. In haar plaats kwam daarna iemand anders die, op zijn verzoek, eerder die dag een tijdje met haar had doorgebracht. Gil Zamora stelde hem of haar dezelfde vragen, niet over henzelf, maar over de vrouw die zijn eerdere gast was geweest. Ook daarvan maakte hij een schets.

Zonder uitzondering was het verschil tussen beide tekeningen er een van dag en nacht. Iemands eigen kijk op zichzelf was veel negatiever dan de kijk van een ander. Als Gil de betrokkene vervolgens weer uitnodigde en haar de twee schetsen liet zien, werd ze er steevast stil van, en emotioneel. Het betrof vrouwen van gemiddeld tussen de dertig en veertig jaar oud. Ze hadden alle reden om optimistischer te zijn over hun uiterlijk dan ze waren[10].

Psychologen, sociologen, historici, fysiologen, economen, neurobiologen, antropologen, neuro-anatomen - allemaal hebben ze in de loop van de vorige eeuw uitputtend onderzoek gedaan naar wat mensen beweegt tot optimisme. De eeuw gaf daartoe alle aanleiding. Het was met twee wereldoorlogen de meest gewelddadige in de geschiedenis en tegelijkertijd ook verreweg de meest succesvolle, met spectaculaire sprongen vooruit in de bestrijding van kindersterfte, armoede, volksziekten, honger, inkomensongelijkheid en onderwijsachterstanden. Om nog te zwijgen van de ongekende toename van comfort, mobiliteit en toegang tot informatie. Hoe kon een tijdvak dat zoveel mensen pessimistisch stemde zo'n januskop hebben? Hoe kon het ondanks alles evengoed nog veel meer mensen tot optimisme geïnspireerd hebben?

Het resultaat van al die speurneuzerij leidde tot conclusies die soms verrassend waren, en soms gewoon voor de hand lagen. Eén: iedereen heeft aanleg tot optimisme en geeft elke dag uiting aan die aanleg, waarover in het volgende hoofdstuk meer. Twee: de mate van ons optimisme groeit naar gelang we ouder worden - en dat was het goede antwoord: hoe ouder hoe optimistischer[11]. Om drie redenen die we allemaal eigenlijk ook wel herkennen. Optimisme groeit naarmate we steeds beter worden in wat we doen qua werk of als ouders van kinderen. Het groeit terwijl we zelfstandiger worden, want dan voelen we ons onafhankelijker, en hoe onafhankelijker, des te blijmoediger. En de derde factor is ons contact met anderen. Hoe beter onze sociale contacten, des te optimistischer we zijn.

Een jonge vrouw van twintig kan zich via haar sociale contacten prima verbonden voelen met haar vrienden en collega's. Een man van dertig kan van zichzelf vinden dat hij al een echt goede vader van zijn kleuter aan het worden is. Maar desondanks kunnen ze allebei tot de conclusie komen dat ze zich nog steeds te afhankelijk voelen van de goedkeuring van hun ouders of hun werkgever, of van de sociale spelregels in hun omgeving. Dat slijt, of zo je wilt: daarin groeien ze, mettertijd. Naarmate ze ouder worden, voelen ze zich steeds steviger in hun schoenen staan, en dat bepaalt de toename van hun optimisme.

Al die onderzoeksresultaten hadden een interessante voetnoot. De drempel om jezelf wel of niet een optimist te voelen heeft een erfelijke factor. Wie een overwegend optimistische ouder of een grootouder heeft, die gedraagt zich zelf ook zonniger - voor een kwart. Een van de onderzoeken waaruit dat bleek betrof vijfhonderd tweelingen. De helft was samen opgegroeid in hetzelfde gezin. De andere helft bestond uit tweelingen die allebei als baby waren geadopteerd, ieder door een ander stel ouders. De eerste groep onderging gedurende hun hele jeugd dezelfde ervaringen, had dezelfde opvoeding onder hetzelfde dak. De anderen waren totaal verschillend opgegroeid, met ongelijke belevenissen, ervaringen en waarden. Maar ongeacht hoe anders hun historie ook was, ze deelden voor een kwart dezelfde mate van optimisme[12].

Econoom en Nobelprijswinnaar Daniel Kahneman, die een studie maakte naar het gedrag van aandelenhandelaren op Wall Street, trof daar zoveel optimisme aan dat hij even dacht met maar liefst honderd procent erfelijkheid te maken te hebben. Ze gedragen zich als startende ondernemers, zei hij, hoewel "de kans dat een kleine onderneming vijf jaar overleeft ongeveer 35 procent is," een op de drie. Maar niemand van de starters gelooft dat die kansberekening op henzelf slaat. Dat geldt ook op Wall Street. Geen enkele beurshandelaar denkt van zichzelf dat ze een te groot beleggingsrisico nemen. "Omdat ze hun risico verkeerd inschatten, geloven zulke optimisten dat ze voorzichtig zijn, ook als ze dat niet zijn." Kahneman sloot niet uit dat het was toe te schrijven aan een honderd procent aangeboren, en dus onverbeterlijke, eigenschap. Hij had voor slechts een kwart gelijk. Beleggers zijn ook doorsnee mensen[13].

***

Ik ben zelf per saldo een optimist. Ik geef je als voorbeeld die helikopter, een Robinson-44, een klein toestel met vier stoelen. Daarmee vloog ik samen met een Duitse piloot en een IJslandse fotograaf op 20 juli 2007 langs de Braziliaanse kust op weg naar Rio de Janeiro[14]. Eerder die dag waren we een stuk zuidelijker even geland op het witte zand van wat de Brazilianen *Praia Desertinho* noemen, Portugees voor wat inderdaad een volledig verlaten strand bleek te zijn. Het is omrand door hoge, dichtbegroeide rotsen, volmaakt onbereikbaar voor elk middel van vervoer inclusief de benenwagen, behalve per boot. En per helikopter. Brazilië heeft een van de langste kusten ter wereld, bijna achtduizend kilometer. Het idyllische strand vormt een van de parels langs die kust. Het voelde even alsof ik een kijkje kreeg in hoe het paradijs er uitgezien moet hebben.

Tegen de tijd dat de helikopter na dat strandbezoek Rio naderde, was het donker geworden. Het was winter onder de evenaar, rond half zes ging de zon onder. De avond was onbewolkt, er was weinig wind, de gps gaf aan dat we op een hoogte van vijfhonderd meter boven de golven vlogen en dat de bergen langs de kust zich veilig aan onze linkerkant bevonden. De luchtverkeersleiding wist dat we eraan kwamen, ze zagen ons op hun radar.

Op hetzelfde moment dat de stad ineens vanachter de bergen helder in zicht kwam, kregen we via de boordradio de instructie om de bocht naar links te maken en rechtstreeks naar het Santos Dumont vliegveld af te dalen. Met de lichten van de stad op de achtergrond zag ik Rio's Suikerbroodberg opdoemen. Die bleek twee pieken te hebben, een hoge en een lagere. Precies daar tussenin lag in de verte de landingsbaan. Het was opnieuw een prachtig gezicht, zo vlak na dat schitterende strand, nu die grote stad, het silhouet van Sugar Loaf Mountain, en daarachter de streep van de landingsknipperlichten die in luchtvaartjargon *rabbit lights* worden genoemd. We vlogen er recht op af.

Ineens kwamen ze met een snelheid van bijna tweehonderd kilometer per uur op ons af. Bovengrondse kabels. Piloot Stephan en ik wisten allebei uit de eerste weken van onze vliegopleiding wat dat betekent. Tegen een kabel aanvliegen is oorzaak nummer één van helikopterongelukken omdat ze in de lucht nauwelijks te onderscheiden zijn, en elke leerling piloot wordt er met dramatische videobeelden op gewezen. Tussen de twee pieken van Rio's beroemde berg loopt een kabelbaan. Stephan trok met een ruk de *cyclic*, de stuurknuppel, naar zich toe en haalde tegelijkertijd met zijn linkerhand razendsnel de *collective* omhoog, een handle die lijkt op een handrem, maar die in werkelijkheid de rotorbladen aanstuurt. De combinatie van die twee handelingen duwt de neus van de helikopter omhoog, zodat het toestel afremt en klimt. Ik zag de kabels in een flits onder onze skids passeren. Drie seconden later, en we zouden zijn gecrasht.

Je gaat in zo'n situatie snel weer over tot de orde van de dag, want je vliegt, en er moet nog geland worden. Binnen een paar minuten stonden we veilig op de grond. De volgende ochtend, na een goede nachtrust aan de Copacabana en een stevig ontbijt in een hotel dat bewaakt werd door mannen met mitrailleurs, zagen we bij daglicht pas goed waaraan we waren ontkomen. De geparkeerde helikopter keek recht uit op de twee bergpieken in de verte. Er hingen zestien kabels tussen.

Het is interessant hoe je brein omgaat met zulke situaties. Ze hebben geen negatieve uitwerking op je optimisme. Ze versterken het juist. Iedereen die door het oog van de naald kruipt, die net een klap heeft ontweken, voelt zich een tikkeltje onoverwinnelijker. Bovendien, eind goed, al goed. Het was onwaarschijnlijk dat we nog eens zo'n fout zouden maken. Dit was dag 78 van de expeditie die ons van Alaska naar Argentinië en terug bracht, en, terecht of niet, we beschouwden ons langzamerhand als gepokt en gemazeld. We hadden Ushuaia bereikt op 13 juli, een week voor Rio. Sindsdien ging het weer omhoog, nu langs de Atlantische kust. We hadden naar schatting nog een week of drie voor de boeg. Dan zouden we er dik zestigduizend kilometer op hebben zitten.

Allemaal met dat doel om iets doen wat nog niemand eerder had gedaan, het ging louter om de uitdaging, verder niets. Dat, en tussen de bedrijven door in twintig landen aandacht vragen voor kinderziekenhuizen, mensen op het hart drukken om beterschapskaarten naar zieke kinderen te sturen. En voordat iemand nu denkt: wat aardig - er zijn veel aardiger mensen op de wereld. In Providence, de hoofdstad van Rhode Island, knipperen al jarenlang elke avond om half negen honderden, soms duizenden mensen met zaklantaarns, koplampen en zwaailichten om de patiëntjes van een kinderziekenhuis daar goedenacht te wensen.

We waren onderweg al heel wat obstakels tegengekomen, niets ging van een leien dakje, maar elke klip was omzeild. Het moest al raar lopen als dat in de resterende drie weken ineens anders zou zijn. Er kan van alles misgaan zodra je je onttrekt aan de zwaartekracht, maar piloten worden uitstekend opgeleid en wij hadden ons goed voorbereid op dit project. Nu waren we even geschrokken van onze eigen onoplettendheid door onder de indruk van het uitzicht te laag op Rio aan te vliegen, maar het was verleden tijd, het lag achter ons. Ik twijfelde niet aan de goede afloop.

***

Hier is een soortgelijk voorbeeld, met een andere invalshoek en uit een andere tijd. Weleens van Annie Edson gehoord? Zij besloot om op 24 oktober 1901 in een eikenhouten ton te stappen, ook om een record te vestigen. Het was haar verjaardag, ze werd die dag 63 en ze wilde als eerste mens over de rand van de Niagara-waterval duiken en onderaan heelhuids aankomen. Aan de binnenkant van de ton bevestigde ze twee handgrepen zoals trams en de passagierskant van auto's die hebben. Een matras diende als stootkussen. Iedereen die het hoorde verklaarde haar voor gek, maar ze kwamen niettemin met duizenden tegelijk op de waterval af om naar het spektakel te kijken. Annie zelf was optimistisch over de afloop, vooral nadat ze aan de Amerikaanse kant van de Niagara-rivier een proefduik had getest. Ze had haar huiskat in de ton gestopt en over de rand geduwd. Poes en ton overleefden het allebei.

Mevrouw de durfal was onderwijzeres geweest, dus ze wist waar ze sommige informatie kon vinden. Ze leerde het een en ander over weersvoorspellingen, vooral over regen en wind, en ze mat het effect van gewicht op snelheid. Daarom liet ze een aambeeld van honderd kilo aan de onderkant van haar tachtig kilo wegende ton vastmaken. Dan was ze sneller beneden, en niet ondersteboven.

Annie Edson was een nazaat van Philip de Lannooij uit Leiden, een van de eerste emigranten die naar Amerika trokken. De Lannooij was een naam die vrijwel niemand aan de andere kant van de oceaan goed kon uitspreken, dus dat werd Delano. Annie's opa aan vaderskant kwam van de Delano's. Ze was daardoor een achternichtje van president Ulysses Grant en een oudtante van de toekomstige president Franklin Roosevelt. In beide gevallen wist ze dat niet, en bovendien had ze er niets aan. Annie Edson was straatarm.

Dat was de reden waarom ze haar recordpoging wilde doen. Ze hoopte er geld mee te verdienen, als oudedagsvoorziening. Ze had een manager in de arm genomen die hier en daar wat persberichten rondstuurde. Daarin meldde hij dat Annie's vader een molenaar was geweest die overleed toen zij twaalf was, dat ze trouwde en een zoontje kreeg, en dat de baby in de wieg was overleden, weldra gevolgd door de dood van Annie's echtgenoot. Het was een tragisch verhaal, met open plekken, want hoewel ze op de dag van haar recordpoging formeel 63 werd, kon het ook wel 64 zijn. Dat wist niemand zeker, want Annie Edson jokte nu en dan over haar leeftijd.

Zowel de Amerikaanse als de Canadese autoriteiten probeerden haar te verbieden om de val te maken. Daarop reageerde ze door te dreigen in het openbaar zelfmoord te plegen. De autoriteiten zwichtten, maar waarschuwden de manager dat als zijn cliënte haar val niet zou overleven, dan zou hij worden gearresteerd wegens doodslag.

Ze overleefde het wel. Helpers hadden het deksel boven haar hoofd dichtgetimmerd. Via een gaatje hadden ze met een fietspomp lucht in de ton gespoten, en daarna had ze zelf een stop in het gat geduwd. Annie dobberde een kwartier lang op de stroom van de Niagara mee naar de waterval, stortte ruim vijftig meter omlaag, en wachtte vervolgens zonder letsel totdat een andere ploeg helpers haar op de oever hielpen. Daar ging het even mis, want de zaag die de ton opende bezorgde haar een snee in haar wang, maar Annie was niet het type kniesoor.

En dat is waar het succesverhaal eindigde. Want terwijl Annie Edson in een hotelkamer even ging plassen, ging de manager er met de ton vandoor, samen met een jonge vriendin die zich voortaan als Annie voordeed. Het tweetal oplichters trok van de ene kermis naar de andere en incasseerde het geld waarmee Annie had gehoopt een verzorgde oude dag te kunnen verdienen. Waaghals Annie Edson bleef net zo blut als ze al was en overleed twintig arme jaren later, berooid.

***

Ze was niet dom en evenmin suïcidaal. "Dit heeft wat mij betreft niets met een zelfmoordpoging te maken," zei ze in een interview een week voordat ze in de ton stapte. "Ik heb het volste vertrouwen dat ik de val ongedeerd ga overleven."[15] Het was meer een zaak van kansberekening, een afweging van risico's. Haar leven was getekend door de plotselinge dood van vader, man en zoon. Het kon zomaar voorbij zijn. Kansberekeningen variëren tussen *best* en *worst case* scenario's. Annie's beste uitkomst was een letselloze val gevolgd door rijkdom. De slechtste was dat ze te pletter zou slaan. Dat laatste maakte haar niet veel uit, aan plotselinge dood was ze gewend en ze had kip noch kraai.

Wat de overlevingskans betrof kreeg ze gelijk, en dat was opmerkelijk want al jarenlang hadden eerdere waaghalzen de duik geprobeerd. Die waren allemaal om het leven gekomen. Annie had één schrammetje van zeven centimeter. De verwachte rijkdom, daar zat ze naast. Nog maar een keer doen, dan? Geen sprake van: "Ik ga liever voor een kanon staan in de wetenschap dat ik aan flarden word geschoten dan dat ik nog een keer over die waterval duik," zei ze naderhand[16]. Ze was een optimist en het klassieke voorbeeld van een risiconemer die iets probeert wat niemand eerder met succes heeft gedaan. Michelle Wucker, een econome die regeringen adviseert over hoe risico's te berekenen, vatte Annie Edson samen met de titel van het boek waarin ze de Niagara-heldin als voorbeeld aanhaalt: *You are what you risk,"* je bent wat je riskeert[17].

Maar was Annie ook een realist? En ikzelf? Ik noemde me hierboven "per saldo" een optimist. Per saldo, want ik steek in Salamanca op bezoek bij mijn dochter bij voorkeur niet dwars dat plein op de Plaza Mayor over. Ik loop er liever omheen, dichter bij de gebouwen. Ik zit na twee frontale botsingen in mijn jonge jaren zelf niet graag als chauffeur in de auto, ik ben beter als co-piloot. En in een bioscoop of het stadion wil ik liefst een stoel aan het gangpad, bij voorkeur op de achterste rij. Je voelt je al snel gevangen, zei de therapeut tegen mij. Jij hebt je vrijheid van handelen nodig, een nooduitgang, zelf een keuze kunnen maken tussen een confrontatie of een vlucht. Klopt, maar het is onberedeneerd, want in werkelijkheid bedreigt niets me. Behalve een vaag gevoel dat we allemaal kennen, dat zegt: het kan zomaar fout gaan, en dan kan je niet weg. En dat is een uiting van pessimisme.

Met realisme heeft dat niet veel te maken. Daniel Kahnemans beleggers op Wall Street waren ook realisten van niks, want ze bleven almaar hun risico's aantoonbaar verkeerd inschatten. Anderzijds, Annie Edson taxeerde correct dat ze zonder brokken met de waterval mee omlaag kon. Dat was ondanks de fatale resultaten van al haar voorgangers uiteindelijk realistisch. Rijk worden, dat was op papier een veel minder groot risico, en toch ging het daar mis.

En ik, ik schatte redelijkerwijs in dat ik met mijn crew veilig zou thuiskomen, ook al hadden we het traject over wat in Colombia *kidnap alley* werd genoemd nog voor de boeg. Maar daar lag de optimist in mij niet wakker van. Ik was een liefhebber van die wijsneus Samuel Johnson en z'n credo "Hoop wint het van ervaring." De verwachting van wat morgen brengt weegt zwaarder dan wat gisteren bijna misging.

***

Nelson Mandela bleef die week in Japan nog even in de buurt. Hij wilde de tempels van Kyoto zien want daar had hij in de gevangenis over gelezen. Ik stond opnieuw naast hem terwijl de gids uitleg gaf over de stenen in de tempeltuin en het aangeharkte grind. Aan niets was te zien hoe de man jarenlang was gekleineerd, vernederd en bezeerd. Hij stond daar fier en ongebroken, tweeënzeventig jaar oud. Een rockstar. Japanse tienermeisjes, op schoolreis om over de tempel te leren, stootten elkaar aan, met ogen als schoteltjes, kwetterend als jonge merels. Ze hadden hem gisteravond thuis nog op televisie gezien.

Niets wakkert zoveel goede moed aan als de nabijheid van een rasoptimist.

4

Taal, sprookjes en dagdromen

** Het optimisme van blind vertrouwen*

Een optimist is iemand die vertrouwt op de goede afloop. Soms op basis van direct beschikbare feiten, maar veel vaker blindelings. Want ook blindelings heeft een eigen feitenmateriaal, doorgaans gestoeld op die combinatie van kansberekening en een inschatting van *worst case* scenario's. Iedereen vertrouwt blindelings, aan de lopende band. Je bijt in iets uit een plastic zak en vertrouwt erop dat het echt een boterham is. Je schenkt je glas vol uit een pak dat door een wildvreemde in een winkelkoelvak was gezet en gelooft zonder vragen wat erop staat: melk. Je stopt de pillen van de apotheker in je mond, je rijdt door een groen licht in het vertrouwen dat het in de zijstraat op rood staat, je levert je kind af op school en rijdt onbezorgd weg, en je gaat er vanuit dat de handdoeken in de hotelkamer schoon zijn, en niet alleen omdat ze schoon ruiken. Je gaat slapen en je verwacht de volgende ochtend wakker te worden.

Dat is optimisme op basis van een intuïtieve kansberekening. Want hoewel vast wel eens ergens een boze bakkersjongen een scheermesje in een brood verstopte, een lading melk opgeloste strychnine zou kunnen bevatten, en nu en dan een automobilist rijdend een sms'je verstuurt en daardoor het rode stoplicht niet ziet, gaat het veel vaker wel goed. Heel veel vaker. In 2020 aten in Amerika 327 miljoen mensen elke dag brood, zestig broden dat jaar per hoofd van de bevolking, dus in totaal bijna twintig miljard verkochte broden. Niemand rapporteerde de vondst van iets scherps. Wel in pizzadeeg - een paar kilometer bij mij vandaan in Maine verstopte een ontslagen werknemer dat jaar scheermesjes in kant en klaar deeg, maar hij werd betrapt.[18]

Mensen maken aanhoudend rekensommen in hun hoofd. Vrijwel alle vliegtuigen landen veilig. Bijna elke kilometer die je in je leven aflegt voltrekt zich zonder brokken. De meeste huizen branden niet af. De man of vrouw in het blauw op straat is echt een politieagent en geen bedrieger. De bliksem slaat elders in, niet bij jou. Het aantal baby's dat in de wieg sterft laat zich niet uitdrukken in procenten, maar in één promille[19]. En inderdaad heb je alle reden om te verwachten dat jijzelf, net als circa acht miljard anderen, morgenochtend weer wakker zal worden: je sterftekans is 1 op de 170.000. Dat staat gelijk met één pechvogel in vier volgepakte voetbalstadions, en hoe jonger je bent, des te hoger je ontwakingskans is. Gewapend met die kennis, soms niet meer dan een gewettigd maar vaag vermoeden, beoordeelt een mens de eigen kans dat de dingen vandaag goed zullen aflopen op basis van een gegrond optimisme.

Daar zal de pessimist van opkijken. Die weet niet beter dan dat het woordenboek van Van Dale gelijk heeft: "Pessimisme - de neiging om ongunstige uitkomsten te verwachten." Dat ben ik ten voeten uit, zegt de pessimist over zichzelf. Zelf bood ik eens iemand aan om een stukje mee te vliegen in de helikopter, tijdens haar lunchpauze. Zulke vluchtjes staan in de plezierluchtvaart bekend als *100-dollar hamburgers*. Dan vlieg je naar een ander vliegveld waar ze een restaurant hebben, je eet iets, en daarna vlieg je weer terug. De afschrijving op je toestel, samen met de brandstofkosten, maakt dat je aan je lunch per persoon al gauw honderd dollar kwijt bent.

Danielle genoot van haar allereerste helikoptervlucht, met volle teugen. Ze had speciaal een dure zonnebril meegenomen, en die zette ze op toen ze uitstapte op het grasveld van het restaurant waar we stopten, aan de Chesapeake Bay. "Ik hoop dat de andere gasten me zien," grijnsde ze. Dat deden ze. We aten binnen een aangeklede hamburger, stapten weer in, stegen op en landden op de thuisbasis. En, hoe vond je het, vroeg ik aan Danielle. Fantastisch, zei ze, *a once in a lifetime experience.*" Hoe bedoel je? "Nou ja, mensen als mij overkomt dit soort dingen maar één keer in je leven, als je geluk hebt." Dat klonk me te pessimistisch. Ik zei haar weer in te stappen, deed het portier op slot, en we stegen opnieuw op. *Twice in a lifetime.*

***

Over woordenboeken gesproken, ik had een ontmoeting met de hoofdredacteur van de Oxford English Dictionary, nadat hij mijn aandacht had opgewekt met een opmerking over pessimisme en optimisme. John Simpson was tot aan zijn pensioen de baas van 's werelds bekendste woordenboek. Na een kwartier heen en weer praten over hoe hij daar terecht was gekomen, vroeg ik hem: hoeveel woorden telt de Engelse taal? Hij was in 1976 als jonge assistent bij de redactie begonnen, nadat zijn vriendin hem attent had gemaakt op een vacature, en het eerste woord dat ze hem vroegen om uit te zoeken was *queen.* Bij de Oxford waren ze bezig met een nieuwe editie ter vervanging van de oorspronkelijke tien delen uit 1928, waaraan veertig jaar was gewerkt. Uitzoeken, dat betekende moderne toepassingen voor een woord vinden, van na 1928, en tegen de tijd dat John zich bij de redactie aansloot, waren ze voor de samenstelling van de nieuwe editie gevorderd tot de letter Q.

John Simpson was goed en gedegen, dat hadden ze bij de Oxford al snel in de gaten. Hij zou er al met al zo'n dertig jaar werken, waarvan de laatste twintig als hoofdredacteur. Hij schreef er een boek over, *The Word Detective*, en dat was de aanleiding waarom we in gesprek raakten. Ik kreeg een mailtje van zijn uitgever in New York, met de vraag of ik John zou willen interviewen. Hij was de man aan wie je vraagt: hoeveel woorden zijn er? Hij was de autoriteit, de taalbaas met, bijna letterlijk, het laatste woord.

"Zeshonderdvijfentachtigduizend." Dat wil zeggen, als je een stelletje geïsoleerde dialecten niet meerekent. Doe je dat wel, dan zijn het er ongeveer een miljoen. Vervolgvraag: van al die Engelse woorden, hoeveel gebruikt de gemiddelde volwassen man of vrouw er? Dat was niet echt zuiver te meten, zei John, vanwege ieders individuele omstandigheden, maar hij schatte het op twintigduizend, uit een beschikbare woordenschat van tussen de dertig- en veertigduizend.

Drie procent. Van alle beschikbare woorden gebruiken we 97 procent niet. Sterker nog, van 94 procent van alle Engelse woorden weet elke Engelssprekende niet eens het bestaan. Allemaal, op één na. Ik vroeg John: heb jij alle 685.000 woorden minstens eenmaal in je leven zien langskomen? Antwoord: "Ja." Onvermijdelijk, het was zijn vak. John Simpson was de godganse dag bezig met het verzamelen, ordenen en uitleggen van woorden.

Tot aan de voordeur thuis, en dat was het detail dat mijn aandacht had getrokken. Achter de deur wachtte een andere wereld. John en zijn vrouw Hillary hebben een dochter die niet kan praten. En niet alleen dat, ze begrijpt überhaupt geen tekst. Hun kind heeft geen enkele woordenschat. "Vier, vijf woorden," zei John, "en dan nog weet je niet zeker of ze het bevat." Auto bijvoorbeeld, zei hij, kan net zo goed de voordeur betekenen, of iemand die een jas aantrekt om naar buiten te gaan. Ellie Simpson is niet in staat om dat te communiceren. Haar mentale groei haperde toen ze zes maanden oud was, en stopte volledig bij achttien maanden. Dat is wanneer een klein kind met de duim elke andere vingertop van dezelfde hand moet kunnen aanraken. Ellie kon dat niet, en ze kan het nu ze in de dertig is nog steeds niet.

Voor de ouders is dat een, bij gebrek aan een beter woord, onuitsprekelijk drama. En voor John al helemaal. Een leven gewijd aan het vermogen om anderen optimaal taal te laten gebruiken stuit thuis op een muur. Gelukkig, "ze is blij in haar eigen woordeloze wereld," maar "er is niets dat je kunt doen."[20] En toch: "Ik heb altijd gedacht dat ik er op een dag in zou slagen om daarin door te dringen. Ik probeer het nog steeds, want je moet nooit opgeven." Daar was het antwoord dat ik zocht, van een optimist tegen alle verdrukking in.

Hij ontdekte dat Ellie's conditie een naam heeft, Angelman Syndroom, genoemd naar de kinderarts die het in 1965 voor het eerst definieerde. John Simpson heeft die term sindsdien toegevoegd aan de Oxford English Dictionary.

***

Taal. Woorden. Iets uitleggen, elkaar begrijpen. We gebruiken taal vaak voor merkwaardige uitingen, al vanaf een heel jonge leeftijd. En niet voor het eerst, verre van, dus probeer in het achterhoofd te houden dat dit een boek over optimisme is. De gebroeders Grimm verzamelden sprookjes, voorleesverhaaltjes voor jonge kinderen. In hun eerste editie stond het sprookje *Hoe kinderen samen slagertje speelden*.[21] Er was eens een vader die een varken slachtte terwijl zijn twee zoons toekeken. Toen de jongens daarna gingen spelen, zei de oudste: "Jij bent een varken, ik ben de slager." Hij pakte een scherp mes en stak dat in de hals van zijn broertje.

Moeder die in huis bezig was de baby een bad te geven, hoorde het gekrijs buiten, rende erop af, trok het mes uit haar kind, ontstak in razernij en duwde het in het hart van de oudste. Daarna haastte ze zich naar binnen waar de baby inmiddels in de tobbe bleek te zijn verdronken. Ze verhing zich uit pure wanhoop. Vader kwam thuis, zag dat zijn hele gezin dood was, en stierf van verdriet. Niemand leefde lang en gelukkig.

Dat was een voorleesverhaaltje voor kinderen. Het werd uit Grimms volgende editie weggelaten, maar veel verschil maakte dat niet. Hun sprookjes bleven wemelen van de gevaarlijke heksen, gemene reuzen, wolven die kinderen opeten, en wraakzuchtige stiefzusters. Zelf herinner ik me uit mijn vroege jeugd een prentenboek over een jongen die tegen het verbod van zijn ouders in op zijn duim bleef zuigen. Er kwam een grote schaar aan te pas en die knipte de duim eraf, in kleur. Bloed overal.

Sprookjes zijn de laatste vijftig jaar opgeschoond. Maar Hans en Grietje hebben nog altijd een rottige stiefmoeder die hen in het bos achterlaat, en de heks wil Hans nog steeds opeten. Klein Duimpje vecht onverminderd op leven en dood met een reus die per ongeluk zijn eigen dochters doorslikt. En Assepoester wordt thuis nog altijd gepest. Ongeacht welk voorleesverhaal je tevoorschijn haalt, het gaat over kinderen die een onmogelijke uitdaging te boven moeten komen.

Kinderen luisteren ademloos, al op heel jonge leeftijd, en willen de verhalen eindeloos opnieuw horen. Als ze spelen, zie je waarom. Het gaat er wreed aan toe in de kinderkamers, met niet alleen honden maar ook haaien die bijten, ouders die weglopen, benen en armen die breken en moeten worden gespalkt, poppen die ziek worden en boeven die dreigen. Toen mijn eigen dochters klein waren, bestonden er nog geen videospelletjes, maar er werd evengoed piefpafpoef geschoten. En als de oudste politieagentje speelde, was de jongste de dief en die ging onverbiddelijk krikkrakslot achter de tralies.

Net als optimisme is de fantasiewereld van kleuters en peuters sinds jaar en dag voer voor nieuwsgierige aagjes, vooral voor pedagogen, onderwijskundigen en taalwetenschappers. Die kinderfantasieën zijn niet eens zozeer opmerkelijk vanwege de vaak rauwe details van hun inhoud, zoals treinen die over jonge poesjes rijden, een konijntje dat levend verbrandt, jongetjes die met pijl en boog of een kanon hun hele familie uitmoorden, of een jager die drie baby's opeet.[22] Ze zijn vooral opmerkelijk om hun gedeelde rode draad. Jonge kinderen, schreef de Nieuw-Zeelandse pedagoog Brian Sutton-Smith, "vertellen over verdwalen, over gestolen of gebeten worden, over doodgaan, boos worden, de politie bellen, weglopen, of ze vallen uit iets." Ze schetsen een wereld waarin "alles constant verandert, vol anarchie en rampen."[23]

Voorlezen is goed voor kinderen, omdat het helpt om hun taal te ontwikkelen. Maar voor hun fantasiewereld is het nauwelijks nodig. Ze pikken overal om hen heen signalen, beelden, informatie op, en zetten die om in fantasiewereldjes waarin zij zelf de hoofdrol spelen.

Wacht even, klinkt dat bekend?

***

Ik heb dus twintig jaar gewerkt bij een krant, waarvan de helft als hoofdredacteur, als eindverantwoordelijke voor de inhoud. Dat was een periode waarin voorpagina's de aandacht trokken met nieuws over misdaad, ongelukken, seks en voetbal, en met wat de Amerikaanse pers *sob stories* noemt, zielige verhalen. Seks en voetballen omdat iedereen dat kan, misdaad en ongelukken omdat die je zomaar zouden kunnen overkomen, en zielige verhalen omdat, afijn, idem.

Niemand staat er van dag tot dag bij stil, maar uit alle aanbod van informatie om ons heen pikken we consequent de berichtgeving over dingen die verreweg het minst vaak gebeuren. Heus, kijk en luister om je heen, een paar straten verderop heeft een gezin een nieuwe baby, een van je collega's gaat trouwen, je buurmeisje, inmiddels al een jonge vrouw, slaagt voor haar afstudeerproject, je oom en tante maken een cruise, je club heeft gisteren gewonnen. Er is overal leuk, lief en vrolijk nieuws te zien, te horen en te ondergaan zo ver als het oog reikt, oneindig veel meer en vaker dan wat er niet goed gaat. Goed nieuws accepteren we als normaal en vanzelfsprekend, terecht, want dat is het ook. In plaats daarvan massa-consumeren we slecht nieuws. We vergapen ons aan berichten over frontale aanrijdingen, moord, diefstal en schietpartijen.

Waarom doen we dat? Niet omdat we collectief blind en stupide zijn. We kunnen er pessimistisch van worden, maar dat is niet de reden. We doen het om dezelfde reden waarom we kleine kinderen voorlezen over verdwalen, verliezen en vermoorden, dezelfde reden waarom die kinderen zelf spelletjes spelen boordevol horrormotieven. We doen het immers ook als we een boek lezen of naar een film kijken. Dan begeven we ons in een fictieve wereld die ons in werkelijkheid niet overkomt, nu niet en hoogstwaarschijnlijk nooit niet, maar het helpt ons om te doen alsof. Daar groeien we door, we worden er steviger van. We leren, "zonder het torenhoge prijskaartje te hoeven betalen dat eraan vast zou zitten als we de ervaring in het echt zouden moeten beleven."[24]

Vraag een kind wat ze later worden wil, en ze zegt: dokter, astronaut, moeder, brandweervrouw. Nooit zegt er eentje: niks, want ik word ziek of ik ga dood in een brand of ik word op een dag opgegeten. De enge sprookjes en het griezelspelen met andere kinderen maken van geen enkel kind een pessimist. Vraag aan jou nadat je Matt Damon op Mars hebt zien verdwalen of nadat je hebt weggekeken toen de kettingzaagmoordenaar in Texas tekeer ging, of je daar voortaan zelf ook bang voor bent, en je zegt: nee.

Niemand die leest over een fatale kettingbotsing weigert daarna zelf in de auto te stappen. Niemand die beelden ziet van een neergestort vliegtuig ergens ver weg verandert de eigen vakantieplanning. In 2014, het jaar waarin op 17 juli vlucht MH14 van Amsterdam naar Kuala Lumpur boven Oekraïne met een Russische raket werd neergehaald, stapten meer mensen op Schiphol in een vliegtuig dan ooit tevoren, 55 miljoen. In 2015 groeide dat aantal naar 58 miljoen, een jaar later gevolgd door 63 miljoen passagiers.[25]

***

Als ik je de hierna volgende cijfers laat zien, reageer je in eerste instantie misschien met ongeloof. Maar het is echt waar, we zijn met z'n allen tot in de details tegen het licht gehouden, en als je jouw eigen doorsnee dag onder de loep neemt, dan kan je het zien. We dagdromen. Eindeloos. Over van alles en nog wat. Over wat we gisteren hadden moeten zeggen of doen in plaats van wat we echt deden. Over hoe iets verkeerd ging, en de diverse manieren waarop dat achteraf beter had gekund. Over een succes en hoe dat tot stand kwam. Over een dreigend conflict op het werk, en hoe dat te benaderen. Over ons huwelijk, over de kinderen, over andermans huwelijk. Tenzij we actief bezig zijn met iets dat concentratie vergt, wandelt ons brein langs een eindeloze reeks werkelijke of verzonnen scenarios.

De gemiddelde duur van zo'n dagdroom is kort, veertien seconden, daarna associeert de gedachte naar een andere scene. We hebben er ruwweg tweeduizend, elke dag. Dat is bijna acht uur, dag in dag uit, zowat eenderde van je leven. Het restant breng je door terwijl je geconcentreerd functioneert, in het nu, of je slaapt, en ook dan droom je. Je dagdroomt alsof je figureert in een film, mooi, romantisch, spannend, waarin alles uitkomt wat je stiekem graag zou willen. Of het is een neutrale rolprent, over boodschappen die nog moeten worden gedaan, of wanneer je de was in de droger denkt te gaan stoppen, dan wel een enge film waarin van alles misgaat. Je hoofd, je brein laat dat gebeuren, immers niets is echt waar. Want, in de woorden van taalexpert Jonathan Gottschall, "hoewel ons lichaam altijd gevangen zit in het hier en nu, gaat de fantasie vrijuit z'n gang in ruimte en tijd."[26]

We doen dat om precies dezelfde reden die jonge kinderen laat zwelgen in het spelen van hun spelletjes boordevol gevaar, dreiging, heldenmoed en idolen. We oefenen, ons hele leven lang, op hoogst onwaarschijnlijke scenario's. Onze hersenen weten dat. Als je die aansluit op een hersenmonitor, dan zie je hoe de hersencellen met je meeleven. Kijk naar seks, en een hele reeks hersencellen doet eraan mee. Kijk naar een filmscene vol geweld, en een deel van je hersenen reageert alsof het jou overkomt. Maar het heeft geen enkel effect op het volmaakt optimistisch functioneren van je onderbewuste brein. Dat weet, en informeert jou, dat de echte jij ook deze fantasie weer glansrijk zal overleven.

Optimisme is allereerst vertrouwen hebben in de goede afloop. Het is niet de absolute afwezigheid van momenten van pessimisme. Immers, je oefent je hele leven op het beleven van zulke pessimistische momenten, maar ze zijn vrijwel allemaal verzonnen.

5

—————

Het begon met messen en tafelmanieren

* *De geboorte van het optimisme*

Hoe en wanneer begon dat optimisme, en waarom? Het antwoord daarop snijdt hout, letterlijk, en is bovendien eenvoudig in kaart te brengen - ook letterlijk.

Het totale landoppervlak tussen Alaska en de Argentijnse provincie Antarctica, tussen 's werelds noordelijkste dorp Barrow en het zuidelijkste, Ushuaia, bevat bijna éénderde van alle bewoonbare land op aarde, 31 procent. Het is gigantisch. Je kan je er eigenlijk alleen maar een voorstelling van maken door naar een wereldbol te kijken, eentje die de verhoudingen goed weergeeft. Dan zie je Noord- en Zuid-Amerika, de twee continenten die door drie bruggen over het Panamakanaal aan elkaar zijn geniet, en je beseft hoe groot het allemaal is.

Doe je ogen dicht en stel je voor dat al het land binnen die omtrek helemaal bruingroen is, overdekt door gras en veevoedergewas. Er zijn nergens steden, er wonen geen mensen, er is geen New York, Los Angeles, Toronto, Rio de Janeiro of Buenos Aires. Er is alleen maar gras en gewas. Zo groot is het landoppervlak dat we met z'n allen hebben ontbost.

Niet pas sinds gisteren - onze voorouders hebben er tienduizend jaar over gedaan, sinds het einde van de jongste ijstijd. Overgrootopa en oma, en hun eigen opa's en oma's, gebruikten veel hout. Om mee te kunnen bouwen en om er gereedschap van te maken, maar vooral om te stoken en te koken. Hout was energie, en is dat vaak nog steeds. Als ergens geen gas, olie of elektra gemakkelijk voorhanden is, dan kappen mensen bomen die vervolgens in vlammen opgaan[27].

****

Als we het woord "mensen" gebruiken, over wie hebben we het dan? Demografen berekenen elk jaar hoeveel mensen er op de aardbol wonen[28]. In 2020 waren dat er bijna 8 miljard. Schattingen voor de toekomst worden regelmatig bijgesteld, de laatste tijd meestal omlaag. Niettemin houden ze rekening met tien miljard wereldbewoners in 2060. Is dat genoeg, is dat teveel?

Het is maar hoe je ernaar kijkt. Op de universiteit van Oxford zijn ze dol op dit soort data. Acht miljard mensen vandaag, zegt Max Roser van het Our World in Data project, zo'n getal vertelt ons pas echt iets als we ook kijken naar gisteren en morgen. Onze mensensoort bestaat tweehonderdduizend jaar. Dat is de leeftijd van de homo sapiens. Het is een heel erg ruwe schatting, maar de meeste geleerden kunnen zich er in vinden[29]. Ze berekenen dat er sinds de biologische Adam en Eva van onze soort 110 miljard mensen zijn geboren en overleden, plus de acht miljard levenden van vandaag[30].

Dat getal alleen al dwingt tot een pas op de plaats. Jij en ik zijn in deze wereld vooraf gegaan door ruim honderd miljard andere mensen. Dat is driehonderd keer de bevolking van Amerika vandaag. Het is vijfduizend keer de bevolking van Nederland, vijftienhonderd keer Engeland of Frankrijk, vijfentwintighonderd keer Canada, twaalfhonderd keer Duitsland, en honderd keer China of India. Ieder van hen was een individu, net zoveel meisjes als jongens, allemaal hadden ze gedachten, ze kenden hoop en vrees en ze maakten plannen.

Ook al leefden ze maar kort, duizend weken om iets met hun bestaan te doen, of ze werden tachtig zoals wij tegenwoordig en hadden vierduizend weken te gaan, ze maakten plannen tot voorbij hun chronologische horizon. In de woorden van de Britse onderzoeker Oliver Burkeman: "We hebben allemaal het mentale vermogen om oneindig ambitieuze plannen te maken, en niettemin vrijwel geen tijd om ze in daden om te zetten."[31] Dat weerhoudt en weerhield niemand ervan om evengoed zulke plannen te maken. Iedereen droeg bij aan de toekomst van de generaties na hen, ook als ze helemaal niet oud werden en een kinderdood stierven. Dan dreef hun overlijden hun nabestaanden tot het zoeken naar manieren om het leven veiliger en gezonder, en zulk verdriet kleiner te maken.

Waarom begonnen ze pas tienduizend jaar geleden bomen om te hakken, en niet al veel eerder? Antwoord: toen pas slaagden onze voorouders erin om vuur te maken en duurzaam brandend te houden. Ze wisten weliswaar al veel langer wat vuur was, want ze zagen de bliksem inslaan in bomen en in hutten, en sommigen zagen vulkanen vuur spuwen. Ze zagen bossen branden en hun keten en tenten in vlammen opgaan. Ze wisten hoe ze vuurstapels een tijdje brandend konden houden, en hoe je dan een zwijn kon roosteren. Maar zelf vuur maken en voor koken geschikt maken, dat duurde tot na de jongste ijstijd. Wetenschappers hebben dat betrekkelijk nauwkeurig kunnen nagaan via de tanden van opgegraven skeletten.

Er zijn in de hele wereld geen volwassen skeletten zonder tanden gevonden die ouder zijn dan tienduizend jaar. Alle volwassen skeletten die van voor die tijd dateren, hadden tenminste een of twee tanden. Wel zijn er heel oude tandeloze skeletten van kinderen opgegraven[32]. Dat betekent dat wie tijdens z'n jeugd om welke reden dan ook alle tanden verloor, bijvoorbeeld uit vitaminegebrek, die kon niet kauwen en dus niet overleven. Alleen als je tenminste een paar tanden had, had je een goede kans om de volwassenheid te halen. De voeding in de prehistorie bestond uit rauw vlees, uit planten die rechtstreeks uit de grond of van de struik werden getrokken, uit vruchten met vaak dikke schillen en met pitten, uit noten of uit rauwe vis. Het vergde een gebit.

Zodra vuur beheersbaar was geworden, konden mensen ook potten bakken. De eerste kookpotten dateren van tienduizend jaar geleden[33]. Het was een revolutionaire uitvinding. Je dochter van negen die al haar tanden al was kwijtgeraakt, hoefde ineens niet meer van honger dood te gaan. In een pot boven een vuur kookte je water, en daarvan kon je soep maken. Hard vlees, taaie planten, snoeiharde noten, in een soep werden ze zacht en dus drinkbaar. Voor zulke soep waren geen tanden nodig. Plotseling konden jonge mensen zonder tanden volwassen en oud worden. Oud, dat was gemiddeld maximaal 35 jaar. Wie de duizend weken van een twintigjarige haalde, die was al van middelbare leeftijd[34].

Het grote ontwaken was begonnen. Wat bijna tweehonderd millennia lang ondenkbaar was geweest, kon nu opeens. Eieren koken in plaats van slurpen. Een biefstukje bakken, appelmoes maken, kunnen kiezen tussen een warme en een koude hap. Manipuleerbaar voedsel was een luxe van een ongekende orde. De nieuwe, steeds groter groeiende hersenen werkten op volle toeren: wat is er nog meer dat we altijd ondenkbaar achtten? Optimisme was geboren.

∗∗∗

Ik neem het jaar 10.000 voor Christus als vertrekpunt voor de geschiedschrijving van het optimisme. De dames en heren geleerden hebben een soort unanimiteit bereikt over het einde van de laatste ijstijd. Ruwweg twaalfduizend jaar geleden, zeggen ze. We beginnen dus vlak voordat de voorouders vuur brandend konden houden, en derhalve ook voordat de kookpot werd bedacht. De hersenpan was nog niet ontwikkeld, en iedereen liep nog steeds als een wandelend darmenstelsel heen en weer te banjeren.

Maar de ergste last van de ijskou begon te verdwijnen en verdween tenslotte helemaal. Mensen hadden het steenkoud gehad. Ze hadden aan den lijve ondervonden dat alleen zonneschijn onvoldoende was om op temperatuur te blijven. Al helemaal omdat het met bevroren vingers en voeten vaak ondoenlijk was om op jacht te gaan naar dieren met een dikke vacht die ze zelf als bontjas konden aantrekken om warm te blijven. De ene poging na de andere werd ondernomen om vuur duurzaam te beheersen. Het kostte tijd, eeuw na eeuw, maar zodra ze het tenslotte onder de knie hadden, gingen ze meteen op zoek naar de volgende innovatie.

Ze probeerden iets te bedenken dat een kuil kon vervangen, iets dat anders werkte dan zomaar een gat in de grond. Een vuurtje bouwen en gaande houden in zo'n kuil, dat was prima, daar waren ze binnen de kortste keren bedreven in. Maar je kon er geen water in koken. Dat lekte weg en verdween in het zand. Totdat een slimmerik ontdekte dat je in zo'n gat in de grond, met behulp van vuur, klei kon vormgeven en bakken en dat, als het hard en afgekoeld was, water daarin bleef en niet weglekte. Dat was de kookpot, en die veranderde alles.

Vooral voor dat mentale vermogen waarmee de hersenen gedachten, ideeën en plannen maken. Gekookt eten, ongeacht of het soep is voor tandelozen of zacht gekookte aardappels, groente en vlees, heeft een veel minder robuust spijsverteringskanaal nodig. Het afbreken van plantencellen, of pezen in het vlees van een varken, gebeurde voortaan niet meer in de maag en darmen van de eter, maar in de kookpot. Die arbeid is ons lichaam tienduizend jaar geleden geleidelijk gaan uitbesteden. Bijgevolg zijn onze spijsverteringsorganen aanzienlijk geslonken.

Minder darmen vergen minder energie. In het lijf van de mens ging die energie ergens anders naartoe, naar de hersenpan. Daar schuilt twee procent van ons gemiddelde lichaamsgewicht, maar daar verbruiken we twintig procent van onze energie. Ons brein is onze grootste energieverbruiker, twee keer zo groot als het hele traject tussen slokdarm en onderaan de bilspleet[35].

En reken maar dat we met z'n allen die energie goed zijn gaan gebruiken. Optimisme is een combinatie van hoop, geloof en vertrouwen dat we iets duurzaam beters tot stand kunnen brengen dan wat we vandaag hebben. In die twee procent van ons lichaam heeft zich de overtuiging genesteld dat alles groter, verder, sneller, hoger, dieper,

kleiner, meer, minder, gezonder, plezieriger, comfortabeler en veiliger
kan dan we gisteren nog gewend waren.

En dus vonden onze voorouders het mes uit.

***

Het mes is net als koken, braden, bakken en sudderen op vuur
tienduizend jaar oud. Het is een neefje van zijn veel oudere oom, de
bijl. Vuistbijlen zijn heel veel ouder dan het mes, tenminste anderhalf
miljoen jaar, of, zo zegt een Chinese mythe: de bijl is zo oud als de
schepping. Want de reus Pangu stapte uit een kosmisch ei met een
bijl in de hand, en daarmee hakte hij een gat tussen hemel en aarde
om ruimte te maken voor zijn ogen die hij veranderde in de zon en
de maan[36].

Bijlen hebben altijd maar één functie gehad: iets stukmaken, iets
afhakken, iets doormidden hakken. Iets, of iemand, doodhakken. De
vuist werd op den duur vervangen door een steel, wat niet alleen
veiliger was voor de gebruiker, maar ook hakkracht toevoegde door
een hogere snelheid van de inslag. Voor het overige is er aan de bijl
sinds de allereerste dag niets wezenlijks veranderd.

Het mes daarentegen is zo ongeveer de belichaming van verandering. De eerste messen waren van steen, een granietscherf, kwarts,
vuursteen, en wie in een vulkanisch gebied woonde maakte een mes
van lavaglas. Zulke messen waren vlijmscherp, en ze waren breekbaar.
Wat de voorouders zochten en uitvonden, was een mes van metaal,
brons, ijzer en tenslotte staal. Koolstofstaal, roestvrij staal, en vandaar naar titanium en het summum vandaag, molybdeen-vanadium[37].
Dunne messen, grote messen, plat, bol, taps, eenzijdig, tweezijdig, met
of zonder vorktanden eraan.

Een mes moest voedingsingrediënten kunnen ontleden, de huid
van een prooi verwijderen, spieren en pezen kunnen lossnijden. Het
moest kunnen schillen, ontpitten, ontgraten, plakken snijden, steeds
fijner, steeds dunner. Hoe scherper het mes, des te gezonder, beter en
smakelijker de maaltijd. Tienduizend jaar optimisme-geschiedenis is

allereerst het verhaal van tienduizend jaar messen, van koks en keuken-prinsessen die met onvermoeibaar optimisme en niet aflatend succes op zoek bleven naar een steeds betere en steeds efficiëntere voeding, ten gerieve van steeds gezondere mensen in een steeds productievere samenleving.

Maar het is ook een verhaal dat onvermijdelijk snijdt aan twee kanten. Want een mes dat kan voeden kan ook doen bloeden. Het verandert letterlijk in een handomdraai in een steekwapen. De laatste plaats waar je dat wilt zien gebeuren is in de boezem van het gezin, aan de tafel waar iedereen bijeenkomt voor de gezamenlijke daad van de overleving: de maaltijd, eten, het lichaam bijtanken. En dus vonden opa en oma tienduizend jaar geleden al tafelmanieren uit, een etiquette die mettertijd verfijnde en een tweede soort mes teweeg bracht, het tafelmes.

Niets symboliseert de botsing tussen optimisme en pessimisme zo acuut als het keuken- en het tafelmes. Het verlangen om het ene steeds scherper en het andere steeds botter te maken vloeide in beide gevallen voort uit een onuitroeibare wil om almaar gezonder, langer en com-fortabeler te leven. In de hand van de kok kan het mes nooit scherp genoeg zijn. In de hand van de disgenoot moet het ongevaarlijk zijn. Want in ingrediënten snijden is één ding, maar in mensen snijden is taboe. Daarom eten Chinezen en Japanners met stokjes.

Vandaar de tafelmanieren. Spelregels, afspraken, compromissen. Wetten zijn van oorsprong tafelmanieren. Ze getuigen van een breed gedragen optimisme dat, zolang we erin slagen om onze demonen te beteugelen, elke droom op den duur in een daad kan worden omgezet. En ze werken, op grote en piepkleine schaal, elke dag. Wetten schragen ons blindelingse vertrouwen in wat er op de verpakking staat in de supermarkt, in de pillen van de apotheker, en in de werking van de stoplichten.

In alle culturen is wetgeving het uiteindelijke resultaat van wat oorspronkelijk gedragsvoorschriften aan tafel waren, door mensen gemaakte afspraken over het drijfzand tussen voeden en behoeden. Over tafelmessen die steeds botter werden gemaakt, die één snijvlak moesten inleveren, die hun scherpe punt kwijtraakten en vervingen door iets halvecirkelronds of ovaals. Die naast het bord werden neergelegd met de scherpe kant naar binnen gericht. Ze gingen op den duur niet langer een hele maaltijd mee, brood werd gebroken en niet gesneden, kaas kreeg een eigen onschuldig mesje, en fruit ook, van zilver vanwege de zuurgraad in de vrucht.

De enige reden waarom tenslotte, in een relatief laat stadium, in Venetië tijdens de elfde eeuw, naast het mes ook de vork werd bedacht, is dat de regels niet langer goedkeurden dat een hap voedsel op het mespunt naar de mond werd gebracht[38]. Bovendien keek lang niet iedereen met instemming toe hoe aan het hoofd van de tafel het vlees werd beetgehouden door ongewassen vingers terwijl het snijmes de porties verdeelde[39]. Hulde aan de vork, althans zolang men die tijdens niet-gebruik met de bolle kant boven naast het bord legde, met de tanden omlaag.

Elk zwaard, elke lans, degen, harpoen, bajonet, elke kogel, torpedo en raket die een vijandelijk doel doorboort is een afgeleide van het mes. Onze voorouders hadden het al vroeg in de smiezen: als we met z'n allen een toekomst willen hebben, dan moeten we dat grondig afspreken. Redelijke mensen kunnen onderling van mening verschillen hoe goed of slecht dat door de eeuwen heen geregeld werd, maar de feiten spreken voor zichzelf.

***

Guus was een Amerikaan, maar hij werd geboren in Den Haag. Zijn opa had in Delft gestudeerd, was naar Amerika vertrokken en had het daar tot generaal in het leger van Abraham Lincoln geschopt voordat hij wijnhandelaar werd. Guus Bohlen trouwde met een steenrijke Duitse bruid. Hij liet een zeiljacht bouwen dat hij Germania noemde. Het was geschikt voor oceaanraces die soms wekenlang konden duren, en dat veroorzaakte een probleem dat zulke jachten vaak onderweg tegenkwamen. Als zo'n schip een metalen boeg had, dan begon die op den duur te roesten. Dat ging ten koste van wat ze bij grootvader thuis *smooth sailing* noemden, maar bovendien kostte het handenvol geld. Een geroeste boeg moest al snel weer vervangen worden.

Guus had de werf van zijn schoonvader geërfd. Daar werd naar hartelust geëxperimenteerd met nieuwe legeringen voor staal totdat de bouwers ontdekten dat een combinatie van ijzer, chroom en nikkel, samen met een procentje koolstof, alle roest buiten de deur hield. De term roestvrij staal was geboren, en Guus gaf meteen opdracht om er de boeg van zijn zeiljacht mee te bekleden.

Ongeveer tegelijkertijd deed een andere scheepswerf, in Sheffield, precies dezelfde ontdekking. De combinatie van de drie metalen met een infuus van koolstof bracht iets tot leven in het chroom, waardoor een voor het oog onzichtbare beschermlaag zich rond het staal vormde, een film die aanslag van buitenaf tegenhield. *Stainless steel* noemden ze het in Engeland.

De beschikbaarheid van roestvrij staal bleek een grote stap vooruit in de samenleving. Echte kenners gebruiken liever het woord roestvast, want onder sommige omstandigheden kan alsnog corrosie optreden, bijvoorbeeld als het in aanraking komt met sterk chloorhoudend water - daarom is roestvrij staal in geen velden of wegen te bekennen rond zwembaden. Maar het is perfect voor schepen en voor de bouw. Wolkenkrabbers zitten boordevol roestvrij staal. Vuilcontainers in de buitenlucht ook, en de omhulsels van kerncentrales. Hetzelfde geldt voor keukenaanrechten, omdat drinkwater slechts een minieme hoeveelheid chloor bevat. Roestvrij staal heeft een heel lange levensduur, het is gemakkelijk te bewerken, en bovendien kan het voor de volle honderd procent worden gerecycled.

Maar Harry Brearley van de Thomas Firth & Zonen werf in Sheffield had geen van die toepassingen voor ogen. Zijn opdracht was om betere geweerlopen te maken, zodat ze niet meer zouden roesten. En Guus uit Den Haag heette tegen die tijd Gustav. Hij had de naam van zijn schoonfamilie aangenomen, Krupp. Daar maakten ze van het roestvrije staal kanonnen, en een paar jaar later werden de geweerlopen uit Engeland en de kanonnen uit Duitsland tegen elkaar ingezet tijdens twee achtereenvolgende wereldoorlogen, de dodelijkste krachtmeting sinds de uitvinding van het mes.

Zodra die voorbij was, keken Amerikaanse, Duitse, Engelse, Italiaanse, Russische en Japanse ingenieurs elkaar eens goed aan. Dat roestvrije staal bleek een perfect materiaal. Ze gingen een wedstrijd aan wie het beste roestvrij stalen keukenmes kon maken. Japan won. Voor een gyoto-mes legt zowat elke professionele kok gemakkelijk duizend euro neer, zonder met de ogen te knipperen.

****

Een van de voornaamste onvolkomenheden waarmee de natuur ons heeft opgezadeld, is dat we niets met zekerheid weten over morgen en alle overmorgens daarna. Elke dag gaan we blind de toekomst tegemoet. We vinden dat normaal, we weten niet beter, en neuriën mee met Brian Wilson en de Beach Boys, "God only knows." Maar, religieus of niet, zelfs dat weten we niet zeker.

Misschien weet elk boomblad bij voorbaat dat het al in de komende herfst van kleur gaat verschieten en daarna dood neervalt. Misschien weet de zee dat er elke dag precies evenveel water in, op en boven de aarde zal blijven circuleren, oneindig, en stort ie zich daarom zo zorgeloos op de klippen van de Scilly Eilanden. En waarom hangen de sleutels van mijn helikopter aan de arm van de crucifix-Jezus die ik op een zaterdag voor twee dollar op een veiling kocht - wat weten zij zeker? Het is dezelfde Christus, met de armen wijd, die ook uitkijkt over Rio de Janeiro.

Wat we daarentegen wel weten, is dat er zonder onzekerheid geen optimisme bestaat, omdat er dan geen vraag naar is. Dan is alles zeker, dan ligt het vast, en iedereen en alles weet wat er wel en niet gaat gebeuren. Er is evenmin hoop, want ook hoop is geworteld in onzekerheid. Pessimisme? Misschien, zodra je beseft dat alles onvermijdelijk is.

Maar de werkelijkheid is dat vrijwel niets vast ligt en lag. Daarvoor hebben we het verleden als bewijs. We hebben het dan niet over tornado's of aardbevingen, en ook niet over pandemieën of ijstijden. Die overkomen ons, daarin hebben we vooralsnog niets te kiezen. Nee, we hebben het over kruispunten in de tijd, over kantelmomenten met opties waaruit mensen wel degelijk konden kiezen, gisteren, honderd jaar geleden, duizend jaar. En het is juist de geschiedenis van al die kruispunten, van al die keuzemomenten, waarop hoop en verwachting zich van oudsher baseren. Met name - en dit klinkt op het eerste gehoor bijna pijnlijk tegenstrijdig - de geschiedenis van momenten die totaal verkeerd uitpakten.

Dit gaat gevoelsmatig in tegen alle intuïtie, en al helemaal tegen het oer-evangelie dat alles is voorbestemd. Maar de feiten spreken klare taal. Natuurrampen en ongeneeslijke ziekten buiten beschouwing gelaten, is verreweg het overgrote deel van alle gebeurtenissen en hun gevolgen, zowel goed als slecht, vermijdbaar geweest. Anders gezegd: ze hadden net zo goed een andere kant op kunnen kantelen. Dat gebeurde niet, en voor de loop van de geschiedenis is dat het enige dat telt. Maar het simpele gegeven dat andere uitkomsten realistisch voorstelbaar waren heeft voor de geschiedenis van het optimisme steevast alle verschil van de wereld uitgemaakt.

Verreweg de meeste momenten, gebeurtenissen en gevolgen zijn of waren te voorkomen, in de zin dat ze anders hadden kunnen aflopen. Telkens als er een keuze tussen twee of meer opties is, worden de effecten van elke niet-gemaakte keuze vermeden. Soms is dat goed, soms niet, maar hoe dan ook, bijna niets ligt onvermijdelijk vast. Dat is goed om te weten als de volgende keer een soortgelijk moment aanbreekt. Want als het de vorige keer totaal misging, dan is straks wellicht een ander en beter resultaat haalbaar.

Over wat voor soort kantelmomenten hebben we het hier? Legden ze in de big picture, in het grotere geheel van de tijd, enig gewicht in de schaal voor het traject van de geschiedenis? Wel, maak je stoelriemen maar vast.

Bijvoorbeeld, wat zou er gebeurd zijn als Leo Lojka rechtdoor was gereden in plaats van rechtsaf te slaan? En wat als Napoleon iets langer gewacht had voordat hij troepen naar de Dominicaanse Republiek stuurde? Hoe zou de wereld eruit zien als Guiseppe Zangara een betere kruk had meegenomen in plaats van een wiebelige klapstoel? Om maar te zwijgen van Willem Barentsz. Wat als die niet zo stronteigenwijs was geweest?

Leo was op 28 juni 1914 chauffeur. Hij kende de weg niet, maar hoefde alleen de twee auto's voor hem te volgen. De stad was Sarajevo, zijn passagiers achterin waren aartshertog Franz Ferdinand en diens vrouw Sophie. De aartshertog was niet de eerste de beste. Hij was de neef en beoogde opvolger van de Oostenrijks-Hongaarse keizer Franz Joseph, en die was al hoogbejaard, 83, en ongezond. Nog even, en de neef zou keizer worden.

Eerder die dag was er een aanslag op de troonopvolger gepleegd, met een granaat die naar de auto was geworpen, maar dat ding ketste af en ontplofte onder de auto die achter Leo reed. Het echtpaar bleef ongedeerd en de stoet haastte zich naar het stadhuis. Daar werd besloten dat Franz Ferdinand de reden van zijn bezoek, de opening van een nieuw museum, zou laten schieten. In plaats daarvan zou hij naar het ziekenhuis gaan om de gewonden uit de auto achter hem een hart onder de riem te steken.

Niemand vertelde de chauffeurs in de stoet hoe ze daar moesten komen. De burgemeester zou de weg wijzen. Maar die was op van de zenuwen, want hij was zojuist in het stadhuis uitgekafferd door de aan de dood ontsnapte aartshertog. De burgemeester liet de auto's per ongeluk rijden langs dezelfde plek waar eerder de granaat was gegooid, en sloeg daar rechtsaf, precies waar een van de daders nog op de stoep een boterham stond te eten, stomverbaasd dat zijn doelwit opnieuw langskwam. Leo kreeg de opdracht om te stoppen en om te draaien, hij remde, zette de Gräf & Stift in z'n achteruit, en de motor sloeg af. De 19-jarige dader hoefde alleen nog maar de trekker over te halen. Hij loste het startschot voor de eerste wereldoorlog[40].

***

Of deze: aan het begin van de negentiende eeuw, in het jaar 1800, was het hommeles tussen Frankrijk en de jonge Amerikaanse republiek. Franse schepen overvielen aanhoudend Amerikaanse handelstransporten, en maakten boten en goederen buit met een waarde die opliep tot twaalf miljoen euro, meer dan een half miljard in hedendaagse valuta. Napoleon had tienduizenden soldaten overgevaren naar Hispaniola, het eiland dat half Haiti, half Dominicaanse Republiek is. Het was een rijk eiland, na Engeland de voornaamste handelspartner van Amerika.

De Caraïben waren Napoleons reservetroef, hij beschouwde het als een alternatieve uitvalsbasis voor zijn uitbreidingsstrategie. Spaanse troepen waren al weg uit de Dominicaanse Republiek, Haiti lag eveneens voor het innemen, en Frankrijk maakte zich populair in de regio door zich tegen slavernij uit te spreken. Als Napoleons avontuur op het Europese vasteland averij zou oplopen, dan zou hij in Amerika evengoed nog alle ruimte hebben om zijn Franse vleugels uit te slaan. Louisiana was sinds kort weer Frans grondgebied, nadat Spanje het had teruggegeven. Met voldoende legereenheden viel daar een boel onrust te stoken, in de achtertuin van George Washington, John Adams en Thomas Jefferson.

Maar tegen de tijd dat 1802 aanbrak, arriveerde ook de *Aedes aegypti* op Hispaniola. Dat was een mug, de verspreider van de gele koorts. Een massamoordenaar. Meer dan tachtig procent van de Franse soldaten raakte besmet en ging eraan dood. Binnen een paar maanden was van de Franse stootkracht in het Caraïbisch gebied niets overgebleven, en Napoleon moest kiezen. Het zeeconflict met Amerika op de spits drijven of een deal maken met president Jefferson. Voor voortdurende schermutselingen had hij simpelweg geen soldaten meer beschikbaar, laat staan voor een invasie van Louisiana, en dus besloot hij tot de deal. Napoleon Bonaparte verkocht aan Jefferson een reusachtige lap Franse grond, twee miljoen vierkante kilometer, voor zes cent per hectare[41].

Als de mug het eiland Hispaniola links had laten liggen, dan was daar geen gele koorts uitgebroken. Daarin had Bonaparte op zichzelf niets te kiezen, maar wel had hij zijn troepen later de oceaan over kunnen sturen. Hij had kunnen wachten, er was geen haast bij, hij had de tijd aan zijn zijde. Dan was Napoleons leger daar niet bezweken. In dat geval had het feit dat Louisiana Frans gebied was hem net zoveel recht gegeven om aanspraak te maken op het Amerikaanse continent als de dertien jonge, recent verenigde staten. Het bezit van Louisiana was dan waarschijnlijk te verleidelijk geweest om er niets mee te doen.

Louisiana toen, dat was niet wat vandaag de thuisstaat van New Orleans is. Het omvatte grondgebied van vijftien latere deelstaten, langs de volle lengte van de westoever van de Mississippi, inclusief Missouri, Iowa, Kansas en de Dakota's, helemaal tot in Canada. Met het temperament dat hij toen nog bezat, had Napoleon de jonge Verenigde Staten kunnen binnentrekken, met succes. Dan zou de obelisk in Washington nu het Bonaparte Monument heten, de slavernij zou zestig jaar eerder zijn afgeschaft, en Amerika sprak vandaag Frans.

***

Nogmaals, de relevantie van dit soort voorbeelden heeft niet zozeer betrekking op wat er in werkelijkheid gebeurde, maar op het besef dat er andere uitkomsten hadden *kunnen* zijn geweest. Alternatieve resultaten waren reëel voorstelbaar. Chauffeur Leo had moeten, en kunnen, worden verteld om in Sarajevo een andere route te nemen, en dat was nota bene ook de bedoeling. Napoleon had zijn marine op een later moment naar de Caraïben kunnen sturen. Het menselijk optimisme heeft door de geschiedenis heen altijd baat gehad van wat-als voorbeelden, vooral in situaties die slecht afliepen. Want als slechte uitkomsten niet automatisch ook de enig mogelijke uitkomsten waren, als levensvatbare alternatieven redelijkerwijs ook hadden kunnen plaatsvinden, ook al gebeurden ze niet, dan loopt de volgende keer wellicht anders, en beter, af. Optimisten hebben zich altijd aan die strohalm vastgeklampt, ook in de moeilijkste omstandigheden. Mettertijd heeft dat hen geholpen om van de wereld een dramatisch betere plek te maken.

Hier is nog een ander voorbeeld dat tot nadenken stemt, het tegenovergestelde van wat er negentien jaar eerder in Sarajevo gebeurde. Het was 1933 en de Italiaanse immigrant Giuseppe Zangara woonde al tien jaar in Amerika. Hij was een metselaar, maar begin jaren dertig in de vorige eeuw viel er met een totaal ingestorte economie in de bouw geen stuiver te verdienen. Zangara werd er haatdragend van. In november 1932 was Franklin Roosevelt tot president gekozen. Dat veranderde niets aan Zangara's pessimisme. De Roosevelts waren een rijke familie, en in zijn ogen was de Grote Depressie de schuld van alle rijkaards. Op 15 februari 1933, twee weken voordat Roosevelt de ambtseed zou afleggen, kwam de aanstaande president naar Miami Beach. Dat trof. Giuseppe was daar ook. Hij ging Roosevelt doodschieten.

Dat plan werd echter in de kiem gesmoord zodra hij zijn klapstoeltje uitvouwde. Zangara was kort van stuk, hij mat slechts anderhalve meter. Om over de mensen op de stoep heen Roosevelts auto te kunnen zien, moest hij een stap hoger staan. Zodra hij zijn pistool richtte begon zijn stoel te wiebelen. Giuseppe Zangara loste zes schoten. Vier omstanders raakten gewond, hij miste Roosevelt, en raakte in plaats daarvan diens medepassagier, de burgemeester van Chicago. Die werd dodelijk getroffen.

Wat als het die dag Roosevelt was geweest die werd vermoord? Hij stond aan de vooravond van een presidentschap dat twaalf jaar zou duren. Gedurende die tijd bestreed hij met succes de Depressie en leidde hij Amerika en de wereld door de tweede wereldoorlog, op fronten in Europa en Azië. Als Zangara hem om het leven had gebracht, was de aanstaande vice-president John Garner uit Texas president geworden. Die was voor een terughoudende overheid, tegen ingrepen in de Depressie, tegen deelname aan de oorlog. De wereld zou er faliekant anders hebben uitgezien, als metselaar Zangara een stevig trapje had meegenomen in plaats van een wiebelstoel.

***

De geschiedenis hangt aan elkaar van onwillekeurige keuzen, en van toevalstreffers en -missers. Gebeurtenissen die grote opwinding veroorzaakten bij de mensen die het aanging. Als het in de zomer van 1845 in Ierland niet drie weken lang onafgebroken had geregend, zou er geen aardappelziekte zijn uitgebroken. Dan was er geen massahonger ontstaan, en een miljoen Ieren zouden in leven zijn gebleven[42]. Als Julius Caesar zich niet had laten verleiden toen Cleopatra, 21 jaar oud, uit een tapijt rolde, lag het voor de hand dat ze na zijn dood Marcus Antonius met rust had gelaten en daarna dus ook van haar fatale flirt met keizer Augustus had afgezien. Dan was Egypte nog een tijdlang een machtig rijk gebleven en, belangrijker nog voor de rest van der wereld, dan zou het een imposante bijdrage hebben geleverd aan de wereldliteratuur. Egypte liep voorop met de kunst van het schrijven, want het maakte als eerste gebruik van papyrus, een plant die toen uitsluitend in Egypte groeide[43].

We hadden het eerder over het echtpaar Wilson, waarvan de bruid haar bruidegom inprentte dat hij zo ongeveer Jezus' plaatsvervanger op aarde was, met alle funeste keuzen van dien aan het einde van de eerste wereldoorlog. Tegen de tijd dat Woodrow in 1921 werd opgevolgd, was het al te laat om het onheil af te wenden, maar dat pleit de opvolger zelf evenmin vrij - niet in het kader van wat-als. Immers, als senator Warren Harding in 1916 geen ijlbrief aan z'n buurvrouw had geschreven, dan was hoogstwaarschijnlijk hij, en niet Wilson, dat jaar president van Amerika geworden. De buurvrouw chanteerde hem met zijn liefdesbrieven want ze wilde dat hij voor haar koos, en niet voor het Witte Huis. Harding schreef haar gauw dat ze haar zin kreeg, hij stelde zijn kandidatuur met vier jaar uit, en dat was een jammerlijke beslissing[44].

We navigeren nog steeds van historische gebeurtenis naar gebeurtenis, nog steeds in antwoord op de vraag wat de draagwijdte was van momenten die net zo goed een andere kant op hadden kunnen kantelen: "Legden ze enig gewicht in de schaal?" Gebeurtenissen die onderstrepen hoe vermijdbaar de schijnbaar onvermijdelijke voorvallen in feite waren, en hoe het menselijk optimisme dat altijd heeft aangevoeld. Hier, nog eentje:

Bestuurders van de Italiaanse stad Genua verboden in de middeleeuwen christenen om geld te wisselen en leningen te verstrekken, laat staan tegen een rente. Burgers met een ander geloof werd het oogluikend toegestaan, maar alleen buiten op straat en in de volle openbaarheid. Joodse handelaren maakten van die mogelijkheid gebruik. Ze namen plaats op een marmeren bank op het kerkplein en voorzagen andere zakenlieden van leningen. Als niemand die regel in Genua had uitgevaardigd, of als de handelaren ergens anders waren gaan zitten, in een park, op een stoel, of op de voorplecht van een schip, wie weet of we dan vandaag een parkrekening, een stoelpas of een plechtsaldo zouden hebben.

Dat is op zichzelf onschuldig genoeg, maar in Frankrijk werd tussen de twee wereldoorlogen een bedrag van tussen de vier en vijf miljard euro van de bank gehaald. Daarvan bouwde André Maginot langs de Franse grens met Duitsland ruim honderd militaire forten, met tussenafstanden van vijftien kilometer, elk zwaar bewaakt en bewapend. Adolf Hitler zou het wel uit zijn hoofd laten om die verdedigingswal aan te vallen, beweerde Maginot. Hij kreeg gelijk. Hitler liet de wal met rust. In plaats daarvan trok het Duitse leger via Nederland en België om de Maginot-linie heen en stond het in een mum van tijd in Parijs. Wat als defensieminister Maginot nog een bedrag van de bank had gehaald, en een tweede linie had gebouwd, langs de Belgisch-Franse grens[45]?

Op geen van deze vragen weet iemand het antwoord, deels omdat ze toentertijd niet werden gesteld. Maar elk had te maken met een gemaakte of nagelaten keuze, en hoe dan ook, een nagelaten keuze is ook een keuze. Met ver reikende gevolgen. De honger in Ierland leidde per saldo tot een van de meest succesvolle emigratie-uittochten in de geschiedenis, Cleopatra, dochter van een incesthuwelijk en zelf de bruid van haar twee broers, werd onsterfelijk populair en er kwam op slag een einde aan Egypte's ongezonde incesttrouwerij. En uit de puinhopen van twee wereldoorlogen rees een Frans-Duitse vriendschap op die de hoofdoorzaak werd van een welvaart zoals Europa die nooit eerder heeft gekend.

Het initiatief van Frankrijk en de Benelux-landen om in 1951 een samenwerking met Duitsland en Italië aan te gaan, zes jaar eerder nog doodsvijanden, mondde uit in wat vandaag een unie van zevenentwintig landen is. Het is de beste waarborg tegen geweld op een continent dat eeuwenlang het meest gewelddadige in de geschiedenis was.

6

De vervalste Vermeer

Pessimisme heeft een nabije horizon, zoals een landschap met bergen de horizon dichterbij brengt. Stijg erboven uit, en het perspectief wordt wijder. Je ziet meer, en je ziet proporties. De aanslag op Franklin Roosevelt in februari 1933 deed iedereen schrikken. De geschiedenis kantelde, net als het verkeerd gekozen stoeltje van de dader, in beide gevallen de goede kant op. In Sarajevo, in het postkantoor van de Amerikaanse Senaat en op de grens met de onneembare Franse forten kantelde de geschiedenis eveneens, de verkeerde kant op, met een wereldrecord aantal oorlogsslachtoffers als gevolg.

Die zijn bezwaarlijk met optimisme weg te redeneren, deels omdat de herinnering te vers is. Maar voorzichtigheid is geboden. Er bestaat een brede consensus onder historici dat de Amerikaanse burgeroorlog van anderhalve eeuw geleden, die meer Amerikaanse levens eiste dan de twee wereldoorlogen bij elkaar, het effect had van een kolossale en broodnodige grote schoonmaak. Nadat voor- en tegenstanders van de slavernij hun diepe meningsverschillen eenmaal hadden uitgevochten, met de bevrijding van vier miljoen slaven als resultaat, brak in het hele land een explosie van productiviteit en innovatie uit. Amerika was binnen vijftig jaar de grootste economie van de wereld, en is dat sindsdien gebleven.

En Willem Barentsz? Die was zo eigenwijs dat hij op 18 mei 1596 ondanks twee mislukte eerdere pogingen opnieuw vanaf Vlieland op zoek ging naar een vaarroute door het ijs. De handelsroutes naar en van Azië liepen allemaal via het zuiden, duurden vaak maanden en kostten handenvol geld. Via het noorden, veronderstelden Barentsz en zijn tijdgenoten, zou het veel kouder zijn, maar ook korter en goedkoper.

Elke poging tot dan toe was afgestopt door pakijs, ongeacht in welke maand van het jaar. Nova Zembla, Spitsbergen en Jan Mayen waren bereikbare plekken, maar daarna was er alleen maar ijs, onpasseerbaar. Barentsz probeerde het evengoed opnieuw, vastberaden om de doorvaart te vinden, want als hij zou slagen, dan zouden Hollandse kooplieden hem schatrijk maken. Maar het mislukte ook die derde keer, en na vier maanden versplinterde het kruiende ijs zijn schip. Willems bemanning bouwde van het hout een noodwoning op Nova Zembla, waarin ze samen de winter doorbrachten, Het Behouden Huys. De restanten werden gebruikt om een sloep te maken, en toen de winter voorbij was, roeiden ze weer weg, op zoek naar een toevallig passerende boot. Die vonden ze, maar toen was Willem Barentsz al dood, scheurbuik.

Aansluitend werd een Engelsman door zijn Amsterdamse opdrachtgevers de grote plas op gestuurd, op zoek naar zo'n noordelijke route, maar die dacht: bekijk het maar. Henry Hudson kende het Barentszavontuur, had geen zin in een stukgebroken schip, laat staan in scheurbuik, veranderde van koers en belandde bij wat nu New York is. Hij ontdekte daar de monding van een brede rivier die vandaag zijn naam draagt, voer stroomopwaarts, en vanaf daar begon het reusachtige succesverhaal van Amerika. Het eilandje dat hij vlak voor de rivier rechts passeerde, nu Nantucket, werd kort daarop in kaart gebracht door Adriaan Block uit de Amsterdamse Oude Waalstraat. Die doopte het Vlieland.

Hudson was een optimist, en ontegenzeggelijk ook een realist. Barentsz was stellig ook een optimist, maar veel meer geneigd tot wishful thinking. Het zou nog drie eeuwen duren voordat iemand er eindelijk in slaagde om met succes een doorvaart langs de noordelijke route te voltooien[46].

***

Laten we die paradox van realisme ten opzichte van wishful thinking eens wat dichter onder de loep nemen. Terug naar onze eeuw, met de helikopter, naar zesentwintig breedtegraden onder de evenaar. Daar ligt Chañaral, volmaakt afgelegen aan de kust van Chili, aan de rand van de Atacama-woestijn. Het is geen badplaats. Zand en zee zijn vervuild door het afval van kopermijnen, en iedereen laat het uit z'n hoofd om er te pootjebaden. Het heeft een landingsbaan. Daar zetten wij op 22 juni 2007 de helikopter aan de grond. We moesten bijtanken.

Het *Aeropuerto de Chañaral* bleek verlaten, gesloten, opgeheven. Jongens waren aan het voetballen op de runway. Wij landden op een gebarsten helipad, twee van ons hielden de voetballers bij de helikopter vandaan, de ander ging polshoogte nemen in het dorp. Chañaral ligt aan wat plaatselijk Route 5 wordt genoemd. De meeste mensen kennen die tweebaansweg als de Pan American Highway, een route van ruwweg 30.000 kilometer die met onderbrekingen loopt van het noorden van Alaska naar het zuiden van Chili en Argentinië. Het is de langste straat ter wereld.

Om die reden heeft Chañaral een tankstation. De Highway daar wordt hoofdzakelijk gebruikt door vracht- en busverkeer tussen Iquique bij de grens met Peru, 800 kilometer noordwaarts, en de hoofdstad Santiago, duizend kilometer naar het zuiden. Het Shellstation heeft parkeerruimte voor bussen en vrachtwagens. De eigenaar heette Marco, hij sprak vloeiend Engels, want hij had een jaar in Nieuw Zeeland gewoond, zei hij. We mochten de helikopter op zijn terrein neerzetten. Dan konden we meteen mooi de tank vullen met tweehonderd liter van zijn benzine.

Robinson-helikopters vliegen net als kleine vliegtuigen normaal gesproken op een speciale brandstof met een hoog octaan- en een laag loodgehalte. Als die niet beschikbaar is, zoals die dag in Chili, dan krijg je de motor ook aan de praat met loodvrije autobenzine van een lager octaangehalte, zolang er maar geen ethanol aan is toegevoegd. Dus zei ik ja tegen het aanbod, en we vlogen van het lege vliegveldje naar het pompstation een paar honderd meter verderop. Marco bouwde meteen met plastic linten en oranje tonnen een afrastering rond de helikopter. Het was eind juni, winter beneden de evenaar, en de zon zakte. We besloten de nacht door te brengen in de plaatselijke herberg. Marco beloofde een continue bewaking van de Robinson. Ik geloofde hem.

Wishful thinking? Zeker weten bestaat niet, dus ik moest een keuze maken. De slechtst mogelijke uitkomst was: dit wordt het einde van de recordpoging. In het ergste geval zou iemands auto midden in de nacht bij een pomp in brand vliegen en het vuur zou overslaan naar de helikopter. Of iemand anders zou over Marco's plastic afzetting stappen en het toestel beschadigen. Ik achtte beide kansen klein genoeg om er niet wakker van te liggen, maar zelfs als ik dat allemaal verkeerd inschatte, dan nog had ik alleen maar een helikopter verloren. In dat geval moest de crew met de bus naar Santiago, met het volgende vliegtuig naar huis, en dan moest ik het daar uitvechten met de verzekeraar.

Dat was het negatiefste scenario, en er viel mee te leven. De beste uitkomst was dat er helemaal niets verkeerd zou gaan, en dat we de volgende ochtend bij daglicht gewoon weer zouden opstijgen. De optimist in mij koos voor de beste uitkomst en besloot de helikopter langs de kant van de weg te laten staan onder de hoede van iemand anders die ik niet kende en nooit eerder had ontmoet. Het zou best kunnen dat ik het volledig bij het verkeerde eind had. Wie weet, misschien had ik een hopeloze bui van wishful thinking.

***

Ik zou bepaald niet de eerste zijn, verre van, en voor een in het oog springend voorbeeld hoefde ik alleen maar dicht bij mijn herinnering te blijven. In mijn Gooise krantenjaren reed ik in Bussum vaak over de Brediusweg. Abraham Bredius en zijn ouders woonden vroeger in Bussum. Op een dag kreeg Bram bezoek van een advocaat die hem een schilderij liet zien. Bredius gold als kunstkenner, en in het bijzonder als een Vermeer-expert. De advocaat zei: "Mijn cliënt denkt dat dit een echte Vermeer is. Het heet *De Emmaüsgangers.*" In 1937 was Bredius al 82 jaar oud, maar toen hij nog een jonge vent was, had hij een heel stel valse Vermeers ontmaskerd. Hij beschouwde zichzelf nu als gepensioneerd. Zijn laatste boek, over tweehonderd vervalste Rembrandts, was af en lag in de boekwinkels.

Bram Bredius had niet veel tijd nodig. Hij controleerde of het onderliggende doek uit de zeventiende eeuw stamde, of de verf na driehonderd jaar uitgedroogd en hard was, en of de details klopten: de pointillés op het brood, net als het brood op Vermeers Melkmeisje, de vaas die een en al Gouden Eeuw ademde, het hele tafereel zoals de Italiaanse meester Caravaggio het zou hebben geschilderd. Bredius vermoedde zijn leven lang al dat Johannes Vermeer in Italië was geweest en daar korte tijd bij Caravaggio in de leer was geweest. En dan de verf zelf, met al die oude barsten erin. De Vermeer-kenner was diep onder de indruk. Dit was een echte Vermeer. Een vroege, toen de schilder in het begin van zijn carrière nog bijbelse taferelen maakte. "Ongerept," zei Bredius[47].

Het was een vervalsing. Het Boijmans Museum in Rotterdam betaalde er een half miljoen guldens voor, een waarde van tien miljoen euro nu. Niemand had in de gaten dat de verf bewerkt was met phenol formaldehyde. Als je dat verwarmt, twee uur lang, op een temperatuur van 105 graden, dan wordt het bakeliet, een vroege vorm van plastic. Wrijf het over jonge verf, en het barst, wordt hard en kurkdroog.

De vervalser heette Han van Meegeren. Die liep in 1945 tegen de lamp nadat in de kunstverzameling van Herman Göring een andere Vermeer werd aangetroffen, met de kwitantie er nog bij. Van Meegeren had het aan Göring verkocht, en hij werd prompt gearresteerd. Geld verdienen aan topnazi's, dat was landverraad, daarop stond de doodstraf. Daarom bekende de vervalser onmiddellijk. Hij draaide het om in zijn voordeel, zei dat hij valse Vermeers had gemaakt om zo Hitlers rechterhand geld af te troggelen, als een verzetsdaad, en terzijde, dat schilderij in Boijmans was ook vervalst. Han van Meegeren werd in een ommezien een held. Hij had de nazi's te grazen genomen, en ook laten zien dat elitaire kunstkenners een stelletje sufferds waren.

De werkelijkheid was heel wat gecompliceerder dan dat[48], en Van Meegeren raakte na zijn dood een flink stuk van zijn heldenstatus kwijt[49], maar de vraag die bleef hangen was: wat bezielde Abraham Bredius? Hoe kon hij, de Vermeer-kenner bij uitstek, een man met zoveel aanzien in de kunstwereld, iemand die niets meer hoefde te bewijzen, hoe kon uitgerekend hij zo'n foute taxatie maken?

Bredius was een optimist, en daar had hij alle reden toe. Hij was in de zeven voorgaande decennia van zijn leven een zelfverzekerde man geworden, overtuigd van zijn eigen capaciteiten. Hij was volledig congruent met de drie aanmoedigingspunten van optimisme: oudere leeftijd, professioneel stevig in zijn schoenen, en veel sociale contacten. Bredius was een man in balans. En in al die decennia dat hij had gestudeerd op het leven van Johannes Vermeer, was zijn vermoeden alleen maar gegroeid dat de schilder meer bijbelse taferelen had geschilderd dan de twee die tot dan toe bekend waren.

Eindelijk lag de kroon op dat vermoeden voor hem op tafel: de ontbrekende schakel in het werk van de meester, de Emmaüsgangers. Een werk van de jonge Vermeer, dus niet gemakkelijk vergelijkbaar met zijn beroemde latere schilderijen zoals dat melkmeisje, het gezicht op Delft of de jonge vrouw met de parel in haar oor, "maar toch op en top een Vermeer," een "meesterwerk." Hij had moeite om zijn emoties in bedwang te houden, schreef hij naderhand.

Abraham Bredius besloot dat het schilderij echt was, omdat hij *wilde* dat het echt was. Wishful thinking. Net als Daniel Kahnemans beleggers op Wall Street, allemaal wishful thinkers. Net als Annie Edsons verwachting dat haar geslaagde duik in de Niagara-waterval haar rijk zou maken. En ook net als mevrouw Jo van Meegeren die thuis de deur opendeed voor de politie. Ze kwamen de woning uitkammen. Of zij zelf had gezien dat haar man vervalsingen schilderde, wilden ze weten.

Nee, stamelde ze met haar rug naar de schoorsteenmantel. Daarop stond het vaatwerk dat ook op een van Van Meegerens valse Vermeers voorkwam[50]. Ze jokte niet. Haar brein wilde geloven dat het niet waar was. Wishful thinking.

***

In het Chileense Chañaral werd de helikopterbemanning de volgende ochtend vroeg wakker. We hadden een vlucht naar Valparaiso voor de boeg, afstand achthonderd kilometer, normaal gesproken een vliegtijd van vijf uur met een onderbreking van een tussenlanding om bij te tanken. De Robinson stond er precies zo bij als we haar hadden achtergelaten, met één verschil. Er liepen gezinnen omheen, ouders met kinderen. Blijkbaar had niemand een helikopter ooit van zo nabij gezien.

Het was zaterdagochtend, de school was dicht, iedereen had ruim de tijd om familiefoto's te maken met de helikopter op de achtergrond. Onze eigen fotograaf Sigurveig hielp hen een handje. Marco kwam uit zijn kantoortje om ons gerust te stellen. Chili kende dat jaar een televisieshow rond een helikopter, zei hij. Die vloog her en der over het land om dorpen met de winnaars van een prijsvraag te verrassen met geld. De inwoners van Chañaral dachten dat wij daarmee uit de lucht waren komen vallen.

Om een helikopter te laten opstijgen volg je een simpele procedure. Je verwijdert alle obstakels, houdt omstanders op een afstand, start de helikopter, volgt een checklist om je ervan te vergewissen dat alles naar behoren werkt, laat de rotorbladen op volle snelheid draaien, en dan pik je het toestel op van de grond tot een meter hoogte, in een *hover*. Je kijkt nogmaals goed om je heen, en je bereidt een *maximum performance take-off* voor, recht omhoog totdat je boven de omliggende bouwwerken en bomen bent. Dan duw je de neus omlaag, en je begint je voorwaartse vlucht.

Ik verwijderde Marco's plastic linten en de plastic tonnen, schoof vuilnis aan de kant want anders zou dat opwaaien en in de rotor terecht kunnen komen, en gebaarde omstanders om op een afstand te blijven. Ik bleef in de buurt van de staartrotor die, omdat die zes keer zo snel draait als de twee grote bladen, een onvoorzichtig mens in gehakt kan veranderen. Alles was in orde.

Je start een helikopter zoals een auto, met een sleuteltje en een accu die via een startmotor een vonk naar de brandstof stuurt. We waren inmiddels zeven weken onderweg en hadden het toestel meer dan honderd keer opgestart. Maar het was een vrieskoude nacht geweest, de olie in de cilinders was dik als stroop, en accu's hebben weinig geduld in de kou. Op piloot Stephans vierde poging volgde een harde knal, en daarna niets meer. De startmotor was in tweeën gebroken. Er was geen schijn van kans dat we die dag Chañaral zouden verlaten.

7

De uitvinding die alles anders maakte

* *De grote kloof tussen optimisme en pessimisme*

Of een glas half vol is of half leeg, hangt vaak nauw samen met een unieke vorm van snelheid - de snelheid van verandering. Verandering in de samenleving, maar ook in het leven van de individu. Snelle veranderingen hebben de neiging om mensen rusteloos te maken, en onzeker over wat ze te verwachten hebben. Dat heeft een effect op het evenwicht tussen optimisme en pessimisme, in het bestaan van mensen afzonderlijk maar ook als groep, als samenleving. Om een indruk te krijgen van hoe dit zich in de loop van de achterliggende tien millennia heeft voltrokken, beschouw in gedachten die hele periode als een atletiekbaan van honderd meter lang. Dat is normaal gesproken een baan voor sprinters.

De startlijn is het moment waarop onze prehistorische voorouders de kookpot en het mes uitvonden. De finishlijn is vandaag. En wat je ziet is het tegendeel van een sprint. Tussen start en finish gebeurt vrijwel niets. De atleten rennen niet, ze wandelen nauwelijks, ze schuifelen. Millennia lang regeren slechts twee tempo's, de snelheid van de wind en die van het paard. De wereld rondom de opeenvolgende generaties staat zo goed als stil en verandert nauwelijks.

Paarden bepaalden over land de maximale afstand van een dagreis. Ze werden zesduizend jaar geleden voor het eerst getemd, nabij de Zwarte Zee, vrijwel tegelijkertijd met de uitvinding van het wiel. Goederen en ideeën werden te paard verspreid. Er waren ook ezels en runderen, en hier en daar de rug van een kameel of een olifant, maar van Homerus tot Karel de Grote tot George Washington had iedereen dezelfde gemiddelde snelheid ter beschikking. Over water was het niet anders. De wind bepaalde de snelheid van een schip. Vijfennegentig meter van de honderd gaat op onze atletiekbaan alles en iedereen nagenoeg gelijk op.

Alhoewel, even was er een korte opleving, ter hoogte van paal tachtig. Toen vonden de Romeinen cement en beton uit. Een combinatie van zand en een speciaal soort kalksteen die te water werd gelaten loste niet op maar werd keihard. Dat had tijdelijk grote gevolgen. Het Pantheon met het koepeldak van beton van toen staat vandaag nog steeds recht overeind. Echter, van groter belang: met cement konden de Romeinen aquaducten bouwen en daarmee vervoerden ze water over land. Ze konden ineens ook moderne aanlegsteigers maken en dat leidde tot nieuwe handels- en transportmogelijkheden. In het Rome van tweeduizend jaar geleden heerste een alleszins redelijke mate van welvaart, en meteen ook een besef van de snelheid van tijd: van de Puniërs in Catania op Sicilië werd een zonnewijzer gejat, de uitvinding van de klok.[51]

Maar het Romeinse rijk stortte in elkaar en het recept voor cement raakte letterlijk zoek en bleef 1300 jaar onvindbaar. Lange tijd stagneerde overal in de westerse wereld de economische groei, omdat niemand in staat was om de infrastructuur na te bootsen die in Rome zo succesvol was geweest. Er waren hier en daar late uitschieters, met name Nederland en delen van Engeland, voornamelijk omdat beide landen van nature goed bevaarbare waterwegen hadden[52], en we zullen verderop zien waarom vanaf eind vijftiende eeuw reders en bankiers goud geld begonnen te verdienen. Maar het duurde tot rond het jaar 1820 voordat de productie van cement en beton werd herontdekt.

Dat gebeurde vrijwel tegelijkertijd met de geboorte van de trein. Vader en zoon Stephenson bouwden in Engeland een locomotief en vervoerden op één dag vijfhonderd passagiers en een vracht steenkool over een afstand van veertien kilometer. Aanvankelijk reden nieuwsgierige boeren te paard links en rechts van de rails mee, maar dat konden ze al snel niet meer bijhouden. De trein bereikte onderweg een snelheid van 38 kilometer per uur, een wereldrecord. Een menigte van tienduizend mensen wachtte de eerste passagierstrein op bij het eindstation. Het nieuws verspreidde zich snel, wereldwijd.

Dat kon omdat bij paal vijfennegentig van onze honderd meter

lange atletiekbaan voor het eerst een sprint was getrokken. Halverwege de vijftiende eeuw vonden, onafhankelijk van elkaar en vrijwel simultaan, goudsmit Johan Gutenberg uit Mainz en Laurens Janszoon, een koster in Haarlem, de drukpers uit. Er bestaan aannemelijke verhalen dat iemand in China zoiets al eerder had bedacht, maar waar of niet waar, het was de Europese gebeurtenis die verreweg de grootste draagwijdte kreeg.

Niet dat er geen teksten op schrift bestonden; die waren tegen die tijd al duizenden jaren in omloop. Handelaren hielden kasboeken bij, met rijtjes van debet en credit. Anderen legden verhalen vast. Op perkament, op dierenhuid, of gekrast in klei.[53] De stad Alexandrië in Egypte had zelfs een bibliotheek met naar schatting honderdduizend boeken, uitgeschreven op papyrusrollen.[54] Maar bijna altijd gold het oplagen van één exemplaar. Wie een tekst wilde vermenigvuldigen, die moest er met de hand een kopie van maken. Daarom verspreidden ideeën, gedachten, fantasieën en feitelijk nieuws zich met de haast van een slak.

Monniken waren eeuwenlang de drukkers van de wereld. Ze kalligrafeerden kopieën, voornamelijk van bijbels, maar een schrijver kon desgewenst ook voor andere teksten bij hen terecht. De prijs voor vijf bladzijden was een florijn, een gouden munt met een waarde, vandaag, van tweehonderd euro. Een boek met tweehonderd pagina's kostte omgerekend achtduizend euro, per exemplaar. Niet veel mensen lazen in die tijd, hoofdzakelijk omdat ze het zich niet konden veroorloven om te lezen. En toen kwamen plotseling de echte drukkers, mannen die inkt uitsmeerden over paginaramen met letters in hoogdruk, en die daarvan een afbeelding maakten op een vel papier. Prompt kostte een boek met tweehonderd pagina's niet meer dan dertig euro, verkrijgbaar in een onbeperkte oplage.[55]

Dat had onmiddellijke resultaten. Gedachten en ideeën werden draagbaar. Een boek kon verre reizen maken en wildvreemden bereiken, met alle gevolgen van dien. Wie voorheen een gehoor vond ter omvang van de kroeg of het dorpsplein, had nu zomaar een hele menigte tot zijn beschikking, van dichtbij tot ver weg. Monnik Maarten Luther was in 1517 de eerste die daarvan de reikwijdte besefte. Zijn 95 grieven tegen de kerk van Rome werden niet alleen op een kerkdeur vastgespijkerd. Ze gingen ook naar de drukker. Met een geschatte oplage van 300.000 exemplaren ontketende Luther de eerste informatie-revolutie.

Het luidde een verandering in die door velen werd verwelkomd, maar die ook heel veel mensen te snel ging. Bij de beschouwing van de Reformatie wordt altijd eerst gekeken naar hoe machthebbers erop reageerden, de paus, kardinalen, de koning van Spanje, en later de dominees en de politici. Maar zij hadden een belang, vaak ter wille van het behoud of ter verwerving van macht. Gewone burgers, onder wie menigeen die er de voorkeur aan gaf om rooms-katholiek blijven, trapten veelal op de rem om persoonlijke redenen. Het ging te hard, hun wereld veranderde te snel. De uitvinding van de drukpers resulteerde in de eerste grote kloof tussen optimisme en pessimisme.

Zonder dat die reactie van afremmen ook maar enig effect had op wat erna kwam. Want als verandering eenmaal op gang komt, gaat het tempo nooit meer omlaag. Integendeel.

***

Drie eeuwen na Gutenberg en koster Laurens, in 1746, sommeerde kloosterabt Jean-Antoine Nollet in Parijs tweehonderd van zijn kartuizer monniken om in een lange slangvormige rij te gaan staan. Elke monnik hield met de ene hand een acht meter lange ijzeren draad vast die de man achter hem aanreikte, en met de andere hand stak hij een tweede draad uit naar de monnik voor hem. Nollet was niet alleen een eerwaarde, hij was ook een wetenschapper, hij had natuurkunde gestudeerd. Hij was in Leiden geweest en had gezien hoe ze daar elektrische lading konden opslaan in een condensator, in feite een fles water met een elektrode aan de bovenkant. Abt Nollet gaf het de naam *Leidse fles.*

Hij had een stel van zulke flessen aan elkaar geschakeld zodat ze samen een flinke batterij vormden, en die tikte hij aan met het ijzerdraad van de eerste monnik. Alle tweehonderd nietsvermoedende monniken kregen tegelijkertijd een elektrische schok en vielen omver, onder het slaken van niet-kloostertaal. Hun rij had al met al een lengte van anderhalve kilometer. De abt achtte bewezen dat elektriciteit zich met hoge snelheid voortbeweegt.[56]

Tussen Nollet en Samuel Morse die daarna het morse-alfabet bedacht zat pakweg een eeuw. In die periode groeide onder uitvinders de overtuiging dat het mogelijk moest zijn om mensen met elkaar te laten communiceren over een grote afstand, rechtstreeks, zonder tijdverlies. Het geschreven woord, hoe spectaculair ook sinds het kon worden gedrukt en vervoerd, was eenrichtingsverkeer. Meteen kunnen antwoorden, zoals in een conversatie, ongeacht de afstand, dat zou de wereld pas echt op z'n kop zetten.

De telegraaf heette aanvankelijk tachygraaf, naar het Griekse woord voor snelheid, want het ging de eerste onderzoekers primair om het tempo van de verzonden boodschap. Over hoe groot de bereikbare afstand zou zijn, heerste onzekerheid. Abt Nollet veronderstelde dat elektriciteit zich onbeperkt voortplantte, maar al gauw ontdekten anderen dat de spanning onderweg de neiging had om af te nemen. Vandaar dat de vroegste telegrafen slechts gebruik maakten van wat indiaanse stammen rooksignalen zouden noemen.

De eerste telegraaf bestond uit twee gebouwen, twee verrekijkers, een stel houten panelen en twee schriften met codes. De afstand tussen de twee huizen bedroeg vijftien kilometer, en het zicht ertussen was onbelemmerd. De panelen waren aan de ene kant zwart en aan de andere kant wit geverfd. Zo kon de verstuurder van de boodschap, door combinaties te maken van bewegingen met de panelen, letter voor letter vertellen wat hij te zeggen had. De eerste telegrafische boodschap vanuit het Noord-Franse Brûlon luidde: "Als dit lukt, dan word je snel beroemd." De tekst deed er vier minuten over, vijftien keer zo snel als per postkoets.[57]

Binnen de kortste keren verschenen er telegraaflijnen, een reeks stations waarvan er telkens twee binnen verrekijkerbereik van elkaar stonden. Tussen Parijs en Lille stonden er vijftien over een afstand van tweehonderd kilometer, er kwam een lijn tussen Parijs en Straatsburg, gevolgd door voorstellen om er ook eentje naar Amsterdam aan te leggen. Het waren de jaren van Napoleon Bonaparte, hij had er oren naar, maar toen iemand suggereerde om via de stations ook het laatste nieuws te verspreiden, voor de hele bevolking, haakte hij af. De trekking van de nationale loterij, dat mocht, maar alleen omdat dat er dan minder gefraudeerd kon worden, en dat bespaarde de Franse staat een boel geld.

Hoe dan ook, tegen de tijd dat de eerste treinen gingen rijden en de herontdekking van cement de aanleg van gezonde infrastructuren mogelijk maakte, bezat Europa een uitgebreid telegraafnetwerk van stations die met visuele signalen elkaar van informatie voorzagen. Tussen Parijs, Perpignan, Toulon, Amsterdam, Brest en Venetië en via kleinere netwerken rond andere steden gaven bijna duizend telegraafstations aan elkaar de boodschap door dat in het noordoosten van Engeland een trein met vijfhonderd passagiers een snelheid van 38 kilometer per uur had bereikt.

***

Wat we in kaart proberen te brengen zijn de verschillende gradaties van het menselijk vermogen om zich aan te passen aan veranderingen. Hoe we reageren op veranderende omstandigheden, op veranderingen in onze omgeving, op attributen die verandering bewerkstelligen, en op hoe het tempo van het dagelijks leven verandert. Toen uiteindelijk de grote doorbraak van verandering plaatsvond, met de uitvinding van de drukpers, ontketende het de ene golf van ontwrichtende innovatie na de andere, steeds sneller.

Niet iedereen went daar even gemakkelijk aan. Dat gold toen, en het geldt vandaag evenzeer.

De wereld had dus voor het eerst een internet, tweehonderd jaar geleden, bij paal 98. Het feit dat handsignalen weldra vervangen werden door kabels, en letters door morsetekens, en dat tenslotte de gehele wereld onderling in contact kwam via eerst de telegraaf, toen de telefoon, radio en televisie, en nu ook via het internet dat we allemaal sinds drie decennia ter beschikking hebben - dat zijn tot op zekere hoogte details. De periode tussen het eerste telegram, "Als dit lukt..", en de duizend stations die het einde van het paardentijdperk aankondigden was ook dertig jaar. Halverwege concludeerde Claude Chappe, de verzender van de eerste boodschap, dat "...dan word je snel beroemd" niet ging gebeuren. Hij sprong van het dak van het telegrafiegebouw in Parijs.

Claude Chappe was aanvankelijk een optimist in een wereld vol oogkleppen. De achttiende eeuw waarin hij werd geboren kende uitsluitend de elementaire snelheden van het paard en de wind. Mensen waren onkundig van wat er honderd kilometer verderop gebeurde, tenzij ze er een boek over lazen, en op den duur een krant. Maar nieuws was nooit nieuw, want het was al hoog en breed oud tegen de tijd dat het over een afstand werd gedragen. Dat moest anders kunnen, voelde Chappe aan. Er was vast en zeker een manier te bedenken om communicatie te versnellen.

Sam Morse werd geboren in het jaar waarin Claude Chappe zijn eerste telegram verzond. Sam was een portretschilder en hij was vier dagreizen van huis toen hij een brief stuurde naar zijn vrouw Lucretia met als slotregel: "Ik hoop gauw van je te horen." De volgende dag ontving hij een brief van zijn vader met de mededeling dat Lucretia dood was. Tegen de tijd dat hij thuis arriveerde, was mevrouw Morse al begraven.

Hij was ondanks zijn verdriet als weduwnaar net zo'n optimist als Chappe. Morse achtte het denkbaar, en dus in principe mogelijk, dat mensen "in kwesties dichtbij het hart" in staat zouden geraken "om een man op tijd bij het sterfbed van zijn vrouw" te laten arriveren.[58] Hij wist van pogingen om telegrafie te elektrificeren, en hij wist ook dat stroom zich tegen die tijd kilometers ver kon verplaatsen, in een oogwenk. "Als het zonder onderbreking tien kilometer kan afleggen, dan kan ik het ook over de hele wereld laten reizen," zei hij, en hij kreeg het voor elkaar. Zonder ingewikkelde codeboeken. Sam Morse bezocht een drukkerij, 's werelds eerste afstandsdoorbreker, en telde het aantal letters in de letterbakken om te zien welke het meeste werden gebruikt. Vandaar dat de *e* de kortste morsecode kreeg, één punt. De *t* kreeg één streep, en de *j*, de *q* en de *y* werden de langste.

In de eeuw tussen abt Nollet en schilder Morse veranderde veel, en steeds sneller. Claude Chappe dacht dat hij, als de allereerste telegrafist, een soort van controle kon uitoefenen op verandering, en hij had het mis. Tientallen, weldra honderden andere onderzoekers, wetenschappers en uitvinders borduurden voort op het idee van communiceren over afstand, niet zelden onafhankelijk van elkaar. Dat ging Chappe, zelf even korte tijd snelheidskampioen, veel te snel. Hij trachtte op de rem te trappen door her en der officiële erkenning te vragen voor zijn vondst, maar kreeg die niet. Dat maakte hem tot een pessimist. Hij was 41 toen hij een einde maakte aan zijn leven.[59]

***

Sprong voorwaarts naar paal honderd, naar de generatie van nu. Op 19 april 1965 voorspelde Gordon Moore, de latere oprichter van Intel Corporation, dat de productie en het vermogen van computers elk jaar zou verdubbelen. Hij paste na een tijdje die bewering aan en maakte er twee jaar van, maar hoe dan ook, hij kreeg gelijk. Moore had het in het bijzonder over halfgeleiders zoals transistors, maar zijn bewering, sindsdien bekend als *Moore's Law*, beslaat inmiddels de gehele computerwereld. De omvang van wat computers kunnen, en de onderdelen waaruit ze bestaan, breidt zich al ruim een halve eeuw exponentieel uit. Net zoals het aantal wetenschappers, verspreid over de aardbol. Negentig procent van alle afgestudeerde slimmeriken die de wereld ooit heeft voortgebracht, zijn vandaag nog in leven[60]. Negentig procent, en allemaal gebruiken ze computers.

Gordon Moore had er echter net zo goed een terugwerkende kracht aan kunnen geven, met betrekking tot technologie in het algemeen. Want zodra bij paal 98 ineens vol gas werd gegeven, is de wereld onherkenbaar veranderd. Steden- en havenbouw werden gemoderniseerd, en alleen al in Amerika werden achtereenvolgens Chicago, Atlanta, Cleveland, Memphis en Miami uit de grond gestampt. Wie in een stad ging wonen, die maakte zich welbewust afhankelijk van anderen om goederen en diensten verleend te krijgen waarvoor op het platteland elk gezin zelf verantwoordelijk was. De ene reeks van innovaties na de andere was het gevolg. Met alle radicale veranderingen die dat met zich meebracht.

Ik woon in Maine, in het qua oppervlakte grootste kiesdistrict ten oosten van de Mississippi. Bangor is de woonplaats van Stephen King, en zijn spookhuis met het grote hek ervoor, met gietijzeren spinnen en vleermuizen erop gelast, is een trekpleister voor toeristen. King is populair omdat zijn verhalen afleiden van alledag. Alledag, dat bestond in Maine generaties lang uit houtzagerijen, papierfabrieken en vissersboten. Lange vrachtwagens volgeladen met boomstammen, onbeperkt kreeft vangen op zee. Kinderen die in gele bussen naar school werden gereden.

Op het eerste gezicht bestaat dat allemaal nog. Maar een papierfabriek biedt geen werk meer aan een heel dorp. Robots doen de meeste arbeid. Snuffelpalen grijpen in als de grijsgele uitstoot uit de schoorstenen over de schreef gaat. Het laden van boomstammen is goeddeels geautomatiseerd. Chauffeurs worden voorbereid op het besturen van hun vrachtwagen met een lege cabine, vanuit een kamer zonder ramen, vanachter een scherm. Schoolkinderen leren geen rekenen. Ze worden onderwezen in hoe ze dat uitbesteden aan hun mobiele telefoon en hun beeldscherm in de klas. Met een muis en een klik op *enter* kunnen ze ervoor kiezen om Spaans te leren spreken. Of Duits, Japans, of Frans, want Google of DeepL vertaalt hun Engels. En ogen in satellieten houden in de gaten of de kreeftenvisser zich houdt aan zijn straffe vangstbeperking.

Dochter komt thuis om te vertellen dat pa en moe een camera in de deurbel moeten aanbrengen. Daarmee kunnen ze dan ook alle licht-knoppen in huis aan en uit doen. Ze wil een koelkast die waarschuwt wanneer de frisdrank half op is. En aan de kerstman vraagt ze een transseksuele Barbiepop, want dat is de nieuwe Elmo. Haar horloge zegt dat ze vandaag drieduizend stappen heeft gezet. Ze tikt erop en stuurt haar stappenrapport gauw even per email naar haar vriendin-netje. Ze is elf.

In mijn buurt, in het kiesdistrict waar ik woon, het enige in Maine waar Donald Trump een meerderheid van stemmen haalde, trappen buren massaal op de rem. Dit gaat hun allemaal te snel. De wereld gaat naar de knoppen, denken ze. Want ze achten hun eigen belev-ingswereld niet langer beheersbaar. Tussen mijn tuinhek en dat van Stephen King, vier bochten bij mij vandaan, wapperen onderweg links en rechts de donkerblauwe vlaggen die hardnekkig beweren dat hun man de verkiezingen van 2020 heeft gewonnen, en niet Joe Biden. Hun kandidaat, vinden ze, stond voor het stopzetten van de transformatie van hun wereld, of in elk geval voor het vertragen van de snelheid van alle veranderingen die op hen zijn afgekomen. Die mensen, mijn buren, die maak je niet wijs dat het allemaal nog gaat goedkomen.

En dat is merkwaardig.

8

Joe, Jeff en de niet herkende luxe

** Optimisme en ontwrichting*

De buren zien en doen dezelfde dingen die ik doe en zie. Ze rijden naar een van Amerika's 75.000 banken, steken hun pinpas in de gleuf, drukken op een paar toetsen, en plukken hun dollars uit de muur. Ze stoppen bij een van de 67.000 tankstations, doen hetzelfde als bij de bank, maar in plaats daarvan komt er benzine uit de slang. Als ze een elektrische auto hebben, zoals steeds meer mensen, laden ze die op bij een van de 50.000 oplaadstations. Sommigen van hen kan je dan horen klagen. Waarom er niet al veel meer van die oplaadpunten zijn.

Ze hebben thuis allang geen landlijn meer, laat staan een telefoon met een draaischijf, en hebben in plaats daarvan een mobiele telefoon bij zich, elk gezinslid een. Daarmee betalen ze bij Taco Bell voor hun burrito die ze in de drive-through op autoportierhoogte uit een lucht-druklift omlaag zien komen zakken. Hand uitsteken en de zak of doos met hun lunch aanpakken. Als ze boven de 62 zijn, krijgen ze op elke tweede woensdag van de maand hun aow bijgeschreven. Dat kunnen ze

69

op hun telefoon zien, en als dat een lach op hun gezicht tovert, maken ze daar een selfie van, voor thuis.

Thuis, daar hebben ze gemiddeld twee laptops, een printer, een doorgaans grote koelkast, een vriezer, twee tv's, afstandsbediening, een magnetron, een fornuis op gas of elektriciteit, een wasser en een droger, een stofzuiger, een geluidsinstallatie, een haardroger, een mixer, een blender, een koffiezetapparaat, een afwasmachine, audio-oordopjes, een wifi-modem, een of meer e-readers, een naaimachine, air-conditioning, centrale verwarming en een elektrische tandenborstel. Gemiddeld heeft elke Amerikaanse volwassene buiten of in de garage een eigen auto staan.

Als ze oud genoeg zijn om zich te herinneren hoe het leven er vijftig jaar eerder uitzag, beseffen ze het verschil. Maar je moet ernaar vragen, want zelf was het hun niet aanstonds opgevallen. Het ging geleidelijk. Vijftig jaar geleden bedroeg het gemiddelde gezinsinkomen in Amerika 13.700 dollar. Een halve eeuw later was het 67.000 dollar. Geleidelijk gegroeid. Het aantal verkeersdoden lag destijds op 28 per 100.000, maar hoewel het sindsdien veel drukker is geworden op de weg, werd het ook een stuk veiliger: nog geen twaalf doden per 100.000 verkeersdeelnemers. De levensverwachting steeg in die tijd van gemiddeld 72 naar 79 jaar, mede omdat in diezelfde periode pokken, polio, rode hond en mazelen dankzij succesvolle vaccinatieprogramma's geheel uit het land zijn verdwenen. En meisjes en jonge vrouwen mogen sindsdien meedoen op sportvelden, waardoor vrouwenvoetbal in Amerika vaak vollere stadions trekt dan wanneer de mannen de wei komen opdraven.

Geleidelijk. En daarom niet opmerkelijk genoeg voor de op-de-remtrappers om hun zegeningen te tellen. Maar als je de vaak geciteerde Pinker-toespraak op hen had losgelaten toen ze nog jong waren, hoe zouden ze dan gereageerd hebben? De Canadese Harvard-psycholoog Steven Pinker studeerde zelf af in 1976 en stelde zichzelf bij terugblik de vraag wat hij zou hebben gedacht als iemand toen een voorspelling had gedaan.[61]

Wat als iemand op die dag dertig jaren, één generatie, vooruit had gekeken, en had gezegd dat er hier en daar weliswaar oorlogen zouden worden gevoerd, maar absoluut geen derde wereldoorlog. Dat de Sovjet Unie zichzelf zou opheffen zonder dat er een schot werd gelost, en dat China de grenzen zou opengooien voor een zo goed als ongebreidelde handel. Wat als toen was voorspeld dat Oost Duitsland waar één op de 160 burgers stiekem voor de Stasi werkte, zou verdwijnen en dat lachende studenten met bijlen en beitels de Muur zouden stukhakken.[62] Dat de generaals in Griekenland, Portugal en Spanje allemaal zouden opstappen, en dat de president van Egypte in de Knesset de Israëlische minister-president zou komen omhelzen. En o ja, op Robbeneiland in Zuid Afrika zat een zwarte man gevangen, maar die zou zowat in zijn eentje een einde maken aan de Apartheid.

Zo'n voorspeller zou een onverbeterlijke optimist zijn genoemd, een luchtfietser. En toch zou de optimist gelijk krijgen. Want ook al trappen al mijn buren in Maine nog zo hard op de rem, hun wereld is een veel betere plek geworden dan vijftig jaar geleden, laat staan een eeuw of langer.

***

Toen ik nog een tiener was, hoorde ik op een dag het vriendje van mijn zus aan mijn moeder vertellen dat ze bij hem thuis een telefoonaansluiting kregen. Moeder vond dat maar onzin, "Waar hebben jullie een telefoon voor nodig?" Het staat me bij dat hij daar geen goed antwoord op had, maar we hebben het over verandering. De telefoon is zoals we al eerder zagen een prima voorbeeld.

Joe Engressia was vijf toen hij in 1954 ontdekte dat hij kon telefoneren met de buren door de haak van de telefoon heel snel achter elkaar in te drukken. Elk cijfer van een telefoonnummer correspondeerde met een bepaald aantal klikken van de haak. Voor een jochie als Joe was dat handig, want hij was blind geboren. Hij woonde met zijn ouders in Richmond, Virginia, en de telefoonmaatschappijen daar begonnen weldra te experimenteren met knoppen op de telefoon in plaats van een draaischijf. Dan hoorde je tonen in plaats van klikken op de lijn. Een kolfje naar de hand van Joe.

Tegen de tijd dat hij negen was, had hij een perfect muzikaal gehoor ontwikkeld. Joe kon fluiten als de beste, toonzuiver en, niet onbelangrijk, met een frequentie van 2600 hertz. Hij ontdekte dat hij een gesprek kon afbreken door zo'n fluittoon in de hoorn te blazen, waarop de apparatuur in de telefooncentrale automatisch reageerde door vrij baan te maken. In dat vacuum kon Joe elk ander telefoonnummer ter wereld bellen, gratis, zodra hij zo'n nummer tevoorschijn wist te fluiten. Dat kon blinde Joe Engressia feilloos, en hij deed het vaak en met overgave. Hij was 's werelds eerste hacker, in een tijd dat er nog geen internet was.

Joe veranderde zijn naam in Joybubbles, en nadat hij was gaan studeren, maakte hij zich geliefd onder zijn medestudenten. Hij verkocht lange-afstandsgesprekken van onbeperkte duur voor 1 dollar per keer, simpelweg door een paar seconden in de hoorn te blazen. Daar kon hij royaal van eten en drinken. Hij liep uiteindelijk tegen de lamp toen een centrale in Canada de truc doorkreeg, en Joybubbles werd met een boete van school gestuurd.

Maar omdat iedereen zo dol op hem was, en menigeen het ook wel mooi vond dat een blinde jongen met een IQ van 172 het hele internationale telefoonsysteem naar zijn hand kon zetten, werd de straf alsnog ongedaan gemaakt. Joybubbles studeerde af als filosoof en werd tenslotte dominee in zijn zelf-opgerichte kerk, de Church of Eternal Childhood.[63] Hij sprak wekelijks grappige verhalen in voor kinderen die de *Zzzzyzzerrific Funline* belden.

⁂

Joe Engressia kon zijn studentenklanten alleen maar bedienen omdat ze wisten welk telefoonnummer ze wilden bereiken. Zulke informatie haalde je in het stenen tijdperk van de vorige eeuw uit een telefoonboek. Dat was een handig ding, en de enige reden waarom Joe zijn funline zo noemde was dat hij daardoor gegarandeerd de allerlaatste vermelding op de allerlaatste telefoonboekbladzij was en dus dat iedereen hem gemakkelijk kon vinden.

Het originele telefoonboek is inmiddels op sterven na dood. Het eerste exemplaar werd gedrukt in New Haven in de staat Connecticut, in 1878. Het was geen boek maar een stuk karton met een lijst van vijftig namen en adressen, zonder het bijbehorende telefoonnummer. Er stonden drie artsen op, twee tandartsen, elf particulieren, en de rest bestond uit winkels en bedrijven.[64] De lijst werd uitgegeven door de plaatselijke telefoonmaatschappij. Aan de gids werd niet verdiend, maar aan de telefoongesprekken wel want je moest eerst de centrale bellen om te worden doorverbonden.

Later werd dat anders, toen er Gele Gidsen en Yellow Pages begonnen te verschijnen. Daarmee verdiende een uitgever geld. Telefoonabonnees konden erin adverteren of via een vetter gedrukte vermelding gemakkelijker opvallen. Allemaal goeddeels verleden tijd nu, en voor wie een dikke boterham verdiende aan papieren telefoonboeken is dat even slikken.

Ze zijn niet de enigen. Eenzelfde lot overkwam de makers van encyclopedieën, net als telefoonboeken vervangen door Google. Weliswaar kan je elk onderwerp dat in de Oosthoek, Elsevier of Encyclopedia Britannica stond met een simpele muisklik tevoorschijn roepen, maar je stuit nu minder makkelijk op alfabetisch aanverwante namen, dingen of feiten waar je vroeger al lezend tegenop liep. Dat is de oude makers van encyclopedieën een doorn in het oog.

Houd het maar eens tegen. Menige boekwinkelier die nu zonder boekhandel zit onderging iets dergelijks. In 1998 telde Amerika nog twaalfduizend van zulke winkels. Nu is dat gehalveerd. De dader? Amazon, door oprichter Jeff Bezos met opzet zo genoemd omdat het in computers dan alfabetisch bovenaan de antwoorden op zoekopdrachten kwam te staan, bij Lycos, AltaVista, Magellan, allemaal sindsdien van de weg gereden door Google.

Niet elke vernieuwing is een verbetering, althans niet voor iedereen. Innovaties ontwrichten. Dat kan klein- of grootschalig zijn, maar hoe dan ook wordt het oude losgewrikt en uiteindelijk vervangen door het nieuwe. Wie daarvan het lijdend voorwerp wordt, vervalt gemakkelijk tot pessimisme. Dat kan het zicht benemen op een op zichzelf simpel feit: de geschiedenis van de mensheid is een opeenvolging van permanente ontwrichting. En achter elke ontwrichting stond een man of een vrouw, of meer dan alleen één, die optimistisch bedachten dat ze de wereld konden veranderen en verbeteren.

***

Jeff Bezos had een baan op Wall Street die hem niet beviel. Hij wist iets van computers, was onstuitbaar rusteloos, zegde zijn baan op en laadde samen met zijn vrouw hun hele hebben en houwen in een verhuiswagen. Waar wil je dat we het naartoe rijden, wat is je nieuwe adres, vroegen de verhuizers. Bezos zei dat ze de Interstate-80 snelweg maar moesten nemen, richting westen. Dan kon hij nog even nadenken, en ze zouden tijdig te horen krijgen of ze in Ohio op het verkeersknooppunt met de I-90 de ene of de andere moesten nemen. Want tegen die tijd zou hij weten of mevrouw Bezos en hij naar Seattle wilden, of naar San Francisco.

Onderweg richtte hij in gedachten een virtuele boekwinkel op. Bezos noemde het Cadabra. Boeken waren een ideaal product voor een handelaar. Ze kunnen gemakkelijk worden verzonden, ze breken niet snel, en ze gaan over alles dus je hoeft je niet noodzakelijk te specialiseren. Amerika kende in 1994 veel grote boekwinkels, ketens zoals Borders, Waldenbooks en Barnes and Noble waar een liefhebber uren kon doorbrengen. Maar elke fysieke winkelruimte bracht een eigen beperking met zich mee: er was per definitie een maximum grens aan het aantal boeken op de planken. Alleen de allergrootste winkels hadden genoeg schappen om, net als de legendarische bibliotheek van Alexandrië, honderdduizend boeken uit te stallen. Een virtuele boekwinkel op het internet kende zo'n beperking niet.

Jeff Bezos begon onderweg hardop te praten over Cadabra.[65] Anderen luisterden en dachten dat ze hem Kadaver hoorde zeggen. Dat was niet de bedoeling, dus Bezos ging op zoek naar een alternatief. Hij koos het Engelse woord voor onstuitbaar, *relentless*, en reserveerde meteen de domeinnaam relentless.com.[66] Maar toen hij een paar dagen lang op zoekmachines controleerde of ze die domeinnaam al hadden opgepikt, vond hij het te lang duren voordat een gebruiker het tevoorschijn kon roepen. Het internet fungeerde nog te alfabetisch naar zijn smaak, zoekmachines werkten als een telefoonboek, en dus deed Bezos wat Joybubbles had gedaan, maar dan omgekeerd. De naam Amazon garandeerde hem een plek op de eerste pagina, bovenaan de lijst van zoekresultaten. Bijkomend voordeel: de Amazone is ook onstuitbaar en bovendien de grootste rivier ter wereld. Jeff wilde van Amazon de allergrootste winkel maken.

Dat is voorshands gelukt. De klant kan thuis op de bank of in bed kiezen uit meer dan dertig miljoen verschillende boeken, ter plaatse afrekenen en desgewenst meteen beginnen te lezen op de telefoon, de laptop of de e-reader. De fysieke wereld van stenen of betonnen boekwinkels zou daarvoor driehonderd Barnes and Nobles op een rij nodig hebben. Maar dan nog ben je er niet, want boeken maken nog geen tien procent uit van wat je in de winkel van Amazon aantreft. Het aanbod is inderdaad onstuitbaar geworden: kleding, schoenen, muziek, juwelen, voedsel, speelgoed, autobanden, horloges, lampen, tuinmeubels, de lijst is eindeloos, meer dan 350 miljoen verschillende artikelen.

Er zijn mensen die het jammer vinden dat de boekwinkel om de hoek in veel gevallen is verdwenen. Ik ben een van hen. Maar dat staat niet in de weg van een simpel feit: winkelen is een heel stuk comfortabeler geworden sinds Jeff Bezos besloot om op knooppunt Elyria in Ohio de afslag naar Seattle te nemen. Want op de marktplaats van het internet wemelt het sindsdien van de etalages waar je boodschappen kunt doen. Zoals de tweedehands Subaru die mijn vrouw Alice kocht, ongezien, bij Carvana, de Amazon onder de autodealers. Hij stond in een showroom tweeduizend kilometer verderop.

9

Geloof, hoop, liefde en de jackpot

Welke kans is groter, dat je met een helikopter neerstort, of dat je de loterij wint? Zolang je aan de grond staat met een kapotte startmotor, hoef je voor het eerste niet te vrezen. Maar als alles naar behoren functioneert, dan is de kans op een helikoptercrash één op de tienduizend vlieguren.[67] Bijna niemand op de wereld maakt tienduizend vlieguren in een helikopter. Dat komt ten dele doordat er wereldwijd relatief weinig burgerhelikopters bestaan, nog geen 35.000. Dat is vijf helikopters per ruwweg een miljoen mannen en vrouwen. Als auto's een net zo schaars vervoermiddel waren, dan reden er slechts vijf in heel Amsterdam en omgeving, vijftien in Berlijn en veertig in New York. Dat maakt jouw kans op tienduizend uur vliegen miniem. Goed nieuws dus.

En de jackpot? Die kans is evenmin groot, één op de 290 miljoen. Dat is misschien minder goed nieuws, maar het weerhoudt niet veel mensen ervan om het de volgende keer toch weer te proberen. In

Amerika werken 45 van de vijftig deelstaten samen in de Powerball loterij, met drie trekkingen iedere week, elke maandag, woensdag en zaterdag. Politici in zo'n deelstaat geven graag toestemming voor een loterij, want het is een stuk populairder dan het alternatief, belasting heffen. Een goed deel van de loterij-inkomsten gaat naar de overheid die er wegen van onderhoudt en scholen van bouwt, geld dat door de gokkers, anders dan bij belastingheffing, vrijwillig en spontaan wordt afgestaan.

Want je weet maar nooit. Op 30 maart 2005 wonnen 110 mensen een prijs. De wet op de kansberekening schreef voor dat het er vier of vijf zouden moeten zijn, maar de een na de ander begon het loterij-hoofdkantoor te bellen, met vijf van de zes nummers goed. Toeval? Vals spel? Geen sprake van, allemaal hadden ze de getallen gebruikt die ze in een fortune cookie hadden aangetroffen. Alleen het zesde nummer klopte niet, vandaar dat niemand de jackpot won, maar de uitgekeerde geldprijzen tussen de kwart en half miljoen dollar waren ruimschoots de moeite waard.[68]

Fortune cookies voeden optimisme, en ze zijn er tegelijkertijd ook het resultaat van. Anders dan veel mensen denken, hebben ze hun oorsprong in Californië en niet in China. In Hongkong worden ze aan de man gebracht als "de enige echte Amerikaanse fortune cookies."[69] Een familiebedrijf met de naam Wonton Food in Brooklyn produceert verreweg de meeste, bedenkt de tekst en laat een computer de loterijnummers verzinnen. De tekst op het papiertje met de winnende loterijnummers luidde: "Al je voorbereiding wordt eindelijk beloond."

Veel mensen bewaren ze een tijdje, in hun portemonnee, onderin hun tas, of op het nachtkastje. Dat is geen onderlinge afspraak, het gebeurt intuïtief. Alle winnaars die dag in maart 2005 hadden hun fortune cookie al weken eerder in 110 verschillende Chinese restaurants gekregen, en allemaal hadden ze het papiertje bewaard. Amerika telt meer dan vijftigduizend Chinese restaurants, meer dan alle hamburgerketens bij elkaar. Rond de vorige eeuwwisseling werd Chinese immigranten veelal het recht op werk ontzegd en ze werden jarenlang ronduit slecht behandeld. Behalve als het om koken en schoonmaken ging, dat waren geen echte banen, dat was vrouwenwerk, zeiden mannen. En dus begonnen Chinese immigranten in Amerika overal stomerijen en restaurants. Met groot succes, en tot blijdschap van 110 loterijwinnaars, een eeuw later.

***

De helikoptercrew at die avond in Chañaral Chinees, en de volgende avond ook, aan een pleintje in het dorp, onderbroken door een lunch bij benzinepomp-gastheer Marco thuis. Er worden langs de gehele Stille Oceaankust, van Alaska tot Argentinië, Chinese menu's geserveerd, alsof het een afspraak is. Het Noord- en Zuid-Amerikaanse continent ruikt soms meer naar bami, nasi en foe yong hai dan naar barbecue.

Al die tijd stond de helikopter als een aangeschoten vogel op de parkeerplaats van Marco's benzinestation, een trekpleister voor de buurt. Er was een monteur onderweg vanuit Santiago, in een bus die er veertien uur over deed. Hij nam een nieuwe startmotor mee. En dus trof ik twee overnachtingen later Julio aan onder een half uitgepelde helikopter, sleutelend aan de ingewanden.

Helikopters zijn net zulke mirakels als kolibries, hommels en libelles. Ze kunnen stilstaan in de lucht. Een hommel maakt tweehonderd vleugelbewegingen per seconde, een kolibrie niet meer dan vijftig, en een libelle slechts dertig. Dat zegt alles over de verhouding tussen vleugellengte en lichaamsgewicht. De hommel is relatief loodzwaar en heeft vier vleugels nodig om een paar seconden stil te kunnen hangen, daarna moet ie weer voorwaarts om niet te vallen. Een kolibrie is vederlicht. Die houdt het aanzienlijk langer vol in stilstand en kan desgewenst ook achteruit. Een libelle is het summum. Die weegt nog geen gram en is veruit de beste prooivanger in de dierenwereld, met een succespercentage van 97, vijf keer zoveel beter dan een leeuw. Geen wonder dat getatoeëerde libelles favoriet zijn op de arm van vrouwelijke helikopterpiloten.

Alledrie kunnen ze al honderduizenden jaren wat de luchtvaart pas sinds een eeuw kan. De lucht snel over de bovenkant van een vleugel laten stromen, sneller dan langs de onderkant, zo snel dat daarboven een luchtdruk ontstaat die lager is dan eronder. Het is zoals de weerman altijd zegt: hardere wind zorgt voor een lagere luchtdruk. En omdat een hoge luchtdruk van nature in de richting beweegt van een lagere, ontstaat onder de vleugel een opwaartse kracht. Daarom blijft een vliegtuig in de lucht, daarom valt een kolibrie niet, en daarom zijn er helikopters en hun afgeleide kinderen, drones. Het verschil met een vliegtuig is uitsluitend dat een vliegtuigvleugel niet beweegt, en de rotor van de helikopter wel. Zonder voorwaartse snelheid is er voor een vliegtuig geen *airflow* over de vleugels, en dus geen *lift*. Een helikopter kan stil hangen, desnoods urenlang, want ze maakt haar eigen airflow.

Julio liet me de kapotte startmotor zien. De buitenkant was volledig gebarsten. Binnen twee uur had hij het ding vervangen door een nieuwe. Even proefdraaien, suggereerde hij. De motor sloeg aan, maar tegelijk met weer een knal. Ook de nieuwe startmotor brak. Zet 'm niet uit, waarschuwde Julio, want zolang de hoofdmotor van de helikopter draait, is er geen startmotor nodig. De afstand die we die dag hadden te overbruggen was achthonderd kilometer, vijf uur vliegen. Dat vereiste halverwege een tussenstop om te tanken, maar als we zouden slagen in een *hot fuel*, de tank met draaiende motor bijvullen, dan hoefde er niet opnieuw gestart te worden.

En zo geschiedde. We lieten de gastvrije maar voor het overige onherbergzame parkeerplaats van een tankstation aan de langste straat ter wereld achter ons. Op naar het vliegveld bij Valparaiso waar Julio's hangar stond. Daar kon de reparatie voorgoed plaatsvinden. Julio zelf ging een dutje doen. Zijn bus naar huis vertrok die avond weer. Hij kreeg gelijk. De motor van de helikopter sloeg die dag niet af. We haalden ons doel zonder brokken.

***

Waarom vertel ik dit? Niet alleen omdat het hoogst ongewoon is om tweemaal hetzelfde motoronderdeel van een helikopter te verspelen, laat staan op een plek in de wereld waar in een straal van duizend kilometer geen andere helikoptermonteur te vinden is dan de ene die we wisten te bereiken. Ik had daarnaast ook een privé reden om te hopen dat het ding zo snel mogelijk gerepareerd kon worden. Een reden die iemand gemakkelijk kan doen balanceren tussen optimisme en pessimisme.

Ik was verliefd. Tot ver over mijn oren. Ik had zes maanden verkering toen ik in Maryland opsteeg en haar door het raam van de helikopter steeds kleiner zag worden terwijl we naar elkaar zwaaiden. Ik was inmiddels halverwege de recordpoging en ik had Alice in geen zeven weken gezien. Ze bevond zich achtduizend kilometer bij me vandaan, maar net op de dag dat de startmotor het begaf was ze volgens afspraak in Amerika op een vliegtuig gestapt. We zouden samen een paar dagen doorbrengen, uitgerekend in Valparaiso waar de helikopter in Julio's hangar een onderhoudsbeurt zou krijgen die we voor ons vertrek al op de agenda hadden gezet - vandaar dat we wisten wie we moesten bellen toen de startmotor het ineens begaf. Het laatste waarop ik zat te wachten was motorpech midden in de verlatenheid, op zowat duizend kilometer afstand van waar mijn meisje op me wachtte.

Ik ben er eentje rechtstreeks uit het boekje van Samuel Johnson: "Hoop wint het van ervaring." Echtscheiden en opnieuw beginnen, want dat was het voorbeeld waaraan Sam had gerefereerd. Bijna de helft van alle huwelijken in Amerika strandt op enig moment. In Nederland ligt dat op eenderde, in Duitsland op veertig procent en in Engeland stranden net zo veel huwelijken als in Amerika. Trouwen is een uiting van optimisme, altijd en overal, sinds mensen de vrije keuze werd gelaten. Andermans scheidingen schrikken niet af, en de eigen scheiding evenmin. Hertrouwen is een dubbel uitroepteken achter optimisme. Tachtig procent van alle gescheiden Amerikanen hertrouwt.

***

Geloof, hoop en liefde. Isabella was net vijftien, eind april in het jaar 1466, toen ze in Madrid werd aangetroffen op haar knieën, met toegeknepen ogen, verzonken in een hartstochtelijk gebed. Ze was de jonge prinses van Castilië, en een veel oudere man was met een leger van drieduizend soldaten onderweg om de details te regelen van hun aanstaande huwelijk. Aan Isabella zelf was niets gevraagd, de familie huwelijkte haar uit. Ze bad vurig dat de man door de bliksem zou worden getroffen, en als dat te veel gevraagd was, of God dan alsjeblieft haarzelf uit het land der levenden zou willen verlossen. Ze wilde een man, graag zelfs, maar ze wilde hem wel zelf uitkiezen.

Isabella's gebed werd verhoord.[70] Pedro Giron, 43 jaren oud, ongehuwd maar wel al vader van vier kinderen, overleed onderweg naar Madrid. Isabella kende de tekst van de brief die de bijbel toeschrijft aan de apostel Paulus. Ze geloofde erin, ze hoopte erop, ze verlangde naar de ware liefde. Die vond ze tenslotte, in de armen van Ferdinand, de jonge heerser van het naburige Aragon. Het werd een van de meest beschreven huwelijken uit de tijd van de Renaissance, waarin zij gelijke rechten had als hij, en soms een beetje meer.

Dat was geen toeval, niet zomaar een speling van het lot. Terug naar John Simpson van het Oxford woordenboek. De eerste klus die ze hem daar te doen gaven betrof het formuleren van definities voor het woord *queen*. Hij vond zeven verschillende toepassingen, zoals de koningin als heerseres van een land, of als echtgenote van een koning, of als afbeelding op een speelkaart. De koningin kon zowel een vrouw als een locatie zijn die gold als de beste in een groep of omgeving, en ze kon met een sjerp om het mooiste meisje van een festival zijn. Hij vermeldde de koningin als de legster van eieren voor een bijenvolk. En ook als het machtigste stuk op een schaakbord.

De koningin op het schaakbord. Die heeft alles met koningin Isabella te maken. En met koningin Maria van Gelre, met Maria van Schotland, Jacoba van Beieren, Elizabeth I, Eleanore van Provence en Eleanore van Aquitanië, met Margaretha van Parma, de zussen koningin Mary en koningin Anne, en zelfs met Lady Macbeth, niet die van Shakespeare, maar de echte.[71] Ze waren geen uitzonderingen, ze waren vaak regel. Al sinds de dagen van prinses Theofano van Byzantium die haar overleden keizer-echtgenoot opvolgde, en van haar tijdgenote hare majesteit Aedelflaed die de Engelse Midlands regeerde - en toen moest Willem de Veroveraar nog het Kanaal komen oversteken, de opa van koningin Maud. Keizerin Gisela die wat nu Duitsland is onder haar beide duimen hield, Petronella van Aragon en de buurvrouw, Urraca van Leon-Castilië, allebei regerend vorstin, regel, geen uitzondering.

Isabella was een tijdgenoot van Maarten Luther. Die schreef een bestseller, maar niet de meest verkochte. Die plek was toen al voorbehouden aan het boek van het geloof, de hoop en de liefde, de bijbel, vandaag wereldwijd nog steeds het best verkochte boek aller tijden. En op nummer twee stond in die dagen een uitgave, geschreven in het Latijn, met de titel *Het boek van de zeden der mensen en de plichten der edelen.* Het werd bekender als *Het boek van het schaakspel.* Geschreven door Jacobus de Cessolis.[72]

Hij was een Dominicaanse monnik, en dat alleen al was veelzeggend. Want tegen de tijd dat zijn boek overal in Europa, vertaald en wel, van de drukpersen kwam en beantwoordde aan een continent-brede vraag, gold de koningin inmiddels al als de bazin van het schaakbord. Machtiger dan de koning, machtiger dan de bisschop. De kerk in Rome accepteerde als een gegeven dat de sociale positie van de vrouw aan het veranderen was. Toen al.

Duizend jaren lang was er in het schaakspel geen vrouw te bekennen geweest. Het was van India naar Perzië gereisd, en tegen de tijd dat het Europa bereikte stonden er op het bord olifanten, paarden, strijdwagens, acht soldaten en de sjah, naar wie het woord *schaak* is genoemd. De sjah, de koning, had één raadsheer, de vizier, en dat was een functie die in de late middeleeuwen in Europa niet bestond. In de hoven van Europa was de intieme rechterhand van de koning, degene naar wie hij luisterde, zijn vrouw. Die deelde niet alleen zijn hof, maar ook zijn bed.

Zij bekleedde een positie om serieus rekening mee te houden, en vooral ook eentje waarmee niemand anders in de hofhouding kon concurreren. Het bestaan van een koninklijke bedgenote leidde tot wijzigingen op het schaakbord. De slagtanden van de olifanten werden de twee boven het hoofd samenkomende punten van een mijter, en dus werd jumbo een bisschop. De vizier werd een koningin. Aanvankelijk zich bewegend met één diagonaal stapje voor- of achteruit tegelijk, maar weldra kreeg ze vrij spel: het enige schaakstuk dat ongelimiteerd in alle richtingen kan bewegen, voornamer dan de kerk. Overal in Europa werd geschaakt, het boek van de monnik werd een onvervalste bestseller, en links en rechts rezen hoge kathedralen op, gewijd aan Notre Dame, Onze Lieve Vrouwe, want ook moeder Maria werd en passant opgewaardeerd.[73]

Vandaar dat niet veel mensen raar opkeken toen eerst al die Aedelflaeds, Urraca's, Gisela's, Eleanores en daarna Isabella van Castilië, Elizabeth de Eerste, de Maria's, Margaretha's en Anna's, enzovoort, niet alleen werkelijke politieke en militaire macht uitoefenden, maar als zodanig ook door de mannen in hun tijd werden erkend en geaccepteerd. Vrouwen begonnen een opmars naar gelijkheid en gelijkwaardigheid die zich traag voltrok, maar die per saldo onstuitbaar was en blijft. Er waren en zijn altijd groepen mannen die daarmee moeite hebben, maar dat staat gelijk aan vechten tegen windmolens. Schaakmat, in oorspronkelijk Perzisch *shah mat*. Dat betekende *de koning is hulpeloos.*

10

De sterke meiden van IJsland

* *Het aangeboren optimisme van de vrouw*

IJsland heeft een historie van sterke vrouwen. Ze waren duizend jaar geleden niet minder Viking dan de mannen, en als jaarlijks op 17 juni IJslands onafhankelijkheid wordt gevierd met een optocht, loopt de *fjallkona* voorop. Ze is de Bergvrouw, de Lady of the Mountain, de personificatie van zowel het land als de natie. De vreugde onder de vrouwen was groot toen de nationale luchtvaartmaatschappij een nieuwe Boeing de naam Gudrid Thorbjarnarsdottir gaf.[74] Ze was de eerste Europese vrouw die voet zette op Amerikaanse bodem, zij aan zij met haar man Thorfinn, in of nabij het jaar 1000. Elke IJslandse kent Gudrids naam.[75] Ze schonk het leven aan de kleine Snorri Thorfinnsson, de eerste Europese baby die op het nieuwe continent werd geboren. IJsland was, bijna vanzelfsprekend, het eerste land dat een vrouw tot president en staatshoofd koos.[76]

Sinds anderhalve eeuw vieren ze elk jaar *konadagur*, Vrouwendag, eind februari. De datum houdt verband met de terugkeer van de zon boven de bergen. Voor verreweg de meeste IJslanders betekent dat: boven de fjorden, want zowat iedereen woont langs de kust - het binnenland is goeddeels onherbergzaam. De strook bewoonbaar land in fjorden is smal, bergwanden stijgen vaak loodrecht op. Drie, vier wintermaanden lang, als het slechts vier of vijf uren licht is zo vlakbij de poolcirkel, ziet niemand de zon. Die blijft te laag achter de bergen hangen.

Tenzij je op zee werkte, zoals eeuwenlang de meeste IJslandse mannen deden. Dan was je vaak de hele werkweek van huis, weg van de bergwanden, dan zag je vanaf je boot de zon achter de wolken. Vrouwen en kinderen bleven echter thuis aan land, alle dagen, op de smalle kuststrook die bedekt is met zwart zand en stenen want IJsland is ook vuurland, bezaaid met actieve vulkanen.[77] Het was eeuwenlang tobben en zwoegen voor moeder de vrouw. Op haar schouders rustte alle verantwoordelijkheid voor het ter wereld brengen, gezond houden, opvoeden en veilig afleveren van haar doorgaans talrijke kroost. Bovendien kwam te vaak de man niet meer thuis. Dood door verdrinking op zee loerde tot voor kort over de schouders van iedere IJslandse familie.

Ze klaarde het, telkens weer, iedere generatie opnieuw. Ze was taai, de baas in huis, mentaal onafhankelijk, en als ze geen zin had om te trouwen met de vader van haar kind, dan deed ze dat simpelweg niet. Nog steeds worden in IJsland meer kinderen buitenechtelijk geboren dan elders, en de wet ondersteunt de vrouw. Vaders die weigeren om hun kind financieel te ondersteunen, worden prompt vervolgd.

De Bergvrouw is niet het enige geschenk van de rotsen, bij lange na niet. In de weken voor kerstmis verschijnt ook Gryla, een wrede bergreuzin die stoute kinderen vangt en tot soep kookt. Ze heeft dertien zonen, verrassend aardige jongens voor wie IJslandse kinderen hun schoen zetten, dertien dagen lang. Maar met Gryla en haar zwarte kat valt niet te spotten, ofschoon wie zich goed gedraagt niets te vrezen heeft. Dat geldt ook voor haar derde echtgenoot, een nietsnut die dag en nacht ligt te luieren ergens in de lavavelden, maar omdat hij haar niet in de weg loopt, mag hij blijven. Zijn twee voorgangers heeft ze volgens de overlevering doodgebeten en opgegeten.

Gryla is een reuzin, maar ook half álf, een opmerkelijke combinatie want elven zijn in IJsland *hildufolk,* kleine wezens, *hidden people.* Meer dan de helft van alle IJslandse vrouwen gelooft in hun bestaan. Elven zijn geen elfjes zoals Tinkerbell in Peter Pan. Ze wonen net als Gryla en de Bergvrouw in de rotsen, en ofschoon ze officieel geslachtloos zijn, zijn het vooral IJslandse meisjes die bij hun geboorte elfennamen krijgen: Álfhildur, Álfgerdur, Álfheidur, Álfrún. Elfen zijn sterker dan de mens en zijn machines.

Ik heb vijf jaar met onderbrekingen in IJsland gewoond, in Kopavogur bij Reykjavik. Vlakbij de Álfholsvegur, een straat die halverwege een korte zijsprong maakt, om een heuveltje met rotsige keien heen. Toen de weg honderd jaar geleden werd aangelegd, weigerden de keien weggeduwd te worden. Boren braken af. En omdat het land een speciale elfenexpert bij de hand heeft die in zulke gevallen wordt geraadpleegd, werd de weg op diens advies om de stenen heen geleid. Vijftig jaar later werd de straat verbreed en geasfalteerd. Weg met die heuvel nu, zei de gemeente. Maar opnieuw gaf de rots geen krimp, en ditmaal weigerden de wegwerkers de keien nog verder aan te raken. De rotsheuvel bevat een woongemeenschap van elfen, was de gezamenlijke conclusie. Als je die lastig valt, gaan ze je het leven zuur maken, en in het ergste geval komen ze je halen, enkele reis.[78]

De rest van de wereld glimlacht erom en schrijft het toe aan de eeuwenlange isolatie van een volk op een koude klomp middenin de Noordelijke IJszee. IJslanders zelf weten niet beter dan dat het normaal is, en niemand spot ermee. Ik heb eens een jonge plaatselijke computerprogrammeur honderd dollar aangeboden om tegen zo'n elfensteen te trappen. Hij weigerde, want "wie weet, misschien is het waar." Zijn vrouw zuchtte van afgrijzen bij de gedachte alleen al. Blijf af van onzichtbare krachten tussen hemel en aarde die we niet kunnen zien en die er toch zijn, zeggen de moeders tegen hun kinderen. Ze helpen, mits je er goed mee omgaat, vinden ze. En hulp, daarop hebben de IJslandse vrouwen altijd gerekend, in hun lange, donkere winters met al dat ijs en de sneeuw en almaar windkracht negen. Zonder hoop zou het niet te doen zijn, dan zou je er gek van worden.

***

IJslandse vrouwen slikken, na Amerikaanse, de meeste antidepressiva ter wereld, een op de tien vrouwen. Dat is twee keer zo veel als vrouwen in Frankrijk en Duitsland, en tweeënhalve keer zoveel als Nederlandse vrouwen. Maar Franse, Nederlandse, Duitse en Amerikaanse vrouwen plegen tweemaal zo vaak zelfmoord als IJslandse, en Engelse vrouwen zitten daar tussenin. In alle landen maken mannen vaker dan vrouwen een einde aan hun leven, gemiddeld twee keer zo vaak, behalve in Amerika, daar plegen vier keer zo veel mannen als vrouwen zelfmoord.[79]

Hoop en geloof willen nu en dan een handje geholpen worden. Daarom bidden mensen en nemen ze een borrel. Of ze slikken een pil. Het zijn vooral IJslandse vrouwen van boven de zestig die naar de dokter stappen en om antidepressiva vragen. Dat is niet zozeer een teken dat ze op den duur niet goed meer tegen die lange winters kunnen, maar meer dat de psychosociale gezondheidszorg in het land een lage drempel heeft. Vrouwen in IJsland zijn mentaal niet krakkemikkiger dan in andere landen, integendeel. Ze hebben een historie van nooit bij de pakken neerzitten. Alleen al hun habitat gebiedt dat. En dus stonden ze in 1615 vooraan toen een wet voorschreef om Spaanse walvisvaarders die hun levensonderhoud kwamen bedreigen een kopje kleiner te maken. Ze hakten er samen met de mannen op los. De wet werd pas in 2015, vierhonderd jaar later, officieel afgeschaft.

Vrouwen zijn als groep wereldwijd vaak afgeschilderd als pessimistischer dan mannen, ten onrechte. Recente uitvoerige studies wijzen op het tegendeel.[80] Vrouwen worden gemiddeld ouder dan mannen, dat is één, niet omdat ze het fysiek minder zwaar zouden hebben, maar omdat ze per saldo zonniger zijn. Maar twee: ook neurobiologisch zijn ze in het voordeel. Het vergt een aangeboren optimisme om driekwart jaar een zwangerschap te dragen zonder een permanente paniek te voelen over hoe dat kind straks ter wereld moet komen. Vraag een man om zich daarvan gevoelsmatig een voorstelling te maken, en hij siddert.

Het krijgen, hebben en opvoeden van kinderen komt met zorgen, millennia lang in de wetenschap dat kindersterfte te vaak onvermijdelijk was. Moeders wereldwijd, sinds mensenheugenis, slaan zich daar met vlag en wimpel doorheen. Vaders zijn pas gedurende de afgelopen eeuw stap voor stap dichter betrokken geraakt bij de van dag tot dag opvoeding van hun kinderen. Tienduizend jaar ouderschapsgeschiedenis is primair het verhaal van vrouwen die, met succes en vastberadenheid, de moed erin hielden.

En wat te denken van al die blijmoedige vrouwen die nooit kinderen hebben gehad. Dat wilden onderzoekers weleens weten, en daartoe gingen ze naar een nonnenklooster in Milwaukee.[81] Zeventig jaar lang bestudeerden ze een groep van bijna tweehonderd nonnen die op ongeveer dezelfde tijd in hetzelfde gebied hun geloften aflegden. Ze staan bekend als de Milwaukee-nonnen; ze vormden een ideale testgroep omdat hun levens nadat ze zich bij de orde hadden aangesloten bijna exact hetzelfde waren. Vrij van variabelen: hetzelfde eten, hetzelfde werk, dezelfde gezondheidszorg, dezelfde omgeving, dezelfde routines. Er waren maar twee dingen die niet hetzelfde waren: hun levenshouding en hun levensverwachting.

Voordat ze hun geloften aflegden, werd de nonnen gevraagd een opstel te schrijven over hoe ze hun leven tot die dag zagen. Sommigen waren vrolijk, anderen waren somberder. De vrolijke nonnen gebruikten blije woorden van dankbaarheid en doelgerichtheid, zoals 'gretig', 'vreugde' en 'gelukkig'. De minder zonnige zusters konden geen enkel positief woord bedenken. Het beste dat een van hen uit haar pen kreeg was: "Met Gods genade ben ik van plan mijn best te doen voor mijn orde, voor de verspreiding van het geloof en voor mijn persoonlijke heiliging." Geen enthousiasme, geen gejuich, geen emotie. Haar naam was zuster Marguerite en ze stierf na een beroerte op 59-jarige leeftijd, wat naadloos paste in de algemene resultaten van het onderzoek.

Van de meest positieve nonnen was negentig procent op 85-jarige leeftijd nog in leven. Van de ongelukkige nonnen leefde op dat moment nog maar 34 procent. Van het meest gelukkige en dankbare kwart van de nonnen leefde meer dan de helft ook op 94-jarige leeftijd nog. Van het ongelukkigste kwart slechts elf procent. Gemiddeld ademden de zonnigste nonnen ongeveer negen jaar langer dan minder blije nonnen. En, interessant detail, onder degenen die een hoge leeftijd haalden, degenen die in staat waren om zich met de minste terughoudendheid uit te drukken toen ze begin twintig waren en hun mini-autobiografieën schreven, die de woorden vonden om toe te lichten waar ze precies zo blij en enthousiast over waren, leed niemand aan de ziekte van Alzheimer. Die aandoening kwam uitsluitend voor in de categorie van niet zo blije nonnen.

***

Flateyri is een klein dorp op een smalle landtong in de IJslandse Önundarfjord. Daar kreeg de slager op een dag bezoek van een boer die aan de overkant van het water woonde. De boer moest in opdracht van de overheid zijn veestapel inkrimpen, en daarom kwam hij koe Harpa laten slachten. Maar Harpa brak los en rende de zee in.

Het water in IJslandse fjorden is koud, en de afstand naar de overkant bedraagt meer dan twee kilometer. Harpa deed er een uur over. Ze werd omhelsd door de boerenfamilie die haar eigenlijk niet had willen laten gaan, en door de buren die ter plekke de koe adopteerden. Na acht maanden beviel Harpa van een welgeschapen kalf. Ze was zwanger toen ze op het punt stond om geslacht te worden, en ze was de enige die dat wist.

Iedereen in IJsland kent haar verhaal uit 1987 en de nieuwe naam die ze kreeg: Saeunn, *golf op de zee*. Moeders geven hun kinderen het boekje *Sundkyrin Saeunn*, Saeunn de zwemmende koe. En elk jaar tegen het eind van de zomer zwemmen mannen en vrouwen de fjord over, de Saeunn zwemrace. De koe leefde nog zes gelukkige jaren. Ze ligt begraven onder een berg van kleine keien die uit de oceaan zijn komen aanrollen, op het strand. Ze geldt als een symbool voor alles wat goed, koppig en optimistisch is aan de IJslandse samenleving.

11

Klokkenmaker op zee

** Als optimisme grote schade veroorzaakt*

Het is een merkwaardig fenomeen, en iets waarbij je normaal gesproken niet stilstaat, maar door alle eeuwen heen is tegenspoed een grotere inspiratie geweest voor optimisme dan wanneer de dingen naar wens verliepen. Inspiratie in de betekenis van aanzetten tot verdubbelde inspanning. Als de boel tegenzit, komt dat veelbesproken glas op tafel: het is half vol of half leeg. Iedereen herkent de neiging om bij een tegenslag aanvankelijk het hoofd te laten zakken, van teleurstelling, verdriet, ontmoediging. Maar voorgoed bij de pakken neerzitten?

Zo zijn we als wezens met dat grote brein simpelweg niet gebouwd. We heten niet voor niks *sapiens*, verstandige denkers. Nadenken leidt tot associëren, de ene gedachte roept de volgende op. En dus zat er anderhalve eeuw geleden iemand peinzend een stukje ijzerdraad op te rollen, vermoedelijk denkend aan iets heel anders, totdat ie ineens besefte dat hij een klemmetje had gemaakt: de geboorte van de paperclip.[82]

Of die keer dat tijdens de eerste wereldoorlog er een tekort aan katoen dreigde. Iemand had ergens gezien dat je van houtpulp een soort papier kon maken met een ongewoon groot absorptievermogen. Prompt belandde dat product op de slagvelden, als noodverband voor gewonde soldaten, als maandverband voor Rode Kruisverpleegsters en als filter in gasmaskers. Nu kent iedereen het als Kleenex.[83]

Dat was een reactie op een nijpend en acuut probleem, maar ook kleinere irritaties leiden niet zelden tot grote gevolgen. Georges de Mestral was op een ochtend ergens buiten Lausanne aan het wandelen, toen hij merkte dat de vacht van zijn hond onder de klitten zat, en zijn broekspijpen ook. Hij nam er eentje mee naar huis, legde het onder een microscoop en zag dat er van nature honderden kleine haakjes aan zo'n dingetje zaten. Die hechtten zich vast aan alles wat ook maar in de verte op een lusje leek. Georges vond de klittenband uit.[84] Tien jaar later liepen Neil Armstrong en Buzz Aldrin op de maan met klittenband onder hun zolen. Daarmee plakten ze na terugkeer in de capsule hun schoenen tegen de wand, zodat die niet ongecontroleerd rondzweefden.

Maar al die voorbeelden vallen in het niet als je ze vergelijkt met een van de klemmendste schoolvoorbeelden van inspirerende tegenspoed. Nog eenmaal kort terug naar de man van het woordenboek. Want niet inbegrepen in John Simpsons definities van *queen* was de betekenis van koningin van hemel en aarde, een rooms-katholieke titel die is voorbehouden aan de heilige maagd Maria, aan Onze Lieve Vrouwe. In het Portugees heet zij *Madre de Deus*, de moeder van God.

Het was de naam die de Portugezen in 1589, rond het einde van de Renaissance, gaven aan hun nieuwste en grootste vrachtschip. Het werd ingezet op de zuidelijke handelsroute naar en van het Verre Oosten. Tijdens haar tweede reis voer de Madre de Deus op de terugweg recht in de armen van een Engelse vlooteenheid. De bemanning werd overmeesterd en alles aan boord werd geconfiskeerd. Alles, dat was goud, zilveren munten, parels, diamanten, amber, tapijten en heel veel kruiden: tweehonderdduizend kilo aan peper, kruidnagel, kaneel en nootmuskaat. De bestemming was Lissabon, maar het belandde allemaal in Londen. De straatwaarde van de zwaarbeladen Madre de Deus bedroeg meer dan de helft van de totale Engelse schatkist.[85]

Iedereen wist hoe dit had kunnen gebeuren. De Portugese kapitein was de weg kwijtgeraakt. Niemand op zee had enig idee van lengtegraden, vandaar dat sinds mensenheugenis een zeeman gokte op de zon, de maan en de sterren, zonder enige precisie, en alleen als het niet bewolkt was. In Londen juichte iedereen, maar dat was voorbarig. Een dikke honderd jaar later, in 1707, liepen vier Engelse oorlogsschepen op de klippen bij de Scilly Eilanden - de rotsen waarop de zee zich zo hartstochtelijk stort. Vijftienhonderd opvarenden verdronken, inclusief de vlootadmiraal.

Het verhaal gaat dat daags tevoren een matroos de admiraal had gewaarschuwd dat ze volgens zijn amateurberekening uit koers lagen, maar de vlootbaas beschouwde dat als paniekzaaien. Het veroorzaken van paniek was een ernstig vergrijp aan boord. De matroos werd aan de hoogste mast opgehangen, maar hij had wel gelijk, en de scheepsramp geldt nog steeds als een van de ergste uit de Engelse marinegeschiedenis. Meteen was het ook de directe aansporing om haast te maken met het oplossen van dit specifieke navigatieprobleem. De Engelse regering loofde geldprijzen uit, en dat hielp. De belofte van beloningen doet voor uitvinders wat jackpotten doen voor loterijdeelnemers: het wakkert acuut hun optimisme aan.

Breedtegraden waren al een tijdlang bekend. Nadat Columbus koningin Isabella en haar man had overgehaald om in 1492 de kosten van zijn eerste expeditie over de Atlantische Oceaan te betalen, voer hij langs de kust omlaag naar de Canarische Eilanden, en vandaar westwaarts de oceaan over. Hij dacht dat de wind hem in ruwweg één rechte lijn richting Azië blies, over één breedtegraad. Hij had het vier graden mis, raakte bijna vijfhonderd kilometer uit koers, maar bereikte evengoed vasteland, zij het niet in Azië. Alle 180 breedtegraden liggen evenwijdig aan elkaar, elk op een afstand van een dikke honderd kilometer. Van oost naar west en terug varen konden mensen al heel lang, omdat de stand van zon, maan en sterren hen daarbij hielpen.

Maar varend tussen noord en zuid had je er niets aan, en de handelsroute over water van west naar oost liep noord-zuid langs de volle lengte van Afrika, en vice versa. Lengtegraden verschillen van afstand tot elkaar. Op de noord- en zuidpool zit er geen meter verschil tussen, maar op de evenaar geldt er dezelfde afstand als tussen twee breedtegraden. Toen de Madre de Deus in de val liep, bestonden er in China primitieve kompassen, en toen de Engelse marineschepen op de klippen liepen werd er geëxperimenteerd met een sextant. Maar allebei waren ze nutteloos als je niet wist op of nabij welke lengtegraad je je bevond. Dat kon je alleen maar berekenen als je wist hoe laat het was.

Dat was de truc waarmee timmerman John Harrison uit midden-Engeland op de proppen kwam. Hij besteedde jaren aan het maken van een houten klok die bestand zou zijn tegen zeevaart. De klok moest tegen deinen kunnen, tegen overhellen, tegen water, en tegen zout, en bovendien mocht ie niet langer dan drie seconden voor- of achterlopen. Dat was een heel karwei want aan die eisen had een uurwerk nooit eerder hoeven voldoen. Uiteindelijk slaagde Harrison er na zes jaar in. Er werden steeds meer onderdelen van metaal toegevoegd, en tenslotte demonstreerde hij het in 1736 voor astronoom Edward Halley, van de gelijknamige komeet, die ervoor zorgde dat er een test op zee mee werd gedaan. Het ding werd, als toepasselijk eerbetoon aan Portugal en Madre de Deus, heen en weer van Londen naar Lissabon gevaren. Het werkte.

Voortaan kon ieder schip de lengtegraad bepalen door twee klokken aan boord te hebben. De ene toonde de tijd van de thuishaven, de andere werd elke dag gelijkgezet met de locatie op zee, en die was vrij eenvoudig te bepalen aan de hand het middaguur, het hoogtepunt van de zon. Elk uur tijdsverschil betekende dat er vijftien lengtegraden waren afgelegd: 360 graden gedeeld door 24 uren. Varen werd op slag veel veiliger, en timmerman John Harrison won de jackpot.

***

Geen dag te vroeg, want de handelszeevaart was al geruime tijd een vitaal onderdeel van de Europese economie. Er werd volop gezocht naar veiligere en kortere routes, met steeds meer succes. Binnen een periode van nog geen drie decennia landde Christoffel Columbus voor de kust van Amerika, rondde Vasco da Gama voor het eerst Kaap de Goede Hoop, en ontdekte Ferdinand Magellaan de route onder Zuid Amerika door. Allemaal rond het begin van de zestiende eeuw, allemaal omdat ontdekkingsreizigers nu elkaars reisverslagen konden lezen in boekvorm.

Er bruiste iets in Europa, er veranderde iets. Niet het tempo van voortbewegen, dat zou nog drie eeuwen ongewijzigd blijven. Maar mensen konden lezen en gelezen worden, ze konden verslag doen van de nieuwste snufjes, de jongste ontdekkingen, nieuwe inzichten en ideeën, en van de verhalen waar reizigers mee thuiskwamen. Kennis leidt tot het kunnen maken van vergelijkingen, en tot het inzicht dat er meer is achter de horizon dan je tot nog toe vermoedde. De competitie, de concurrentie tussen steden, stadstaten en grotere staten veranderde. Met vaak duurzame gevolgen. Het financiële en economische zwaartepunt van Europa verplaatste zich van het Middellandse Zeegebied naar het noorden.

Allemaal hand in hand met de tijdgeest, het afscheid van de middeleeuwen. Het continent verklaarde zich herboren, opnieuw opgestaan uit wat de schoonheid en wijsheid van de klassieke oudheid werd genoemd. De Renaissance leverde fraaie kunsten op, in Florence, Pisa, Rome, en in Venetië dat zich toelegde op de boekdrukkunst. Maar het produceerde ook corrupte pausen, en nauwverholen arrogantie. De zestienjarige Michelangelo Buonarroti was zo jong al dermate met zichzelf ingenomen dat hij een medestudent het bloed onder de nagels wegtreiterde. Die gaf hem een stomp in zijn gezicht, waardoor de beeldhouwer van David en de schilder van het plafond van de Sixtijnse Kapel zijn hele leven met een misvormde neus rondliep.[86] Niemand was verbaasd, de omgangsvormen tijdens de op het oog zo vredige Renaissance waren vaak ruw en rauw.

Het waren productieve tijden op het continent, maar tegelijk dus ook lang niet voor iedereen even prettig. Er waren altijd al spanningen en gewapende conflicten geweest tussen Engeland en Frankrijk, tussen Spanje en Portugal, tussen Iberië en de Moren, tussen Genua, Rome of Venetië onderling en met de Ottomaanse sultan, met aanhoudend wisselende bondgenootschappen, eeuw in eeuw uit. Maar de massaproductie van brons leidde tot de massa-aanmaak van kanonnen. Sterkere wapens leidden tot heftiger strijdtonelen. Eeuwenlang onneembare steden en vestingen werden kwetsbaar. Nieuws verspreidde zich, en ineens hadden Europese koningen, hertogen en kardinalen opties voorhanden, keuzes.

Ze konden vechten indien ze genoeg soldaten op de been konden brengen, of ze konden via huwelijken van twee kleinere rijken één groot rijk maken. En omdat voor elk van de twee opties financiën nodig waren, leunden ze in toenemende mate op bankiers. Jakob Fugger in Augsburg werd er 's wereld eerste miljardair mee, hij had een tijdlang zijn vingers in zowat elk bondgenootschap en elke militaire confrontatie.[87] Hij kon naar hartelust kiezen, want nergens anders in de wereld was het politieke en staatkundige landschap zo verbrokkeld als in Europa.

Maar ook: nergens anders leidde dat tot een zo grote drang om handel te drijven, om geld te verdienen en om almaar te zoeken naar die kortere en efficiëntere routes.[88] Dat verklaart de synchronologie met het trio Columbus, Da Gama en Magellaan en al de ontdekkers die na hen kwamen. Maar het verklaart tevens waarom het zo bruiste op het continent, en waarom er steeds vaker vrolijke gezichten te zien waren. Handel leidt altijd tot een betere levenskwaliteit, telkens als er nieuwe producten beschikbaar komen die de dag comfortabeler maken. Naarmate de grenzen van de wereld zoals mensen die dachten te kennen verder werden opgeschoven, omdat er almaar nieuwe kusten werden ontdekt, kraaide overal het optimisme koning.

Optimisme en vertrouwen gaan hand in hand. Handel nodigt uit tot investeren, en investeerders houden hun fondsen op zak totdat ze vertrouwen hebben in de goede afloop. In Portugal, Spanje, Florence, Duitsland, Oostenrijk en Hongarije ontstonden supergrote banken, of beter: een handvol superrijke bankiers. Die investeerden niet in een ontdekkingsreis of een veldtocht zonder een gegronde hoop op een fatsoenlijk rendement. Zodra ze de grond daarvoor vonden, leidde dat tot hechte relaties tussen crediteur en debiteur, tot vertrouwen tussen bankier en klant, meestal een rijke baas, een regeerder, iemand met soldaten achter de hand.

Er kwamen papieren contracten op tafel, waarvan de partijen heel goed wisten dat ze zich te houden hadden aan de afspraken. Niet dat het nooit mis ging, of dat er nooit iemand was die achteraf onbetrouwbaar bleek - dat gebeurde bijna vanzelfsprekend. Maar met vallen en opstaan ontstond er een groeiende sfeer van onderling vertrouwen in de wereld van vraag en aanbod van financieringen. En omdat elk conflict tussen grotere of kleinere landen en landjes niet alleen een winnaar, maar ook een verliezer opleverde, groeide tevens de motivatie om steeds modernere vormen van rendement te bedenken.

Iets kopen en voor een hogere prijs verkopen. Onder alle zoogdieren komt dat alleen voor onder mensen.[89] Met voorspelbare gevolgen, goed en kwaad, winnaars en verliezers, maar per saldo werd handel de allervoornaamste aandrijver van vooruitgang, groei en welvaart. De wet van de relatieve kostenvoordelen regeerde alom: het Oosten verkocht liever zijde, tapijten en dure kruiden aan Europa dan dat het linnen en katoen importeerde. Het had zelf textiel genoeg. In ruil daarvoor hadden ze liever contanten, of gratis arbeidskrachten. Daarom onderbrak steeds vaker het ene Europese schip na het andere op weg naar het oosten de reis langs de kust van Afrika om daar hele dorpen te beroven van hun mensen. Mannen, vrouwen en kinderen werden in de boeien geslagen en met geweld ingescheept. Slaven werden een betaalmiddel voor zijde en kruiden, het soort van lading die Portugals trotse nieuwe schuit Madre de Deus vervoerde.

Het droeg sterk bij aan het optimistische wereldbeeld van kooplieden in west en oost. Het droeg daarentegen in hevige mate bij aan pessimisme langs de stranden van Afrika. De handel in slaven werd de allergrootste smet op de geschiedenis van het optimisme - het totaal vermijdbaar veroorzaken van andermans pijn en pessimisme.

12

De 20ste eeuw was de slechtste en de beste

Het internet, email, de dvd, iPhones, sms, platte tv-schermen, mri-scanners, Google, het internationale ruimtestation ISS, hybride auto's, drones, het gekloonde schaap Dolly, gps, Facebook, laptop computers, Nintendo, dna tests, microprocessoren, TikTok, digitale camera's, bitcoin, elektrische auto's, Whatsapp, LED lampen, Bol.com, de anticonceptiepleister, PlayStation, wifi, Netflix, online bankieren, Elmo. Dingen die gewoon zijn geworden binnen een tijdsbestek van slechts drie decennia, sinds 1990. In dat jaar won de Italiaan Toto Cotugno het Eurovisie songfestival. Toto wie?

Dingen die gewoon werden in de veertig jaar voorafgaande aan 1990: credit cards, robotten, transistorradio's, hovercrafts, ruimtevaart, kernenergie, satellieten, video, desktop computers, pacemakers, laser, de computermuis, barcodes, buisbevruchting, geldautomaten, zelfbedieningswinkels, bromfietsen, kleuren-tv, kassa-scanners, Barbie, de pil, hoelahoep, stuurbekrachtiging, de waterstofbom, haarlak, McDonalds, cassettebandjes, rekenmachines, open-hartoperaties, inentingen tegen de bof en de mazelen, Abba, de floppy disk, wegwerpaanstekers, de walkman, weerradar, prozac. In 1950 bestond er nog geen songfestival en ook geen Beatles.

Weemoed naar *de goede oude tijd* verdampt doorgaans zodra men zich realiseert wat er toen allemaal niet was. Laat staan als we nog een halve eeuw verder teruggaan, naar het jaar 1900. Toen was er geen vliegtuig, beha, ritssluiting, radio, televisie, radar, plastic, bioscopen, riolering in Amsterdam, insuline, koelkast, controle op borst- of baarmoederkanker, nylons, diepvries, antibiotica, nierdialyse, velcro, busvervoer, airconditioning, neon, de teddybeer, verkeerswegen met auto's, stofzuigers, Amelia Earhart, wasmachines, grammofoonplaten, theezakjes, centrale verwarming, tractors, licht in alle kamers van het huis, ruitenwissers, cornflakes, tanks, kruiswoordpuzzels, broodroosters, pleisters, verkeerslichten, benzinestations, zelfs nog geen zeppelin.

Zowat alles wat we vandaag kennen en kunnen ontstond binnen een tijdsbestek van vier generaties. In diezelfde periode werden difterie, tetanus, polio, pokken, tbc, mazelen, de bof, rode hond, mond- en klauwzeer, streptokokken- en stafylokokkeninfecties, syfilis, gonorroe, herpes en malaria onder controle gebracht. Aids is niet langer de dreiging die het nog maar veertig jaar geleden was. Dertig maanden na de uitbraak van corona waren wereldwijd vijf miljard mensen gevaccineerd. Toen honderd jaar eerder in Kansas de Spaanse griep uitbrak, die zich net zo besmettelijk en dodelijk over de hele wereld verspreidde als corona, werd niemand ingeënt. De eerste vaccinatie tegen influenza vond plaats in 1946.[90]

Honderd jaar geleden, toen woonden er nauwelijks twee miljard mensen op de wereld. Vier generaties later is dat aantal verviervoudigd. Toen was de gemiddelde levensverwachting voor mannen 46 jaar, voor vrouwen 48. Nu is dat respectievelijk 75 en 80 jaar, de korte-termijneffecten van Corona buiten beschouwing gelaten. Die getallen gelden voor Amerika. In West Europa liggen ze nog een fractie hoger: 80 jaar voor Nederlandse mannen, 83 voor vrouwen, net als in Engeland. Duitse mannen halen gemiddeld hun 79ste verjaardag, vrouwen worden in doorsnee 85, en zulke cijfers gelden ook voor Frankrijk.[91]

Al die feiten, getallen, dingen, mogelijkheden, mensen, verbeteringen, versnellingen en verruimingen sinds 1900 zijn het resultaat van een tijdvak waarbinnen ook twee wereldoorlogen, twee pandemieën, een wereldwijde economische depressie, een stel recessies, oorlogen in Azië en Afrika, dictaturen in Oost Europa, Zuid Amerika, China en een handvol naburen, openlijk racisme in Amerika en Zuid Afrika, gruwelijke verminkingen van jonge vrouwen in het Midden Oosten, een veertigjarige koude oorlog en een nucleaire wapenwedloop plaatsvonden. Wat zegt dat?

Op zichzelf niets, het zijn statistieken. Er wordt al een hele tijd niet meer gevierendeeld, geradbraakt en onthoofd. Oren, neus en genitaliën worden niet meer in opdracht van rechtbanken publiekelijk afgesneden. Maar de staat Arizona executeerde nog niet zo lang geleden, in 1992, een Duitse bankrover in een gaskamer omdat hij tijdens de roof iemand had doodgestoken met een briefopener van de bank. En Lincolns moordenaars waren niet de laatste die aan de galg hingen. Het overkwam in 1996 ook de moordenaar van een bejaard echtpaar in Delaware. In Mississippi worden geen openbare doodvonnissen meer voltrokken, maar sinds het jaar 2000 zijn in acht gevallen jonge mannen dood aangetroffen, hangend aan een boomtak, elk met een donkere huidskleur. Geen spoor van de daders, maar lynchen is nog steeds geen verleden tijd.[92]

Kortom, als er niet meer wordt geradbraakt, maar nog wel vergast en gehangen, wie kan met zekerheid zeggen dat er nooit meer zal worden gevierendeeld? Iets of iemand kan op het goede spoor liggen, maar op zichzelf zegt dat onvoldoende over de toekomst. Stel, je staat voor het raam halverwege een wolkenkrabber, en er komt iemand van het dak vallen. Als je hem in die seconde zou vragen of hij nog steeds ademhaalt, is het enige wat de man met zekerheid zou kunnen zeggen: *ja, nog steeds*. Bertrand Russell bedacht een ander voorbeeld, dat van de kalkoen die op de dag voor Thanksgiving dik tevreden vaststelt dat de boer hem al 364 dagen lang elke ochtend komt voederen.

Wat de kalkoen betreft ziet de toekomst er op basis van het verleden rooskleurig uit.[93]

In India gaan verkrachters nog steeds vrijuit. In China kan je maar beter geen Oeigoer zijn. In Mexico laten drugskartels elkaar zien wie er de baas is door een rijtje mannen en vrouwen te laten bungelen van een viaduct, na hen eerst te hebben doodgemarteld. Wie naast Rusland woont, kan op elk moment een invasie verwachten. En trouwens: niemand weet precies hoeveel stukken plastic er in de oceanen drijven, maar tussen de experts van Earth Day, de universitaire researchers van Our World in Data en Delftenaar Boyan Slat met zijn Ocean Cleanup-project bestaat ruwweg overeenstemming dat het om ruim vijf biljoen stuks afval gaat. Dat is een 5 met twaalf nullen. Daar komt elke minuut een nieuwe berg plastic bij die gelijk staat met de lading van twee vuilniswagens. Een kwart van de mensheid woont binnen vijftig kilometer van een zeekust, vandaar.[94] De grootste boosdoeners zitten in Azië want daar wonen de meeste mensen. Tachtig procent van alle plastic in de oceanen komt uit Aziatische rivieren.[95]

Acht miljard mensen, samen zorgen we voor een vuilere lucht, een viezere grond, een warmere aarde en stijgende zeespiegels. Ik beken grif medeschuld. Alleen al mijn drie maanden in een helikopter rondom Noord-en Zuid Amerika, ruim driehonderd vlieguren, verbruikten achttienduizend liter brandstof. Dat maakte de wereld er niet stikstofvriendelijker op.

Iedereen belooft beterschap. In dezelfde periode die de wereld al die mooie dingen gaf waarmee dit hoofdstuk begon, tijdens de drie jongste decennia, werden twee grote internationale akkoorden gesloten, in Kyoto en Parijs, om de vervuiling een halt toe te roepen. Er bestaat weinig twijfel over de goede wil van verreweg de meeste ondertekenaars. Maar alweer: wat zegt dit? Op zichzelf niets. De goede wil van morgen kan overmorgen onwil worden. De enige garantie die tienduizend jaar van creatief nadenken heeft opgeleverd is dat niets absoluut kan worden gegarandeerd.

En toch.

***

Mensen zijn onstuitbaar optimistisch, ondanks koppige feiten om hen heen die er alle schijn van hebben dat ze ertoe aansporen om alle hoop te laten varen. Wishful thinking? Wie weet, maar tegen de successen van alleen al de afgelopen vier generaties valt niet te argumenteren. Ondanks alle narigheid binnen dat tijdperk is de wereld een veel betere plek geworden voor veel meer mensen.

Deels komt dat door onze onuitgesproken maar aangeboren twijfel over de onvermijdelijkheid van die narigheid. Was het echt niet te voorkomen geweest? Want als het antwoord "misschien wel" luidt, zoals we hiervoor al een paar keer veronderstelden, had die orgie van geweld tijdens de eerste helft van de vorige eeuw dan ook een element van pech? Kijken historici er over twee eeuwen op terug als uit de hand gelopen spanningen?

Ja, zegt Mathew White, van hoofdberoep bibliothecaris. Hij woont, net als de blinde telefoonhacker Joe Engressia vroeger, in Richmond, in Virginia. Hij las alles wat hij in de bieb te pakken kon krijgen over oorlogen. Niet alleen oorlogen uit de vorige eeuw, maar gevechten en conflicten van alle tijden. Hij schreef een boek over de honderd dodelijkste episodes sinds de tweede Perzische oorlog, en die vond plaats in het jaar 480 voor Christus.[96] White werd bekend omdat Harvards optimisme-psycholoog Steven Pinker onder de indruk raakte van zijn kennis, en hem begon te citeren.

Iemand stelde in 1999, bij het naderende einde van een millennium, de vraag wie de belangrijkste persoon van de twintigste eeuw was geweest. Mathew White gaf antwoord. Hij koos niet Einstein, de gebroeders Wright, Hitler, Hemingway, Madame Curie, Churchill of Moeder Theresa. Hij koos Gavrilo Prinzip.

Prinzip was de negentienjarige opstandige student in Sarajevo die tot zijn eigen verbazing, na een eerdere mislukte moordaanslag, zijn doelwit alsnog een keer zag komen langsrijden, in een open auto die recht voor zijn neus tot stilstand kwam. "Hier," zei White, "is een man die in zijn eentje een kettingreactie veroorzaakte, met uiteindelijk tachtig miljoen doden als gevolg. Met slechts twee pistoolschoten startte deze terrorist de eerste wereldoorlog die vier monarchieën verwoestte. Dat leidde tot een machtsvacuüm dat werd opgevuld door de communisten in Rusland en de nazi's in Duitsland die het vervolgens uitvochten in een tweede wereldoorlog."[97]

Kort door de bocht? Feit is dat iedereen indertijd stomverbaasd was dat de aanslag op een hotemetoot in Sarajevo als lont kon dienen, want opgewonden standjes die over de rooie gaan in de Balkan, daar was op zichzelf niets unieks aan. Nog maar zes jaar eerder was het boek *The Great Illusion* een bestseller geweest, met een miljoen verkochte exemplaren in 22 talen. Journalist Norman Angell betoogde daarin dat niemand in Europa het in z'n hoofd zou halen ooit nog een oorlog te beginnen, omdat de economische gevolgen onoverkomelijk rampzalig zouden zijn. Er was simpelweg geen verstandelijke reden te bedenken waarom het continent zou ontbranden. Zelfs Kaiser Wilhelm las het boek, naar verluidt met instemming.[98]

Wat als? De geschiedenis hangt aan elkaar van toevalstreffers en -missers, stelden we eerder al vast. Wat als senator Warren Harding op 17 mei 1916 niet in allerijl dat briefje op de post had gedaan, geadresseerd aan zijn buurvrouw? De oorlog was toen al bijna twee jaar aan de gang, maar Amerika maakte er nog geen deel van uit. Harding was de populairste politicus in het land en in de ogen van velen de gedoodverfde winnaar van de presidentsverkiezingen later dat jaar. Maar hij was beducht voor de reputatieschade waarmee zijn minnares dreigde. Hij haakte af en maakte de weg vrij voor de kersvers hertrouwde Woodrow Wilson om te worden herkozen.

Amerika werd een paar maanden later de oorlog ingezogen. Duitsland verloor, Woodrow Wilson ging naar Parijs en toonde zich daar de slechtste vredesonderhandelaar aller tijden. Het gesloten akkoord radicaliseerde Duitsland en veroorzaakte een dusdanig verwoestende inflatie dat wie in 1922 in Berlijn een tramkaartje kocht dat in 1914 nog 1 mark had gekost, die was daarvoor nu 15 miljoen mark kwijt.[99] Harding was het in zowat elk opzicht luidkeels oneens met de ingeslagen koers, en toen hij in 1920 alsnog besloot dat hij president wilde worden, werd hij met overmacht gekozen. Maar toen was het al te laat om de escalaties te voorkomen die Europa opnieuw deden ontvlammen.

Wat als? Wat als Gavrilo Prinzip niet dit, wat als Warren Harding niet dat? Wie het weet mag het zeggen, maar mensen hebben altijd op hun klompen aangevoeld dat niets vanzelfsprekend onvermijdelijk is. Daarom staat er altijd wel ergens een Florence Nightingale op die er iets aan gaat doen. Twaalfde-eeuwse Eleanore van Aquitanië was er zo eentje. Ze besloot dat het afgelopen moest zijn met de onderdanigheid van vrouwen aan de man, en scheidde eerst van de Franse, daarna van de Engelse koning en regeerde verder zonder hen.[100] Maarten Luther was ook zo. Pausen en kardinalen die namens Jezus vergeving van alle zonden beloofden in ruil voor steekpenningen, daartegen viel iets te doen. Ernest Hemingway die naar Spanje toog om Franco's fascisten tegen te houden. Nelson Mandela die een einde ging maken aan een ernstig onrecht.

In de eerste helft van de vorige eeuw liep het volledig uit de hand. Domme pech, zegt de schrijver van het boek over de honderd ergste oorlogen, met grotesk dramatische gevolgen. Dat was vermeden geworden als de chauffeur van aartshertog Franz Ferdinand niet rechtsaf was geslagen. Zulke veronderstellingen zijn als vloeken in de kerk voor nabestaanden van oorlogshandelingen die voor hen te vers in het geheugen liggen. Maar iets in ons allemaal herkent Mathew White's argument. Nog nooit heeft de mensheid de moed opgegeven. En het misschien wel allersterkste bewijs daarvoor is de verbijsterende hoeveelheid goeds die de twintigste eeuw heeft geproduceerd.

***

Het idee om met de helikopter een recordpoging te ondernemen ontstond in maart 2006 tijdens een vlucht tussen Florida en Maryland. We hadden St. Augustine bezocht, de laatste rustplaats van Henk Vlegelaar, een nazaat van opa Vlegelaar uit Schalkwijk en oma Van Oosterom uit Blaricum, die tijdens zijn leven in Amerika Henry Flagler werd genoemd. Henk was een makker van John Rockefeller, en hun beider Nederlandse afkomst smeedde een band. John stamde zelf van de families Slover en De Winter uit Breskens in Zeeland, en alles tussen hen klikte. Samen hadden ze aanvankelijk een groothandel in graan, maar toen de Amerikaanse bodem olie begon te produceren, richtten ze Standard Oil op. En omdat olie getransporteerd moest kunnen worden, bouwden ze daarnaast ook spoorwegen. De trein naar Miami rijdt vandaag nog steeds op de rails die Henk Vlegelaar aanlegde.

Vliegend boven dat spoor vroeg ik piloot Stephan naar zijn mening. Dacht hij dat zoiets zou kunnen, met deze kleine helikopter naar Alaska, vandaar omlaag, helemaal naar Panama, daar het kanaal oversteken, en dan Zuid Amerika in, net zolang tot we in het onderste puntje van Patagonië zouden aankomen. En vandaar dan weer terug, opnieuw over het Panama-kanaal, totdat we weer terug waren in Maryland. "Ik bedoel, maakt het de helikopter uit waar ze vliegt?" vroeg ik. Stephan dacht na, en zei toen. "Nee. Dat moet in principe kunnen." Een helikopter maakt zich uitsluitend druk over het meppen van lucht met de rotorbladen, over het maken van wind. Welke lucht, en waar, dat is haar om het even.

We maakten onderweg een tussenlanding in Georgia, op het vliegveld van Savannah. Je landt waar de verkeerstoren zegt dat je parkeerplaats is, meestal eerst afdalend naar het begin van de landingsbaan, en dan op anderhalve meter hoogte zwevend, in een *hover*, naar de aangewezen plek. Daar komt dan een tankauto aanrijden, die stopt bij de helikopter en vult beide brandstoftanks. Betalen doe je binnen in een kantoortje. Zo geschiedde. Ik liep naar de deur, en bij de drempel zag ik op de grond een cent liggen. Ik raapte hem op en besefte meteen dat het geen normale dollarcent was. Het was *Un centesimo de Balboa*, stond erop, en langs de rand: *Republica de Panama*.

Hoe groot is de kans om ergens een Panamese cent te vinden, tien minuten nadat je hardop hebt overwogen om niet eenmaal, maar tweemaal het Panama-kanaal over te steken? Niet zo groot, dacht ik. Niet groter of kleiner dan de jackpot te winnen met behulp van een fortune cookie. Dat was het moment waarop ik besloot om de reis te maken. Want een cent is soms alles wat optimisme nodig heeft.

13

"Stel je voor dat we Cuba hadden gebombardeerd"

Robert McNamara had een tafeldame meegenomen, Madelin, de ex van zijn beste vriend. Het gerucht ging dat hij dat deed om zich beter te gedragen. Bob in z'n eentje kon onuitstaanbaar zijn, altijd en eeuwig overtuigd van zijn eigen gelijk, waarbij het probleem was dat hij dat vaak ook had.

"Stop de projector." Hij zat eens in een vergadering die acht uur duurde, in Hawaii. Daar was het militaire hoofdkwartier gevestigd vanwaaruit de oorlog in Vietnam werd aangestuurd. McNamara was de minister van defensie, dus ze deden meteen wat hij zei. "Deze dia, nummer 869, is in tegenspraak met dia 11." De generaals controleerden het, en inderdaad, de minister had gelijk. "Iedereen was meteen onder de indruk," schreef David Halberstam later in *The Best and the Brightest*, "en menigeen deed het in z'n broek."[101] Zo'n beheersing van data, getallen en feiten maakte mensen in zijn omgeving nerveus. Er was een tijd dat niemand in zijn aanwezigheid het onderwerp Vietnam durfde aan te snijden. Halverwege het woord, "Viet..", had zijn blik je al gedood.[102]

We lunchten samen aan een rond tafeltje, "Hi, I'm Bob." Ik zat aan zijn linkerzij, Madelin aan z'n andere kant. McNamara was tegen die tijd weduwnaar, dus niemand keek raar op dat hij een dame had meegenomen als gezelschap. Hetzelfde gold voor haar. Zelf was zij gescheiden, al een hele tijd geleden, van de man die McNamara voor mij omschreef als "mijn rechterhand". Madelin Thayer was Ros Gilpatrics derde vrouw geweest, na haar zouden nog twee echtgenotes volgen. Haar opvolgsters waren niet de reden van de scheiding. Dat was Jackie Kennedy. McNamara's rechterhand had stiekem verkering met de vrouw van hun baas.

Roswell Gilpatric was onderminister van defensie. Normaal gesproken zoekt de minister zijn eigen onderminister uit, maar in dit geval had de president zelf de keuze gemaakt. McNamara kwam rechtstreeks uit het bedrijfsleven, uit Dearborn bij Detroit waar hij de baas van de Ford-autofabriek was, zonder enige ervaring in politiek Washington. Maar hij gold als een wonderkind, ongewoon krachtdadig en gedecideerd, een geboren manager. Gilpatric was ook een soort wonderkind, al jong een succesvolle jurist. Zijn moeder was een vriendin van Frances Perkins geweest, de eerste vrouwelijke minister in Amerika tijdens het bewind van president Franklin Roosevelt, en na Roosevelts dood benoemde diens opvolger Harry Truman Ros tot minister van de luchtmacht. Kennedy verwachtte dat McNamara en hij elkaar goed zouden aanvullen.

Het klikte inderdaad, ze werden dikke vrienden. Dus toen in oktober 1962 de rakettencrisis rond Cuba uitbrak, waren het Bob en Ros die naast elkaar aan Kennedy's tafel zaten, twee weken lang, in een koortsachtige poging om een nucleaire oorlog te voorkomen. De Sovjet-Unie was bezig om kernraketten in Cuba te stationeren, en McNamara's spionagevliegtuigen waren erachter gekomen. De ontdekking werd voorshands geheim gehouden, en nu was het de kunst om erger te voorkomen. Dat viel niet mee. De president had voor de gelegenheid een speciaal team om zich heen verzameld, en daarin zaten ook een paar haviken die hem adviseerden om meteen de Russische stellingen te bombarderen, voordat de raketten operationeel werden.

Kennedy twijfelde of dat een goed idee was. Het was misschien beter om zijn tegenspeler Chroesjtsjov in Moskou eerst verbaal af te schrikken, zonder meteen in eigen land slapende honden wakker te maken. Hij gaf de klus aan Gilpatric, doorgaans een man van weinig woorden. Ros organiseerde ergens een spreekbeurt, en daar waarschuwde hij de Russen voor de desastreuze boemerang-gevolgen van een nucleaire aanval, voor de Russen zelf. Kennedy had het goed ingeschat, in eigen land lette niemand op een onderminister, maar Chroesjtsjov hield nauwkeurig in de gaten welke woorden er uit het Pentagon kwamen. Hij reageerde door te zeggen dat hij niet als een klein kind behandeld wenste te worden, en gaf geen signaal af dat hij de indirecte boodschap ter harte had genomen.[103]

Voor de haviken was dat aanleiding om nog krachtiger te pleiten voor een bombardement. "Weet je nog, Madelin," zei McNamara tijdens onze lunch, "hoe groot die druk op ons was?" Madelin knikte. Ze was destijds nog getrouwd met Ros, en ze herinnerde zich die dagen maar al te goed. Er was toen al iets gaande tussen haar man en de vrouw van de president, en een paar jaar later zag ze het zwart op wit. Dat was toen iemand een stapeltje brieven uit Gilpatrics kluis had gestolen die vervolgens bij een veilinghuis terecht kwamen. Het waren Jackie Kennedy's brieven aan "Dearest Ros," hem dankzeggend voor gestolen uren samen terwijl de president een paar dagen van honk was.[104] "Stel je voor," zei Bob over de druk van zijn collega's in 1962, "dat we dat gedaan hadden," zo'n preventief bombardement op Cuba.

In die merkwaardige omstandigheid van een wereld op de rand van een alles verwoestende kernoorlog, met een president die koortsachtig advies inwon van zijn secondanten, onder wie de man met wie ik nu zat te eten, plus de man die tussen de bedrijven door ook een honger van de First Lady stilde - in die setting moest Kennedy kiezen. Zijn veiligheidsadviseur Bundy en zijn minister van buitenlandse zaken Rusk vertelden hem dat hij maar één keuze had, en dat was aanvallen, nu meteen. Zijn minister van defensie McNamara was daar faliekant tegen en adviseerde een blokkade van Cuba, op zee, dat was minder agressief en mogelijk veel effectiever. Zonder dat de anderen dat wisten had Kennedy afluisterapparatuur in de kamer geïnstalleerd. De bandrecorder luisterde mee en registreerde een ongemakkelijke stilte.

Het was Ros Gilpatric die vervolgens de geschiedenis de goede kant op duwde.[105] Hij zei: "In de kern is dit een keuze tussen een beperkte actie en een onbeperkte actie, en de meesten onder ons achten het beter om eerst met een beperkte actie te beginnen." En dat was waartoe de president besloot. Er werden spierballen getoond, maar er werd niet gevochten. Er werd diplomatiek onderhandeld, en uiteindelijk verdwenen de kernwapens van Cuba.

Niettemin, zei McNamara een kleine dertig jaar later, "Stel je voor dat we dat gedaan hadden," zo'n preventieve aanval waarop niet de minsten onder Kennedy's adviseurs aandrongen. Dat was de reden voor ons lunchgesprek. Hij had recent een bezoek gebracht aan Moskou, en ik vroeg hem ernaar. Regeringsdelegaties van Amerika, de Sovjet Unie en Cuba waren samengekomen om hun belevenissen uit 1962 nog eens tegen het licht te houden. Het betrof de regeerders van toen, mannen die het voor het zeggen hadden toen de rakettencrisis plaatsvond. Michael Gorbatsjov had ter meerdere glorie van *perestrojka* en *glasnost* de bijeenkomst geïnitieerd, en president Bush senior had er van harte zijn fiat aan gegeven.[106]

McNamara vertelde hoe tijdens die bijeenkomst in Moskou iedereen geschrokken was toen er Sovjet-archieven op tafel kwamen. Daaruit bleek wat in 1962 niemand in het Witte Huis wist. Het Kremlin had heimelijk het licht op groen gezet voor de plaatselijke Russische commandant in Cuba om naar eigen inzicht kernwapens te gebruiken wanneer Amerika als eerste zou aanvallen. Hij hoefde daarvoor geen toestemming in Moskou te vragen. "Kan je je voorstellen wat dat zou hebben betekend?" zei McNamara nu. Hij was nog steeds verontwaardigd over zoveel nonchalance. "Je laat de verantwoordelijkheid voor het starten van een nucleaire oorlog niet in handen van een officier in het veld." De wereld was door een nog veel smaller oog van de naald gekropen dan men destijds al vermoedde.

Toeval of het resultaat van zorgvuldig beleid? Er zijn veel documenten over het topgeheime overleg achter de gesloten deuren van het Witte Huis uit die dagen, plus de bandopnamen. McNamara, Gilpatric, de president en zijn broer Robert komen positief uit de verf in die contemporaine geschiedschrijving. Het wijst op zorgvuldigheid. Maar intussen gingen McNamara's spionagevluchten boven Cuba door, en een van die vliegtuigen werd neergehaald. Dat had gemakkelijk de fatale vonk kunnen zijn geweest.

Maar zo pakte het niet uit. Terug naar Mathew White, de schrijver van het boek over de honderd ergste oorlogen uit de geschiedenis, de man die eind 1999 terugkijkend op de twintigste eeuw beweerde dat de twee wereldoorlogen niet onvermijdelijk waren geweest. "Niet onvermijdelijker dan, laten we zeggen, een oorlog tussen de NAVO en het Warschau Pact."[107] Die oorlog kwam er dus bijna. Maar net niet helemaal. Een dubbeltje dat tenslotte de goede kant opviel. Een nucleaire oorlog werd vermeden. Omdat de Amerikaanse president op een cruciaal moment het verlossende advies accepteerde van een man die hij privé voor geen meter kon vertrouwen.

****

Iets in ons allemaal weet intuïtief dat *shit happens*, soms onvermijdelijk, zoals weersomstandigheden, lawines of sommige volksziekten, maar meestal wel degelijk vermijdbaar. Het feit dat vermijdbare narigheid de wereld niettemin treft, maakt verreweg de meeste mensen niet van nature pessimistisch. Integendeel, want hoewel de schijn nu en dan tegen ons is en het lijkt alsof niemand ooit leert van gemaakte fouten - we leren in werkelijkheid met z'n allen heel goed. Weinig generaties maken dezelfde fout als de vorige. Ik geef je het voorbeeld van de stad San Francisco.

In het voorjaar van 1906 besloten Maarten en Jan Bekius om in San Francisco een opslaggebouw neer te zetten, opgetrokken uit gewapend beton. Ze waren de eigenaren van een verhuisbedrijf. Maarten had de *u* in Bekius omgedraaid en vervangen door een *n*, omdat Amerikanen dat beter konden uitspreken, en zelf liet hij zich Martin noemen. Jan luisterde desgewenst ook naar John. Hun ouders Sjoerd en Tietje waren eind 19e eeuw uit het Friese Hallum naar Michigan geëmigreerd, met medeneming van hun 13 kinderen, en de broers trokken vandaar naar de westkust want daar groeiden grote steden, Los Angeles, West Hollywood, Sacramento, Seattle, San Francisco. Binnen de kortste keren werd Bekins een veel gevraagde verhuizer.

Bouwen met beton was niet populair in San Francisco. Er was pas sinds kort een begin gemaakt met hoogbouw van beton, in Chicago en New York, maar de meeste mensen vonden het foeilelijk. En wat zwaarder woog: de Californische bouwvakkersbonden waren er fel op tegen. Huizen en winkels waren hetzij van hout, doorgaans redwood, hout van de torenhoge sequoia's, of ze waren gemaakt van baksteen. Woningbouw in Californië bood werk aan duizenden timmerlieden en metselaars. Hun vakbonden verzetten zich uit alle macht tegen bouwen met beton.

Maarten en Jan gooiden hun kop in de wind en gaven een specialist in gewapend beton opdracht om aan de rand van de stad een opslaggebouw van zes verdiepingen neer te zetten.[108] Ze hadden een optimistische reden. Ze rekenden erop dat in het begin van de nieuwe eeuw, waarin Amerika groeide als kool, hun eigen bedrijf net zo hard zou meegroeien. Daarom hadden ze opslagruimte nodig. En beton was brandvrij, dat was van belang als je andermans verhuisspullen moest opslaan.

Op woensdag 18 april werd San Francisco getroffen door een zware aardbeving, 7,9 op de schaal van Richter. Huizen, winkels en bedrijfspanden stortten in, en overal brak brand uit. Wat van hout was, veranderde in as. Meer dan drieduizend slachtoffers verloren het leven, en driekwart van alle inwoners raakte dakloos. Slechts twee panden bleven overeind. Het ene was het Muntgebouw van San Francisco, opgetrokken uit graniet. Het andere was de opslag van Bekins. Het was tot pas twee verdiepingen gevorderd, maar die waren allebei ongedeerd. De aannemer ging prompt onverdroten verder met het afbouwen van het pand, en binnen een paar jaar verrees het ene betonnen bouwwerk na het andere van de grond, niet alleen in San Francisco, maar in heel Californië en ver daarbuiten.

Ruim honderd jaar later is Bekins een van Amerika's vijf grootste verhuizers, hofleverancier van het Pentagon sinds McNamara en Gilpatric er de scepter zwaaiden, telkens als ergens een militair gezin wordt overgeplaatst, met driehonderd opslagcentra, tweeduizend verhuiswagens en vijfduizend chauffeurs. Bekins was de eerste die opslagruimte aanbood voor mensen die niet verhuisden, maar wier zolder of schuur te klein was en die geen afstand konden doen van hun spullen. Vandaag telt Amerika meer dan 50.000 van zulke locaties, allemaal naar het voorbeeld van Bekins. Dat zijn er meer dan alle McDonalds, Burger Kings, Wendy's, Starbucks en Walmarts bij elkaar. Jan en Maarten waren niet alleen optimistisch. Ze voorzagen een trend.

***

Tegen de tijd dat ik met hem over de Cuba-crisis zat te praten was Robert McNamara alweer een heel stuk opgeklaard. Dat was anders dan de dag tevoren. Toen zaten journalist Stanley Karnow en ik tegenover hem, luisterend naar zijn succesverhalen over zijn periode als president van de Wereldbank. Stanley had zojuist de Pulitzerprijs gewonnen met een boek over Amerika en de Filippijnen, maar hij was bekender vanwege zijn reportages uit en over Vietnam. McNamara was een en al stelligheid over het succes van zijn bijdrage aan de bestrijding van armoede in de wereld, en hij onderstreepte dat op gezette tijden met de uitdrukking *"You can take that to the bank."*

Karnow had dat vaker gehoord. Hij onderbrak de man die hij zich primair herinnerde als de minister van defensie ten tijde van de oorlog in Vietnam. "Dat zei je vroeger ook, Bob, als je ons weer eens verzekerde dat alles de goede kant op ging in Vietnam. *'You can take it to the bank.'* En het was een leugen. Waarom zouden we nu moeten geloven dat je dit keer wel gelijk hebt?"

Stanley Karnow had gezag. Zijn boek over de geschiedenis van Vietnam was als een 13-delige serie tweemaal uitgezonden op televisie, en hij kon uit zijn hoofd de cijfers opdreunen: bijna 3 miljoen Amerikaanse dienstplichtigen naar Indo China gestuurd, 150.000 gewonden, 58.000 gesneuvelden, 1 biljoen dollars aan weggegooid geld[109], een nooit opgehelderd aantal Vietnamese doden. Het was vooral McNamara's oorlog geweest, als eerstverantwoordelijke. Pas goed op gang gekomen nadat rond Cuba het verstand had gezegevierd. De oorlog had Amerika en de wereld sterk verdeeld, McNamara's eigen kinderen protesteerden openlijk tegen hun vader. Maar niets bracht hem ertoe te erkennen dat hij spijt had van de gemaakte fouten.

Tot nu. Robert McNamara brak ineens in tranen uit. "Wat wil je dat ik zeg? Dat ik het bij het verkeerde eind had?" Karnow en ik wisten niet goed wat we met die plotselinge emotie aan moesten en zeiden allebei niets. "Ik had het fout. Mijn God, ik had het fout! Het spijt me."

We leren met z'n allen heel goed, weinig generaties maken dezelfde fout als de vorige. Behalve als het om Vietnam gaat. De vorige eeuw was er eentje van *proxy wars*, Korea, Vietnam, Midden Amerika, Syrië, Libanon, Angola, Afghanistan. Oorlogen met een lokale tegenstander, maar in werkelijkheid supermachten die elkaar bevechten zonder openlijk één op één een veldslag te leveren, doorgaans Amerika en de Sovjet Unie. Die motivatie verdween met de val van de Muur in Berlijn, en prompt vochten beide kampen in 1990 zo goed als zij aan zij in Irak, nadat Saddam Hoessein Koeweit was binnengetrokken.

Maar oude gewoonten slijten niet gemakkelijk. Amerika werd aangevallen door Al Qaida, terroristen die een thuisbasis hadden in Afghanistan, en dus trok het de onherbergzaamheid van dat land binnen. Amerika bleef en vocht er twintig jaar. Het bezette in 2003 Irak opnieuw en bleef er acht jaar. In 2014 besloot het deel te nemen aan acties in Syrië, en op het moment dat ik deze woorden schrijf, acht jaar later, is die status-quo ongewijzigd. Het is één ding om in de rol van politieagent van de wereld te verkeren, want zo gaat dat als een land de enig overgebleven supermacht is. Aanvoerders besluiten nu eenmaal om nu en dan het gareel te bewaken. Maar strijdperken betreden met een houding alsof er niets is geleerd van de fouten van Robert McNamara en zijn opvolgers, dat is op z'n zachtst gezegd een studie in vermijdbaarheid.

14

Het meisje dat honderd mensen redde

* Als underdogs inspireren tot optimisme

Tilly Smith uit Engeland was tien toen haar ouders haar voor de kerstvakantie meenamen naar Thailand. Op 26 december 2004 wandelden ze 's ochtends samen op het strand, en wat Tilly opviel waren de bruisende bubbels in het water. Twee weken eerder had ze tijdens de aardrijkskundeles op school geleerd hoe je kunt zien of er een tsunami aankomt. Zulke bubbels waren een van de symptomen, en ook het zeewater dat zich niet terugtrekt maar steeds verder omhoog het strand op kruipt.

Ze sloeg alarm, haar moeder geloofde haar niet, haar vader wel. Hij waarschuwde iemand van het hotel, een Japanse gast hoorde het woord tsunami en zei dat die ochtend een aardbeving Sumatra had getroffen. Alle badgasten werden in allerijl van het strand gehaald. De tsunami arriveerde twintig minuten later en veroorzaakte de dood van vijfduizend Thailanders, maar van niemand op Tilly Smith's strand. Zij redde het leven van honderd strandtoeristen.[110]

De wereld is lang niet altijd een vrolijke plek. Elke zes seconden sterft ergens een kind zoals Tilly, voordat het vijftien jaar oud is geworden, veertienduizend kinderen iedere dag. Elke minuut staan ergens twintig vaders en moeders huilend bij een graf. Dat zijn ontnuchterende cijfers. Ze geven onder meer aan dat we met z'n allen nog lang geen afdoende antwoord hebben gevonden op leukemie en andere jeugdkankers, om maar te zwijgen van de bestaansomstandigheden in Somalië waar een op de zeven kinderen de puberteit niet afmaakt.

Er wordt hard aan gewerkt, dat wel, en koortsachtig. Alleen al in Europa overleeft 99,55 procent van alle kinderen de tienerjaren, maar dat is een schrale troost voor wie hun kroost ten grave dragen. Ook al vertel je die mensen dat de gemiddelde levensverwachting wereldwijd steeg van onder de dertig jaar in 1820 naar ouder dan zeventig in 2015, dat brengt hun kind niet terug. Kindersterfte daalde gedurende die twee eeuwen met negentig procent. Vertel de ouders van de overige tien procent maar eens waarom dat goed nieuws is.

Fransman Pierre Cota was 45 jaar oud toen hij op 20 januari 1992 op weg naar het vliegveld van Lyon in een kettingbotsing belandde.[111] Zijn auto was total loss, zelf werd hij per ambulance naar het ziekenhuis gebracht, maar daar bleek hij niets te mankeren. Hij miste zijn vliegtuig naar Straatsburg, stapte evengoed in een taxi naar het vliegveld en nam de volgende vlucht, maar dat ging evenmin goed. De Airbus vloog in de Vogezen tegen een berghelling. Van de 96 mensen aan boord overleefden slechts negen passagiers de klap. Pierre was een van hen. Weer naar het ziekenhuis, de tweede keer die dag, en opnieuw ongedeerd bevonden, op een bloedneus na. Hij maakte op tijd zijn opwachting bij zijn afspraak in Straatsburg.

Voedt zo'n voorbeeld ons optimisme? Het antwoord luidt ja. *Narrow escapes* scoren hoog. Ze vallen in de underdog categorie. Mensen ontlenen steun en moed en hoop aan anderen die erin slagen om iets schijnbaar onvermijdelijks te vermijden. Sterker zijn dan een overmacht, door het oog van de naald kruipen. Japanse generaties bouwden een complete cultuur rond het vinden van een uitweg in een anderszins potentieel verloren positie - karate, sumo en judo zijn gebaseerd op het profiteren van andermans sterkste kracht door die tegen hem te gebruiken.

De reactie van optimisme, van opluchting, van verademing geldt ook voor Tilly's verhaal. Toen een interview met haar en haar ouders werd uitgezonden door de Amerikaanse omroep ABC, onder de titel *Angel of the beach*, zei de presentatrice na afloop: "Dit is het soort verhaal dat ons allemaal veel hoop geeft. Want als een meisje van tien zoveel mensen kan redden van een tsunami, met slechts een basishoeveelheid kennis, dan zijn wij volwassenen daar al helemaal toe in staat."[112] Mijn vermoeden is dat miljoenen mensen in hun huiskamer zaten te knikken.

De feiten: de tsunami duurde zeven uur, en er verdronken die tweede kerstdag in 2004 maar liefst 230.000 mensen in kustgebieden langs de Indische Oceaan. Tilly's honderd geredde overlevenden vormden slechts een minuscule fractie van dat aantal. Van Pierre Cota's mede-inzittenden van vlucht 148 van Air Inter overleefde negentig procent de crash niet. En toch putten mensen hoop uit hun voorbeeld. Dat valt des te meer op tegen de achtergrond van wat we eerder zagen: we vergapen ons met z'n allen aan slecht nieuws.

***

Een van 's werelds bekendste en meest beschreven staaltjes van het optimisme van de underdog is het Nederland van de zestiende eeuw. Karel V was keizer van het Heilige Roomse Rijk, koning van Spanje en heer der Nederlanden. Het machtige Huis Habsburg regeerde over een Europees rijk dat voor het eerst sinds zevenhonderd jaar, sinds Karel de Grote, zijn oorspronkelijke vorm weer had, als een houdgreep om Frankrijk heen gedrapeerd. Karel was overwegend geliefd, geboren in Gent, woonachtig in Brussel, hij sprak Spaans, Frans en Nederlands. Hij was een kleinzoon van Isabella van Castilië. Haar dochter was op staande voet smoorverliefd geworden op een jonge vent met een blijkbaar zo aantrekkelijk uiterlijk dat hij mooie Filips werd genoemd, Filips de Schone. Johanna was precies haar moeder. Ze zag Filips, wist meteen wat ze wilde, trok hem een huis binnen, gooide de deur achter zich dicht en verklaarde hen samen getrouwd. Zij was zeventien, hij achttien. Uit dat nest kwam Karel.

Nederland was slechts een beperkt onderdeel van het rijk dat hij regeerde. Maar wel de plek waar het ijverigst handel werd gedreven. Amsterdam, Antwerpen, Brugge, Haarlem, Zwolle, Deventer profiteerden allemaal van Europa's belangrijkste rivieren die samen uitmondden in het lage land. Een groot deel van de belastingen die Karel hief om te kunnen regeren werd opgebracht door handeldrijvend Nederland, of zoals ze destijds heetten, de Zeventien Provinciën. Een dynamisch gebied waar mensen al jong leerden lezen en argumenteren.

Want de boekdrukkunst was hard op weg om mensen mondig te maken. Toen in het Heilige Roomse rijksdeel van Karels imperium het boekje van monnik Maarten Luther aan een oplagemars begon, en er discussies losbarstten, beperkten die zich niet tot pausen en kardinalen. Iedereen wilde meepraten, Nederlanders voorop. Er kwamen in die zestiende eeuw links en rechts drukkerijen van de grond, aanvankelijk kleinschalig, maar gestaag groter en professioneler naarmate de vraag naar drukwerk toenam. In het jaar dat Karel V zijn veertigste verjaardag vierde, werd in Leuven Lodewijk Elzevier geboren.[113] Bijna vijf eeuwen later is de drukkerij annex uitgeverij die hij in Leiden startte nu de allergrootste ter wereld.[114]

Nergens vond het Europese protest uit die jaren, de maatschappelijke onvrede over mensen en manieren die uit de tijd waren, een meer vruchtbare grond dan in Nederland. Op een politiek scherp gefragmenteerd continent groeiden de provinciën uit tot de bakermat van burgerlijke ongehoorzaamheid. De rest van Europa keek ernaar, als naar een ongeluk dat op het punt staat te gebeuren, nog niet gewend aan waartoe een breed van onderaf gedragen opstand in staat was.

De drukpers, het instrument waarmee in snel groeiend tempo een vrijheid van meningsuiting werd afgedwongen, werd de koevoet. Die ontwrichtte en zorgde ervoor dat oude structuren en omgangsvormen werden losgewrikt. Debatteren over een afstand, met ideeën en gedachten die nu draagbaar waren, werkte ook vernieuwend, en Karel

V deed een duit in het zakje. Hij besloot tot wat tot dan toe in de geschiedenis zelden gebeurde, hij ging met pensioen. Hij wachtte niet tot ouderdom hem het besturen onmogelijk maakte. Hij trad af en droeg de macht over aan een nieuwe generatie, aan de zoon die hij naar zijn mooie vader had vernoemd, Filips II.

Die bleek evenwel geen product van zijn moderne tijd te zijn. Integendeel, Filips voelde niets voor pluriformiteit en het verlenen van fiscale of godsdienstige vrijheden. Hij was een man van de knoet, van terug naar Af, van bruut geweld als afschrikwekkend voorbeeld. Nederland werd zijn favoriete kop van Jut. Hij haalde de hertog van Alva uit diens paleis in Salamanca, vlak achter dat grote plein van de Plaza Mayor, en die nam zijn zoon Frederik mee, een wreed duo. Filips liet hen beiden los op Naarden, weldra een platgebrande stad, op Mechelen waar alle mannen naakt ondersteboven werden opgehangen totdat ze stierven van de kou en waar de vrouwen werden verkracht, en op Zutphen waar in de bevroren IJssel wakken werden gehakt om zo honderden Zutphenaren te kunnen verdrinken.

Het effect was averechts. Nederland reageerde zoals David op Goliath. Waar anderen dachten: de tegenstander is zo groot, die is niet te verslaan, daar dachten Nederlanders: het doelwit is zo groot, dat valt niet te missen. Gemakkelijk gezegd nu, en het klinkt als een platitude, maar dat was de houding die voortvloeide uit een onstuitbaar optimisme in de lage landen. Het dicteerde dat hoop sterker was dan de opgedane ervaringen onder de handen van de tiran. Zelfs de jonge man die aan het hof van Karel V als diens rechterhand had gefungeerd en trouw de koning van Spanje altijd had geëerd, de prins van Oranje-Nassau, sloeg aan het muiten. Willem koos de zijde van protesterend Nederland.

De Hollandse en Zeeuwse watergeuzen uit de zestiende eeuw waren wat menige regering vandaag als terroristen zou bestempelen. Ze deden wat Alva en Don Frederik deden, ze moordden en stalen. Admiraal Piet Hein, die Spanje op de rand van een faillissement bracht en wereldwijd de prijs van goud en zilver tot absurde hoogten deed stijgen, was een kaper. De enige reden waarom ze allemaal naast Willem van Oranje in Hollands heldenboek staan vermeld, is dat ze bijdroegen aan een vrijheidsoorlog van hun land. Ze handelden uit dat onverwoestbare optimisme, tegen de verdrukking in.

Zeven van de zeventien provinciën hadden er tachtig jaar strijd en een ongeteld aantal eigen slachtoffers voor over om tenslotte de overwinning binnen te slepen. Hun zege was totaal. Spanje, en in het verlengde ook Portugal, werd nooit meer de wereldmacht die het was. Nederland heerste een eeuw lang op zee, met een vloot die met twintigduizend schepen groter was dan alle andere vloten samen. Het werd de plek waar meer dan de helft van alle boeken, wereldwijd, werden uitgegeven. Alleen Amsterdam al telde op den duur honderd uitgeverijen en vierhonderd boekwinkels.

En, misschien wel het verst reikende gevolg van de Optimistische Eeuw, Nederland legde eigenhandig de grondvesten van wat tweehonderd jaar later een onafhankelijk Amerika werd. Thomas Jefferson schreef de Onafhankelijkheidsverklaring, maar daarvoor leende hij uitbundig complete passages uit de teksten van de Unie van Utrecht en het Nederlandse Plakkaat van Verlating. Op papier dat hij speciaal voor de gelegenheid importeerde uit Egmond en Zaandam.

***

Schooljuf Eileen Rence uit Wisconsin liep op 17 juli 1996 een paar uur vertraging op in Chicago, vanwege slecht weer. Daardoor miste ze in New York op een paar minuten na haar aansluiting naar Parijs. Toen ze haar dochter belde om te zeggen dat ze het land nog niet verlaten had, begon het kind te huilen. Zij was ervan uitgegaan dat moeder vlucht 800 van Trans World Airlines wel had gehaald en net als de andere 230 inzittenden om het leven was gekomen. Dat vliegtuig stortte na het opstijgen neer in de oceaan, zonder Eileen.

Juf besloot om gewoon de volgende TWA-vlucht te nemen, een dag later, en boekte een nacht in een hotel bij het New Yorkse vliegveld. Daar hadden zich ook veel nabestaanden van de slachtoffers verzameld. Zodra de camera's in de gaten kregen dat de enige overlevende in de zaal was, ging alle aandacht meteen uit naar haar. Eileen verscheen in de eerste alinea van alle krantenberichten de volgende ochtend.[115]

We vieren het succes van de eenling die overleeft. We duimen voor de kluisrovers in *Ocean's Eleven* met George Clooney en Brad Pitt. Er is iets speciaals aan een man of een vrouw die ontkomt aan de dood of de bajes. Oplichter Steven Jay Russell ontsnapte in 1998 uit een gevangenis in Texas door zich voor te doen als een van de cipiers.[116] Toen de politie hem alsnog arresteerde, kreeg hij zichzelf op borgtocht vrij door te poseren als de rechter. Hij werd opnieuw opgepakt, maar wandelde evengoed weer de gevangenis uit, ditmaal in de vermomming van een arts. Weer werd hij aangehouden, en weer kwam hij vrij, nu als lijk, door zijn dood te fingeren. Jim Carrey maakte in 2009 een film over hem.[117]

Het loopt niet altijd goed af. Aan de gevel van een gebouw aan de Brunnenstrasze in Berlijn is een sculptuur bevestigd. Het stelt een Oost-Duitse soldaat voor die over een rol prikkeldraad springt. Dat is een waargebeurd verhaal, op 15 augustus 1961 sprong korporaal Konrad Schumann uit Oost- naar West Berlijn. De Muur was nog in aanbouw en hij had die ochtend gezien hoe een jonge vrouw aan de westzijde een bos bloemen overhandigde aan haar moeder aan de oostkant. Moeder was jarig, en dochter mocht niet naar haar toe. De korporaal besefte dat hij naar de toekomst stond te kijken, en wat hij zag beviel hem van geen kanten. Hij sprong.

Het duurde achtentwintig jaar voordat de Muur werd afgebroken, en al die tijd woonde en werkte Konrad in Beieren in een Audi-fabriek. Hij had geen idee wat er in zijn voormalige land achter de schermen gebeurde, waar de wachttijd voor een Trabant acht jaar was en waar een eigen telefoonaansluiting wel twintig jaar op zich kon laten wachten. Hij wist niet dat er bij de staatsveiligheidsdienst, de Stasi, meer mensen werkten dan in de hele Oost-Duitse gezondheidszorg, buren die elkaar stiekem aangaven op verdenking van sympathieën met een gelukkiger wereld. Konrad had geen flauw benul dat er in Oost Berlijn honderdduizenden jampotjes stonden opgeslagen waarin plukjes van bloezen en ondergoed zaten, nauwkeurig voorzien van namen en adressen.[118] Het zweet van mannenoksels en vrouwenliezen werd daarin bewaard zodat speurhonden op de betrokkenen konden worden afgestuurd indien ze daartoe ooit aanleiding zouden geven.

Al die informatie kwam pas aan het licht nadat de twee Duitslanden weer waren samengevoegd, en het vervreemdde Konrad Schumann volledig van zijn afkomst. Zijn vroegere vrienden en collega's weigerden contact met hem, en met zijn ouders boterde het evenmin.[119] De korporaal was jarenlang een symbool geweest van vluchten naar de vrijheid. De foto van zijn sprong over het prikkeldraad was de hele wereld over gegaan en was een inspiratie geweest voor optimisme overal. In het land dat hij achterliet bezorgde dat zijn vrienden en familie alleen maar problemen. Konrad Schumann werd depressief en hing zichzelf op 20 juni 1998 op aan een boom in zijn Beierse achtertuin. Hij was nooit echt vrij gekomen.

15

Hoe bereik je een doel, door Sandra Brown

** Als massa's inspireren tot optimisme*

Het zijn niet alleen eenlingen die als underdog het optimisme van een menigte voeden. Menigtes zelf hebben door de eeuwen heen ook die functie vervuld. Willem van Nassau erfde van een neef die ergens op een slagveld jong en kinderloos sneuvelde, het Franse prinsdom Orange. Die naam had met de kleur niets te maken, noch met de citrusvruchten die er groeiden, maar met een oude Gallische godheid, Arausio. Dat weerhield de volgelingen van de prins, toen en in alle eeuwen daarna, er niet van om oranje de kleur van de underdog te maken. Sportevenementen wereldwijd laten er geen misverstand over bestaan waar op de tribunes de Nederlandse supporters zitten. Ze moedigen de underdog aan - in afwachting van goud is elke sportploeg en atleet een underdog.

En reken maar dat, andersom, een menigte de eenling tot optimisme kan brengen. Eerder zagen we de dagelijkse welterusten-manifestatie buiten het Hasbro kinderziekenhuis in Providence, hoofdstad van

Rhode Island.[120] Die begon als een eenmansactie van een zorgverlener die een keer afscheid nam van een jonge patiënt die de volgende dag uit het ziekenhuis zou worden ontslagen. Therapeut Steven Brosnihan is een fietser, en het fietspad naar huis liep langs het raam van het kind. Hij stopte, knipperde met zijn lamp, en de patiënt knipperde even terug met het kamerlicht.

Steven besloot zoiets met meer patiëntjes te doen, en naarmate andere weggebruikers ervan hoorden, sloten ze zich erbij aan, elke avond om half negen. Even welterusten wensen. Toen corona uitbrak, breidde de groet zich ook uit naar het verplegend personeel, en inmiddels doen politiewagens, passerende schepen op de Providence River, wandelaars met mobieltjes, en de gevelverlichting van buurtwinkels ook mee. De kinderen in het ziekenhuis vinden het prachtig, het bemoedigt hen.[121]

Of dit voorbeeld, uit Turkije. Muharrem Yazgan is doof, hij woont in Istanbul. Op 24 december 2014 ging hij met zijn zus Ozlem boodschappen doen, want het valt als gehoorgestoorde in Turkije niet mee om in je eentje op straat en in winkels probleemloos te functioneren. Bijna niemand beheerst de Turkse gebarentaal, maar Ozlem wel. Ze liepen samen een bagelwinkel in, en ineens gebaarde de man achter de toonbank met zijn handen dat hij warme bagels had. Muharrem was blij verrast. Buiten liet iemand een zak fruit op de grond vallen, Muharrem hielp het op te rapen, en de man bedankte hem in gebarentaal. Een vrouw botste tegen hem op en gebaarde zich te verontschuldigen.

Op een Youtube video die inmiddels miljoenen keren is bekeken zie je wat er gebeurde. Telefoonmaatschappij Samsung had speciaal voor dove mensen een video-inbelcentrum ingericht en wilde dat onder de aandacht brengen. Met behulp van zijn zus werd een docente ingehuurd die, zonder dat Muharrem dat wist, wekenlang de buurt les gaf in gebarentaal. Op de afgesproken dag sprak iedereen die broer en zus op straat tegenkwamen Muharrem aan in zijn eigen taal.[122] Kijk zelf, en zie hoe hij reageert als hij ontdekt hoe de hele buurt hem, letterlijk, een handje probeert te helpen.

***

Daarnaast stimuleren menigten vooral ook het optimisme van de menigten zelf. Het voorbeeld met de meeste consequenties komt uit het Amerika van de achttiende eeuw dat naar Nederlands voorbeeld de eigen onafhankelijkheid uitriep. Het nam ook de landsnaam over: Verenigde Provinciën werd Verenigde Staten. En het inspireerde anderen. Fransen die meevochten met de Amerikaanse opstandelingen vertelden in eigen land dat bevrijding mogelijk was, ook in Frankrijk. De vergelijking tussen de Engelse koning en de Franse was gauw gemaakt, en Frankrijk ontdeed zich van Lodewijk XVI. Dat leidde tot explosies van geweld, en tot een regelrechte dictatuur onder Napoleon Bonaparte, maar op de lange termijn overleefden de idealen van *vrijheid, gelijkheid* en *broederschap*, niet alleen in Frankrijk, maar ook elders in Europa.

Niettemin, in Amerika duurde het even voordat de organisatie van de onafhankelijkheid op koers lag. Anders dan de meeste geschiedenisboeken suggereren leidde het niet meteen tot een grondwet die de burgers de rechten gaf waarom Amerika nu wereldwijd bekend staat. Tussen onafhankelijkheid en grondwet zaten twaalf jaren. Toen de dertien deelstaten uiteindelijk de wetstekst onder ogen kregen, schrokken ze zich een hoedje. Het enige dat echt geregeld was in het ontwerp waren de rechten en plichten van de overheid. Het hakte knopen door en gaf antwoord op staatkundige vragen waarover lang gedebatteerd was, maar de rechten van de burgerij waren nergens te bekennen.

Over de volksvertegenwoordiging: krijgt elke staat hetzelfde aantal afgevaardigden of naar rato van het aantal inwoners? Het compromis was: zelfde aantal in de Senaat, proportioneel in het Huis. Belastingen: staten met meer inwoners dragen meer belasting af dan dunner bevolkte staten, maar tellen slaven dan ook mee? Compromis: voor dat doel telt een slaaf als een drie-vijfde persoon. Slavenhandel: het importeren van nieuwe slaven wel of niet afschaffen? Compromis: ja, maar pas over twintig jaar. Hoe lang mag iemand staatshoofd blijven? Eensgezind: periodes van vier jaar.

Maar vraag vandaag aan iemand waar dan ook, in Amerika of daarbuiten, wat de opvallendste onderdelen van de Amerikaanse grondwet zijn, en ze zeggen: vrijheid van meningsuiting, vrijheid van drukpers, vrijheid van godsdienst, scheiding tussen kerk en staat, het recht om vuurwapens te dragen, gelijke rechten voor iedereen. Klopt, dat is allemaal onderdeel van de grondwet. Maar niets daarvan stond in de oorspronkelijke tekst die de deelstaten in 1788 ter goedkeuring voorgelegd kregen.

Mannen van het kaliber George Washington, James Madison en Benjamin Franklin, grote namen in de geschiedenis, hadden de wetstekst bedacht. De inrichting van Amerika mocht in niets lijken op hoe de Engelse overheid in elkaar stak, het land waarvan Amerika zich afscheidde, en dat was gelukt. Amerika werd een republiek, met duidelijk afgebakende plichten. Maar de rechten van de individuele burgers kwamen er niet in voor.

De protesten waren niet van de lucht. Aan de ene kant waren er de bestuurders van de dertien deelstaten zelf die de centrale federale overheid op een zo groot mogelijke afstand wilden houden. Daarin werden ze gesteund door hun eigen burgers. Die wilden evenmin een nationale regering die inbreuk kon maken op hun persoonlijke vrijheden. Ze redeneerden: als we nu toch een eigen land krijgen waar we met een schone lei kunnen beginnen, laten we het dan ook goed en grondig doen. En voordat de bedenkers van de nieuwe grondwet het goed en wel beseften, dreigde hun maaksel overal te worden afgewezen - het ging de meeste mensen niet ver genoeg.

De euforie die volgde op het uitroepen van de onafhankelijkheid in 1776 en het verjagen van het Britse leger in de daarop volgende jaren had van het jonge Amerika geen perfecte natie gemaakt. Maar wel een land van burgers die zich in toenemende mate hardop uitspraken. Er waren grote groepen die helemaal geen trek hadden een een sterke centrale overheid. Dat leek hun teveel op het soort van macht dat de Engelse koning had, en daaraan hadden ze zich nou juist onttrokken. Ze waren bovendien beducht dat een federale overheid te vaak op de stoel van de rechter zou gaan zitten. In een jong land waar afstanden nog steeds groot waren en werden berekend in aantallen dagreizen te paard, bestond weinig behoefte aan een strenge hand van verre.

Al die onrust maakte de schrijvers van de grondwetstekst bezorgd, om twee redenen. De eerste was dat iedereen nog moest wennen aan wat dat was: een democratie. Alexander Hamilton uitte bezorgdheid over "een exces aan democratie[123]," anderen hadden het over "de tirannie van democratie[124]" en "republikeinse razernij[125]". Er gingen opstellen door het land, voor en tegen de grondwet, afgedrukt in kranten, later de Federal Papers genoemd, en het ging soms hard tegen hard. Dat was de tweede reden tot de bezorgdheid. Wat als er zoveel verdeeldheid zou ontstaan, dat er helemaal geen grondwet zou komen? Dan zou de hoeksteen onder het nieuwe land wegvallen, met alle risico's van dien. Er bestond een voorlopige grondwet, sinds de uitroeping van de onafhankelijkheid, maar die handelde voornamelijk over de rechten van elke deelstaat. Daarmee kon Amerika op de lange duur niet verder.

En zo vonden de voorstanders van het behoud van zoveel mogelijk macht voor de deelstaten én de voorstanders van zoveel mogelijk individuele rechten voor de burgers elkaar in een gezamenlijk protest tegen de nieuwe grondwet. Beide groepen moedigden elkaar aan en gaven elkaar hoop. Het resultaat was dat de opstellers terugkeerden naar de ontwerptafel, met de toezegging dat er aanpassingen en aanvullingen zouden komen, en die belofte werd ingelost. Het was een compromis waarmee iedereen tenslotte kon leven. De oorspronkelijke wetstekst werd door alle dertien staten goedgekeurd, op voorwaarde dat ze binnen twee jaar konden stemmen over twaalf aanvullingen. Het was de bedoeling dat de grondwet dan zou worden herschreven, met de wijzigingen erin, maar besloten werd dat ze eraan vastgepind zouden worden, als een aanhangsel, als amendementen.

Die werden gezamenlijk de Bill of Rights genoemd, een aanvullende wetgeving aangaande rechten. Het gaf de conservatieve deelstaten de verzekering dat ze de volle zeggenschap bleven behouden over alles wat niet uitdrukkelijk bij wet aan de bevoegdheid van de centrale overheid werd toegekend. En de voorstanders van individuele rechten verkregen de vrijheid van godsdienst, meningsuiting, drukpers, vergadering, huisvrede, het recht om vuurwapens te bezitten, alsmede een handvol gedetailleerde rechten op een onpartijdige rechtspleging zonder overdreven straffen of borgtochtbedragen. Tien van de twaalf amendementen werden aangenomen. Een amendement dat loonsverhoging voor parlementsleden aan banden legde kreeg pas tweehonderd jaar later voldoende steun onder de deelstaten. En een poging om de omvang van het parlement in de grondwet opgenomen te krijgen sneuvelde voorgoed.

De Amerikaanse grondwet, aldus in 1791 geamendeerd, is sindsdien een van de sprekendste voorbeelden van een effectief massa-optimisme, een actie-optimisme dat resulteert in de beoogde gevolgen. Ondanks de diversiteit van de groeperingen die de oorspronkelijke wetstekst tekort vonden schieten, ieder met hun eigen motieven en voorkeuren, moedigden ze elkaar aan. Het bevorderde de snelheid van handelen en besluiten.

De enige groepering die vooralsnog monddood bleef, was de Zwarte bevolking. Die kreeg pas zeventig jaar later een stem, na een burgeroorlog en de afschaffing van de slavernij, waarna niemand meer voor slechts zestig procent een mens was. Niet monddood, maar wel zonder toegang tot de stembus, was een veel grotere groep, de Amerikaanse vrouwen. Die moesten wachten tot 1920.

***

Sandra Brown is een van de succesvolste schrijfsters aller tijden. Bijna honderd miljoen boeken in druk, vertaald in 34 talen, meer dan vijftig keer nummer één op de New York Times bestsellerslijst. Zij en ik schelen tien maanden, we begonnen allebei in de regionale journalistiek, zij als weervrouw bij een tv-station in Texas, ik bij een krant in Nederland. Ik sprak met haar in de zomer van 2017 over het type vrouw waarover zij gewoonlijk schrijft.

Ze is een vrouw als alle vrouwen, zei ze, en ze vergeleek haar met de klassieke vrouw die door de eeuwen heen is beschreven in mythen en verhalen. "De typische mythe, over een terughoudende, schoorvoetende hoofdpersoon, iemand die geconfronteerd wordt met een grote uitdaging en die in eerste instantie weigert om die te lijf te gaan, zo van: laat me met rust, ik ben tevreden met waar ik me bevind, dat soort houding. Maar per saldo vatten ze in de loop van het verhaal alsnog de koe bij de hoorns, en dan geven ze tenslotte alles wat ze in huis hebben om toch dat doel te bereiken."

Sandra schilderde in een notendop vrouwen overal die aanvankelijk schoorvoetend de strijd aangingen om hun gelijke rechten op te eisen. Er was altijd al naar hen geluisterd, eeuw na eeuw. In de Romeinse en Griekse oudheid verschenen ze in de mythologieën als sterke, krachtige godinnen. En zoals we zagen, in de middeleeuwen begonnen ze stap voor stap, en op het schaakbord zet voor zet, mee te regeren. Maar het laatste woord lag bijna altijd bij de man.

Tijdens de Amerikaanse burgeroorlog trokken drie miljoen mannen naar de fronten. Hun dagelijks werk werd veelal overgenomen door vrouwen. Toen de mannen terugkeerden, wilden ze hun banen weer. Dat was tegen het zere been van de vrouwen. Ze lieten zich niet zonder protest terug naar het aanrecht duwen. Tegelijkertijd nam tijdens die tweede helft van de negentiende eeuw de kwaliteit van het onderwijs sterk toe. Veel meisjes maakten de school af, en steeds vaker deden ze een vervolgopleiding. Het resulteerde in de ene generatie met mondige vrouwen na de andere.

Vrouwen werden een serieuze markt, zo ontdekte de economie. Hun kleding veranderde. Frances Folsom, de jonge bruid van president Grover Cleveland, scheurde in 1886, 21 jaar oud, de cul de Paris uit haar jurken, en menige vrouw volgde haar na. Er kwamen bladen voor alleen vrouwen op de markt, ze verscheen op voorpagina's, in kleur. Ze heette de *New Woman* en kreeg weldra het stempel feministisch opgedrukt, of ze was een *Gibson Girl*, het moderne type van een zelfbewuste jonge vrouw die door illustrator Charles Gibson elke maand op pagina één werd geplaatst van een blad dat de tijd uitdrukte, *The Ladies Home Journal.*

Steeds vaker werd ze aangetroffen met een glas op een terras, discussiërend, of in een park, argumenterend. Ze sprak met minachting, en op den duur met boosheid, over mannen die aan het eind van de week hun lonen verbrasten in de bar, en die daarna dronken en platzak thuiskwamen. En zo begon ze twee protestbewegingen, de ene om alcohol verboden te krijgen, de andere voor haar eigen stemrecht. Ze won op beide fronten, met overmacht, en met een overtuiging die het effect was van haar optimisme. Tegen de tijd dat er een nieuwe eeuw aanbrak, bestond er al geen twijfel meer, vrouwen kregen dezelfde rechten als mannen.

Schrijfster Sandra Brown beschreef het proces waar vrouwen doorheen gingen en vatte het voor me samen in één zin, want zo, zei ze, had ze zelf ook het moeilijke, veeleisende vak geleerd van de succesvolle verhalenvertelster. "Het is één ding om ergens met hart en ziel in te geloven, maar je moet daarnaast ook leren hoe ermee om te gaan, je moet eraan werken, hard, om het tenslotte voor elkaar te krijgen." En dan hoeft het niet allemaal ineens feilloos te zijn. Vrouwen kregen hun zin en in Amerika werd het schenken van alcohol grondwettelijk verboden. Dat werkte niet, de meeste mensen, mannen zowel als vrouwen, vonden evengoed een weg naar de fles en het glas. Na veertien jaar werd het verbod weer uit de grondwet verwijderd.

16

Geen zorgen voor de dag van morgen

Optimisme op basis van geloof

Als wie voel ik me, als Thomas? Als Jean-Jacques? Of Pollyanna? Vast niet als Pollyanna. Zij zou beter omgaan met dit moment. Thomas Hobbes ook niet. Diens pessimisme is vier eeuwen oud, en zo vaak geciteerd dat het platgelopen is.[126] Bovendien is het leven niet "eenzaam, armoedig, smerig, bruut en kort," zoals hij schreef, althans niet het leven van verreweg de meeste mensen op aarde. Jean-Jacques Rousseau, ook overdreven vaak aangehaald, komt misschien dichter in de buurt van dit moment: de werkelijkheid heeft z'n beperkingen, maar de fantasie is onbegrensd.[127] Dat is immers de reden waarom ik mij met mijn twee crew-genoten in Puerto Montt bevind. Als we niet hadden beschikt over een onbegrensd voorstellingsvermogen, dan waren we hier niet aan begonnen, dan zouden we nooit met de helikopter zijn opgestegen.

Er waren er nogal wat die het ons hadden afgeraden. Een Robinson-44 weegt zeshonderd kilo, schoon aan de haak. Dat is net zoveel als mijn eerste auto in 1971, een rode Citroen 2CV, een Lelijke Eend. "Zou jij dat doen?" hoorde ik de ene piloot aan een andere vragen, een paar dagen voordat we vertrokken. "Voor geen goud," was het antwoord. Of we van Lotje getikt waren. Met zo'n licht ding zestigduizend kilometer vliegen, over water, bergen, een woestijn, over jungles, over guerrillakampen, en over negenentwintig landsgrenzen, in weer en wind. Was nooit eerder gedaan, nee, en wat de sceptici betrof was dat om een heel goede reden. Te riskant, te gevaarlijk.

Zij hadden groot gelijk om dat niet aan te durven. Wie terugdeinst voor een onderneming beladen met zoveel ongewisse factoren, met voorspelbare maar vooral ook onvoorspelbare confrontaties met de duivel van het avontuur en met de godin van de uitdaging, die moet zich inderdaad niet laten overhalen om het toch te doen. Die tart niet, die vertrouwt het risico niet, en die is daarom sneller geneigd tot het maken van fouten. Verstandige piloten, en dat zijn ze bijna allemaal, gaan er prat op dat voorzichtigheid de moeder van hun cockpit is. Bij twijfel blijf je aan de grond.

Ik zelf vond het risico van de onderneming in werkelijkheid tamelijk overzichtelijk. Voornamelijk omdat het vliegen van lange afstanden, ook van superlange afstanden, bestaat uit het vliegen van korte afstanden. Een helikopter is niet driehonderd uur achter elkaar in de lucht, maar drie uur, hooguit. Op de grond in Los Angeles maakte ik mij geen zorgen over de landing in Buenos Aires. Onze enige zorg daar was veilig te arriveren in San Diego, de eerstvolgende stop anderhalf uur verderop. Idem op het vliegveld van Acapulco een paar dagen later, geen zorgen over de weersvoorspelling in Panama. Die landing was nog acht dagen van ons verwijderd. In Acapulco was onze enige zorg de afstand van vierhonderd kilometer naar Huatulco, tweeënhalf uur vliegen onder een blauwe hemel. Niet alleen is dit de enig werkbare benadering, het is ook de enige werkelijkheid.

Van Matteüs van Galilea wordt gezegd dat hij tweeduizend jaar geleden een van de hoofdbestanddelen van het optimisme onder woorden bracht. "Maak je geen zorgen voor de dag van morgen." Dat wil niet zeggen dat er morgen geen reden tot bezorgdheid zou kunnen zijn, want "elke dag heeft [...] zijn eigen kwaad," maar "de dag van morgen zorgt wel voor zichzelf."[128] Hij bracht het in de praktijk. Matteüs was een belastinginspecteur, hij had een prima inkomen. Maar hij gaf de baan op, in ruil voor een onzeker bestaan als volger in de roadshow van een rockstar, die beweerde dat hij water in wijn kon veranderen en brood uit de lucht kon plukken. Geen idee wat de dag van morgen wel of niet zou kunnen brengen, maar Matteüs ging zich er geen zorgen over maken.

Het was en is een advies dat de tand der eeuwen prima heeft doorstaan. Mensen worden elke ochtend wakker met een nieuwe zonsopkomst. Niemand, althans nauwelijks iemand, blijft depressief in bed met een gevoel dat het allemaal geen zin heeft, omdat de zon immers hoe dan ook straks weer onder gaat. Dat is van later zorg, weten we. Er is een nieuwe dag, een nieuwe kans, opstaan, de mouwen oprollen. Eén dag tegelijk. Of in mijn geval: één vlucht tegelijk.

Rousseau had het bij het rechte eind, de werkelijkheid komt met beperkingen. In Puerto Montt, in het zuiden van Chili, tweeduizend kilometer verwijderd van waar we eerder langs de kant van de weg met panne waren gestrand bij een tankstation, moest er gekozen worden. Vanaf het moment dat we Zuid Amerika waren komen binnenvliegen, in Colombia, hadden we de Stille Oceaan aan onze rechterzijde, en aan de linkerkant het Andes-gebergte. Het is een langgerekte bergkam, met negenduizend kilometer de langste ter wereld. Hoge pieken, gemiddeld vierduizend meter boven de zeespiegel, te hoog voor de helikopter om er overheen te vliegen. Hoge lucht is dun, en dunne lucht geeft minder opwaartse druk. Wat wij zochten was een stuk bergkam met een hoogte van niet vierduizend meter, maar van vierduizend voet, drie keer zo laag. Die vind je bij Puerto Montt.

De afstand naar Bariloche, aan de overzijde van de Andes, en tevens aan de andere kant van de Chileens-Argentijnse grens, is tweehonderd kilometer. Het is geen rechte lijn. Het is een traject tussen twee steile, bevroren en besneeuwde bergwanden door, met veel hoeken en wendingen, soms laag over de rotsen vliegend, soms hoog boven een afgrond. Het is manoeuvreren in een langgerekte, heel erg bochtige bergpas waarin je nooit zeker weet waar de wind vandaan gaat komen. Wind in de bergen komt niet alleen van links, rechts, voor of achter, maar ook van boven, als de luchtstroom over een bergkam omlaag wordt geduwd. Vliegen in de bergen vergt ervaring. Vliegen in de bergen met het equivalent van een Lelijke Eend vergt opperste concentratie. Alle factoren, alle omstandigheden, alle details, dat alles moet meezitten. En dat is op goede dagen.

In Puerto Montt hadden we geen goede dag. Zonnig weer langs de kust, maar zodra we bij de vulkaan Osorno linksaf sloegen, de Andes tegemoet, zagen we de wolken al laag hangen. We vlogen tot aan het punt waar de bergpas begint, bij het dorp Peulla, en werden daar afgestopt door een dik gordijn van mist. Terug naar het vliegveld, onszelf weer inklaren want wie op het punt staat de grens over te vliegen, die moet zichzelf in elk land eerst uitklaren, verplicht bij de ambtenaren van de emigratiedienst en de douane langs. We overnachtten in de stad, in wat de folders bij de receptie noemden "de zuidelijkste Holiday Inn ter wereld."

Qua "alles moet meezitten" was de volgende dag evenmin een goede dag. Dit keer stond er een harde wind, met sneeuw en hagel. Helikopters houden niet van hagel. De ijskorrels slaan tegen de rotorbladen met dezelfde snelheid als waarmee die ronddraaien, bijna achthonderd kilometer per uur. De huid van rotorbladen is dun, gemaakt van een relatief kwetsbaar staallaminaat. Het is dan alsof je er met een mitrailleur op schiet. Dus zodra er een hagelbui in zicht komt, maakt een helikopter zich uit de voeten. We parkeerden op de oever van een meer, zwart zand vanwege de vulkaan, en wachtten een half uur. Langer was niet verantwoord, want anders zouden we met onvoldoende brandstof in de tanks de bergen in trekken. Tevergeefs, terug naar de stad, terug naar de ambtenaren. Ik besloot ons dit keer niet nogmaals in te klaren.

Dag drie, prompt werden we staande gehouden door de man van de paspoortstempels. Wat ik gisteren flikte, kon niet door de beugel. Hij keek ernstig en had gelijk. Ik betuigde spijt en liet ons tweemaal stempelen, in- en weer uit. Begon te zeggen dat we elke dag in ons hotel ook een in- en uitcheck moesten doen, telkens veronderstellend dat we die avond niet zouden terugkeren, maar ik slikte het in. De man deed zijn werk, en zo te zien deed hij het grondig. Het hielp ons trouwens allemaal niets. De Andes zat opnieuw volledig op slot. We probeerden een nieuwe aanvliegroute, over dat meer van de vorige dag, maar telkens moesten we onvermijdelijk langs het dorp dat ik elke keer op het weerrapport van Puerto Montts vliegveld zag staan, "Peulla, Chile", de voordeur van de bergpas. En daar hing nog steeds dat gordijn. Driemaal was geen scheepsrecht.

Dit was de reden waarom ik bij mezelf te rade ging. Als wie voelde ik me? Hobbes? Rousseau? Of Pollyanna? De Andes kan er uitzien als een echt venijnig gebergte. Het zijn oude bergen, de oudste op de Oeral na, en dat kan je zien. De rotspieken lijken vaak op scherpe kartelmessen, weer en wind zijn er schurend overheen gegaan, als een scharensliep. Veel rafelranden, weinig plateaus waar je in geval van nood de helikopter veilig kan neerzetten. Prachtig, goed voor mooie foto's door de lens van Sigurveig, maar totaal onherbergzaam. Driemaal geprobeerd er overheen te komen, drie keer mislukt. Ik kreeg visioenen van de verfilmde vlucht van een Uruguayaans vliegtuig dat in 1972 in de Andes tegen een bergwand vloog, op een vrijdag de dertiende. Wie niet op slag dood was hield zich in leven door het vlees van omgekomen passagiers te eten.[129]

Misschien was dit het eindpunt. Ushuaia, het beoogde doel op het allerzuidelijkste puntje van het continent, de hoofdstad van wat Argentinië haar provincie Antarctica noemt, was nog tweeduizend kilometer te gaan. Soms krijg je niet wat je wilt, dan kan je niet bij het onderste uit de kan. Niet forceren, is dan het devies, het lot niet tarten. Onze voertaal tussen Duits, IJslands en Nederlands was Engels. *"Maybe this is not meant to be?"* Nee, riep Thomas Hobbes. Die had niet veel op met Matteüs. Hobbes leunde liever op de prediker die vier eeuwen eerder dan de tollenaar uit Galilea beweerde dat alles ijdelheid is, "het najagen van wind" en bovendien "onuitsprekelijk vermoeiend." Welk voordeel, sprak de cynicus, "heeft de mens van al zijn zwoegen, waarmee hij zich aftobt onder de zon?"[130] Omdraaien en naar huis.

Pollyanna was echter een heel andere mening toegedaan. Zij is het weesmeisje uit het kinderboek van Eleanor Porter uit New Hampshire, een schat van een kind dat van alles de zonzijde ziet.[131] Pollyanna is sinds ze in 1913 leven werd ingeblazen de eeuwige optimist, zozeer al jong uitgeroepen tot een archetype, dat ze doorgaans wordt beschreven als onverbeterlijk. Plussen zien waar tot voorbij de horizon alleen maar minnen liggen. In miss Porters boek is ze realistischer. Daarin getuigt ze van een neiging die alle mensen in alle eeuwen hebben laten zien.

In de psychologie geldt het Pollyanna Principe als de drang om nare herinneringen te verbergen achter betere. De "goede oude tijd" is een uiting van het Pollyanna Principe, de herinnering aan een verleden waarin veel, zo niet alles, beter was. De herinnering is incorrect. Elke oude tijd was objectief slechter dan nu, ongezonder, onveiliger, onvriendelijker, bedreigender, mensen werden sneller ziek, overleden jonger, verdienden minder, en de ongelijkheid was groter. De neiging om het tegendeel te herinneren is doorgaans een uiting van pessimisme, niet van optimisme. De oude tijd steekt daarin positief af tegen de achtergrond van de huidige, laat staan de toekomstige tijd.

De houding van de oorspronkelijke Pollyanna, in het boek en later in de film met Hayley Mills en Jane Wyman, is een andere. Zij gaat uit van een verwachting dat de dingen gaan goedkomen, ook tegen indicaties van het tegendeel in, maar accepteert de uitkomst ook als die tegenvalt. Het verhaal was een reusachtig succes, met grote oplagen en vervolgboeken, en met een Oscar voor Hayley Mills. Mensen vereenzelvigen zich gemakkelijk, en graag, met iemand als Pollyanna. Ze willen haar hoge verwachtingen van de toekomst hebben. Dat is optimisme.

In Puerto Montt durfde ik evenwel niet zomaar op dat meisje te vertrouwen. Het weer was bar slecht, het was hartje winter, het terrein was volmaakt onbekend, hier en daar levensgevaarlijk, en in geval van nood zouden we midden in, en op, de bergen hoe dan ook onbereikbaar zijn voor een redding, ook al hadden we een satelliettelefoon bij ons. Wat Thomas Hobbes mij influisterde, klonk niet onredelijk. Was ik aan het spelen met drie levens? Was het vestigen van een record dit soort risico's wel waard? Trouwens, wat is een wereldrecord nou helemaal - en opnieuw citeerde Hobbes de prediker: "Er is niets nieuws onder de zon." Bovendien voelde ik mij niet in de wieg gelegd als potentiële kannibaal.

Ik moest Jean-Jacques Rousseau te spreken zien te krijgen. Hij was een romanticus, hij had gevoel voor dit soort expedities. Hij was een Zwitser, dat hielp ook, die zijn niet zo gauw extreem. We hadden het eerder over de Amerikaanse grondwet; Rousseau schreef een goed deel van de Franse, over de rechten en vrijheden van de mens. Zonder hem zou er tweehonderd jaar later geen Universele Verklaring van de mensenrechten zijn geweest, althans niet zo helder verwoord. Rousseau vond dat menselijke motieven in beginsel gezond zijn, en dat we als goedbedoelende wezens ter wereld komen, maar we hebben de neiging en de drang om het te verknallen.

Jean-Jacques was ruim een eeuw jonger dan Thomas, en een stuk ouder dan Pollyanna. Hij zat dus ergens in het midden, maar dat was meteen ook het probleem. Met Rousseau kon ik alle kanten op. Hij had zijn leven lang plasproblemen, gedoe met zijn urineblaas of z'n prostaat, misschien de nieren. Daar was hij vaak ziek van, met veel pijn. Geen idee of en hoe dat zijn oordeel beïnvloedde, laat staan of me dat van advies kon dienen bij mijn bange vraag: durf ik de overtocht over de Andes aan?

Ik besloot mijn vraag voor te leggen aan degene die ik het meest vertrouwde en dus belde ik Alice. Ik vertelde haar over onze mislukte pogingen, over de wind, de sneeuw, de hagel, over de loodgrijze, dichte bewolking, het water en de steile bergwanden. Over hoe we ons blind voelden, onmachtig te zien waar de openingen in het wolkendek zaten, waar er ruimte bestond tussen berg en wolk, waar we een stukje blauw konden vinden waardoor we de zon konden zien. Over Peulla waar we overheen moesten en waar de doorgang potdicht zat, al drie dagen lang. "Ik ben bang," bekende ik.

Dat was voor het eerst. Ik was onderweg nog geen moment beducht geweest. Dingen hadden tegengezeten, vaak genoeg, turbulent soms, maar nooit van een aard dat we geen beeld hadden van hoe het tenslotte opgelost ging worden. Optimisme had me nergens in de steek gelaten. Maar nu wist ik het allemaal niet zo zeker, dit was volmaakt onbekend terrein, figuurlijk en vooral ook letterlijk, en ik had maar één woord voor wat ik voelde. Vrees. Een deel van mij hoopte dat Alice zou zeggen: draai om, kom naar huis.

Wat ze in werkelijkheid zei, was: ga nou eerst maar eens een nacht goed slapen. Morgen is misschien alles anders. Dat doen morgens soms. En dan neem je een besluit, eerder niet. Want nu in het donker kan je niets besluiten, en dat hoeft ook helemaal niet.

****

Op de vierde dag, de volgende ochtend, scheen de zon, stralend. We checkten uit, vulden de tanks, klaarden uit en stegen op. Langs de Osorno die ons toelachte. Onder een onbewolkte hemel, tot aan Peulla dat we voor het eerst helder onder ons zagen liggen. De doorgang de bergen in lag wijd open. Tussen de toppen waren wolken blijven hangen, veel, sommige dik en grijs, maar steeds zagen we ergens een spleet blauwe lucht, omgeven door een lichte wolkenrand. Zolang we die in zicht hielden, scheen de zon. Peulla, Chile - achteraf een peuleschil.

Twee uur later stonden we aan de grond in Bariloche, de Andes voorbij. Een Argentijnse douanier stempelde mijn Nederlandse paspoort. "Maxima," zei hij.

Tweeduizend kilometer en zes dagen verderop, in Ushuaia uitkijkend op een bord met de woorden *Fin del mundo*, het einde van de wereld, belde ik Alice opnieuw. Ik vroeg wat ze zich van ons telefoongesprek die avond in Puerto Montt herinnerde. Ze zei: "'Draai om!' wilde ik naar je schreeuwen, 'kom naar huis!' Ik was nog banger dan jij. Maar daar had ik je niet mee geholpen." Ze had groot gelijk, en dat zei ik haar, aan de rand van het einde van de wereld. Het was 13 juli die dag, een vrijdag.

17

Wat de morgenstond wel en niet in de mond heeft

** Het optimisme van de jacht op iets dat glimt*

Mensen hebben aspiraties, ze streven doelen na. Of het nu gaat om een persoonlijk record, of kennis, een carrière, het hart van iemand op wie ze verliefd zijn geworden, of rijkdom, steevast zeggen ze tegen zichzelf dat ze geluk nastreven. Het hebben van aspiraties is per definitie een uiting van optimisme, en dat is altijd zo geweest, gedurende alle tienduizend jaren van mensen met een grote herseninhoud. Maar er zit een nog diepere laag onder, zegt de wetenschap, op een meer onderbewust niveau, met name wanneer we op jacht zijn naar iets glimmends.

We reageren positiever op glossy tijdschriften beter dan op matte. Reclame op glanzend papier is aantrekkelijker dan reclame voor een product op papier dat niet glanst. Zelfs jonge kinderen, die nog geen onderscheid maken tussen dure en goedkope voorwerpen, geven de voorkeur aan producten die op glanzend papier zijn afgebeeld.

Waarom is dat zo? Waarom voelen we ons aangetrokken tot chroom? En waarom tot goud?

Ik neem je even mee naar de wereld van het goud, want dat biedt een gemakkelijk herkenbaar voorbeeld van dit soort fascinaties. Niemand wordt pessimistisch van het turen naar de etalage van een juwelier. Goud heeft een aantrekkingskracht die we niet snel even onder woorden kunnen brengen, maar die niettemin eenzelfde uitwerking heeft als wakker worden, naar buiten kijken waar het licht wordt, en de geur van je eerste kop koffie van die dag opsnuiven.

In de scheikunde is *Au* het symbool voor goud, *aurum* in het Latijn. Het is afgeleid van het woord dat de oude Romeinen gebruikten voor ochtendgloren, *aurora*, de morgenstond, de dag van morgen. Het woord *goud* zelf stamt net als *gold* van het Middelnederlandse woord *gelo*, dat in het Engels *yellow* werd, en in het Nederlands geel. Goud is het enige geelgekleurde metaal dat door de aarde wordt voortgebracht, vandaar de relatie met de opkomende zon, een nieuwe dag. Het is bovendien een van de zeldzaamste metalen. Het geringe aanbod verklaart ten dele de grote vraag.

Al het goud dat sinds mensenheugenis is gedolven, bestaat vandaag nog steeds. Het lost niet op, het is tijdelijk met andere metalen te mengen maar niet voorgoed, want het verdwijnt of bederft nooit, en het is uitzonderlijk smeed- en kneedbaar. Je kan een klompje van dertig gram goud uitrekken tot een draad van tachtig kilometer lengte, maar je kan het desgewenst ook platslaan tot een vel van tien vierkante meter.[132] Daarom is een trouwring van 24-karaats goud een slecht idee - te zacht om het een huwelijk lang uit te houden als een ring. Om butsen, deuken en vervormingen te voorkomen worden er steviger materialen aan vastgehecht, en dat leidt tot de lagere karaten.

Als we alle goud ter wereld bij elkaar opgeteld zouden kunnen wegen, dan zou de meter op de schaal uitslaan naar 125 miljoen kilo. Hoeveel is dat? De staalindustrie in Amerika produceert 125 miljoen kilo staal binnen een tijdsbestek van drie uur. Het gedolven goud heeft er zesduizend jaar over gedaan om tot dat gewicht te komen. Het is bovendien twee keer zo zwaar als staal: qua volume zou alle goud ter wereld gemakkelijk passen in het ruim van één olietanker.

Goud maakt hoopvol, iedereen wil het hebben, als een ring, een armband of als investering, als een staaf veilig weggestopt in een safeloket. Koningen en koninginnen maken er een kroon van en zetten die op hun hoofd, ondanks het gewicht. Egyptenaren waren de eersten, ze lieten het vier millennia voor de jaartelling opgraven door Nubiërs die alleen maar zo heten omdat *nub* het Egyptische woord voor goud was. Tegen de tijd dat Moses op de berg de tien geboden in ontvangst nam, was goud al volop voorhanden: God schreef hem tot in de kleinste details voor hoe het tabernakel en de inboedel in goud moesten worden gevat, een minutieuze handleiding van liefst 120 bijbelverzen.[133]

Goud is blijvend, het heeft een eeuwig leven. Dat is een tweede reden voor de nooit aflatende vraag. Goud herinnert mensen aan wat ze zouden willen zijn, onsterfelijk, onverslaanbaar, onverwoestbaar. Ook nadat alle staal ter wereld verbrokkeld en weggeroest is, dan nog steeds bestaat jouw gouden hangertje, glanzend als nieuw. Generaties hebben elkaar in de loop van duizenden jaren verhalen verteld over de jacht op goud, onverlet dat die jacht meestal tot teleurstelling leidde. De Engelse schrijver John Ruskin verhaalde twee eeuwen geleden over een man die zijn hele bezit had omgezet in gouden munten. Hij ging ermee op reis, stapte aan boord van een schip, en het schip verging in een storm. De man greep zijn zak met goud, sprong overboord en zonk als een baksteen. "Had hij het goud?" vroeg Ruskin, "of had het goud hem?"[134]

Goede vraag, wie heeft het goud? In een gebouw in Manhattan, ingeklemd tussen Nassau Street en William Street, de ene genoemd naar stadhouder Willem III, de andere naar boekhouder Willem Beekman van de West Indische Compagnie, bevindt zich vijf verdiepingen onder de grond een kluis. Daarin liggen naar schatting een half miljoen goudstaven. Ze behoren toe aan het Internationale Monetaire Fonds (IMF) en de centrale banken van meer dan dertig landen, exclusief Amerika zelf maar inclusief de meeste grote West-Europese economieën. Die landen betalen elkaar of het IMF voor goederen en diensten met goud. Na iedere transactie wandelt een man of een vrouw de kluis in, en dan verplaatsen ze staven ter waarde van het transactiebedrag naar een andere plek in de kluis. Het goud verlaat nooit de kluis zelf, laat staan het gebouw. Het verandert slechts van eigenaar, een paar of veel staven tegelijk, maar de eigenaar zelf ziet het goud nooit. Wie heeft het?

***

In de Griekse stad Volos staat bij de haven een monument. Het verwijst naar een oud verhaal dat drieduizend jaar geleden de ronde deed, nog voor de tijd van Homerus. De koning van Boeotië was gescheiden van zijn eerste vrouw en daarna hertrouwd. Zijn zoon Phryxus werd gepest door z'n stiefmoeder. De echte moeder had met hem te doen en ze regelde voor hem en voor z'n zusje Helle een vroege versie van de helikopter, een ram met vleugels. De behaarde huid van de ram was bedekt met goud. Het herenschaap steeg op voor een vlucht over water en bergen, van het Griekse vasteland helemaal naar de andere kant van de Zwarte Zee.

Helle werd luchtziek en viel in het water tussen twee stukken land in. Dat heet nu de Hellespont. Haar broer redde het wel. Hij offerde na de landing de ram aan Zeus en gaf het stoffelijk overschot aan de plaatselijke koning. Die spijkerde de gouden vacht aan een boom, en nam een vuurspuwende draak in dienst om het ding te bewaken. Het werd in de wijde omtrek bekend als het Gulden Vlies.

Volos ligt aan de rand van het Pelion gebergte. Dat is genoemd naar koning Pelias die zich zorgen maakte over de populariteit van zijn neefje Jason die op zijn troon uit was. Pelias beloofde Jason zijn gouden scepter, maar in ruil daarvoor moest hij hem eerst het Gulden Vlies brengen - een onmogelijke klus, veronderstelde hij. Jason stak in Volos van wal met een schip vol roeiers, de Argonauten, en overleefde de overtocht naar de achterkant van de Zwarte Zee. Daar verleidde hij de dochter van de koning die het vlies had opgehangen, Medea, en zij verleidde op haar beurt de draak die prompt in slaap viel. Jason keerde met het Gulden Vlies, en met Medea, terug naar huis.

Eind goed al goed? Nee, want koning Pelias verbrak zijn belofte en joeg Jason en zijn bruid het land uit. Daarop verbrak Jason zelf zijn trouwbelofte aan Medea en ging er met een ander vandoor. Vervolgens vergiftigde Medea, boos en jaloers, haar rivale en verdween met een door een andere draak getrokken koets. Jason bleef met lege handen achter. Hij viel onder zijn ondersteboven gekeerde boot in slaap en werd geplet toen het schip instortte.

Verhalen als deze, duizenden jaren oud, zijn ontstaansverhalen, mythen over geboorte, dood en wedergeboorte, over zoektochten, een begin, een einde en een nieuw begin. Bomen spelen een rol: het Gulden Vlies in de boom, de Anatolische godheid Attis die dood in een boom belandt voordat hij weer tot leven wordt gewekt, Eva plukt een appel van de boom, Aphrodite's minnaar Adonis wordt geboren uit een mirretak. De Egyptische god Osiris wordt door zijn broer in mootjes gehakt maar eindigt in een boom waar zijn geliefde Isis hem weer nieuwe adem inblaast, Jezus wordt aan het hout genageld en staat daarna weer op.

En overal is goud. In Eva's paradijs, "het goud is goed[135]," en op vierhonderd andere plekken in de bijbel. Het verhaal van Isis en Osiris wordt ons verteld in een twee millennia oud boek getiteld *De gouden ezel*. En dan komt er van de andere kant van het spectrum ook nog de waarschuwing over generaal Crassus, die de opstand van Spartacus neersloeg, en die stierf, zo zegt de overlevering, door het kokendhete vloeibare goud dat zijn moordenaars in zijn keel goten. Dit soort mythen is zo oud als het goud zelf, en ze werden en worden over de hele wereld doorverteld.

Volgens een Chinese overlevering woont er op de maan een gouden kikker met drie poten. De T'ang perziken van onsterfelijkheid zijn van goud, "zo groot als ganzeneieren". En altijd is er wel ergens een gouden draak die welvaart en gezondheid moet brengen, maar die verzaakt. Japan viert onverminderd de drieste avonturen van Kintaro, de gouden jongen uit de bergen, opgevoed door net zo'n type als de kerstreuzin in IJsland, een bergheks die hem als enige kledingstuk een slabbetje met de tekst *Goud* erop te dragen geeft. En de Hindoe-mythologie in India waarschuwt om de godheid Kuberu niet van zijn goud te ontdoen, want goud is de ziel van de wereld.

Goud, kortom, draagt een groot waarschuwingsetiket: net als het eerste mes kan het aan twee kanten snijden. Wees voorzichtig met wat je nastreeft. Het glanst als een nieuwe morgen, het verleidt, het kan je verlangend maken, hoopvol zelfs, maar pas op. Gisteren was het een machtsbeluste, jonge mythologische Griek, een *wishful thinker* die naar de sterren reikte maar zijn doel voorbijschoot, morgen kan het ieder van ons zijn. Goud vermaant ons om ons optimisme wijselijk toe te passen, en om niet te vergeten tegelijk ook realist te blijven.

***

Maar je kunt het de mensheid moeilijk kwalijk nemen dat we gefascineerd zijn. Wat de fantasie van onze voorouders zesduizend jaar lang op hol joeg, was hoe moeilijk het is om goud te winnen. Toen, en nu nog steeds. In Zuid Afrika, lange tijd de voornaamste goud-producent, gold de vuistregel dat om een ton aan goud, duizend kilo, te kunnen delven eerst 150.000 ton aan grond en rots moest worden verwijderd. Uit schachten die soms vier kilometer diep reikten. Dertig gram goud, zei de vuistregel, één ounce, vergde 38 manuren, 5000 liter water, genoeg elektriciteit om een woning 10 dagen lang van licht te voorzien, en dat alles in een temperatuur die kon oplopen tot meer dan 50 graden.[136]

Het was en is ondanks alles de moeite waard, vanwege de markt-prijs: in 2022 fluctueerde de prijs van één gram goud het hele jaar rond de vijftig euro. Maar het gaat ten koste van heel veel inspanning. En soms van een acute nood. In Ecuador ligt in de provincie El Oro, het-geen Goud betekent, het stadje Zaruma. Daar zakte eind 2021 ineens een deel van het centrum door de bodem. Er ontstond een groot, diep gat waarin complete huizen verdwenen. Oorzaak: illegale mijngangen. Ecuador produceert een hoge kwaliteit goud dat goeddeels ontdaan is van gruis en ander aangebakken steensel, en dat moet worden weggebikt uit de berglagen van de Andes. Dat werd al gedaan voordat de Inca's er kwamen wonen, en die arriveerden in de vijftiende eeuw. Meer dan duizend jaar klauwen en graven onder de grond bezorgde Zaruma tenslotte een noodtoestand.[137]

Kortom, de lat voor het halen van goud ligt hoog. Het vergt veel zweet en opoffering, en dat maakt het bijzonder. Maar er is meer dan dat alleen. Goud en alles wat ons aanspreekt omdat het blinkt, herinnert ons aan een essentiële levensbehoefte. Water. Het glanzende oppervlak van een beek, een meer, een rivier, de oceaan. Wetenschappers hebben allerlei onderzoeken gedaan naar de voorkeur van de mensheid voor glimmende voorwerpen, en in één daarvan blinddoekten ze hun testdeelnemers. Ze gaven hun een vel glanzend papier om te betasten en vroegen om te raden welke afbeelding erop stond. Allemaal zeiden ze: "Een landschap met water erin."[138]

Dus, jawel, goud heeft veel mensen altijd gretig gemaakt, misschien niet zozeer hebberig, maar wel begerig, zonder te beseffen dat goud er ook aan herinnert hoezeer ze verlangen naar het water waar ze niet zonder kunnen. Het was nooit omdat ze realistisch hoopten op een net zo eeuwig leven als hun stukje goud, maar wel omdat, je weet maar nooit, het leven iets gemakkelijker wordt in het bezit van zoiets waardevols. Immers, misschien neemt de waarde alleen maar toe. Of je gaat erin slagen om nog meer goud te bezitten. Het is verwant aan wat vandaag de loterij is: het draagt bij aan een gevoel van optimisme. Maar als het je op de vrouw of man af wordt gevraagd, dan geef je grif toe dat het ook heel goed *wishful thinking* kan zijn.

Dat antwoord kreeg je overigens niet anderhalve eeuw geleden, als je iemand staande hield in Colorado, Californië of Klondike in Canada. Meestal mannen maar vaak genoeg ook vrouwen en kinderen zaten aan de oever van een rivier of een beek zand en grint uit het water te scheppen met een zeef, hopend op korrels goud. Dat was een moderne vorm van goudzoeken. In Griekenland drieduizend jaar eerder was het fenomeen van een gulden vlies op zichzelf geen verzinsel. Grieken stonden of zaten naast het water dat van de bergen omlaag kwam stromen, en zeefden het met een schapenhuid. Als er goud tussen zat, bleef het in de wollen vacht steken. De zeef tijdens de Gold Rush was de innovatieve versie daarvan.

Naar schatting driehonderdduizend mensen van heinde en verre kwamen erop af, aanvankelijk in Californië. Wishful thinking? Er werd wel degelijk goud gevonden, dus desgevraagd zouden zoekers zeggen dat ze realistisch waren. Ze hadden er reizen van honderden en soms een paar duizend kilometer voor overgehad. Maar in werkelijkheid werden slechts weinig mensen er rijk van. Wie er goed aan verdienden, dat waren leveranciers, handelaren die aan goudzoekers koffie, schoenen, kleding, tenten en dekens verkochten. *Mining the miners*, was de veelgebruikte uitdrukking, en zij hadden een tijdlang alle reden tot optimisme.

De komiek Will Rogers nam in 1935 een kijkje in de Klondike en kwam er hoofdschuddend vandaan. Hij was onderweg naar Barrow in Alaska, dat noordelijkste dorp ter wereld, samen met een makker die zelf een vliegtuig had gebouwd. Ze wilden ontdekken of er een snelle en voordelige manier was om post uit Californië via Alaska naar Rusland gestuurd te krijgen. Goudzoeken was in elk geval geen antwoord op "snel en voordelig", zag Rogers. "Spinazie vind je sneller," dicteerde hij naar de kranten waarin hij een eigen rubriek vulde.

Het waren zijn laatste afgedrukte woorden. Vlakbij Barrow kreeg het vliegtuig een motorstoring en het stortte neer, in het water. Beide inzittenden verdronken.

Naast de landingsbaan in Barrow staat een monument voor Will Rogers. Ik heb er mijn pet afgenomen. Ik heb respect voor mensen die geluk nastreven, of dat nu spinazie is of iets helemaal nieuws, of gewoon het glimmende water waar we niet zonder kunnen.

18

Voordelen van de twijfel

** Het venijnige pessimisme van complotdenken*

En al die gekken en dwazen dan? De lui die zeggen ervan overtuigd te zijn dat de regering met iedere coronaprik een minichip in je arm plant? Of degenen die wekenlang in Dallas rondhingen op Dealy Plaza, wachtend op de terugkeer van president Kennedy? En niet alleen dat, ze dachten dat ook John junior zou terugkomen. En dat die dan vice-president van Amerika zou worden, onder Donald Trump die alsnog tot winnaar van de verkiezingen van 2020 zou worden uitgeroepen. Ze zwaaiden met vlaggen met een grote Q erop. Daarmee gaven ze aan dat ze zich rekenden tot een beweging die ergens in een uithoek van het internet was gestart door iemand die verzon een Q clearance te hebben. Dat is een overheidsterm. Wie een veiligheidsmachtiging heeft in de Q categorie, die heeft inzage in topgeheimen.

Een van de venijnigste uitingen van pessimisme is sociaal pessimisme, een geloof in samenzweringen. Zulk pessimisme is vrijwel altijd een reactie op vrees, op angst in een wereld die op de pessimist afkomt, die voor hem en haar te snel verandert. Het is een uiting van angst voor dreigend en vooralsnog onzichtbaar onheil waarvoor een boeman wordt gezocht. Als die niet direct aantoonbaar kan worden gevonden, dan wordt ie verondersteld. Het blijft in dat geval zelden beperkt tot één boeman, het zijn er meer. En ze hebben een plan, een complot, ze zweren samen.

Het is van alle tijden, wat dat betreft is er inderdaad niets nieuws onder de zon. Bouwmeester Nehemia die de opdracht had om de muren van Jeruzalem te herbouwen, werd volgens het bijbelverhaal verdacht van het uitvoeren van een complot. Zijn reactie staat tweeduizend jaar later nog steeds te boek: "Wat u zegt is niet waar. U hebt alles zelf verzonnen.[139]" Laat staan dat complotdenken pas begon na de moord op president Kennedy en het onuitroeibare gerucht dat de man het slachtoffer was van een samenzwering. Of met Elvis Presley die, aldus meer dan alleen een enkeling, nog steeds in leven is. Toen de eerste Puriteinen in 1620 de kust van Massachusetts naderden, zagen ze aan de horizon een complot. Zij kwamen het ware geloof brengen, en ze twijfelden geen moment dat de duivel hen opwachtte. Die nam de gestalte aan van indianenstammen, de Pequots, de Narragansetts, de Wampanoags. Gouverneur John Winthrop droeg zijn manschappen op om zonder pardon korte metten te maken met de samenzweerders.

Dus toen Edgar Welch uit North Carolina vlak voor kerstmis in 2016 met een AR-15 aanvalswapen de Comet Ping Pong pizzeria in Washington binnenstormde en om zich heen ging schieten, was dat bij lange na niet de eerste keer dat een complotdenker geweld gebruikte. Welch was verteld dat er in de bijkeuken van de pizzeria een handel in seksslaven plaatsvond, jonge kinderen, en dat vooraanstaande politici daarachter zaten die allemaal pedofiel waren. Het idiote, niet bestaande complot kreeg de naam Pizzagate, er raakte niemand gewond, maar Edgar ging voor vier jaar achter slot en grendel.

Complotpessimisme is het jezelf aanpraten dat een ander, of anderen, stiekem samenspannen ter wille van het verwerven, respectievelijk het behouden van macht en rijkdom, ten koste van jou en de jouwen. En dat daar niets tegen gedaan wordt. Maar jou maken ze niets wijs. Want jij hebt ze in de smiezen. Zoals die tweehonderd rare snuiters in en rond het dorp Salem in Massachusetts, overwegend vrouwen, allemaal heksen, dienstmeiden van de duivel. Uiteindelijk werden ze in 1692 naar de rechtbank gesleurd, twintig werden er opgehangen, en daarmee werd het complot gebroken. Maar wat als jij, de complotpessimist, de noodklok niet had geluid?[140]

Dat zulke samenzweringen achteraf helemaal niet blijken te hebben bestaan is doorgaans geen aanleiding om kritischer naar de eerstvolgende complottheorie te kijken. De heksen van Salem bleken niets met hekserij van doen heb hebben gehad, en hun nabestaanden kregen achteraf een excuus en een schadevergoeding. Maar dat weerhield anderen er niet van om weldra nieuwe samenzweringen te zien, onder vrijmetselaars, katholieken, slavenhouders, slavenbevrijders, blank, zwart. Sommige complottheoretici richtten een politieke partij op. Dat was de American Party rond het midden van de negentiende eeuw, beter bekend als de Know-Nothings, want als iemand je vroeg of je daar lid van was, dan moest je zeggen "I know nothing." Immers, al die buitenlandse immigranten die in de negentiende eeuw Amerika overspoelden, die stellig een complot koesterden om alles te veranderen, die moest je niets wijzer maken.

En het waren niet altijd randfiguren die spoken zagen. Thomas Jefferson: "Een enkele daad van tirannie kan nog worden toegeschreven aan de toevallige mening van een dag; maar een reeks onderdrukkingen door de ene minister na de andere bewijst al te duidelijk een opzettelijk en systematisch plan om ons tot slavernij te brengen." Hij zag een complot in Engeland, opzettelijk en systematisch. Op den duur zou iedereen in Amerika, blank en zwart, door koning George III in een slaaf worden veranderd. Zijn taal sloeg aan, de buren geloofden het, en hun buren ook.

Als prominenten zich aansluiten bij het complotkoor en de leiding van de theorievorming op zich nemen, dan leidt dat tot problemen. Na de Japanse aanval op Pearl Harbor was het een toekomstige opperrechter van het Amerikaanse Hooggerechtshof die een samenzwering zag, eentje die voor iedereen zichtbaar was, zei hij: "Wie veronderstelt dat de vijand geen vijfde colonne voor ons in petto heeft, in een golf van sabotage, die leeft simpelweg in een paradijs van idioten." Dat was

Earl Warren in 1942, in de aanloop naar zijn verkiezing tot gouverneur van Californië. Hij pleitte ervoor om Japanse immigrantengezinnen in kampen op te sluiten, hetgeen vervolgens inderdaad gebeurde. Er werden tien kampen ingericht, en gedurende een periode van drie jaar verdwenen meer dan honderdduizend onschuldige Amerikanen achter prikkeldraad.[141]

Nog geen tien jaar na Japanse Amerikanen waren linkse landgenoten de pineut. "Naar mijn mening," kakelde senator Joseph McCarthy vanachter een microfoon, "is het ministerie van buitenlandse zaken, een van de belangrijkste departementen, bezaaid met communisten." Hij zwaaide met een vel papier. "In mijn hand heb ik een lijst met 57 individuen die hetzij actief lid van de communistische partij zijn, hetzij loyale volgers, maar die niettemin nog steeds ons buitenlandse beleid helpen bepalen."

Zo'n lijst bestond niet, maar McCarthy had zijn huiswerk gedaan. Hij kende het verhaal van de vader van Samuel Morse, de man van de telegraaf, Jedidiah Morse uit Connecticut. Die had anderhalve eeuw eerder de jacht geopend op de Illuminati, een aanvankelijk Beierse afsplitsing van de vrijmetselaarsorde. Ze zaten achter de Franse Revolutie, fluisterde men, en nu kwamen ze ook in Amerika onrust stoken. "Ik heb nu in mijn bezit een compleet en onbetwistbaar bewijs, een officiële lijst met namen, leeftijden, geboorteplaatsen en beroepen van de leiders en leden van een gezelschap Illuminati." Opgeheven wijsvinger en al. President John Adams geloofde hem en verklaarde dat Amerika zich "in een gevaarlijke situatie" bevond. Het parlement nam een wet aan die de president toestemming gaf om naar eigen inzicht buitenlanders het land uit te sturen.[142] De vermeende samenzweerders werden nooit gevonden.

****

Elkaar napraten. Voorbeelden van vroeger herhalen, erop rekenend dat niemand zich de vorige keer herinnert. Geruchten verspreiden over verkiezingsfraude, in de wetenschap dat er altijd wel ergens iemand is die een telfout maakt of in plaats van z'n moeder stemt - en dan luidkeels een incident tot de norm verheffen. Met de vinger wijzen naar gemakkelijk identificeerbare groepen: Bilderberg-vergaderaars, mensen met een andere huidskleur, joden, de Rockefellers en de Rothschilds, vluchtelingen, illegale immigranten, allemaal erop uit om een "nieuwe wereldorde" door de strot van een argeloze meerderheid te duwen. Doel van zo'n nieuwe wereldorde, aldus complotdenkers, is om van de hele wereld een dictatuur te maken.

Zelfs de drukkers van de dollarbiljetten raakten verdacht nadat complotdenkers de woorden *Novus ordo seclorum* vertaalden met "nieuwe wereldorde". De tekst staat op de dollar, komt uit een gedicht van Vergilius, tweeduizend jaar oud, en werd in 1782 toegevoegd aan het grootzegel van het splinternieuwe Amerika dat met zijn onafhankelijkheid "een nieuwe orde van de tijden" had ingeluid. Onwetendheid is essentieel om een ander in je complottheorie te laten geloven.[143]

Bestaat de wereld dus uit weters en niet-weters? Waarin de weters de verstandige mensen zijn, en de niet-weters zijn complotdenkers? Nee, want zoals we eerder zagen weten we geen van allen iets met zekerheid over morgen en alle overmorgens daarna. We gaan allemaal blind de toekomst tegemoet, en de mensheid vaart daar wel bij want zonder onzekerheid is er geen optimisme, omdat er dan geen vraag naar is. Dan is alles zeker, dan ligt het vast, en iedereen en alles weet wat er wel en niet gaat gebeuren. Er is dan ook geen hoop, want ook hoop is geworteld in onzekerheid. Het niet-weten kan een mens aansporen tot pessimisme, maar er is nog een andere optie, en die speelt de complotdenkers parten.

We zijn geboren met het wapen van de twijfel. Over alles wat zich buiten onze directe waarneming afspeelt weten we niets zeker, maar we hebben het voordeel dat we kunnen twijfelen. Socrates twijfelde, Hannibal ook voordat hij de Alpen overstak, en de apostel Thomas twijfelde eveneens. Kerkvorst Augustinus deed het, Plato ook, en Job twijfelde uit puur pessimisme. Twijfels over hoe de dingen echt zullen blijken te zijn, over hoe ze zullen aflopen. Twijfels over wat we wel of niet kunnen geloven, vandaar dat ze zich zo vaak uiten in religies. Complotdenkers zijn allereerst twijfelaars, maar omdat ze behoefte hebben aan zeker weten, maken ze zichzelf soms de domste dingen wijs.

Twijfel kan gebruikt worden als een machtig wapen. Het is een medicijn tegen klakkeloos aanvaarden wat een ander beweert of voorschrijft. Twijfel helpt bij het verankeren van iemands autonomie, het kan een individu zelfstandiger en sterker maken. Twijfel kan inspireren tot zelf nadenken, tot het bereiken van onafhankelijk getrokken conclusies. Het is een van de allervroegste ontdekkingen van een kind zodra het redenen vindt om te twijfelen aan wat de ouderen om hen heen zeggen. Gevolgd door een andere twijfel: als ik stiekem een koekje pak, ziet God dat dan echt?

Dat is het soort twijfel dat werd gevoed door iemand als Mark Twain, die zijn hele leven maar niet kon begrijpen waarom God zoveel narigheid toelaat. "En het zijn altijd de arme mensen. Negen-tiende van de ziekten die de Schepper heeft uitgevonden waren bedoeld voor de armen." En alsof dat niet al "afgrijselijk wreed" genoeg was, liet de Here in Afrika de slaapziekte bezorgen door "zijn favoriete leverancier, een mug."[144] Twain deed niet aan complotdenken. Hij was een meester in het twijfeldenken.

In de wereld van de filosofen kent men al een paar duizend jaar een stroming die ze Scepticisme noemen. Dat zegt in beginsel dat we alles wat we niet kunnen weten, simpelweg moeten accepteren, voornamelijk ter wille van de eigen gemoedsrust. Schort je oordeel op, is het motto. In het milieu van complotdenkers stuit zoiets op dovemansoren, maar onder humoristen - en Twain behoorde tot die categorie - is skepticisme een vorm van broodwinning.

Twijfel kan bovendien worden overwonnen. Julius Caesar was in conflict met medebestuurders van Rome, twijfelde of en hoe hij de confrontatie moest aangaan, en liet een dobbelsteen het besluit nemen. Benjamin Franklin concludeerde als tiener dat er een hoop aan te merken viel op het christelijke geloof, en hij ging boeken lezen die zijn twijfel moesten bevestigen. Maar maar hoe meer hij las, des te meer hij het christelijke geloof begon te omarmen.[145]

Een tegenovergestelde twijfel bekroop Carr van Anda, achterkleinzoon van Kees van den Enden uit Utrecht en hoofdredacteur van de New York Times. Hij vond in de vroege ochtend van 15 april 1912 een persbericht van rederij White Star Lines op zijn bureau. De eigenaar van de Titanic liet de wereld weten dat z'n gloednieuwe oceaanstomer, waarvan werd beweerd dat hij onzinkbaar was, een ijsberg had geraakt en daardoor vertraging had opgelopen. Maar het schip zou spoedig in New York arriveren, met iedereen aan boord in goede gezondheid.

Kranten in het hele land drukten dat bericht die dag af, maar niet de Times. Van Anda vertrouwde het niet. Hij betwijfelde dat een schip een ijsberg kon raken zonder een flinke schade op te lopen, en dus zei hij zijn redactie te wachten op bevestiging van wat de reder beweerde, bij voorkeur per telegraaf rechtstreeks van de Titanic. Die bevestiging kwam niet. De New York Times was de eerste krant die de wereld de volgende dag, in de vroege ochtend van 16 april, meldde: "Titanic zinkt vier uur na het raken van een ijsberg; 866 gered door Carpathia, waarschijnlijk 1250 omgekomen". Een twijfel was bevestigd.

En dan was er de Chinese filosoof Wang Chong. Hij was een heel vroege scepticus, zelfde jaargang als Caesar, maar aan de andere kant van de aardbol. Wang was zijn tijd ver vooruit. Groeide op in armoede tijdens de Han dynastie in Shangyu, vlak onder Shanghai. Hij bracht jarenlang zijn dagen door staande tussen twee boekenstallen, lezend in manuscripten. Hoe meer hij leerde, hoe harder hij twijfelde. Over onweer dat volgens hem geen straf van de goden was. Over het heelal waarvan volgens Wang slechts één ding te weten viel, en dat was dat niemand er iets over wist noch kon weten. En bovenal twijfelde hij aan de omgangsvormen in zijn samenleving. Niemand, vond hij, had recht op ontzag en bewondering louter omdat ze rijk waren of een functie van gewicht hadden geërfd. Hij was wat we vandaag een gezonde scepticus zouden noemen.

Want nee, er bestaan geen spoken, sprak hij in een samenleving die strak stond van het geloof in de geesten van overledenen. Als ze al zouden bestaan, zei Wang, dan hebben ze niets te maken met dode mensen. Per slot van rekening, legde hij uit, er waren veel meer doden dan levenden, en dus zou de wereld inmiddels overbevolkt zijn geraakt met geesten. Helder nagedacht, twee millennia geleden, maar voor de goede orde, sprak Wang Chong, hij was wel bereid om zijn twijfel te overwinnen. Hij achtte het onbestaanbaar dat mensen ooit zouden kunnen vliegen. Maar hij zou zijn mening ogenblikkelijk bijstellen, beloofde hij, zodra hij het bewijs van het tegendeel zou zien.

Dat sloot Wang niet uit. Maar hij hield zijn adem niet in. Hij had nog nooit een baby geboren zien worden met veren en vleugels.

19

Shit happens

** Optimisme na tegenspoed*

Er is een gerede kans dat je niet weet wie Connie Eble is. Ze werd geboren in 1942 en schopte het al op jonge leeftijd tot universitair docent. Eerst in Kentucky, daarna aan de University of North Carolina in Chapel Hill. Connie Clare Eble is linguist en doceerde als professor lange tijd Engelse grammatica. Ze heeft van alles en nog wat gepubliceerd, maar de enige twee woorden die voor de rest van de eeuwigheid aan haar zullen blijven kleven zijn *"Shit happens."*

Ze bedacht ze niet eens zelf. Connie redigeerde een jaarlijkse publicatie over *college slang*, jargon dat studenten onder elkaar bezigen. Elk jaar vroeg ze haar studenten om hun meest gebruikte uitdrukkingen op indexkaartjes te schrijven en die bij haar in te leveren. In 1983 overhandigde een jonge studente haar de tekst "Shit happens". De verklaring die ze erbij gaf was dat een andere student haar vertelde dat hij voor een tentamen was gezakt, maar hij liet zich er niet door ontmoedigen. *"That shit happens,"* zei hij, schouderophalend. Of dit de allereerste keer was dat iemand die woorden gebruikte, is onbekend. Maar professor Eble's jaargang van *UNC-CH Slang* in 1983 was de eerste keer dat het in druk verscheen.[146] Vanaf dat moment leidde het voortaan een eigen leven.

Voornamelijk omdat iedereen weet dat het waar is, al net zolang als er mensen zijn. Je ontkomt niet aan narigheid. Al was het maar omdat we eens doodgaan, allemaal. Zelfs Walt Disney. Vier kranten beweerden na zijn overlijden in 1966 dat hij alleen maar sliep, net als Doornroosje en Sneeuwwitje, maar dan ingevroren, in een cylinder.[147] Een paar weken later werden alle studiohoofden van het Disney-concern bij elkaar geroepen, om naar een scherm te kijken. Daarop verscheen de baas en hij richtte zich tot elk van de aanwezigen afzonderlijk, bij hun naam. Hij vertelde over de eerstvolgende projecten, glimlachte, en zei dat hij hen binnenkort weer zou zien. Allemaal effectbejag, bedoeld voor de publiciteit. In werkelijkheid was kettingroker Disney morsdood, en hij had niet voor ijs gekozen, maar voor vuur. Zijn as rust in een stenen wand op een begraafplaats in Californië.

Ieders voorspelbare dood zou reden genoeg kunnen zijn voor een levenslang pessimistisch bestaan. Maar zo werkt het niet in het grote brein dat ons tienduizend jaar geleden beter leerde na te denken. Doodgaan valt in de categorie *Shit happens.* Net als oorlog, liefdesverdriet, ziekte en episodes van geldgebrek. Eens gebeurt het allemaal. Stijgende zeespiegels naarmate het klimaat verder opwarmt. Tranen als een naaste overlijdt, of een geliefd huisdier. De overgang, zwetend wakker worden midden in de nacht. Een astronaut die niet terugkeert, vroeg of laat. We weten het, het is voorspelbaar, op een dag beseft ieder van ons dat leven soms congrueert met lijden.

Maar we worden er niet moedeloos van. Integendeel, we worden vindingrijk, stelden we al vast. Naarmate de mensheid beter en breder op de hoogte raakte van wat er allemaal kan tegenzitten in het leven, en iedereen weigerde om het aangeboren optimisme los te laten, groeide er in zowat elke cultuur een nieuwe beroepsgroep. Deze tekst, bijvoorbeeld, werd opgesteld in het jaar 1397, in Pisa: "...tegen overmacht, daden van de zee, landen, vuur, overboord slaan, gevangenneming door prinsen, volken of andere mensen, wraakacties, arrestatie en enig ander geval van gevaar, het lot, hinder of pech dat kan gebeuren of mogelijk al gebeurd is, ongeacht onder welke omstandigheden."[148] Een verzekering. De mensheid begon zich te verzekeren tegen het uitbreken van narigheid. In en rond steden als Genua, Rome en Venetië sprak het vanzelf dat de handelsvaart langs de kusten van de Middellandse Zee zich verzekerde tegen schipbreuk, bedorven vracht en piraten.

En niet pas sinds de veertiende eeuw. Er zijn verzekeringspolissen gevonden, uitgehakt in basalt, die bijna vierduizend jaar teruggaan naar de dagen van koning Hammurabi in Babylonië. Handelaren waren verzekerd tegen overmacht. Met als volgende stap dat overheden ook verzekerd werden. Tegen pech, natuurrampen, economische tegenvallers, en ook tegen andere overheden.

De Amerikaanse onafhankelijkheidsoorlog werd aan beide zijden volledig verzekerd tegen schade. In Boston, New York en Baltimore waren volop assuradeurs te vinden die de eventualiteit van oorlogsschade te land en ter zee wilden verzekeren, uit vaderlandsliefde en met een oog op eigenbelang: zakendoen zonder Engelse belasting te hoeven betalen was een stuk lucratiever. In Londen gold eenzelfde benadering. In het voormalige koffiehuis van Edward Lloyd waren de agenturen aanvankelijk optimistisch over de aanstaande nederlaag van de opstandige kolonie aan de overkant van de Atlantische Oceaan. De Engelse regering kon polissen kopen voor een prik. Totdat bleek dat Amerika kon vechten. Toen schoten de premies van Lloyd's omhoog.[149]

***

Verzekeringen hebben slechts één doel: het gezamenlijk dragen van het risico van de enkeling, of van een groep van enkelingen. Als één iemand pech heeft, kan zij haar hele verlies vergoed krijgen in ruil voor premiebetalingen die ver liggen onder het schadebedrag. Het risico van de verzekeraar wordt gedekt doordat veel anderen ook zo'n verzekering afsluiten en hun premies afdragen, ook als ze zelf nooit schade lijden. Zij betalen in feite met z'n allen het bedrag dat de ene pechvogel uitgekeerd krijgt, in de geruststellende wetenschap dat *als* een gedekte tegenslag henzelf zou treffen, dan zitten ook zij snor. De verzekeraar houdt eraan over, ruimschoots.

Deze houding verraadt twee dingen. Eén: de voorspelling van narigheid maakt niet moedeloos, maar creatief. Twee: narigheid treft niet iedereen gelijkelijk, laat staan onvermijdelijk. Dood is onvermijdelijk, verongelukken bij een frontale botsing niet. Orkanen gebeuren, maar oorlog is vermijdbaar. Het is een cruciaal ingrediënt van optimisme. Aan ruimtevaartingenieur Edward Murphy wordt steevast de uitspraak toegeschreven dat "alles wat kan misgaan, gaat ooit mis," maar Ed was in werkelijkheid een optimist. Hij beweerde dat hij met tests kon bepalen hoeveel zwaartekrachtdruk het menselijk lichaam aankan en dat met die wetenschap een astronaut veilig de ruimte in kon worden gestuurd.

De meeste geslaagde laboratoriumtests zijn het eindresultaat van talloze mislukkingen. Murphy wilde weten wat er allemaal kon misgaan en liet dat gebeuren. Uiteindelijk werd dankzij hem een ruimtepak ontworpen waarmee Alan Shepard, John Glenn en alle anderen aan de dampkring ontsnapten. *De wet van Murphy*, tot majoor Murphy's ongenoegen vaak geciteerd als een ultieme uiting van pessimisme, was geboren uit optimisme.

Als elke narigheid onvermijdelijk zou zijn, dan was optimisme tien millennia geleden een doodgeboren kind geweest. Maar de opa's en oma's in de oudheid ontdekten alras dat veel onheil was te voorkomen, en hun eerste bewijs daarvoor was de kookpot. Eindelijk konden ze voorkomen dat hun tandeloze kinderen dood zouden gaan van de honger. Beter nog, nu iedereen zachte maaltijden voorgeschoteld kon krijgen, kregen ze tenminste hun vitaminen binnen en daardoor vielen er na verloop van tijd minder vaak tanden uit.

Het duurde even voordat de hersenpan van de mensheid uitgroeide tot de huidige afmetingen, maar de voorouders werden stap voor stap wijzer van slecht nieuws nadat het hen al een keer had getroffen. Zoals we zagen, mensen brengen een reusachtige hoeveelheid tijd door met dagdromen. Onderdeel daarvan is het nakauwen van eerder gemaakte keuzes, reacties op eerder voorgevallen gebeurtenissen. Een van de effecten daarvan is het fenomeen van een gewaarschuwd mens, van de ezel en de steen. Wat vorige keer misging, is volgende keer wellicht vermijdbaar. En zo wint hoop het van de ervaring.

Daarbij komt dat mensen heel bekwaam zijn in het compartimentaliseren van wat dat grote brein allemaal registreert. Ze kunnen gevoelens van elkaar scheiden en tijdelijk even aan de kant duwen. Dat voorkomt onder meer een overmand worden door zorgen voor de dag van morgen. En het vermijdt bovenal dat we worden verlamd door de wetenschap dat er op een dag een onvermijdelijk einde gaat komen aan ons bestaan. In plaats daarvan zijn we bekwaam in het ons concentreren op alle dreiging, gevaar, narigheid, verdriet, natuurgeweld, ziekte en pijn die vermijdbaar gemaakt kunnen worden, zonder dat het ons emotioneel verlamt.

De voorouders ontdekten daarnaast nog iets anders. Ze leefden dicht bij de natuur en zagen een wezenlijk verschil tussen henzelf en alle andere zoogdieren. Mensen zijn in staat elkaar na te bootsen. Niet op de manier zoals vader arend zijn kuikens leert vliegen, of zoals moeder walvis haar kalveren in laag water leert zwemmen. Mensen kunnen met hoofd en handen andermans uitvindingen namaken, en niet alleen dat, ze kunnen die vervolgens ook verbeteren. Nadat opa Van Couwenhoven en oma Van Cleve's kleinzoons Wilbur en Orville Wright het gemotoriseerde vliegtuig hadden bedacht[150], kon Anthonie Fokker het ook, en beter. Na hem maakte Koenraad Westervelt er een watervliegtuig van, samen met zijn makker William Boeing, waarna Victor Roos, net als de gebroeders Wright een fietsenmaker, erin slaagde om een goedkope Cessna te ontwerpen. Allemaal een kwestie van imiteren en verbeteren.

Moderne samenlevingen beschermen hun uitvinders tijdelijk tegen namaak door patenten toe te kennen, maar die bevestigen slechts de unieke biologische en antropologische realiteit die eraan ten grondslag ligt. We kunnen wat anderen kunnen, en kunnen het weldra beter. Zo leert de mens al tienduizend jaar om, stap voor stap, de onvermijdelijkheden te boven te komen, net zo lang tot ze niet meer onvermijdbaar zijn.

***

We zijn daarin met z'n allen niet zomaar geslaagd, we zijn er buiten-proportioneel, boven elke verwachting, in geslaagd. In het jaar 1798 uitte de Britse econoom Robert Malthus zijn zorgen over de wereld-bevolking die rond die tijd één miljard mannen en vrouwen omvatte. Dat was een overbevolking, waarschuwde hij, het resultaat van beter voedsel, en dat was een gevolg van betere landbouwmethoden. Malthus juichte dat op zichzelf toe, maar hij noemde het niettemin een val, sindsdien bekend als de *Malthusian trap*.[151] Het is absoluut onmogelijk, waarschuwde hij, dat de aarde op de lange duur zoveel mensen in leven kan houden: "De drang tot voortplanting is zodanig sterker dan het vermogen van de aarde om de mens te voeden, dat voortijdige dood vroeg of laat onvermijdelijk is."

We zijn inmiddels twee eeuwen verder. Honderd jaar na Malthus telde de wereld twee keer zoveel bewoners. Rond 1960 was dat 3 miljard, vijftien jaar later 4 miljard, twaalf jaar daarna 5 miljard, 6 miljard in het jaar 2000, en 7 miljard in 2010.[152] Zulke cijfers duiden op twee parallelle fenomenen. Eén: de aarde is tot veel meer voedselvoorziening in staat dan de pessimist Malthus veronderstelde, en twee: mensen gingen niet voortijdig dood. Integendeel, hun gemiddelde levensverwachting ging met sprongen vooruit. Dat was in hoge mate mede het gevolg van revolutionaire veranderingen in het boerenbedrijf die de econoom niet had zien aankomen.

In de tijd dat Robert Malthus zijn opstel op papier zette "over het beginsel van bevolking" woonde en werkte negentig procent van de Amerikaanse bevolking op boerderijen. Nu is dat nog maar één procent. Toen produceerde één boer op jaarbasis voedsel voor drie tot vijf personen. De boer van vandaag voedt een jaar lang 130 mensen.[153] En dat is op de relatief ouderwetse manier: boerderij, akker, stallen, weide, tractors. Het kan nog veel beter.

Want wie wil begrijpen waarom optimisme gepast is over waar het naartoe gaat met de voedselproductie in de wereld, die kan opnieuw niet om het voorbeeld van Nederland heen. Als je de kranten volgt, kan je het niet altijd even goed zien, want daarin vind je nu en dan grote koppen en verslagen over boze boeren, mest en stikstof. Allemaal waar, en allemaal reden tot zorg en aandacht. Maar achter die sluier gaat ook nog een heel ander verhaal schuil, een succesverhaal van innovatie zonder weerga.

De Nederlandse agro-industrie besloot twee decennia geleden, in samenspraak met de overheid, om vol in te zetten op die innovatie zodat de voedselproductie kan worden gegarandeerd voor een wereld-bevolking die ergens tussen 2050 en 2060 de tien miljard zal bereiken, terwijl we tegelijk minder water gebruiken en het milieu schoner maken. Met andere woorden, hoe verduurzamen we de landbouw sneller. Of zoals de Nederlanders het omschreven: "Twee keer zo veel voedsel produceren met twee keer minder hulpbronnen". Nederlandse boeren zijn er sindsdien in geslaagd de hoeveelheid water die ze nodig hebben voor de meeste gewassen met 90 procent te reduceren. In hun kassen gebruiken ze helemaal geen pesticiden meer en het gebruik van antibiotica op kippen- en veeboerderijen is met de helft verminderd.

Immers, in de komende decennia moet de wereld meer voedsel produceren dan alle boeren tezamen in de afgelopen 8000 jaar hebben geoogst. Moet je nagaan. Ga in gedachten twintig, dertig jaar terug in de tijd, en vraag jezelf af, toen je zoveel jonger was, of je dat realistisch en geloofwaardig zou hebben gevonden. Dat tijdens de rest van je leven alle oogsten van de hele wereld zouden kunnen worden opgevoerd tot een berg voedsel, groter dan alles wat al onze voorouders samen hebben geoogst. Niet sinds een eeuw geleden, niet sinds duizend jaar terug, nee, sinds zesduizend jaar voor de geboorte van Christus.

Misschien zou je ja hebben gezegd, maar er zouden anderen zijn ge-weest die daar sterk aan twijfelden. Die zouden jou een optimist hebben genoemd, en dat is precies wat die ambitieuze plannenmakers waren en zijn. Zij realiseerden zich dat deze productieverhoging nodig is om al die nieuwe monden te voeden tegen het midden van de eeuw. En het kan - mits je het slim aanpakt. Nederlandse boeren zijn nu al de groot-ste exporteurs van aardappelen en ze gebruiken landbouwwerktuigen die zo uit Star Trek lijken te stammen om hun piepers te verzorgen tot ze geoogst kunnen worden.

Oogstmachines zijn voorzien van cockpit-achtige instrumenten die data bijhouden die door drones worden verzameld en die hun exact en per afzonderlijke aardappel laten weten hoe het gesteld is met bodemchemie, water en voedingsstoffen. Zo kunnen ze met één blik zien hoe ver die ene knol al is gegroeid. De term die ze hiervoor gebruiken is precisieboeren, en die precisie levert hun vijftig ton aardappelen per hectare op. De gemiddelde opbrengst in de rest van de wereld is tweeëntwintig ton per hectare, minder dan de helft.[154]

Denk buiten de platgetreden paden. Stop met het kweken van eindeloze velden graan of soja voor veevoeder. Geef het vee liever insecten te eten, zeggen ze op de Universiteit Wageningen, het meest vooraanstaande centrum voor agrowetenschap ter wereld. Dezelfde hectare die één ton soja-eiwit per jaar levert, brengt 150 ton insecteneiwit voort. Innoveren, nieuwe dingen uitproberen: Nederlandse boeren zijn de grootste tomatenexporteurs ter wereld geworden en gebruiken daarvoor kassen die een gebied beslaan van bijna twee keer Manhattan om energie en water te besparen. Terwijl Amerikaanse boeren 57 liter water nodig hebben om één pond tomaten te kweken, gebruiken de Nederlanders amper vier liter, alleen regenwater, en geen aarde. De planten worden bijna zeven meter lang en wortelen in vezels uit basalt en kalk, en de constante omgevingstemperatuur wordt het jaar rond gegarandeerd met geothermische warmte uit waterhoudende grondlagen diep onder de Nederlandse bodem.

Goed nieuws: hongersnoden worden schaarser.[155] Honderd jaar geleden stierven er zestien miljoen mensen van de honger, vooral in China en in wat toen de jonge Sovjet-Unie was. Rond 1960 was dat aantal nog altijd even hoog, meer dan zestien miljoen, vooral omdat Mao's Grote Sprong Voorwaarts in China lang niet voor iedereen even goed uitpakte. Maar het aantal hongerdoden nam daarna snel af, van drie miljoen in de jaren '70, waarvan de helft in Cambodja, tot minder dan drie miljoen in de eerste tien jaar van het nieuwe millennium, tot minder dan 300.000 in de zes jaar daarna.

Dat komt door de betere en efficiëntere voedselproductie, waardoor er per persoon meer eten beschikbaar is. Dat is met name het geval in India en China, de twee landen waar de helft van alle hongerdoden in de afgelopen 150 jaar vielen. Ook de algehele gezondheid is wereldwijd dramatisch verbeterd, terwijl tegelijkertijd de ergste armoede is afgenomen, opnieuw vooral in China en India, waar 40 procent van de wereldbevolking woont. Deze factoren samen hebben nog een belangrijk effect gesorteerd: wereldwijd krijgen vrouwen minder kinderen dan voorheen.

Gezondere mensen met een betere toegang tot schoner water ontsnappen vaker aan extreme armoede. Ze zijn bovendien ook meer geneigd om te proberen onderwijs te volgen, wat weer gevolgen heeft voor het aantal nakomelingen naarmate meer van hen vrouwen zijn. Vrouwen met een schoolopleiding houden de omvang van het gezin binnen de perken. Honger heeft vooral effect op kinderen onder de vijf. Als het aantal nieuwe baby's afneemt, vermindert ook het aantal mensen dat van de honger sterft. Tel dit allemaal bij elkaar op en je kijkt naar "een van de grote onderbelichte overwinningen van onze tijd", aldus de Britse sociaal antropoloog, Afrika-kenner en voormalig Harvard-docent Alex de Waal.[156]

De Nederlandse inspanning is mede een reactie op een donkere episode uit hun recente verleden. De laatste keer dat een serieuze hongersnood een westers land trof vond plaats tijdens de slotwinter van de Tweede Wereldoorlog, in Nederland. De grootste bevolkingscentra waren afgesneden van voedselbevoorrading en twintigduizend Nederlandse mannen, vrouwen en kinderen gingen dood van de honger. Dit was deels uit wraak van de nazi's na de mislukte geallieerde poging in 1944 om bij Arnhem een brug over de Rijn te veroveren, maar ook deels ten gevolge van een ongewoon lange en koude winter die voedseltransporten over het water onmogelijk maakten.

Dus doen generaties sindsdien er alles aan om te helpen. Bijvoorbeeld door de kwaliteitscontrole van de bodem te verbeteren. Er bestaan over de hele wereld 570 miljoen boerderijen, en slechts vijf procent heeft de beschikking over wetenschappelijke data omtrent hun bodem.[157] Dus vonden de Nederlanders een telefoonapp uit, samen met een scanner, om een boer in Kenia in tien minuten duidelijk te maken hoe hij de samenstelling van zijn mest en voedingsstoffen moet veranderen om een veel hogere opbrengst te krijgen. Ze bedachten hoe ze meer tomaten, paprika's, komkommers en aubergines konden kweken door ze te bemesten met visafval, waar ze de ammonia uithaalden om er nitraat mee te maken waarmee de planten worden bewaterd.

Ze verfijnden watercultuur, verwierven een patent voor een roulerende melkmachine waarmee één persoon in een uur tijd 150 koeien kan melken en ze maakten hun kassen bijna geheel ziektevrij, beschermd door jagende mijten, de larven van lieveheersbeestjes en wormpjes waar champignons dol op zijn. Nederland, met een oppervlakte die één-tienduizendste is van al het land op aarde, levert de rest van de wereld eenderde van alle voedselzaden, zonder genetische manipulatie. Eén tomatenzaadje uit Holland is in staat om zich van nature tegen ziekten te verdedigen en bovendien om 150 ton tomaten te leveren. En dat alles is geen kennis die de Hollanders voor zichzelf houden.

Ze werken samen met Ethiopië om de kwaliteit van de aardappels daar te verbeteren, met China om producten vers en veilig te vervoeren in een treincontainer tussen Rotterdam en Chongquing, met Kazachstan om rubber te ontwikkelen uit de wortels van paardenbloemen, met Indonesië om te voorkomen dat er nog meer bos teloorgaat aan het oprukkende boerenbedrijf, met Ghana om hun groentenmarkt duurzaam te maken, met India om het watergebruik bij de rijstteelt te verminderen. Enzovoort.

Shit happens. Maar het is steeds minder vaak onvermijdelijk. Want het inspireert optimisten tot het vinden van oplossingen.

20

De vrijgezelle mannen en vrouwen van Rusland en China

** Als optimisme zwaarder weegt dan seks*

In Japan worden meer luiers verkocht voor bejaarden dan voor baby's. Amerika telt meer grootouders dan kleinkinderen. En in Siberië wonen zoveel ongehuwde vrouwen dat ze daar hardop debatteren over het toestaan van polygamie: "Een halve goede man is beter dan geen man."[158] Op het eerste gezicht zou je denken dat buurland China, met een overschot van 35 miljoen mannen, een reservoir van kandidaten kan leveren. Maar behalve vrijgezelle vrouwen heeft Siberië niet veel te bieden. Het is kaal, leeg, koud en in tal van opzichten onherbergzaam. Van alle 145 miljoen Russen woont tachtig procent aan de andere kant van het Oeralgebergte, op twintig procent van alle beschikbare Russische land. Ze vergrijzen. Nog niet zo erg als in Japan, maar er zijn meer Russen boven de veertig dan eronder, en dat wil wat zeggen in een land waar mannen gemiddeld de leeftijd van 65 jaar niet halen.[159]

165

China is slechts half zo groot als Rusland. Maar er wonen tien keer zoveel mensen. En ook daar is de bodem ongelijk verdeeld. Het land heeft een grote centrale vlakte, waar pakweg vierduizend jaar geleden het oorspronkelijke China van start ging. Daar wonen een miljard Chinezen, duizend miljoen, zeventig procent van de hele bevolking. Dat gebied is half zo groot als Amerika, en Amerika telt veel minder inwoners, 330 miljoen. Het is bovendien zwaar vervuild. De Gele Rivier ziet soms letterlijk geel van de afvalstoffen die zich over een lengte van vijfduizend kilometer een weg naar zee banen.

China betaalt een prijs voor het jarenlang beperken van de gezinsgrootte: het heeft vergeleken met slechts twintig jaar geleden 90 miljoen minder inwoners in de leeftijdsgroep tussen de 15 en 35 jaar, en 150 miljoen meer mensen boven de zestig.[160] Dat is niet alleen het resultaat van de één-kind-wetgeving die tussen 1980 en 2015 van kracht was.[161] Ook voor die tijd waren Chinese echtparen al aan het bezuinigen op de grootte van hun gezin, vooral in en rond de steden.[162] Bijna alsof in alle mensen, waar dan ook, biologisch is ingebakken wanneer een pas op de plaats geboden is. Want de drang om het aantal kinderen te beperken uitte zich vanaf de jaren '60 wereldwijd, in noord, oost, zuid en west.

In Singapore baart dat de regering zorgen. Jonge mensen trouwen volop, met man en vrouw die allebei werken voor de vijf C's: cash, car, credit card, country club en een condo, een eigen appartement in een van de hypermoderne torenflats in de stadstaat. Het krijgen van kinderen werd, en wordt, uitgesteld, vaak met afstel als gevolg. De overheid besloot tien jaar geleden een brief te sturen naar jonge kinderloze echtparen, waarin ze werden aangemoedigd om een gezin te stichten. Ze kregen zelfs een speciale datum aangereikt: de nacht van 9 augustus 2012, "National Night".[163] Singapore zei erbij waarom: om de sterke economie van de gemeenschap voor de lange termijn te garanderen is aanwas van jeugd noodzakelijk, voldoende jonge mensen die straks het pensioen en de gezondheidszorg van bejaarden kunnen veiligstellen. De regering voegde een bonus toe, een gratis vakantie op Bali. Daar zouden de jonge stellen vanzelf wel de juiste stemming te pakken krijgen.

De echtparen accepteerden het aanbod gretig. Maar wat ze tijdens hun gratis vakantie ook deden, het veroorzaakte geen extra zwangerschappen, net zo min als de National Night dat deed. De overheid maakte na negen maanden een einde aan het bonusprogramma.

Van land tot land verschillen de effecten van de stagnerende bevolkingsgroei, maar de diepere oorzaak was al een tijdlang bezig zich te manifesteren. Van drie miljard mensen in 1960 naar acht miljard binnen zeventig jaar is een tempo waar de rem op moet, ook al heeft dat op de korte termijn allerlei sociaal-economische consequenties. Blijkbaar beseft de mensheid intuïtief, ook zonder één-kindwetten, en ook zonder naar het wijdere perspectief te hoeven kijken, dat er van tijd tot tijd grenzen aan de groei bestaan.

Eerder in dit boek keken we naar wat dat betekende, acht miljard mensen op aarde in het jaar 2030. Ruwe maar serieuze schattingen laten zien dat, sinds de geboorte van homo sapiens tweehonderdduizend jaar geleden, pakweg 110 miljard geboorten en overlijdens ons vooraf gingen. Dat is gemiddeld 1,1 miljard mensen in elke tweeduizend jaar, 500 miljoen per millennium, vijftig miljoen geboortes per eeuw, 1400 nieuwe baby's per dag. Vandaag worden er elke tien minuten twee keer zoveel kinderen geboren. Ze komen terecht in een wereld die, mits zorgvuldig verspreid via de moderne logistieke en transportlijnen die nu beschikbaar zijn, en mits de groei bewaakt blijft, genoeg te eten en te drinken voor hen heeft.

Maar gemiddelden zeggen niet veel voor wie hier en daar naar momentopnamen kijkt. De mensheid is een paar keer door het oog van de naald gekropen. Pandemieën decimeerden complete volkeren. Klimaatveranderingen, voornamelijk bittere koudegolven, maakten bijna een einde aan het fenomenale avontuur van mensen op aarde.[164] Van elke honderd mannen en vrouwen en kinderen, op de vlucht voor de kou, overleefden er een tijdlang vijf, hooguit zes. Pest, pokken, oorlog, koortsen, diarree en, recent, massale uitbraken van griepsoorten waren sindsdien de hoofdschuldigen voor groteske aantallen slachtoffers.

Des te opmerkelijker is nu de explosieve groei van de wereldbevolking, met name sinds het begin van de vorige eeuw. Al helemaal tegen de achtergrond van de eerste vijftig jaar van die eeuw, waarin twee wereldoorlogen, een globale economische depressie zonder weerga en de uitbraak van de Spaanse griep een massale miljoenensterfte tot gevolg hadden. Betere voeding, schoner water, beter onderwijs voor veel meer meisjes, meer welvaart, betere verbindingslijnen, goedkoper transport, snellere communicatie en het uitbannen van veel ziekten: dat alles bij elkaar heeft ruimte gemaakt voor meer mensen met een hogere en meer comfortabele levensverwachting.

Maar ook dat is slechts een momentopname. Want de toekomst is nog maar net begonnen. Immers, als onze zoogdierensoort inderdaad tweehonderdduizend jaar oud is, dan zeggen biologen: tweehonderdduizend jaar jong. De gemiddelde zoogdierensoort, tot dusverre en naar schatting, heeft een bestaansduur van een miljoen jaren. Wij mensen zijn pas eenvijfde van dat traject onderweg. Leg het langs de lineaal van een gemiddeld mensenleven dat tegenwoordig tachtig jaar duurt, dan zijn we als soort momenteel pas zestien jaar oud. De mensheid heeft nog achthonderdduizend jaar voor ons liggen.

Wat betekent dat voor al die anderen die straks na ons gaan komen? Hoeveel worden er dat? Kan de planeet dat aan? Tot dusverre hebben er 110 miljard mensen, plus onze acht miljard van vandaag, op en van de aardbodem geleefd. Als iedereen na ons gemiddeld niet tachtig maar negentig jaar oud wordt, een niet onredelijke veronderstelling, en de wereldbevolking stagneert op elf miljard, het bevolkingsaantal dat de Verenigde Naties voor 2099 voorspelt, dan komen er 100 biljoen kinderen na ons. Dat is een 1 met veertien nullen. Ter vergelijking: alle baby's tot dusverre sinds de biologische Adam en Eva vormen een 1 met elf nullen.

Maar we weten niets zeker over de gemiddelde levensduur van mannen en vrouwen in de toekomst. Misschien worden ze een stuk ouder. En het is heel goed mogelijk dat er veel meer dan 11 miljard mensen tegelijk op aarde kunnen leven. Bovendien is het in geen enkel opzicht een wetmatigheid dat het menselijke zoogdier slechts een miljoen jaren kan overleven. Dat zou net zo goed een miljard jaren kunnen worden, wie weet, of vijf miljard, net als de veronderstelde toekomst van de zon. In al die gevallen neemt de schatting van het aantal baby's die in de toekomst op en van de aarde moeten leven reusachtig toe. De taxateurs aan de Oxford universiteit zeggen 625 biljard: 625 gevolgd door vijftien nullen.

Hoeveel is dat? Stel je geeft één man of vrouw een eigen stukje strand, piepklein, een vierkante meter. Ze kunnen dus alleen maar staan of met opgetrokken benen zitten, armen om de knieën geslagen. Maak in gedachten dat strand zes meter breed, dus tussen de duinen en de vloedlijn zitten zes mensen achter elkaar, ieder op hun eigen vierkante meter. Naast hen volgt een nieuwe rij van zes mannen en vrouwen, en naast hen ook, en zo voort. Dat zes meter brede strand loopt van Barrow in het hoogste noorden van Alaska helemaal tot aan Ushuaia in het uiterste zuiden van Argentinië. Inderdaad, dezelfde afstand die ik per helikopter heb afgelegd, de volle lengte van het Stille Oceaanstrand van poolcirkel tot poolcirkel. Dat is 625 biljard mensen.

****

Dit soort ramingen veronderstelt dat we onszelf niet eerst al opblazen. Voor het eerst in de geschiedenis kunnen we dat - er liggen sinds zeventig jaar meer dan genoeg kernwapens in arsenalen om al het leven op aarde te doden. Reden genoeg voor een hoge staat van waakzaamheid, maar er is meer. Diverse landen hebben sporen bewaard van elke dodelijke epidemische ziekte die inmiddels is uitgeroeid, niet zelden in militaire laboratoria.

Ik heb twintig jaar gewoond op een kilometer afstand van Fort Detrick in Maryland. Het is het hoofdkwartier van wat het *United States Army Medical Research Institute of Infectious Diseases* (USAMRIID) wordt genoemd, in het kort: een biodefensie-legerplaats. Het is de plek waar de Amerikaanse overheid zich voorbereidt op aanvallen van biologische oorlogsvoering. Elke avond om tien uur hoorde ik vanuit mijn huis de trompet die in Fort Detrick taptoe blaast.

De film *Outbreak* uit 1996, met Dustin Hoffman, Renee Russo en Morgan Freeman, ging over een militair viruslaboratorium waaruit sporen van ebola ontsnapten. Fort Detrick was het model voor dat fictieve verhaal, en terecht, want vijf jaar later werden nonfictief, in het echt, sporen van antrax uit de legerplaats gestolen. Kort na de terreuraanslagen van 11 september 2001 stuurde een wetenschapper brieven met antrax het land in, met vijf doden als gevolg. De dader woonde naast de legerplaats, en maakte aanvankelijk overuren door de politie te helpen zoeken naar de oorsprong van de verzonden antraxsporen. Toen de FBI tenslotte in de gaten kreeg met wie ze aan het samenwerken waren, pleegde de man zelfmoord.

Met andere woorden, landen die de mond vol hebben over proliferatie en non-proliferatie van kernwapens zouden nauwkeuriger kunnen omspringen met het beschermen van hun burgers tegen massale ziekteuitbraken. In oktober 1977 meldde de Wereld Gezondheid Organisatie dat na drieduizend jaar officieel een einde was gekomen aan de pokken. Een patiënt in Somalië was de laatste die besmet was geraakt, hij was met succes behandeld, en iedereen was ingeënt die met hem in contact was geweest. Tien maanden later vond in de Engelse stad Birmingham niettemin een nieuwe besmetting plaats.

Het slachtoffer werkte als fotograaf in hetzelfde gebouw waarin zich op een andere verdieping ook een pokkenlaboratorium bevond. Het virus was ontsnapt. De patiënt werd ziek, haar ouders ook, vader overleed van pure schrik aan een hartaanval, de directeur van het laboratorium pleegde zelfmoord, en de per ongeluk besmette vrouw overleed op 11 september 1978 aan de pokken. Voor zover bekend is zij tot dusverre het allerlaatste pokkenslachtoffer.[165]

Het is allemaal vermijdbaar. Ongeacht hoe ver we in de toekomst vooruit kijken, massale nucleaire en/of besmettelijke rampen zijn niet onontkoombaar. Ze zijn mogelijk, misschien zelfs waarschijnlijk, maar niet onvermijdelijk. Honderd miljard nieuwe mensen, honderd biljoen of zelfs honderd biljard - dat zijn even zoveel wandelende risico's, maar het zijn ook net zoveel nieuwe talenten, mensen met briljante hersens en ingevingen, wereldburgers met ideeën en oplossingen voor problemen waarvan wij ons vandaag het bestaan straks niet eens kunnen voorstellen.

Aan Edward Murphy, de ruimtevaartingenieur, wordt nog een andere uitspraak toegeschreven dan de Wet van Murphy waarin alles wat kan misgaan, inderdaad misgaat. De andere stelling luidt: alles wat kan gebeuren, gebeurt een keer. Ook die woorden zei hij later nooit gebruikt te hebben, maar ze zijn verleidelijk door hun eenvoud. Alsof de wereld een roulette is: ooit valt het balletje goed, of verkeerd, een kwestie van tijd, een kwestie van afwachten. Onvermijdelijk.

Maar de Kroaat Frano Selak zat in januari 1962 in een trein die ontspoorde en in een rivier viel, en hij hield er alleen een gebroken arm en een nat pak aan over. Zeventien anderen verdronken. Het jaar daarop reisde hij voor het eerst, en voor het laatst, in een klein vliegtuig. Het kwam in problemen. De deur vloog open, Frano viel eruit en landde in een hooiberg. Zijn negentien medepassagiers crashten. In 1966 zat hij in een bus die uit de bocht vloog en ook in een rivier viel. Vier doden, maar niet Frano, die had alleen een paar blauwe plekken. Vier jaar later kreeg hij een auto-ongeluk, de benzinetank ontplofte, maar pas nadat meneer Selak zich uit de voeten had gemaakt. In 1973 ging er opnieuw iets mis, vlammen schoten uit het dashboard, maar Frano hield er alleen een paar verschroeide haren aan over. Hij werd aangereden door een andere bus, ontweek een vrachtwagen en gleed in een ravijn, en toen hij tenslotte voor de vijfde keer trouwde, kocht hij een lot in de loterij. Frano Selak won 900.000 euro.[166]

Sommigen zeggen, dat was een voorbeeld van: alles wat kan gebeuren, gebeurt een keer. Anderen kijken naar hetzelfde relaas en concluderen dat elk pechincident een einde aan Selaks leven had kunnen maken, statistisch werd dat alleen maar waarschijnlijker. Maar het gebeurde niet, het was niet onvermijdelijk. Integendeel, de man werd rijk, kocht een boot en gaf daarna al zijn geld weg aan vrienden en familie. Frano Selak bereikte de voor zijn generatie hoge leeftijd van 87 jaar.

In mijn boekenkast staan al jarenlang twee boeken over dit onderwerp. Ik las ze toen ze uitkwamen, respectievelijk in 2008 en 2007, *Outliers* van Malcolm Gladwell en *The Black Swan* van Nassim Nicholas Taleb. Het is gemakkelijk te begrijpen waarom ze allebei destijds de bestsellerslijst van de New York Times aanvoerden. Die populariteit had een reden. Mensen hebben behoefte aan bevestiging van wat ze allemaal onbewust voelen en weten: onwaarschijnlijke dingen gebeuren ook al zijn ze onwaarschijnlijk. Gladwell en Taleb schreven daarover. Ze presenteerden een hele reeks voorbeelden van toevalligheden, uitzonderingen op de regel, onverwachte ontdekkingen en gebeurtenissen. Onwaarschijnlijkheden die bij elkaar opgeteld achteraf hun onwaarschijnlijkheid verliezen.

Je kan lang heen en weer argumenteren of de aanval van 11 september 2001 wel of niet te verwachten was, en of Google wel of niet bij toeval de grootste zoekmachine op het internet is geworden. Je kan met elkaar van mening verschillen of tienduizend uur op iets oefenen iedereen wel of niet een potentiële top-performer maakt. Maar wat de consumenteninteresse in zulke betogen duidelijk maakt, is dat of iets waarschijnlijk of onwaarschijnlijk is er voor verreweg de meeste mensen per saldo niets toe doet. Mensen hebben hoop. We zijn met optimisme geboren. We zoeken voortdurend naar een bevestiging van ons geloof in mogelijkheden, ons geloof in het gevoel dat de dag des oordeels helemaal niet aanstaande is, ongeacht hoe luid de voorspellingen van het tegendeel ook zijn waarmee sommige politici, dominees en media ons almaar blijven bestoken.

Vraag aan mensen in Rusland of China hoe optimistisch ze zijn, in de wetenschap dat ze met uitdagingen kampen over de samenstelling van hun bevolking, en je krijgt een verrassend antwoord. Het Parijse onderzoeksbureau Ipsos, het Londense YouGov en Pew Research Center in Washington stellen die vraag elk jaar aan inwoners van veertig landen.[167] Rusland is het land met de ongelukkige geografie. Het is zo ver uitgerekt van west naar oost dat het elf tijdszones omvat. Vanaf het Oeralgebergte strekt zich een tweeduizend kilometer brede vlakte uit naar het westen, iets dat Russische machthebbers permanent nerveus maakt omdat het vlak is en dus, zoals Napoleon en Hitler aantoonden, begaanbaar. Het maakt dat ze soms domme dingen doen, zoals de inval van 2022 in Oekraïne, waardoor de NAVO-landen alleen maar vastberadener hun alliantie versterkten. Resultaat: een nog nerveuzer Moskou.

Aan de andere kant van de Oeral merken ze daar echter niet veel van. Ze weten van horen zeggen dat Rusland na de opheffing van de Sovjet Unie uiteen is gevallen in vijftien verschillende landen, maar zelf kregen ze daar niet veel van in de gaten. Ze zijn blij dat er geen partijverplichtingen meer bestaan, een gevoel dat gedeeld wordt door hun landgenoten aan de andere kant van de bergen. En als hun regering plotseling de militaire dienstplicht weer invoert en hun jonge mannen mobiliseert, dan protesteren ze. Ook is er die kwestie van Siberische vrouwen en de afwezigheid van voldoende beschikbare mannen. De vrouwen in Siberië verwijten mannen onverantwoordelijkheid, voornamelijk vanwege hun drinkgewoonten die een stempel drukken op mannelijke sterftecijfers. Maar ze zijn niet pessimistisch. Telkens opnieuw blijkt uit de onderzoeken dat Russen optimistischer zijn dan Amerikanen, Duitsers, Nederlanders, Fransen en Britten.[168]

Hetzelfde geldt voor Chinezen en Indiërs. Ze zijn stelselmatig optimistischer dan Amerikanen, Canadezen en heel West Europa. Dat is temeer opmerkelijk omdat in al die westerse landen evengoed driekwart van de bevolking zonnig naar de toekomst kijkt, ook een hoog percentage. De onderzoekers nemen steevast een kijkje achter de cijfers en maken onderscheid tussen optimisme over iemands persoonlijk leven en vertrouwen in de toekomst van hun land. Daaruit blijkt onder meer dat het voor de korte termijn weinig uitmaakt of iemand in een democratie leeft of niet. Voor de toekomst maakt dat wel een verschil. De Indiërs, die in een democratie leven, zijn dan tien procent optimistischer dan de Chinezen.

En de Singaporezen? Die hebben ondanks de waarschuwingen van hun regering een rotsvast vertrouwen in hun toekomst, daar steekt net als in Nederland vijfenzeventig procent van de burgers de duim omhoog. En in het Turkije van de gehoorgestoorde Muharrem Yazgan, de man die door zijn buren ineens met gebarentaal werd aangesproken, is zowat iedereen vol hoop. Bijna negentig procent van alle Turken verwacht dat het met die toekomst van ons allemaal prima voor elkaar gaat komen.

21

En Afrika dan?

** Optimisme voor een lang gekweld continent*

De allereerste e-reader die een markt vond was de Rocket eBook, bedacht door Marc Tarpenning die later ook aan de wieg stond van de Tesla. Ik ontmoette Marc op een boekenbeurs in Charlottesville, Virginia, in het voorjaar van 2001. Hij zat achter een lege tafel, met alleen zo'n Rocket in zijn handen, een ding ter grootte van een dun pocketboekje met een groengrijs scherm. Hij trok weinig bekijks. Mensen die naar een boekenbeurs kwamen, verwachtten stapels met boeken te zien. Marc Tarpenning, een nazaat van Gerrit Teerpenning uit Bunschoten, had weliswaar ook een stapeltje meegenomen, maar die gingen allemaal schuil achter dat beeldscherm. Er pasten tien boeken in de opslagcapaciteit van zijn Rocket.

Hij leek niet erg onder de indruk van de beperkte aandacht van de beursgangers, en daarvoor had hij een goede reden. De Rocket eBook productie was zojuist voor bijna tweehonderd miljoen dollar verkocht aan een grote uitgeverij, mensen die net als Marc begrepen hoe groot de toekomst van batterijen zou zijn.[169] En inderdaad, voordat het decennium voorbij was, was de markt voor elektronische boeken explosief gegroeid. Kindle, Apple en Kobo zijn nu wereldwijde begrippen, en het aandeel van verkochte eboeken ten opzichte van alle verkochte boeken schommelt al een tijdlang rond de twintig procent.

Overal, behalve in Afrika waar het een stuk hoger ligt, op het continent dat eeuwenlang het stiefkind van moeder natuur was. Afrika, waar homo sapiens zijn eerste stappen zette, waar het grote avontuur van de mensheid begon. En ook de grote wereldreis, want het was Afrika vanwaaruit onze voorouders begonnen te wandelen, langs de boorden van de Middellandse Zee Europa in, waar ze mooie plaatjes schilderden op rotswanden. Anderen wandelden Azië in, als eersten ontdekkend hoe groot Siberië is, daarna overstekend naar Alaska, en tenslotte de Noord- en Zuid-Amerikaanse continenten bevolkend. Ze werden niet oud, ze wandelden stap voor stap, voetje voor voetje, hooguit een paar kilometer per generatie, maar ze waren niet te stoppen. Ze waren emigranten. Uit Afrika, de bakermat van ons allemaal.

Het is het continent dat nu bij veel mensen beelden oproept van honger, armoede, burgeroorlogen en ziekte. Waar nog maar een halve eeuw geleden mensen gemiddeld dertig jaar eerder stierven dan in het westen, waar in landen als Kenia en Ghana een op de vier kinderen de leeftijd van veertien jaar niet haalde. Het is een beeld dat inmiddels bijstelling behoeft. Want hoewel mensen in Afrika nog steeds een kortere levensverwachting hebben dan elders, zijn die dertig jaren inmiddels gehalveerd. In dezelfde periode dat in Europa de levensverwachting steeg met drie procent, verbeterde het in Afrika met 65 procent.[170] En hoewel kindersterfte er nog altijd veel te hoog is, treft het niet langer een op de vier kinderen, maar een op de tien.

Dat heeft consequenties. Afrika kent geen probleem met vergrijzing zoals China, Japan en Rusland. Er worden twee keer zoveel kinderen geboren als in China, en tien keer zoveel als in Amerika. In de vijftig landen die samen sub-Sahara Afrika vormen, de landen die niet grenzen aan de Middellandse Zee, wonen meer dan een miljard mensen. Dat aantal stijgt zo snel dat Afrika binnenkort meer bewoners telt dan China en qua bevolkingsdichtheid achter India op de tweede plaats gaat komen. De Verenigde Naties verwacht dat Afrika vóór 2040 twee miljard mensen zal tellen en daarna binnen twintig jaar zal uitgroeien naar drie miljard.[171]

Afrikanen worden gezonder, ze eten beter, de vrouwen gaan vaker en langer naar school, en daardoor leven ze langer. Met kleinere gezinnen dan vroeger, maar omdat ze door de bank genomen een veel hogere leeftijd halen, groeit de bevolking toch sneller. Er is ruimte genoeg. Het continent is reusachtig, groter dan de meeste landkaarten suggereren, en aanzienlijk groter dan wij vroeger op school leerden.

West en oost Europa passen er qua oppervlakte in, samen met heel China, India en Japan, en dan blijft er evengoed ook nog genoeg ruimte over voor heel Amerika. Het heeft veel en diep rivierwater, en er is zoveel vruchtbaar land dat geschikt kan worden gemaakt voor veeteelt en land- en tuinbouw, dat er straks twee miljoen vierkante kilometer voor gras en gewas beschikbaar komen. Dat is een gebied zo groot als Engeland, Duitsland, de Benelux-landen, Frankrijk, Spanje en Italië bij elkaar.

Veel laat nog te wensen over. Toegang tot schoon en stromend water, elektra, hygiënische toiletten - het werelddeel telt meer mobiele telefoons dan wc's. Maar daarin schuilt meteen ook een van de hoofdoorzaken van Afrika's sprong naar voren. Het continent slaat stappen over. Afrikanen zijn grootgebruikers van mobiele telefoons, met een dichtheid van negentig procent van de bevolking. Het telefoontijdperk met landlijnen ging aan Afrika zo goed als voorbij, nu slaat Afrika de landlijnen over. Het is voor telefoonmaatschappijen veel voordeliger om overal mobiele telefoon torens neer te zetten dan kabels te trekken. Marc Tarpenning besefte een kwart eeuw geleden hoe groot de toekomst voor krachtige batterijen zou zijn, en nu onderstreept Afrika meer dan enig ander deel van de wereld zijn gelijk.

De meeste betalingen per telefoon vinden plaats in Afrika, voornamelijk omdat veel mensen geen klassieke bankrekening hebben. In Kenia vindt driekwart van alle geldtransacties plaats per telefoon, waardoor de hoofdstad Nairobi de bijnaam Silicon Savannah heeft gekregen.[172] De meeste telefonische consulten met artsen en apotheken: ook

Afrika.[173] Mannen en vrouwen kunnen goederen bestellen die op de plaatselijke markt niet te koop zijn. En ze kunnen boeken lezen.

Afrikaanse gezinnen buiten de grote steden hebben niet of nauwelijks toegang tot boekwinkels of bibliotheken. Maar via hun telefoon en in toenemende mate ook hun e-reader kunnen ze vrijwel elk boek te pakken krijgen dat ze willen lezen. De spreiding van informatie en de kennistoename in Afrika is sinds het begin van deze eeuw niets minder dan spectaculair. En dat allemaal bij elkaar opgeteld leidt tot de verwachting dat Afrika het continent is waar de eerstvolgende industriële revolutie plaatsvindt.[174]

Meer agro-industrie leidt tot meer vraag naar meer industriële apparatuur, producten die worden vervaardigd in meer nieuwe fabrieken. Dat brengt transportvraag met zich mee, en dus de aanleg of verbetering van infrastructuren. Sloppenwijken worden in kaart gebracht met QR-codes, waardoor reparaties sneller kunnen plaatsvinden en gezinnen eindelijk een echt adres krijgen waar ze post kunnen ontvangen.[175] Een boerenbedrijf dat niet langer alleen de lokale bevolking voedt maar daarnaast een overproductie te verkopen heeft, biedt meer werkgelegenheid voor een verwerkingsindustrie: bedrijven die fruit inblikken, bakkerijen die cakes en koekjes bakken, zuivel die in pakken en flessen naar winkels gaat.

De Hollandse zaden- en kennisexport waarnaar we eerder keken vindt mede daarom een sterk toenemende afzet in Afrika, maar doet daarnaast veel meer. De Dutch Agricultural Development and Trading Company (DADTCO) helpt boeren in Afrika om hun productie te verbeteren, met name van cassave, een wortel die een snelle verwerking behoeft en daarna geschikt wordt gemaakt voor voeding, bier en houtproducten. De boer ontvangt contante betaling, en hoeft zelf niet te investeren in oogstapparatuur. Alles is mobiel in Afrika, de telefoon, de bibliotheek, de dokter, en dus ook de wortelschiller, -wasser en -verpulveraar. De Nederlanders komen met mobiele machines langs, en komen ook weer terug zodra de volgende oogst klaar is.[176]

Er zijn mitsen en maren. Afrika is van oudsher politiek onstabiel. Ergens kan zomaar weer een dictatuur uitbreken, of een bloedige burgeroorlog, of een knokpartij tussen stammen. Wetteloosheid en anarchie raken van tijd tot tijd de helft van alle Afrikaanse landen, en daarvoor slaan mensen op de vlucht, doorgaans van het platteland naar steden. En hoewel honger in slechts een paar jaar tijds is teruggedrongen tot een nog maar een kwart van wat het was, raken voedseltekorten Afrika doorgaans het hardst. Bovendien kan als een donderslag bij heldere hemel weer ergens een epidemie de kop opsteken. Aids is een afschrikwekkend voorbeeld: 36 miljoen doden wereldwijd, maar tweederde van alle slachtoffers waren Afrikanen.

Niettemin, er is meer dan ooit hoop, en alle trends wijzen de goede kant op. Zoals overal elders in de wereld verbreidt het optimisme zich in Afrika primair via vrouwen. Beter en langer onderwijs bevrijdt hen van te jonge huwelijken en van te vroege en te frequente zwangerschappen, en als gevolg zijn zij het vaak die de motor van een nieuwe economie aanjagen. Het aantal vrouwelijke ondernemers in Afrika neemt hand over hand toe, en dat moedigt steeds meer andere vrouwen aan om een vaste baan te zoeken.

***

Facebook, LinkedIn, eBay, Google, Tesla en Intel hebben gemeen dat ze allemaal opgericht of mede-opgericht zijn door immigranten.[177] In 2020 telde Amerika 87 "unicorn" bedrijven, privé ondernemingen met een waarde van meer dan een miljard dollar. De helft daarvan, 44 ondernemingen, is bedacht en opgericht door immigranten. Ruwweg dertien procent van alle Amerikaanse ingezetenen is in het buitenland geboren, maar van alle doktoren en chirurgen is 28 procent immigrant, en dat geldt ook voor 22 procent van alle verplegend personeel.[178] Van de 86 Amerikaanse Nobelprijswinnaars sinds 2000 in de categorieën chemie, medicijnen en natuurkunde zijn 33 in een ander land geboren, bijna veertig procent. En toen president Ronald Reagan op 30 maart 1981 het slachtoffer werd van een moordaanslag, was bijna het voltallige personeel in de operatiezaal van het George Washington Hospital afkomstig uit het buitenland.[179]

Migranten zijn optimisten, altijd, sinds een mensenheugenis die teruggaat naar de wandelende homo sapiens. Ook als ze op de vlucht zijn, een tocht naar een beter land, een betere toekomst. Ze zijn bijna zonder uitzondering harde werkers. "Immigreren is puur ondernemerschap. Je laat alles achter wat je bekend is om ergens anders opnieuw te beginnen. Om succes te boeken moet je met anderen in zee gaan, je moet nieuwe vaardigheden ontwikkelen. Je moet soms improviseren. Er komt moed bij kijken," aldus Reid Hoffman over zijn collega's uit Frankrijk, Vietnam en Duitsland met wie hij LinkedIn oprichtte.[180]

Van alle migranten in de wereld bevindt 72 procent zich in de arbeidzame fase van hun leven, tegenover 58 procent van het totaal van de bevolking. De gegroeide arbeidsproductie sinds 1990 komt in Amerika voor 47 procent voor rekening van immigranten. In Europa is dat liefst 70 procent.[181] Hun belastingafdrachten stijgen royaal uit boven wat ze via sociale verzekeringen incasseren. Dit zijn data die ons geen van allen zouden moeten verbazen, want we zien de praktijk elke dag om ons heen, onverschillig waar we wonen. En ongeacht hoe vaak en hoe luid groepen zich verzetten tegen het binnen de eigen grenzen toelaten van nieuwe migrantenstromen, het verandert op de langere termijn niets aan de wetmatigheid dat waar mogelijkheden beschikbaar zijn, daar komen mogelijkheidzoekers op af. De ene keer is het vergrijzing, een andere keer is het innovatie die werk biedt aan nieuwe handen, harten en hoofden.

Het vergt inpassen, aanpassen en soms oppassen, maar nooit duurt het verzet langer dan één generatie.

22

De aanvoerdersband van Amerika

** Het optimisme van een nieuwe generatie*

Amerika is de enige natie ter wereld die bevolkt is door mensen uit alle naties ter wereld. Elke taal ter wereld wordt in Amerika ergens op enig moment hardop gesproken, op straat, in een keuken, in een ziekenhuisbed. Het land is een magneet. Amerika, fel bekritiseerd van alle kanten om haar uitwassen, staat bij verreweg de meeste niet-Amerikanen bij uitstek symbool voor vrijheid en mogelijkheden.

Dat is al zo sinds haar geboorte als onafhankelijk land in 1776. Maar vooral na de bevrijding van vier miljoen slaven aan het einde van de Burgeroorlog in 1865 zette een explosie van productiviteit en innovatie alle deuren en ramen wijdopen - de Wereldtentoonstelling van 1893 in Chicago trok bijna dertig miljoen bezoekers uit veertig landen die met open mond staarden naar de jongste revolutionaire uitingen van de techniek. En hoewel veel van de kritische noten zijn gebaseerd op harde feiten, geldt bovenal dat in Amerika de criticasters alle recht en vrijheid hebben om ze hardop te kraken.

Amerika is het land van kanjers en vreemde vogels, van zotten en briljanten. Een land van cowboys en films, van paarden en pistolen, rauwdouwers en revolvers, van ademloos en schreeuwlelijkerds. Het is een samenleving van wetten en wetshandhaving. Iedereen mag liegen, mits het geen smaad is en niet onder ede, en allemaal mogen ze vrijuit foeteren op presidenten, ex-presidenten, de FBI, het Rode Kruis en op God. Schelden en vloeken doen ze al vierhonderd jaar, behalve toen Peter Stuyvesant uit Peperga met z'n houten poot er de baas was. Als je godslasterlijk was, zette hij je op zondag eigenhandig achter de tralies.

Zonder Amerika's vrijheid heeft vrijheid geen toekomst. Zonder Amerika's openheid, innovatie en, laten we het beestje maar een feestnaam geven, bulderlach, komt optimisme wereldwijd in de knel. Dat is wellicht lastig accepteren voor wie er, al dan niet met leedvermaak, van overtuigd is geraakt dat het land aan de rand van een afgrond staat en aan een nieuwe burgeroorlog niet kan ontkomen, maar als Amerika zou mislukken, mislukt er heel veel meer.

Echter, dit is niet meer het decennium van de jaren zeventig, toen er zowat elke week ergens in Amerika een bom afging. Of van de jaren zestig waarin blanke mannen ongestraft een kerk in brand staken, ongeacht of daarbinnen jonge meisjes in witte jurkjes maar met een andere huidskleur stikten of verbrandden. De dagen toen met scherp op demonstranten tegen de oorlog in Vietnam werd geschoten, en toen de politie toekeek terwijl burgers met knuppels insloegen op vreedzame marsen van mannen en vrouwen die een kind naar een kleurenblinde school wilden kunnen sturen.

Voor een burgeroorlog waarin iedereen bereid is de buren overhoop te schieten komt meer kijken dan het krijsen van "Te wapen!" op Twitter of de *deep web*. Daaraan gaat doorgaans een langdurig en breed gedragen diep onrecht vooraf. Of een hoge werkloosheid. Amerika gaat daarentegen door een periode van bijna geen werkloosheid, er zijn meer banen dan sollicitanten. En het kent geen dieper onrecht dan wat sommige groepen van oudsher al ondergaan. Maar uit die hoek komen de burgeroorloggeluiden niet, niet uit Zwarte woonwijken, niet van vrouwen wier gezag over hun eigen lichaam hun door hun gouverneur of deelstaatparlement is ontnomen.

Amerika is een land waar mannen en vrouwen onder de veertig in de meerderheid zijn, met meer rijke vrouwen dan rijke mannen.[182] Maar ook een land waar, hoewel er meer mensen boven de zestig zijn dan Millennials, sinds corona een record aantal huwelijken wordt gesloten, meer dan ooit sinds een halve eeuw geleden.[183] Trouwen, zagen we, is een standaard uiting van optimisme, bruiloften waar ouders en bruidspaar gemiddeld meer dan dertigduizend euros voor betalen, grif. Amerika is een land waar een zo grote vraag naar personeel is dat steeds meer mensen zich afvragen hoe lang die migranten bij de Mexicaanse grens nog moeten worden tegengehouden.

Het is het land dat de aanvoerdersband draagt op een brede boulevard die leidt naar een schoongeregende nieuwe ochtend. Dat klinkt ouderwets optimistisch, nietwaar? Dat is het ook, en ik ga je laten zien waarom het terecht is.

***

Amerika lijkt ondanks de Italiaanse, Ierse en Duitse immigratiestroom rond het einde van de negentiende eeuw niet op Italië, en het lijkt evenmin op Duitsland. Niet op Ierland of op Frankrijk. Met een heleboel goede wil kan je zeggen dat het een beetje op Engeland lijkt, maar dat komt goeddeels door de taal. Echter, in dat geval lijkt het steeds vaker net zozeer op Mexico, Honduras, El Salvador en Venezuela. Migranten daarvandaan zijn nu dermate talrijk dat hun invloed op straat, in de winkels en op tv niemand kan ontgaan. Wie in Amerika Ajax live op televisie wil zien, moet het veelal doen met Spaanstalige commentatoren en een langgerekt *"Gooooolllllll!"*

Wel lijkt Amerika, vooral en allereerst, op Nederland, de natie die het land gesticht heeft, de optimistische migranten die vierhonderd jaar geleden van overzee kwamen zeilen en die Amerika's eerste infrastructuren aanlegden. Zij waren de moeder van Amerika, zoals The Ladies Home Journal hen in 1903 beschreef voor de twee miljoen abonnees van het tijdschrift.[184] Zij gaven het nieuwe land de Knickerbockers, de Roosevelts, de Rockefellers, de Vanderbilts, de Fonda's, de Brando's, de DeNiro's en de Cronkites.[185] Je kijkt verbaasd, maar laat mij een beeld voor je schetsen dat verklaart waarom juist vandaag, in deze dagen van wijdverbreide ontevredenheid, de vergelijking opgaat.

De realiteit is dat Amerika is geworden wat de Nederlandse stichters, de bouwers, de oprichters in de zeventiende eeuw voor ogen hadden. Het was geen kolonie, het was een buitenlands filiaal. De West Indische Compagnie werkte weliswaar nauw samen met de politiek in Amsterdam en Den Haag, maar het was primair een onderneming, een multinationaal bedrijf. Nieuw Nederland, aan de andere kant van de grote zee, was een bedrijfsvestiging met winstoogmerk. Een regelrecht product van wat destijds daadwerkelijk werd beleefd als een gouden eeuw van het optimisme.

Het liefst hadden de kooplieden uit die dagen gezien dat de Zeven Verenigde Provinciën hun wereldhegemonie zouden behouden. Maar als ze vandaag in levenden lijve hadden kunnen waarnemen wat er van hun filiaal aan de andere kant van de Atlantische Oceaan terecht is gekomen, dan zouden ze zeggen: aha, die zeven Verenigde Provincies zijn vijftig Verenigde Staten geworden. Niks mis mee. En bot daarop zouden ze om zich heen hebben gekeken en zich hebben afgevraagd: en, waar is de ruzie?

Want voor wie probeert te begrijpen waarom er zoveel geruzie en gedoe uit Amerika komt, biedt de vergelijking met vierhonderd jaar geleden een goede leidraad. Het land gaat door wat in Nederland destijds het Twaalfjarig Bestand was. Net als Holland in die jaren is Amerika nu ijzersterk, met kop en schouders de enige supermacht. Nederlanders hadden over land en op zee van niemand te vrezen, ze waren Spanje, Engeland en Frankrijk de baas. Er heerste nog steeds een staat van oorlog met Spanje, maar de Verenigde Provinciën waren sterk en zelfvertrouwd genoeg om Madrid een rustpauze te gunnen. Gedurende die twaalf jaren, tussen 1609 en 1621, besloten ze in plaats daarvan intern ruzie te maken.

De tijd was vreemd en wreed. Een volk dat vrijheid van godsdienst en meningsuiting had bevochten op een vreemde overheerser, ging in eigen land elkaar de maat nemen en bijbelruzies op de vierkante millimeter uitlokken. Partijen bestookten elkaar opzettelijk met *fake news* pamfletten. Meningsverschillen werden onder een microscoop uitvergroot. Onder de schijnvertoning van een kerkelijke synode werd gestreden om politieke macht. Het slot van het liedje was dat de militaire leider won, dat de politieke leider werd onthoofd, en dat de politieke ideoloog zich ternauwernood in een boekenkist het vege lijf kon redden.[186]

Nederland kon zich dat veroorloven, want van buiten de grenzen was geen gevaar te duchten. Het bestand ging tenslotte voorbij, Spanje werd definitief verslagen, en de Verenigde Provinciën was een wereldmacht. Niet voorgoed, want daarvoor was het land qua tal en oppervlak te klein, maar de prestatie was dermate indrukwekkend dat het ook vandaag nog overal ter wereld op school wordt onderwezen.

De Verenigde Staten kan zich het eigen equivalent van een Twaalfjarig Bestand eveneens moeiteloos veroorloven. De macht is onbedreigd. De Sovjet Unie bestaat niet meer, Rusland kan alleen regionaal onrust stoken en doet dat knullig en averechts, en China is een inherent instabiele natie die alleen in stand blijft door de eigen burgers onder de duim te houden. Dat lukt tot dusverre, want de naar schatting vijfhonderd verschillende protestdemonstraties die elke dag ergens in China plaatsvinden, zijn voorshands voornamelijk vreedzaam.[187]

Rusland heeft veertien buurlanden waaronder vijf NAVO-leden, zeven voor wie ook de zeegrenzen met Turkije en Alaska meerekent, en één militaire bondgenoot, Wit Rusland. China heeft negentien buurlanden waarvan er tien aanspraak maken op Chinees grondgebied. Het heeft één bondgenoot, Noord Korea, en dus oefent het meestal in z'n eentje. Tot dusverre weinig effectief - het rode team moet altijd winnen, en twintig procent van de oefentijd wordt opgeslokt door het bestuderen van de partij-ideologie. Het heeft twee vliegdekschepen, plus een afdankertje van de Oekraïense marine.

Amerika wordt begrensd door twee bevriende buurlanden en twee oceanen. Het telt 68 militaire en economische bondgenoten, heeft 572 militaire bases in 42 landen, en 20 vliegdekschepen, de acht van bondgenoten Engeland en Frankrijk niet meegerekend. Het ligt gunstig, met meer diepwateroppervlakte in alleen al de Chesapeake Bay dan langs de gehele Aziatische kust van Rusland tot aan India. Amerika heeft een infrastructuur om de vingers bij af te likken, met 23.000 kilometer aan bevaarbare binnenlandse waterwegen, meer dan de rest van de wereld bij elkaar. Dat heeft aanzienlijke gevolgen voor de bereikbaarheid van consumenten. Amerika is al anderhalve eeuw qua koopkracht 's werelds grootste consumentenmarkt, nu groter dan de volgende vijf landen bij elkaar, China incluis.[188]

De voorsprong, kortom, van Amerika op elke denkbare concurrent is te meten niet in meters maar in mijlen, niet in jaren maar in decennia. En dus, in de afwezigheid van een vijand buiten de poort, doen Amerikanen wat hun oprichters, de Hollanders, vier eeuwen geleden ook deden. In plaats van naar de horizon staren ze naar de eigen navel, ze bestoken elkaar met fake news, en ze vergroten de onderlinge verschillen zo ver uit, dat consensus en compromis in brede kringen vloekwoorden zijn geworden.

Kinderachtig.

***

Elke Amerikaan heeft het recht op het najagen van geluk, tevredenheid. Dat schreef Thomas Jefferson in de Onafhankelijkheidsverklaring, op dat geïmporteerde papier uit Nederland.[189] Maar jacht is nog geen bezit: in afwachting van de prooi kan er dus ook ontevredenheid bestaan. In de Amerikaanse geschiedenis had die vaak een goede reden: slavernij, armoede, lage lonen, vrouwen zonder stemrecht en andere soorten ongelijke behandeling, geweld op straat, stakingen, inburgeringsproblemen als gevolg van massa-immigratie, kortom, alle voor de hand liggende maatschappelijke bronnen van onrust. Daar bovenop bracht en brengt iedereen ook nog eens privé-onvrede mee: elk gezin wordt ooit met ziekte geconfronteerd, met een overlijden in de familie, of met huwelijkse ontrouw of verslavingen, geldgebrek en andere tegenspoed.

Amerikanen die ontevreden zijn, zijn dat vaak luidruchtig. Aan het einde van de negentiende eeuw telde het land 75 miljoen inwoners. Daarvan waren er binnen de laatste dertig jaar liefst 30 miljoen als immigranten Amerika binnengekomen. Driekwart van alle New Yorkers was eerste- of tweedegeneratie-immigrant. Ze kwamen niet om op een houtje te bijten, ze kwamen om te werken. Werkgelegenheid genoeg, het was de gulden tijd van de Amerikaanse industrialisatie. Maar ze spraken vaak nog geen Engels, ze hielden vast aan allochtone gewoonten, er ontstond brede onvrede over hun lonen, en om de haverklap staakten ze. Bovendien zat er nog altijd een een hoop wrok tussen Noord en Zuid. Amerika was meer een land van Verzamelde Staten dan werkelijk Verenigde Staten.

Totdat er een oorlog uitbrak, in 1898. Een kleintje maar, het duurde nog geen acht maanden. Spanje had bij Cuba een Amerikaans oorlogsschip tot zinken gebracht, zeiden de kranten, en president McKinley verklaarde Madrid de oorlog. Het was groot nieuws, net terwijl dagbladen massaal gelezen begonnen te worden. Van zowat de ene dag op de andere hadden Amerikanen een gezamenlijk doelwit om zich boos op en over te maken. Soldaten mobiliseren om in Cuba te vechten was niet moeilijk. De meeste jonge mannen waren maar al te graag bereid om het gezonken marineschip te wreken, onverlet dat later zou blijken dat de USS Maine door eigen onachtzaamheid was ontploft, en dat Spanje er niets mee te maken had gehad.[190]

Eenheid. Een buitenlandse vijand. Nog geen twee decennia later besloot Amerika tot deelname aan de eerste wereldoorlog. Meteen was het gedaan met wat er nog was overgebleven aan brede maatschappelijke uitingen van onvrede. Amerika zat voortaan overwegend op het spoor van eenheid. Met tegenstellingen en meningsverschillen, luidkeels onder woorden gebracht, maar in doorsnee was een ruime meerderheid het eens over de koers van de natie. Het werd uitgedaagd door een Depressie, nog een wereldoorlog, een heksenjacht op vermeende communisten, marsen voor burgerrechten en een oorlog in Vietnam. De meningsverschillen reikten soms diep, waren fel, en gingen gepaard met de gewelddadigheden van de jaren zestig en zeventig, en met politieke moorden. Maar Amerika is van oudsher een land van *blacksmiths*, van smeden. IJzer wordt staal als je er maar hard en lang genoeg op slaat.

Zowat honderd jaar duurde het, tot 1991. Toen viel met de implosie van de Sovjet Unie de enig overgebleven buitenlandse dreiging weg. Het leidde tot veranderingen binnen de eigen grenzen. Het niveau van het publieke debat kelderde, uitvergroot door de ineens beschikbaar komende megafoon van het internet. In de politiek werd het instrument van impeachment afgestoft. Slechts twee keer gebruikt in de eerste tweehonderd jaar van de republiek, maar sindsdien drie keer tevoorschijn gehaald, elk met geen ander resultaat dan het bevorderen van nog meer tweespalt.[191]

Amerika koos een Zwarte man als president, tweemaal. Tegenstanders reageerden met een goeddeels ongeorganiseerde beweging, een leger van ontevredenen die niet per se tegen een individu waren, maar tegen de ongekende verandering die het moment belichaamde. Ze richtten zich vooral op voorverkiezingen en probeerden, met succes, zoveel mogelijk gematigde politici uit hun functie te verdrijven. Zij deden dat, zo beweerden zij, uit liefde voor Amerika, maar hadden moeite om hun critici ervan te overtuigen dat hun voornaamste motief niet een sterke afkeer was van andere Amerikanen, van hen die de op handen zijnde transformatie van hun land omarmden.

Kwam dit uit de lucht vallen? Nee, want dezelfde Amerikaanse suprematie die de natie financieel, economisch en militair wereldkampioen had gemaakt, deed dat ook in technologisch opzicht. De Verenigde Staten loopt voorop bij de revolutie in de informatie-industrie. Zoals we eerder zagen, ervaart niet iedereen het tijdperk van internet, automatiseringen en robots als een verbetering. Niemand boven de vijftig woont nog in het land van haar of zijn jeugd. Alles verandert, veel is onbekend en onzeker, en zelfs als je je eigen bank belt, moet je eerst op één drukken voor Engels. Dat is de transformatie waaraan velen zich moeilijk kunnen aanpassen.

Ziedaar de ontevredenheid, ziedaar de afwezigheid van geluk. Wie op zoek was naar een vijand, vond 'm in eigen land, thuis, in de laptop, in de smartphone. Plenty anderen op Twitter en Facebook die je vertelden dat je gelijk had. En ze kwamen met bewijzen, kijk maar, Amerika wordt stiekem geregeerd door pedofielen, joden en verspreiders van kinderporno. *Fake news*, maar *so what*. Amerika vandaag. Waar de leugen zwaarder weegt dan een feit, en waar je oorlog begint bij de buren. Allemaal een realiteit.

En toch is al die narrigheid, al het geklaag en gezeur voorbestemd voor de schroothoop van de geschiedenis. Want het goede nieuws weegt veel zwaarder.

***

Een vuistbijl in de hand van een Neanderthaler was net zo groot als de computermuis van nu. Niet alleen het verschil in toepassing is immens, ook het verschil in productie. De vuistbijl werd spontaan gemaakt door één man, uit een steen. De muis is het resultaat van arbeid en denkwerk van duizenden, zo niet meer. Het internet, de laptop, de muis: het gevolg van een lange reeks van jaren waarin een lange reeks van mensen telkens iets bijdroegen totdat jouw computermuis hier, nu, in jouw hand, onder jouw wijsvinger, precies doet wat jij wil.

Ieder van ons weet dit, onuitgesproken. Voor alles wat we hebben en doen zijn wij allemaal afhankelijk van anderen, van elkaar. En hoe meer ieder van ons een eigen individualistisch spoor trekt, des te helderder we beseffen dat dat alleen maar kan omdat iemand anders ons brood heeft gebakken, omdat iemand anders ergens de olie heeft aangeboord waarvan het plastic van ons toetsenbord is gemaakt, de straat heeft geplaveid, onze kinderen lesgeeft, en de koffiebonen heeft geplukt waarvan Starbucks elke dag tien miljoen bekers koffie schenkt. Daarom was Thomas Jeffersons *Declaration of Independence* tegelijk ook een Declaration of *Inter*dependence. Voor dat najagen van geluk en tevredenheid zijn we afhankelijk van heel veel anderen.

Van de 330 miljoen Amerikanen zijn 170 miljoen onder de veertig. Allemaal geboren na 1980, opgegroeid met computers, internet, mobiele telefoons, en met een toegang tot informatie zoals geen enkele andere generatie voor hen. Zij hebben minder kinderen dan vroeger, hoewel de geboortecijfers sinds de pandemie voor het eerst sinds zeven jaar weer zijn gestegen, voornamelijk door een sterke toename van het aantal thuiswerkende vrouwen. Voor zover die stijging nog niet voldoende is om toekomstige vacatures in te vullen, zal immigratie vroeg of laat in de vraag voorzien. De werkende bevolking onder de komende Amerikaanse generatie gaat naar schatting met tien procent toenemen - een cruciaal verschil met landen als China, Japan en Rusland.

Ze zijn geen generatie van ontevredenen. Niet dat ze het allemaal rozengeur en maneschijn vinden, dat niet. Ze gaan de straat op, zodra er weer iemand vanwege de huidskleur tijdens een arrestatie sterft. Ze zijn bloedserieus over het milieu, en ze zijn de grote aanjagers van de consumptie van plantaardig vlees. Ze zijn meer geneigd om in elektrisch aangedreven auto's te rijden dan ouderen. Dat was voor autoverhuurder Hertz reden om, onmiddellijk nadat het in 2021 ternauwernood een faillissement had ontlopen, honderdduizend Tesla's te bestellen plus nog eens 175.000 elektrische auto's van General Motors, want Amerikanen van veertig jaar en jonger vormen verreweg de grootste sector van hun klanten.[192] Zelf kopen ze met z'n allen 17 miljoen auto's per jaar. De helft daarvan is aan het eind van dit decennium elektrisch.

En reken maar dat de leden van de jonge garde weten waar ze het over hebben. Ze mogen bedolven worden onder fake nieuws, maar ze zijn tegelijk ook niet van gisteren, de vrouwen voorop. Universiteiten en hogescholen trekken meer vrouwen dan mannen, zes van de tien afgestudeerden zijn een vrouw. Ze nemen links en rechts leidinggevende posities in, bij media, autofabrikanten, tech-bedrijven, als hoofd van de politie, als burgemeester van onder meer Boston, San Francisco, Chicago, Seattle, Atlanta, Washington en Las Vegas, en de oppercommandant van de brandweer in New York: ook een vrouw.

Voor het Witte Huis is het nog slechts een kwestie van tijd, beseft iedereen - ook al deed Edith, de tweede vrouw van president Wilson, honderd jaar geleden clandestien al een eerste succesvolle poging.

Dit zijn niet de ontevredenen die bij gebrek aan een buitenlandse vijand oorlog binnenslands willen voeren. Dit is geen stelletje radicalen. Ze zijn de Amerikanen die maar al te goed beseffen dat ze onderling afhankelijk zijn. Als hun werkgever, of een grote producent, iets flikt waarvan ze dat gezamenlijk sociaal onaanvaardbaar vinden, dan beginnen ze een boycotactie, vaak met een verbluffend snel resultaat. Ze leunen niet op de overheid, niet op een kerk, maar op familie, vrienden en collega's. Ze werken steeds vaker vanuit huis en zijn geneigd dat te blijven doen. Vanuit hun comfortabele stoel werken ze meer uren dan economen hadden voorspeld.[193] Hun werk is belangrijk voor hen, meer dan voorheen, en ze willen op hun werkgever kunnen vertrouwen.[194]

Slechts één procent van hen werkt nog in de agrarische sector, 24 procent werkt in fabrieken en maakt dingen. Zoals de Tesla, de muis, of die comfortabele bureaustoel voor de thuiswerker. De overige 75 procent verleent de diensten, de medische zorg, ontwerpt websites, staat bij de kassa, kookt of serveert in een van Amerika's zevenhonderdduizend restaurants, patrouilleert in een politieauto, blust een brand of dient vrijwillig in het allersterkste leger dat ter wereld ooit op de been is gebracht.

Zij richten geen galg op voor het Capitool. Zij zoeken niet naar een sterke man, integendeel. Ze zijn de generatie van samen. Ze gaan tegenslagen ondervinden en onverwachte problemen tegenkomen, en ze gaan bakkeleien, vaak. Maar ook gaan ze de rest van de wereld versteld doen staan, met hun aanvoerdersband van vrijheid en optimisme om de opgerolde mouw.

23

Inbreken in de jungle, uitbreken uit de cel

De mensheid is al tienduizend jaar optimistisch, niet in weerwil van een sterk vermoeden dat de wereld naar de knoppen gaat, maar integendeel dankzij een verwachting dat dat volkomen vermijdbaar is. Optimisme is niet afhankelijk van geografie, van een maatschappelijke status of van de generatie waarin je toevallig bent geboren. Rijke mensen zijn optimistisch, maar arme mensen ook. Optimisten wonen in de kou, maar ook in de tropen.

Ik landde bovenop de evenaar, in het stadje Macapá aan de monding van de Amazone. Daar hebben ze een voetbalveld aangelegd waarvan de middencirkel precies op de 0-breedtegraad ligt. Elke wedstrijd is er eentje tussen noord en zuid. Het stadion heet Zerao, Portugees voor Grote Nul, en op het pad ernaartoe staat een obelisk met een ronde opening bovenin, de grote nul. De landing daar deed me denken aan een verhaal dat al jaren de ronde doet onder piloten die ooit in Macapá zijn geland. Het gaat over een jonge piloot die 's avonds na het eten een wandeling maakte. Aan de oever van de rivier ontmoette hij een mooie Braziliaanse vrouw, een treffen dat zo hartelijk verliep dat hij de volgende ochtend besloot dat hij stapelgek op haar was.

Hij bleef een week in de stad en overtuigde zichzelf ervan dat al zijn dromen waren uitgekomen en dat hij eindelijk zijn eigen Braziliaanse jonge godin had gevonden. Hij was smoorverliefd, en toen ze vroeg of ze wat geld van hem kon lenen voor haar studiekosten, aarzelde hij niet. Hij vloog terug naar huis, maakte een bedrag over, en hoorde prompt nooit meer van haar. De piloot was erin geluisd.

Optimisme werd geboren tegelijkertijd met de uitvinding van het mes, en is zich daarom al tienduizend jaar bewust van de dualiteit daarvan. Het mes kan helpen en bezeren. Het vergt goede afspraken, wetten, en wie zich er niet aan houdt, draagt de consequenties. De jonge Braziliaanse godin was niet alleen een optimist, ze was ook een doorgewinterde realist. Ze legt elke avond haar hoofd te rusten op het midden van de aardbol waar de waarheid, net als de bal, de ene kant op kan rollen of de andere. Haar inschatting was dat ze haar truc, zo oud als de mensheid, straffeloos kon uithalen. Ze kreeg gelijk.

Wie zonder zonden is, werpe de eerste steen, maar terwijl ik in Macapá met mijn twee reismakkers zat te ontbijten, de ochtend nadat we waren gearriveerd, kwamen er twee politieagenten naar ons toe. Geheel in het zwart gekleed, met het insigne van de grenspolitie op de borst. Ze hadden ons de vorige dag van het vliegveld zien opstijgen, zeiden ze. Dat kon kloppen, wij hadden hen ook gezien, in hun Black-hawk zonder deuren. Ze zaten allebei vastgegespt in zo'n deuropening, benen naar buiten, voeten op de skids, met in hun handen een RF-15. Scherpschutters.

We waren die vorige dag na aankomst opnieuw opgestegen met aan boord 80 liter extra brandstof in vier jerrycans. Macapá zou ons laatste vliegveld in Brazilië worden, en de afstand naar de volgende luchthaven, Cayenne in Frans Guiana, was te ver om in één keer af te leggen. Daarom besloten we om zelf een tankstation te bouwen, voor onderweg. We vlogen een uur bij Macapá vandaan en landden op een open plek in de jungle van het Amazone-regenwoud. Daar zetten we de jerrycans op de grond, bedekten ze met bladeren, en in mijn hoedanigheid van navigator noteerde ik de locatie in de gps. Ik noemde het "22", twee keer twee jerrycans. Daarna stegen we weer op en vlogen terug naar Macapá. De helikopter had al met al twee uur brandstof verbruikt, dus we tankten bij en keken met een gerust hart uit naar de dag van morgen. We zouden inclusief de tussenstop op 22 genoeg brandstof beschikbaar hebben om Cayenne te halen.

Echter, wat we deden was illegaal. Op het laatste vliegveld voordat je een land verlaat, klaar je jezelf en je helikopter uit. Dat was in Chili zo geweest, in Puerto Montt toen we drie dagen achter elkaar vergeefs probeerden om de Andes te passeren, en dat was in Brazilië niet anders. Zodra je opstijgt, mag je niet weer landen tot nadat je de grens over bent. Dan val je onder de verantwoordelijkheid van het volgende land. Brandstoflimieten of niet, dat was niet Brazilië's probleem. Wij werden geacht ons aan hun wet te houden.

Daarom hebben ze een grenspolitie met Blackhawks en agenten in strakke zwarte outfits. Die doen niets anders dan een brede regen-woudzone nabij de grens te controleren op overtreders van hun wet. Lieden die kleine vliegtuigjes, snelle boten of helikopters ongezien aan land proberen te zetten, worden automatisch verondersteld zich met drugssmokkel bezig te houden. Daar maken de scherpschutters aan boord korte metten mee.

De twee agenten keken vriendelijk. Een van hen vroeg waar we vandaan kwamen, en of we tevreden waren met zo'n kleine Robin-son-44. En toen: "Hoe ver kan je daarmee vliegen?" Ai, strikvraag. Wat als we de waarheid spraken, en zij maakten snel in hun hoofd een rekensom? Anderzijds, zij wisten niet waar we vandaag naartoe zouden vliegen. Dat kon net zo goed een binnenlandse vlucht zijn. Misschien waren we wel op weg terug naar het zuiden, richting Rio de Janeiro waar we vijfduizend kilometer geleden aan een crash waren ontsnapt, met dank aan Christus de Verlosser van gewapend beton die met zijn uitgespreide armen zevenhonderd meter boven de stad zijn zegeningen staat uit te delen. Dan maakte het niet uit wat we zeiden.

We schonken de heren een brede glimlach terug, en Stephan zei: "Verder dan je zou denken." De heren lachten terug.

***

De wet overtreden is niet zelden gevoelsmatig gerelateerd aan helikopters, hoop en optimisme. Dat heeft te maken met vliegen als symbool van vrijheid, een fenomeen dat velen herkennen die weleens gedroomd hebben dat ze konden vliegen, dat ze in hun droom zweefden in de lucht. Maar het wordt vooral gewaardeerd door hen die het dag in dag uit moeten stellen zonder ook maar een schijn van vrijheid, mannen en vrouwen die inderdaad de wet hebben overtreden en in de gevangenis zitten opgesloten.

De gemeente Jessup in Maryland heeft twee *maximum security* gevangenissen, een voor mannen, de ander voor vrouwen. Sommigen hebben vreselijke dingen uitgespookt, anderen hebben zich herhaaldelijk schuldig gemaakt aan drugshandel. Van elke tien gevangenen kunnen er gemiddeld maar twee fatsoenlijk lezen en schrijven. De rest is functioneel analfabeet. Dat is een van de redenen waarom ze op het verkeerde pad belanden, want het valt niet mee om een ordentelijke baan te krijgen en te behouden als je niet kunt lezen wat er op borden, dozen en formulieren staat. Misdaad is dan eenvoudiger toegankelijk, en het betaalt doorgaans beter ook.

In gevangenissen fantaseren ze over helikopters. Vooral in streng bewaakte inrichtingen waar ze nog in geen lengte van jaren zicht hebben op vrijlating. Voor wie opgesloten zit, zijn alle deuren hermetisch gesloten, en ook al zou iemand erin slagen om die barrière te slechten, dan nog zijn de drie rijen muren en hekken erna onneembaar. Gevangenissen maken geen gebruik meer van rollen prikkeldraad. Die zijn vervangen door *razor wire*, scheermesdraad. Uitbraken vinden vrijwel nooit meer plaats, niet zonder hulp van buitenaf. Vandaar de fantasie over helikopters. Een enkele keer gebeurt dat. Dan verschijnt er ineens een helikopter boven de luchtplaats die zich laat zakken, en dan wordt de ontsnapper ingeladen.

Het biedt evenwel geen garantie voor vrijheid. Er zijn wereldwijd ongeveer vijftig van zulke pogingen gedaan, en in verreweg de meeste gevallen werd de voortvluchtige snel weer ingerekend. Immers, anders dan een vluchtauto van een onopvallend merk valt een helikopter onmiddellijk op zodra die ergens landt om de bajesklant te laten wegrennen. Bovendien is de piloot zelf vrijwel altijd slachtoffer van een kaping - de trawanten van de gevangene dwingen hem of haar met een pistool in de nek om naar de gevangenis te vliegen, en niet naar de onschuldige bestemming die ze aanvankelijk hadden opgegeven. Na de verwijdering van het pistool uit z'n nek bestelt de piloot via de boorddradio onmiddellijk de politie. Soms houdt hij het knopje van de radio ingedrukt terwijl hij onderweg met de kapers argumenteert, zonder dat ze beseffen dat ie dat doet. Dan luistert de luchtverkeersleiding mee, en dan wacht de politie hen op.

Frankrijk, het land van Alexandre Dumas en z'n meester-ontsnapper van Monte Cristo, is wereldkampioen ontsnappingspogingen per helikopter, elf keer tussen 1981 en 2018. Daarom is het niet verbazend dat de wereldrecordhouder-uitbreker ook een Fransman is, Pascal Payet, in de nor voor de moord op de chauffeur van een geldauto. Payet ontsnapte tweemaal zelf per helikopter, en een derde keer dirigeerde hij er eentje naar de inrichting waaruit hij aanvankelijk brak, om een stel celgenoten ook te laten ontsnappen. Elke keer werd hij weer ingerekend, daarmee onderstrepend dat succes niet onmogelijk is, maar wel onwaarschijnlijk.

Dat schrok Nadine Vaujour niet af. Zij was de vrouw van een bankrover. De dag nadat Michel Vaujour in Parijs was gearresteerd begon ze even buiten de stad helikopterlessen te nemen. De leskosten betaalde ze contant, en de vliegschool wist niet beter dan dat ze Lena Rigot heette. Nadine, die tussen de bedrijven door ook haar twee dochtertjes opvoedde, slaagde voor haar solo-test, en op 26 mei 1986 vloog ze laag over Parijs naar de zwaarbewaakte Prison De La Sainté gevangenis. De luchtverkeersleiding zag haar op de radar, en sommeerde haar om de binnenstad te vermijden, maar Nadine gaf geen sjoege. Ze hield stil boven het dak van de gevangenis, de enige plek die niet door cipiers werd bewaakt. Ze liet een touw zakken en Michel klom aan boord. Nadine vloog naar een sportveld, en daar lieten ze samen de helikopter achter.[195]

Einde verhaal? Nee. Na drie maanden werden ze allebei door de politie opgewacht toen ze in Parijs op het punt stonden om een eigen café te openen. Michel verzette zich en kreeg een kogel in zijn hoofd, Nadine gaf zich over. Zij ging een paar jaar achter de tralies, en Michel ging zeventien jaar voor schut, waarvan de meeste tijd in eenzame opsluiting. Na zijn vrijlating en wonderbaarlijke herstel schreef hij een boek, "Liefde redde me van de ondergang". Dat sloeg evenwel niet op Nadine die alles had geriskeerd om haar *amour* buiten de gevangenismuren te houden. Michel scheidde in de gevangenis van haar, en hertrouwde met zijn advocate.[196]

***

In Jessup ging ik naar de gevangenis. Dat deed ik samen met Alice die tijdens mijn expeditie ook vlieglessen had genomen. Ze deed examen en haalde haar brevet. Ze kreeg tijdens haar instructie te horen dat er maar weinig vrouwelijke piloten zijn die zowel helikopters en vliegtuigen kunnen vliegen, slechts tweehonderdvijftig, en dat spoorde haar aan om ook dat tweede brevet in de wacht te slepen: tweehonderdeenenvijftig.

Samen vlogen we naar een vliegveldje in de buurt van Jessup, en we meldden ons bij de ingang van de vrouwengevangenis. Daar werden we verwacht, want de directie was blij dat we een zaal vol gedetineerden kwamen toespreken. Een Amerikaanse gevangenis lijkt vanbinnen vrij nauwkeurig op zoals de meeste mensen het van tv-series kennen, overvol, chaotisch, luid, en het absolute tegendeel van het luxueuze hotel dat buitenstaanders soms schilderen. Slaapzalen met stapelbedden, iedereen in dezelfde grauwe shirts en broeken, en een totaal gebrek aan privacy. In zwaarbewaakte inrichtingen zijn er geen zalen met televisie en frisdrankautomaten. Elke dag is er gelijk aan de vorige en de volgende, net zo grauw als de plunje.

Matteüs van Galilea, de belastinginner die zijn baan opgaf terwille van een ongewis bestaan als tournee-assistent van een fenomeen uit Nazareth, was de man van "maak u geen zorgen voor de dag van morgen." Maar hij zei meer dan alleen dat. Hij had het ook over het voeden van mensen die honger hebben, het laven van dorstigen en het kleden van naakten. En hij voegde eraan toe: bezoek zo nu en dan een gevangene.[197] Dat deden we. We kwamen met hen praten over uitzicht als het uitzichtloos lijkt. Grappen maken over helikopters en zeggen dat we geen toestemming kregen om op de luchtplaats te landen. De vrouwen zien lachen. Even één uurtje anders laten zijn dan alle andere uren binnen die vier muren.

Alice die dan zegt dat er op enig moment in de toekomst aan de andere kant van de muur kansen liggen. Dat zijzelf als dochter van een loodgieter nooit had gedacht eens boven de bomen en de daken te zullen uitstijgen. Grote ogen in de zaal. De speld die je kan horen vallen. En dan, aan het eind, iedereen even een big hug. Wat in de bezoekerszaal niet mag, aanraken, mag wel als wij over opstijgen naar een nieuwe horizon komen praten. Omhelzen, bemoedigen, luisteren als ze zeggen dat ze hun kinderen missen. Dat ze hopen dat hun eigen dochters andere keuzen zullen maken.

Waarvoor zit je hier, vraag ik aan Jane wier naam ik schrijf in het boek dat ik haar cadeau geef, ook al is de kans groot dat ze het nooit zal kunnen lezen. Drugs, antwoordt ze, beroving met geweld. Pistool?

Nee, zegt ze. Een mes.

***

"Verder dan je zou denken." De grenspolitieagenten in Macapá namen er genoegen mee en gingen er bovendien mee akkoord dat Sigurveig een groepsfoto schoot. Wij maakten ons daarna snel uit de voeten, op naar het vliegveld waar we ons uitklaarden en een exit-stempel in de paspoorten kregen. Een uur later stonden we midden in de jungle aan de grond, op "22". De twee keer twee jerrycans stonden onder de bladeren op ons te wachten, en hoewel de verkeerscontrole in

Macapá op de radar kon zien dat we ergens in het regenwoud gestopt waren, verscheen er nergens een Blackhawk boven de bomen. We tankten bij, stegen weer op, en na twee uur landden we veilig in Frans Guiana. Daar hebben alle auto's een Frans nummerbord, je betaalt er met euros, en je snapt meteen waarom het vroeger één grote Franse gevangenis was.

Dit is de plek waar Frankrijk, eeuwenlang berucht om zijn barbaarse gevangenispraktijken, vroeger zijn zwaarstgestrafte gevangenen naartoe bracht. Snoeiheet, desolaat en ver van thuis. Wie hier kwam, werd hier geacht dood te gaan. Dan werd je twee aan twee aan elkaar geketend en in de haven van Cayenne op houten bootjes gezet. Daar bleef je op water en brood, in de tropische hitte, totdat het hout onder je voeten wegrotte en je verdronk, samen. De minst overleefbare plek was een eiland tegenover Cayenne, Devil's Island. De Franse regering stuurde er een keer vijftien prostituees naartoe, in een vlaag van rehabilitatiepoging. Gehoopt werd dat de vrouwen de zware jongens zouden overhalen om een regulier leven te leiden en samen een gezin te stichten. Er werden geen kinderen geboren. Wel liep zowat de hele eilandbevolking syfilis op.[198]

Maar zelfs onder al die hopeloze omstandigheden gaven sommigen de hoop niet op. Soms lukte een uitbraakpoging en dan bereikte het nieuws Frankrijk, samen met de gevluchte gevangene die daarna meestal op het Franse vasteland weer werd gearresteerd, want alleen al de tocht tussen het eiland en Frankrijk zelf werd de vluchter aangerekend als een misdaad. Maar een enkele keer lukte het helemaal, en zo ontstond in Frankrijk een traditie van spectaculaire ontsnappingen. Want wat vorige keer misging, is volgende keer wellicht vermijdbaar. Zo wint hoop het van de ervaring, ook achter de tralies.

24

Als het tenslotte echt fout gaat

***Epiloog**

In de zomer van 2007 overbrugde de helikopter een afstand van 61.000 kilometer. Dat laat zich vertalen in 97 dagen, 316 vlieguren, 175 landingen, 30 dagen aan de grond, 67 dagen in de lucht, 18.000 liter brandstof, waaronder 12 keer benzine halen bij een benzinestation langs de weg in 8 landen, en 5 keer bijvullen uit benzinevaten die we tevoren op landingstrips in Canada en Alaska hadden laten bezorgen, 20 landen, 29 grensoverschrijdingen, en overnachtingen in 73 verschillende hotelbedden. We vestigden twee records: we waren de eersten die met een helikopter de afstand aflegden van Barrow in Alaska naar Ushuaia in Argentinië, en ook de eersten die het gehele Zuid Amerikaanse continent omcirkelden. Bij mijn beste weten is het record sindsdien niet verbeterd, en een beste weten is alles wat ik heb, want de meeste luchtvaartrecords worden niet bijgehouden door Guinness World Records.

Riskant? Je bent wat je riskeert, zei econome Michelle Wucker over Annie Edson die als eerste over de Niagara waterval omlaag dook. Ik wikte en woog en kwam tot de conclusie dat zo'n superlange helikoptervlucht niet meer risico's opleverde dan een uur in de auto op de weg. Elke dag rijden er 1,2 miljard auto's op verkeerswegen wereldwijd.[199] Niemand aarzelt zich daartussen te voegen. Mijn schatting bleek realistisch. Op enkele uitzonderingen na waren de taxiritten van en naar vliegvelden steevast de meest riskante trajecten, vooral in landen als Mexico, Peru en Guyana.

Er waren momenten van spanning. Het oversteken van de Darien Gap tussen Panama en Colombia was riskant omdat eventuele nood-landingen door de aard van het terrein zo goed als onmogelijk waren. Colombia zelf was destijds een hoog-risico gebied, met guerrilla-eenheden en elkaar bestrijdende drugskartels op de grond in dichte jungles. De verkeerstoren in de stad Cali adviseerde een kruishoogte van vijfduizend voet boven wat in het zuidwesten van het land bek-end stond als *Murder Alley*, want dat hield ons buiten schootsbereik, beweerden ze. Maar die dag hing het wolkendek op vierduizend voet. Dat hield de bloeddruk hoog.

Toen we zeven weken later, op de terugreis, in Colombia terug-keerden, nu vanuit het zuidoosten, landden we in Montería, ground zero van wat daar toen nog *Kidnap Alley* heette. De bedoeling was bijtanken en dan rap op weg naar het veilige Panama City, maar er hing een onweersbui rond de grens, dus we hadden geen andere keus dan in Montería te overnachten. Naast ons parkeerde een klein vlieg-tuigje zonder identificatiekenmerken. De piloot vloog voor Brinks, de geldtransporteur. Hun gepantserde trucks reden niet door het land. Geld en goud werden gevlogen, zonder een vluchtplan te registreren. In Montería die avond, nacht en vroege ochtend waagde niemand zich op straat. Het centrum bleef uitgestorven.

Maar niets van dit alles kwam als een verrassing, het waren geen feiten die ons overvielen. In de risico-afweging die we tevoren maak-ten, wisten we dat dit de potentiële trouble spots waren, de knelpun-ten. Elke dag bewogen mensen zich voort door diezelfde streken, en in verreweg de meeste gevallen leverde dat geen enkel probleem op. Het enige verschil met ons was dat we in een witte helikopter relatief laag over opstandig terrein vlogen, in een transportmiddel dat guerrillastrijders en cocaïnefabrikanten op de grond waarschijnlijk zouden beschouwen als toebehorend aan de politie.

We dachten erover na, in de wetenschap dat veiligheidsgaranties niet bestaan, en besloten dat de uitdaging groter was dan de onzekerheid. Het finale besluit lag bij de eigenaar van de helikopter, en dat was ik. Ik voelde geen aarzeling. Want op een gegeven moment heb je niets anders meer dan een solide geloof, een vertrouwen dat het gaat lukken, dat het goed gaat komen. Niet zeker weten, en toch, dat is optimisme.

***

Weet je nog, dat van die ratelpopulieren aan het begin van dit boek? De theorie die beweert dat alle gebeurtenissen onvermijdelijk uit elkaar voortvloeien, zoals een kolonie espenbomen allemaal uit een en hetzelfde wortelsysteem tevoorschijn komen. De vrouw van president Woodrow Wilson ging dood, het was oorlog, hij treurde niet lang want hij liep in de armen van een jonge weduwe die hem tot Gods plaatsbekleder op aarde benoemde, en voordat iedereen het goed en wel besefte leidde dat tot de volgende oorlog. Onontkoombaar, althans voor wie in de theorie gelooft.

Nog een keertje tegen het licht houden, die metafoor.

Op 20 juli 2009 onweerde het 's ochtends in South Carolina. Ik woonde daar met Alice in een huis aan een landingstrip. Amerika telt meer dan zeshonderd airparks, gemeenschappen van piloten met een eigen vliegtuigje die samen een landingsbaan delen. Het is een genoegelijke manier van wonen, met buren die allemaal dezelfde hobby hebben. John Travolta woont in zo'n airpark. In het onze waren wij de enigen met een helikopter.

Ik moest die dag naar mijn kantoor in Maryland. We konden kiezen: negen uur per auto of vier uur met de helikopter. Als we wilden vliegen, dan moesten we haast maken, want de onweersbui kwam eraan. We besloten tot de haast. In een huis aan een landingsbaan heb je geen garage, maar een hangar. We duwden de helikopter eruit, laadden Chopper de hond achterin, en stegen op, net voor de bui uit. Vier uur later waren we in Maryland. Het was precies twee jaar nadat wij op een haar na de zestien kabels tussen de twee pieken van de Suikerbroodberg in Rio de Janeiro hadden gemist.

Ik kreeg een telefoontje van de vliegschool, de plek waar ik een paar jaar eerder piloten had horen zweren dat ze "voor geen goud" mijn reis zouden maken. De directeur was vader van een moeilijk opvoedbare jongen en samen hadden we een stichting opgericht die fondsen wierf zodat zulke jongeren professionele hulp en begeleiding konden krijgen. We noemden het *Helicopter Explorers for Life Partnerships*, afgekort HELP. Hij vroeg of ze mijn helikopter konden lenen.

De stichting had een middag georganiseerd op een ander vliegveld verderop, aan de andere kant van de heuvels. Daar konden bezoekers tegen betaling een rondvlucht maken, en de opbrengst ging naar het goede doel. De helikopter die ze normaal gesproken gebruikten had ergens een harde landing gemaakt en onderging reparaties. Ik zei ja. Er waren twee piloten aan boord, allebei zelf vlieginstructeurs, allebei prima vakmannen.

Aan het einde van de middag van de rondvluchtjes en het goede doel begon het in de heuvels te regenen en te bliksemen. De piloten en de delegatie van de stichting bleven aan de grond en wachtten tot de bui overwaaide. Ze belden naar de vliegschool om te zeggen dat het laat zou worden. Iemand bood aan om hen met de auto te komen halen, dan konden ze de helikopter daar achterlaten en de volgende dag alsnog oppikken. Dat aanbod sloegen ze af.

Om kwart over tien 's avonds waagden ze het erop. Ze stegen op, kwamen bij de heuvels in laaghangende bewolking terecht, daalden tot laag boven een snelweg om zich te kunnen oriënteren, en vlogen tegen een hoogspanningskabel. De helikopter crashte, vloog in brand en werd volledig vernietigd. In huizen en gebouwen in de wijde omtrek viel de stroom uit. Alle vier inzittenden verloren het leven.[200]

*****

Dit was de helikopter die in feite de echte recordhouder was, die het zware werk had gedaan en die zich had grootgehouden in alle omstandigheden waarop wij haar hadden losgelaten. Nu, twintig kilometer van huis, overkwam haar alsnog wat wij twee jaar en 27.000 kilometer geleden op het nippertje hadden voorkomen. Kranten begonnen te bellen, radio, televisie, journalisten klopten op de voordeur. In de eerste vierentwintig uur verschenen er volgens Google News wereldwijd meer dan twaalfhonderd nieuwsberichten over de crash, elk aangetrokken door de magneet van het slechte nieuws.

Elke dag vliegen ... allemaal landen ze veilig ... geen woord daarover ...totdat er een keer eentje uit de lucht valt.

Ratelpopulieren: wat als ik in South Carolina had besloten om de auto te nemen en de helikopter gewoon in de hangar achter te laten? Dan had ik haar niet in Maryland voor het goede doel in gebruik kunnen geven en dan waren de vier doden nog in leven. Dan waren er niet vier gezinnen in rouw gedompeld, en dan had het leven van al die kinderen die ik op vier begrafenissen afscheid van twee vaders en een moeder zag nemen, een heel andere loop genomen.

Was dat allemaal het onvermijdelijke, onontkoombare gevolg van één besluit? Nee, want ik had kunnen weigeren om de helikopter voor het charitatieve doel te laten gebruiken. De piloot had het aanbod om zichzelf en zijn drie mede-inzittenden te laten komen halen kunnen accepteren. Hij had kunnen besluiten om die avond niet op te stijgen. Hij had bij het zien van de wolken in de heuvels meteen kunnen omdraaien. Hij had bij het zien van de snelweg er subiet op kunnen parkeren en de overlast voor het verkeer voor lief kunnen nemen. Niets was onvermijdelijk, alles was te voorkomen.

Maar shit happens, het gebeurde toch. De National Transportation Safety Board (NTSB) deed een diepgaand onderzoek en concludeerde na een jaar: fout van de piloot.[201] Het rapporteerde de bevindingen, en maakte ze beschikbaar voor alle piloten in de hele wereld. Ergens, wie weet waar, werd daardoor een soortgelijk ongeluk voorkomen, al was het maar omdat een of twee, of tien, piloten besloten om toch maar niet op te stijgen, want het weer, de lucht, de wolken zien er niet goed uit. Immers, weet je nog, die keer in Maryland? Die vent kreeg een gratis lift aangeboden zodat ie evengoed thuis kon slapen, en had hij dat maar gedaan.

De vlucht vanuit South Carolina, die ochtend met de hond achterin, voor het onweer uit, was mijn laatste. Ik heb sindsdien niet meer in een helikopter gezeten, nooit meer. Aanvankelijk omdat tijdens de nasleep van een dodelijk helikopterongeluk verzekeringsmaatschappijen en hun advocaten onderling met elkaar knokken, jarenlang, uitvechtend of de eigenaar van het ramptoestel wel of niet aansprakelijk was. Maar toen die stofwolken eenmaal waren gaan liggen, lag er bovendien een eenvoudige conclusie: wat was bereikt, ging ik niet meer overtreffen. Mijn luchtvaarttaak zat erop. Het had geen zin te proberen te herhalen wat met succes al was gedaan en voltooid. En zo komt het dat de reservesleutels van de helikopter aan de arm van crucifix-Jezus hangen, aan de wand tegenover mijn bureau. Voorgoed. De originele sleutels gingen verloren in de crash.

Soms komt er een moment dat je voelt en weet, niet forceren, niet dichter bij de zon willen vliegen, dit is mijn grens. De volgende stap moet ik aan anderen overlaten. En dat is realisme.

Alhoewel, wat zei die hoofdredacteur van dat woordenboek, John Simpson, ook alweer? "Je moet nooit opgeven." Wie weet, misschien.

De toekomst is nog jong.

*****

25

Noten en bronnen

1. ^ http://www.rehabchicago.org/the-human-brain/
2. ^ Psalm 103:8. Zie hoofdstuk 20 voor een gedetailleerde berekening van de menselijke onuitroeibaarheid.
3. ^ CBC radio, *The inventor of the Rubik's Cube took this long to first solve it*, 13 maart 2021.
4. ^ David Kind, *How Lego patents helped build a toy empire, brick by brick*, Smithsonian Magazine, 7 februari 2019, ook: Mauro Guillén, *2030, How Today's Biggest Trends Will Collide and Reshape the Future of Everything*, p228.
5. ^ Herman Melville, de schrijver van *Moby Dick* en een zoon van de Groningse Marie Gansevoort, maakte al in 1851 in zijn boek melding van wat blijkbaar een prototype was van het Zwitserse legerzakmes. Melville had tien jaar eerder een bezoek gebracht aan Zwitserland.
6. ^ Het was niet mijn eerste wereldrecord. In 2004 had ik een groepsevenement georganiseerd in een winkelcentrum, voor schrijvers die er hun boeken kwamen signeren. Er namen 153 auteurs aan deel, een record, en dat leverde ons een oorkonde op van Guinness World Records. Voor de recordpoging per helikopter benaderde ik Guinness opnieuw. Ze antwoordden dat ze

op een paar uitzonderingen na geen luchtvaartrecords bijhielden, want die waren niet onafhankelijk te verifiëren. Dat was niet onlogisch. Sam Yu, *Authors have write stuff for record*, Frederick News Post, 1 maart 2004.

7. ˆ Barrow heeft tegenwoordig officieel een andere naam, Utqiagvik. De landtong buiten het dorp heet nog steeds Point Barrow.

8. ˆ Jan Willem Schulte Nordholt, *Woodrow Wilson, Een leven voor wereldvrede*, p59.

9. ˆ Historicus-jurist James Robenalt beschrijft een veelvoud van reactie-voorvallen zoals die rond het overlijden van Woodrow Wilsons eerste vrouw en de gevolgen voor twee wereldoorlogen in *January 1973, Watergate, Roe vs Wade, Vietnam and the Month That Changed America Forever*.

10. ˆ Unilever huurde Gils diensten in en maakte reclamespots van zijn werk, voor een van de huidverzorgingsproducten van het concern. Ze zijn inmiddels op YouTube tientallen miljoenen keren bekeken.

11. ˆ Melanie Tannenbaum, *Optimism in Seniors Predicts Fewer Chronic Illnesses, Better Overall Health*, Scientific American, 29 sept. 2015, ook: Galadriel Watson, *Why some people are more optimistic than others — and why it matters*, Washington Post, 17 aug. 2020.

12. ˆ Robert Plomin, Michael Scheier, C.S. Bergeman, N.L. Pedersen, J.R. Nesselroade en G.E McClearn, *Optimism, pessimism and mental health: A twin/adoption analysis*, ScienceDirect: Personality and Individual Differences, Volume 13, Issue 8, Augustus 1992, pp921-930.

13. ˆ Daniel Kahneman, *Thinking Fast and Slow*, p256.

14. ˆ Mijn expeditiematen waren fotograaf Sigurveig Palmadottir en piloot Stephan Goldberg. Mijn eigen taak was die van navigator.

15. ˆ Bay City Times Press, 12 okt 1901.

16. ˆ The Boston Globe, ongedateerd, laatste week oktober 1901.

17. ˆ Michelle Wucker, *You Are What You Risk,* p1-4.

18. ˆ Het gebeurde op 5 oktober 2020 in een filiaal van de Hannaford supermarktketen in Saco, Maine. De dader was ontslagen bij een pizzafabrikant die voorverpakt deeg leverde aan de supermarkt. Camerabeelden toonden dat hij in een koelvak een pak openmaakte, er iets in stopte, en de winkel verliet zonder iets te kopen. Het deeg werd verkocht, er vielen geen slachtoffers, maar Hannaford leed een kwart miljoen dollar verlies aan geretourneerde pakken pizzadeeg. De dader bekende schuld en kreeg een gevangenisstraf van vijf jaar. Neil Vigdor, *Man Who Planted Razor Blades in Pizza Dough Gets 5 Years in Prison,* New York Times, 2 dec 2021.

19. ˆ Rapport van United States Centers for Disease Control and Prevention, 19 jan 2018.

20. ˆ John Simpson, *The Word Detective,* p192.

21. ˆ Jonathan Gottschall, *The Storytelling Animal, How Stories Make Us Human,* p42.

22. ˆ Ibid, p34. Gottschall citeert uit een onderzoek naar 360 verhaaltjes die spelende kinderen elkaar vertelden. Ze gingen over moeders en baby's, monsters en helden, ruimteschepen en eenhoorns, maar de rode draad was telkens: onraad, narigheid.

23. ˆ Ibid.

24. ˆ Gottschall, p27.

25. ˆ Cijfers van Centraal Bureau voor de Statistiek.

26. ˆ Patricia Cohen: *Next big thing: knowing they know that you know,* New York Times, 31 maart 2010.

27. ˆ Max Roser, *Humans destroyed forests for thousands of years – we can become the first generation that achieves a world in which forests expand,* Our World in Data, Oxford University, 20 april 2022.

28. ˆ Specifiek: demografen van het non-profit Population Reference Bureau in Washington en van de Verenigde Naties.

29. ˆ Er is een onderzoeker die op basis van een skeletvondst in Marokko vermoedt dat we ook driehonderdduizend jaar oud

zouden kunnen zijn, maar voor het aantal mensen op aarde maakt dat niet veel uit. In die extra honderdduizend jaar zou de soort meermalen bijna uitgestorven zijn geweest vanwege een te gering aantal geboorten. Ewen Callaway, *Oldest Homo sapiens fossil claim rewrites our species' history*, Nature, 7 juni 2017.

30. ^ Toshiko Kaneda en Carl Haub, *How many People Have Ever Lived on Earth*, Population Reference Bureau, 18 Mei 2021.

31. ^ Oliver Burkeman, *Four Thousand Weeks, Time Management for Mortals*, loc. 57.

32. ^ Bee Wilson, *Consider the Fork, A History of How We Cook*, loc. 285.

33. ^ Wilson, loc 290.

34. ^ *Excavations reveal daily life of 10,000 years ago*, Hürriyet, 20 sept 2012.

35. ^ Michael Schellenberger, Apocalypse Never, Why Environmental Alarmism Hurts Us All, p133, ook: *Fire and the Brain, How Cooking Shaped Humans*, American Museum of National History.

36. ^ Linda Jaivin, *Origins*, p10.

37. ^ Wilson, p43.

38. ^ De enige functie van de vork tot dan toe was het vastprikken van voedsel op het bord terwijl het gesneden werd. De echtgenote van doge Domenico Selvo van Venetië bracht zo'n vork tevens naar haar mond, tot afschuw van kardinaal Petrus Damiani van Ostia, die er duizend jaar geleden over schreef. Hij voorspelde dat haar lichaam "volledig zal wegrotten." Margaret Visser, *Rituals of Dinner, The Origins, Evolution, Eccentricities, and Meaning of Table Manners*, p189.

39. ^ Visser, p186.

40. ^ De schutter was Gavrilo Prinzip. Vanwege zijn leeftijd, negentien jaar, ontliep hij de doodstraf. Hij overleed in de gevangenis voor het einde van de oorlog, vermoedelijk aan tbc. Meer over hem verderop.

41. ˆ Thomas Fleming, *Napoleon's Invasion of North America*, in: *The Collected What If, Eminent Historians Imagine What Might Have Been*, pp534-551.

42. ˆ Larry Zuckerman, *Potato, How the Humble Spud Rescued the Western World*, p192. Het precieze aantal doden in Ierland ten gevolge van de hongersnood is nooit vastgesteld. Eén miljoen doden in Ierland zelf is een algemeen aanvaard cijfer, maar er vertrokken ook meer dan een miljoen Ieren halsoverkop zodra de honger uitbrak. Onder hen viel een onbekend aantal slachtoffers. Vóór de aardappelziekte van 1845 woonden er 8 miljoen mensen in Ierland. In de zes decennia na de *Great Famine* emigreerden 5 miljoen Ieren. Tegen de tijd dat de eerste wereldoorlog uitbrak, was de Ierse bevolking ten opzichte van midden-negentiende eeuw gehalveerd.

43. ˆ William Bernstein, *Masters of the Word, How Media Shaped History from the Alphabet to the Internet*, p14.

44. ˆ In mijn biografie van Warren Harding, *De verliefde president* (Balans, Amsterdam 2021), beschrijf ik gedetailleerd hoe populair Harding als senator in 1916 al was. Hij was van huis uit journalist, hoofdredacteur van een regionaal dagblad in Ohio, met een gratis treinabonnement voor 8000 kilometers per jaar. In heel Amerika kenden kiezers hem. Toen hij in 1920 zich alsnog kandideerde, kwam zijn tegenkandidaat ook uit Ohio. Niettemin versloeg Harding hem met een half miljoen meer stemmen. In 1916 won Wilson op het nippertje, nadat hij met een paar stemmen verschil de staat Ohio op zijn naam had gebracht. Harding zou hem in dat jaar in zijn eigen thuisstaat royaal hebben verslagen. In dat geval zou hij, en niet Woodrow Wilson, hebben bepaald hoe de Vrede van Versailles er in 1919 had uitgezien.

45. ˆ De begrote bouwprijs van de Maginotlinie was 3 miljard Franse francs. De kosten liepen volledig uit de hand en werden ruwweg twee keer zo hoog. Het eurobedrag is vertaald naar de huidige geldwaarde.

46. ˆ In 1879 slaagde de Zweedse ontdekkingsreiziger Adolf Erik Nordenskiöld erin langs de hele Europees-Aziatische kustlijn te varen en de Beringstraat tussen Siberië en Alaska te bereiken, maar pas nadat zijn schip de hele winter vastgevroren was geweest.

47. ˆ Tim Harford, *The Data Detective*, p21.

48. ˆ Han van Meegeren toonde zich in werkelijkheid een bewonderaar van de nazi's. In 1942 kwam er een boek van hem uit met schetsen, *Teekeningen 1*. Een exemplaar daarvan werd na de oorlog aangetroffen in de ruïnes van Adolf Hitlers kanselarij, gesigneerd door Van Meegeren: *"Den geliebten Führer in dankbarer Anerkennung gewidmet von H. van Meegeren, Laren, Noord Holland 1942"*. Het Parool, 17 juni 1945.

49. ˆ Maar niet in Hollywood. Daar ging in 2019 de film *The Last Vermeer* in première, over Van Meegerens bedrog waar Abraham Bredius intuinde. Het gebeurde tijdens de corona-epidemie en de film werd na een paar weken tijdelijk uit roulatie gehaald. Sindsdien kent het een succesvol tweede leven via televisie en internet.

50. ˆ Harford, p33.

51. ˆ David Rooney, *About Time, A History of Civilization in Twelve Clocks*, p11.

52. ˆ William Bernstein, *Birth of Plenty, How the Prosperity of the Modern World Was Created*, pp3 en 385.

53. ˆ Het oudste voorbeeld gaat terug naar 3500 jaar geleden toen iemand in Mesopotamië het ontstaansverhaal van de lokale Gilgamesj-mythologie op een kleitablet uitschreef.

54. ˆ Howard Reid and Justin Pollard, *Rise and Fall of Alexandria*, p89.

55. ˆ Nate Silver, *The Signal and the Noise*, p2.

56. ˆ Tom Standage, *The Victorian Internet*, pp2, 23 en 27.

57. ˆ Standage, pp8-9.

58. ˆ Standage, p40.

59. ^ Claude Chappe ligt begraven op Père Lachaise in Parijs. Op zijn grafmonument staat een mini-uitvoering van zijn semafoor.

60. ^ Eric Gastfriend, *90% of all the Scientists who Ever Lived are Alive Today*, www.ericgastfriend.com.

61. ^ Steven Pinker, *The Better Angels of Our Nature, Why Violence Has Declined*, p28.

62. ^ John Koehler, *Stasi*, pp141-148.

63. ^ Ammon Shea, *The Phone Book, The Curious History of the Book That Everyone Uses But No One Reads*, p7.

64. ^ Shea, p16.

65. ^ Brad Stone, *The Everything Store: Jeff Bezos And The Age Of Amazon*, Hoofdstuk 2. Stone haalt Jeff Bezos aan die in 1994 over de Amazone zei: 'Het is niet alleen de grootste rivier ter wereld, het is ook vele malen groter dan de één na grootste rivier ter wereld. Het plaatst alle andere rivieren in de schaduw.' Dat klopt wat betreft de totale hoeveelheid water die erdoor stroomt. De Amazone vervoert meer water dan de zeven grootste rivieren erna bij elkaar opgeteld.

66. ^ De domeinnaam bestaat nog steeds. Wie erop klinkt, belandt op de website van Amazon.

67. ^ Er zijn uitzonderingen op de regel: de Vietnam Helicopter Pilots Association (VHPA) schat dat tijdens de oorlog in Vietnam tussen 1961 en 1975 meer dan honderdduizend piloten en bemanningsleden dienst deden. Hun kans om neer te storten was 1 op 20: meer dan 4800 van hen vonden de dood tijdens militaire actie. Bron: Arlington Military Cemetery.

68. ^ Jennifer Lee, *The Fortune Cookies Chronicles*, p3.

69. ^ Lee, p13. Er kwam in 1983 een rechter aan te pas om te bepalen waar de fortune cookies voor het eerst waren bedacht, in San Francisco of in Los Angeles. Beide partijen toonden aan dat de cookies in hun stad al voor de eerste wereldoorlog voorkwamen. De rechter koos voor San Francisco, en daarmee voor de oorspronkelijke bedenker - geen Chinees, maar een Japanner.

70. ˆ Patrick Wyman, *The Verge, Reformation, Renaissance, and Forty Years That Shook the World, 1490-1530*, p60. Wyman baseert zich op de geschiedschrijving van Diego de Valera in *Memorial de diversas hazañas*, pp47-48.

71. ˆ Haar echte naam was Gruoch ingen Boite en ze trouwde met Macbeth, de moordenaar van haar eerste man. Macbeth werd koning van Schotland, Gruoch werd koningin, en haar zoon uit haar eerste huwelijk volgde Macbeth uiteindelijk op. De koningin had de reputatie dat ze alles voor elkaar kreeg waarop ze haar zinnen had gezet, tegen elke prijs.

72. ˆ Marilyn Yalom, *Birth of the Chess Queen*, p68.

73. ˆ Willem Meiners, *Greenland Isn't Green, And There's No Danish in Denmark*, p127.

74. ˆ De vreugde duurde relatief kort. Nadat in 2010 een vulkaanuitbarsting in IJsland een week lang het internationale luchtverkeer boven twintig landen had gehinderd, en nog drie maanden later sommige vluchten lamlegde, besloot Icelandair tot een reputatiereparatie. Voortaan noemde het zijn toestellen naar vulkanen.

75. ˆ Arthur Herman, *The Viking Heart, How Scandinavians Conquered the World*, p101.

76. ˆ Vigdis Finnbogadottir was president van IJsland van 1980 tot 1996. Geen enkele andere vrouw heeft tot dusverre haar land zo lang als gekozen staatshoofd gediend.

77. ˆ Eenderde van alle lava in de wereld stroomt uit IJslandse vulkanen.

78. ˆ Jess Distil, *Ask An...Elf Expert: Do Elves Disrupt Construction Work?* Reykjavik Grapevine, 9 okt 2020, ook: Svala Ragnar, *Elven safety: the rocky homes of Iceland's 'hidden people'*, The Guardian, 25 maart 2015.

79. ˆ De hoge zelfmoordcijfers in Amerika zijn een rechtstreeks gevolg van het toegestane wapenbezit. Bij meer dan de helft van de geslaagde zelfmoordpogingen wordt een vuurwapen gebruikt.

Desondanks zijn wapenbezitters niet suïcidaler dan anderen. Het verschil zit hem in de effectiviteit van het gekozen middel, 85 procent. Veel meer zelfmoordpogingen in Amerika worden gedaan met behulp van drugsoverdoses, maar die zijn slechts effectief in drie procent van de gevallen. Madelin Drexler, *Guns & Suicide, The Hidden Toll*, Harvard Public Health magazine.

80. ˆ Fuschia Sirois, *Why optimists live longer than the rest of us*, Washington Post, 3 juli 2022, ook: Victoria Masterson, *Women are more likely to live past 90 if they're optimistic, according to a new study*, World Economic Forum, 29 juni 2022.

81. ˆ D.A. Snowdon, S.J. Kemper, J.A. Mortimer, L.H. Greiner, D.R. Wegsein en W.R. Markesbery, *Linguistic ability in early life and cognitive function and Alzheimer's disease in late life. Findings from the Nun Study*, National Library of Medicine, 21 feb 1996.

82. ˆ James Ward, *The Perfection of the Paper Clip*, p3.

83. ˆ Olivia Waxman, *The 5 Most Surprising Inventions to Come Out of World War I*, Time Magazine, 6 april 2017.

84. ˆ Jake Swearingen, *An Idea That Stuck: How George de Mestral Invented the Velcro Fastener*, New York Magazine, 24 november 2016.

85. ˆ Dava Sobel, *Longitude, The True Story of a Lone Genius Who Solved the Greatest Scientific Problem of His Time*, p15.

86. ˆ Alexander Lee, *The Ugly Renaissance, Sex, Greed, Violence and Depravity in an Age of Beauty*, p11.

87. ˆ Greg Steinmetz, *The Richest Man Who Ever Lived*, p70. Fugger besloot onder meer om een van de machtige mannen die hij financierde van een eigen lijfwacht te voorzien, een stelletje huurlingen uit Zwitserland. De Zwitserse Garde bewaakt vandaag nog steeds de paus. Fugger verdiende er de bijnaam Gods Bankier mee. Hij maakte zich zo goed als onmisbaar voor machthebbers omdat hij bankvestigingen in heel Europa onderhield. Daardoor kon iemand grote bedragen opnemen zonder

dat ze eerst te paard over het halve continent moesten worden vervoerd. Fugger maakte zo een einde aan de roof van grote geldtransporten over land.

88. ˆ Wyman, p12.

89. ˆ Bernstein, p18.

90. ˆ A.J. Wright, *'Astonishing Numbers': Vaccine Efforts In the 1918 Flu Pandemic*, Clinical Oncology News, 8 juli 2020.

91. ˆ Cijfers verstrekt door Statista in Hamburg en de Wereldbank.

92. ˆ DeNeen L. Brown, *Lynchings in Mississippi never stopped*, Washington Post, 8 aug 2021.

93. ˆ Pinker, p191, ook: Nassim Nicholas Taleb, *The Black Swan*, p40. Bertrand Russell had het aanvankelijk over een kip in plaats van een kalkoen, maar moet dezelfde strekking.

94. ˆ Hannah Ritchie and Max Roser, *Plastic Pollution*, Our World in Data, Oxford University, April 2022.

95. ˆ Hannah Ritchie: *Ocean plastics: How much do rich countries contribute by shipping their waste overseas?* Our World in Data, Oxford University, 11 oktober 2022.

96. ˆ Mathew White, Jr., *The Great Big Book of Horrible Things, The Definitive Chronicle of History's 100 Worst Atrocities.*

97. ˆ Pinker, p208.

98. ˆ Liaquat Ahamed, *Lords of Finance, The bankers who broke the world*, p21.

99. ˆ Hjalmar Schacht, *The Stabilization of the Mark*, p105. Er waren in Duitsland 133 drukkerijen dag en nacht in bedrijf, met 1783 drukpersen die continu bankbiljetten drukten.

100. ˆ Guus Pikkemaat, *Eleonore van Aquitanië, een bijzondere vrouw in het zomertij der middeleeuwen*, p283. Pikkemaat was levenslang onder de indruk van Eleanore, en bracht in de praktijk wat hij van haar leerde. Hij werd in 1963 hoofdredacteur van De Gooi- en Eemlander en begon onmiddellijk vrouwelijke journalisten in dienst te nemen. De Stichting Vrouw & Media kende keer op

keer de jaarlijkse prijs voor wie de meeste vrouwelijke redacteuren had toe aan zijn krant.

101. ^ David Halberstam, *The Best and the Brightest*, p268.

102. ^ Paul Hendrickson, *McNamara, Specters of Vietnam*, Washington Post, 10 mei 1984.

103. ^ Ernest May en Philip Zelikow, *The Kennedy Tapes: Inside the White House during the Cuban Missile Crisis*, p33.

104. ^ *The Kennedy's: Dear Ros*, Time Magazine, 23 feb 1970.

105. ^ New York Times, 17 maart 1996.

106. ^ De bijeenkomst van de delegaties uit Amerika, Cuba en de Sovjet Unie vond plaats in Moskou op 27-28 januari 1989, ruim 26 jaar na de rakettencrisis.

107. ^ Pinker, p208.

108. ^ Frank Sedlar, *the Trussed Concrete Steel Company and Albert Kahn, Engineering Industrial Architecture*, 23 apr 2013.

109. ^ Waarde van nu; in 1968 was het $170 miljard.

110. ^ Antoinella Lazeri, *If I hadn't spotted that the sea was fizzing then my parents, sister and me would all be dead*, The Sun, 26 dec 2014.

111. ^ The Daily Mirror, 22 jan 1992, ook: Tampa Bay Times, 22 jan 1992.

112. ^ Jessica Hornig, *From Fear to Survival: Knowledge Is Key*, ABC 20/20, 20 jan 2009.

113. ^ Het jaar was 1540. Zijn geboortedatum is onbekend.

114. ^ Elsevier en zijn Britse fusiepartner Reed heten nu samen RELX. Het concern wordt op de ranglijst van grootste uitgevers gevolgd door Thomson Reuters en Bertelsmann. Jim Milliot, Publishers Weekly, 21 sept 2021.

115. ^ *Explosion Aboard TWA Flight 800; Storm Delay Saves a Life*, New York Times, 19 juli 1996.

116. ^ Steven Jay Russell, *Jim Carrey Made A Movie About Me. Here's What It Didn't Show About Life In Prison*, Huffington Post, 4 sept 2018.

117. ^ *I love you Philip Morris* draaide vier maanden in bioscopen en kwam in 2011 beschikbaar op dvd.

118. ^ William Bernstein, *Masters of the Word, How Media Shaped History from the Alfabet to the Internet*, p9.

119. ^ Dominic Lane, *The leap which defined a life: Hans Conrad Schumann*, 29 nov 2015.

120. ^ Rhode Island is de enige Amerikaanse deelstaat met een Nederlandse naam. Adriaan Block uit Amsterdam voer er in 1614 langs en raakte onder de indruk van de rode kleur van de grond. In de mening dat hij met een eiland te maken had noemde hij het Roode Eylandt. De huidige naam is een verbastering daarvan.

121. ^ *Patients in Hasbro Children's Hospital get a special "Good Night Lights" display*, ABC6 News, 28 dec 2020.

122. ^ Alexandra Zaslow, *Entire town secretly learns sign language to give a deaf man best day of his life*, People Magazine, 11 maart 2015.

123. ^ Alexander Hamilton, 18 juni 1787, *Records of the Federal Convention*.

124. ^ Brief van Henry Know aan Rufus King, 8 juni 1787.

125. ^ Brief van Theodore Sedgwick aan Nathan Dane, 5 juli 1787.

126. ^ Thomas Hobbes schreef *Leviathan* in 1651. Daarin pleitte hij voor een regeringssysteem van de harde hand, want zonder stevige leiding zouden de mensen er een potje van maken. Dan zou alledag vervuld zijn van *"worst of all, continual fear, and danger of violent death; and the life of man, solitary, poor, nasty, brutish, and short"*.

127. ^ Citaat van Jean Jacques Rousseau uit zijn autobiografie *Confessions*.

128. ^ Matteüs 6:34.

129. ^ Het toestel van Fuerza Aérea Uruguaya dat op 13 oktober 1972 tegen een bergwand vloog in de Andes was een Fokker Fairchild en had vijf bemanningsleden en veertig leden van een rugbyclub aan boord. Zestien mensen overleefden de crash. Zij hielden zich

drie maanden in leven door het vlees van overleden medepassagiers te eten. Ze werden vlak voor kerstmis dat jaar gered met helikopters.

130. ^ Prediker 1-2.

131. ^ Eleanor Porter, *Pollyanna: The First Glad Book*. Het werd gevolgd door een deel twee, *Pollyanna Grows Up: The Second Glad Book*. Zes andere schrijfsters publiceerden in de loop der jaren nog eens twaalf opeenvolgende delen.

132. ^ Peter Bernstein, *The Power of Gold, The History of an Obsession*, p20.

133. ^ Exodus 25-28.

134. ^ John Ruskin, *The King of the Golden River*, p62.

135. ^ Genesis 2:11.

136. ^ Timothy Green, *The World of Gold*, pp405-407.

137. ^ Peter Millard en Stephan Kueffner, *The Sinking Gold Town*, Bloomberg, 22 juli 2022.

138. ^ Katrien Meert, Mario Pandelaere, Vanessa Patrick, *Taking a shine to it: How the preference for glossy stems from an innate need for water*, 27 dec 2013, ook: Journal of Consumer Psychology, volume 24, pp195-206, april 2014.

139. ^ Nehemia 6:8.

140. ^ Nederland kampte rond dezelfde tijd met een zelfde hysterie rond vermeende heksen. De verlichte dominee Balthasar Bekker ging er vanaf de kansel tegen tekeer en schreef een boekje, *De betoverde weereld*, dat in brede kring werd herdrukt en vertaald. Bekker werd uit zijn ambt ontheven, maar zijn activisme was niettemin de reden waarom de heksenjacht in Nederland ophield en zwakzinnigen niet langer werden beschouwd als bezeten.

141. ^ In zijn memoires die drie jaar na zijn dood in 1974 werden gepubliceerd, uitte Earl Warren zijn spijt over zijn oproep om Amerikanen met een Japanse afkomst op te sluiten. "Telkens als ik dacht aan onschuldige kleine kinderen die werden weggeplukt

van hun thuis, hun schoolvriendjes en hun omgeving, knaagde het aan mijn geweten."

142. ^ De Alien Act van 1798 gaf de Amerikaanse president tijdelijk het recht om niet-ingezetenen te laten arresteren en/of het land uit te sturen. De vrijheid van meningsuiting werd beperkt waar het het oproepen tot afscheiding van de nieuwe republiek betrof. De wet werd na vier jaar weer afgeschaft.

143. ^ Robert Goldberg, *Enemies Within, The Culture of Conspiracy in Modern America*, p49.

144. ^ Jennifer Hecht, *Doubt, A History*, p442.

145. ^ Ibid, p492.

146. ^ Erik Shilling, *Meet the Professor Behind the First Printed Use of Shit Happens*, Atlas Obscura, 26 feb 2016.

147. ^ Het waren niet de meest betrouwbare bladen: de *National Spotlite* was de eerste, waarvan een verslaggever beweerde dat hij via een list een opslagkamer van Disney's ziekenhuis was binnengeglipt alwaar hij Disney in een cilinder had aangetroffen. Het verhaal werd overgenomen door *Ici Paris*, *The National Tattler* en *Midnight*, de laatste met de kop *Walt Disney Is Being Kept Alive in Deep Freeze*. Neal Gabler, *Walt Disney, The Triumph of the American Imagination*, p8.

148. ^ Hannah Farber, *Underwriters of the United States, How Insurance Shaped the American Founding*, p243.

149. ^ Ibid. p61.

150. ^ De gebroeders Wright stamden via vaders oma Margaret van Cleve af van Kees van Cleef uit Gelderland, en via opa Kees van Kouwenhoven van families uit Amersfoort en Utrecht. De gebroeders waren fietsenmakers. Hun bestverkochte fiets noemden ze de Van Cleve.

151. ^ Robert Malthus, *An Essay on the Principle of Population*, 1798.

152. ^ Mauro Guillén, p11.

153. ^ Beth Waterhouse, *A Sustainable Future*, PBS-TV.

154. ˆ National Geographic, *Netherlands Feeds the World*, September 2017.

155. ˆ Joe Hasell en Max Roser, *Famines*, Our World in Data, Oxford University, 7 dec 2017.

156. ˆ Alex de Waal, *The end of famine? Prospects for the elimination of mass starvation by political action*, Political Geography, Elsevier, p184.

157. ˆ Volgens de definitie van het Amerikaanse ministerie van land-bouw is een boerderij 'iedere plek waar in de loop van een jaar voor $1000,- of meer aan landbouwproducten worden gepro-duceerd en verkocht, of normaliter zouden zijn verkocht.'

158. ˆ Mira Katbamna, *Half a good man is better than none at all*, The Guardian 26 okt 2009, ook: Kate Bolick, *All the single ladies*, The Atlantic, november 2011.

159. ˆ im Marshall, *Prisoners of Geography*, p40.

160. ˆ Mauro Guillén, p20.

161. ˆ Martin King White, Wang Feng, Yong Cai, *Challenging Myths About China's One-Child Policy*, China Journal 74, p144-159.

162. ˆ Amartya Sen, *Women's Progress Outdid China's One-Child Policy*, New York Times, 2 nov 2015.

163. ˆ Rachel Nuwer, *Singapore's "National Night" Encourages Citizens to Make Babies*, Smithsonian Magazine, 8 aug 2012.

164. ˆ *The Great Human Odyssey*, CBC Canada.

165. ˆ Elizabeth Fenn, *Pox Americana, The Great Smallpox Epidemic of 1775-82*, p5.

166. ˆ *Fortune Smiles on Unluckiest Man*, The Scotsman, 18 juni 2003.

167. ˆ Mark Kruger, *Why Are the Chinese People So Optimistic?* Yicai Global, 21 feb 22.

168. ˆ Stepan Goncharov, *Who is Optimistic About the Future of Russia — And Why?*, Riddle, Kennan Institute, 18 apr 2018.

169. ˆ De Rocket eBook werd gekocht door Gemstar-TV Guide, een bedrijf dat nu in handen is van Robert Murdochs News Corp.

Het behaalde nooit een serieus marktaandeel, zodra Amazon en de boekhandelketen Barnes and Noble zich op e-boeken gingen storten. Rond kerstmis in 2009, tijdens de feestdagenverkoop, laaide de strijd tussen Amazons Kindle en B&N's Nook op. Amazon kwam daaruit tenslotte tevoorschijn als de grote winnaar. De Nook verdween uiteindelijk van de markt.

170. ^ Guillén, p12.

171. ^ United Nations Migration Report, 2015.

172. ^ Harry McGee, *How the Mobile Phone Changed Kenya*, Irish Times, 14 mei 2016.

173. ^ Njoroge, Zurovac, Ogara, Chuma en Kirigia, *Assessing the Feasibility of Ehealth and Mhealth: a Systematic Review and Analysis of Initiatives Implemented in Kenya*, BMC Research Notes 10, pp90-101.

174. ^ Mauro Guillén, zijn allereerste zin in *2030*, pVII.

175. ^ Ray Mwareya: *A South African City Says It's Putting QR Codes On Informal Settlement Cabins To Help Services. But Residents And Privacy Experts Are Uncertain*, Buzzfeed, 15 aug 2022.

176. ^ Emiko Terazono, *African farming: cassava now the center of attention*, Financial Times 21 jan 2014.

177. ^ Nicole Svajlenka, *Immigrant Workers Are Important to Filling Growing Occupations*, Center for American Progress, 11 mei 2017.

178. ^ Anupam Jena, *US Immigration Policiy and American Medical Research*, Annals of Internal Medicine 167, pp584-586.

179. ^ De dokters en verpleegsters hadden namen als Morales, Giordano, Lichtmann, May Chin en Sidou. Ze kwamen uit Nicaragua, Mexico, Guatemala, Malaysia, Duitsland en Griekenland.

180. ^ Washington Post, 28 juni 2013.

181. ^ United Nations Migration Report 2015, ook: *Is Migration Good for the Economy*, OECD 2014, ook: Giovanni Peri, *Immigration, Productivity and Labor Markets*, Journal of Economic Perspectives

30, pp3-30, ook: David Autor, *Why Are There Still So Many Jobs*, Journal of Economic Perspectives 29, pp3-30.

182. ˆ Cijfers van US Census 2020.

183. ˆ Amerika telde in 2022 75 miljoen inwoners van zestig jaar en ouder. Het aantal Millennials bedroeg 72 miljoen, een reusachtig aantal voor één generatie die geboren is tussen 1981 en 1996.

184. ˆ Edward Bok, *The Mother of America*, The Ladies Home Journal, oktober 1903, p16. "For years we have written in our histories and taught in our schools that this nation is a transplanted England," schreef Bok, hoofdredacteur van de Journal en zelf geboren in Den Helder, eraan toevoegend dat de moeder van Amerika "came directly from Holland."

185. ˆ In De Dutch Touch (Balans, Amsterdam, 2019), mijn boek over de vingerafdrukken van Nederland op het huidige Amerikaanse landschap, beschrijf ik de oorsprong van families als de Roosevelts (Tholen), de Rockefellers (Breskens), de Vanderbilts (De Bilt), de Fonda's (Kollum), de Brando's (Utrecht), de DeNiro's (Monnick-endam), de Cronkites (Naarden), en vele andere Amerikaanse namen die de meeste mensen niet meteen in verband zouden brengen met hun Nederlandse afkomst.

186. ˆ De militaire leider van Nederlands Zeven Provinciën was prins Maurits, de politieke leider was minister-president Johan van Oldenbarnevelt, en de ideoloog was Hugo de Groot. Hij ontsnapte uit levenslange gevangenschap in Slot Loevestein, door zich te verstoppen in een boekenkist. Vandaag hangt zijn afbeelding in het Amerikaanse Huis van Afgevaardigden, rechts naast het podium van de Speaker, de voorzitter. Amerika eert De Groot vanwege zijn bijdrage aan de internationale zeewetgeving.

187. ˆ Marshall, p58.

188. ˆ David Frum, *China Is a Paper Dragon*, The Atlantic, 3 mei 2021, ook: Michael Beckley, *Unrivaled: Why America Will Remain the World's Sole Superpower*.

189. ˆ Mark Kurlansky: *Paper, Paging Through History*, blz. 224. Tot nu toe zijn zesentwintig exemplaren van de Onafhankelijkheidsverklaring gevonden, alsmede Jeffersons eerste ontwerptekst. De papiervellen waren afkomstig van drie verschillende Nederlandse papiermakers, Lubbertus Van Gerrevink die zijn eigen papiermolen had in Egmond, de familie Honig, en Dirk en Cornelius Blauw, alle drie afkomstig uit Zaandam.

190. ˆ De USS Maine had een grote lading ammunitie aan boord en in de nacht van 15 februari 1898 explodeerde die in de voorste ruimen van het schip. Van de 355 bemanningsleden bleven er maar 16 ongedeerd. Het dodental bedroeg 261. Spanje had de Maine niet tot zinken gebracht. De explosie was veroorzaakt door zelfontbranding in een van de kolenbunkers van het schip. In 1976 concludeerde admiraal Hyman Rickover uit het vooralsnog grondigste onderzoek naar de teloorgang van het schip: *"Er bestaat geen bewijs dat de Maine is vernietigd door een mijn."*

191. ˆ Het instrument van impeachment was een idee van Benjamin Franklin. Als ambassadeur in Parijs had hij met verbazing gezien hoe in Nederland stadhouder prins Willem V de wens van zijn eigen regering had gesaboteerd om de Nederlandse vloot bij de Franse te voegen om zich op die manier samen sterk te kunnen maken tegen Engeland, en dus het jonge Amerika tot steun te zijn. De koning van Engeland was een volle neef van de prins, vandaar. Dat moet in Amerika niet kunnen gebeurden, bezwoer Franklin, de leider van een land moet kunnen worden gestraft. Hij won het pleit, en sinds 1789 kent Amerika een impeachment-procedure.

192. ˆ Erik Schatzker, *Hertz Order for 100,000 EVs Sends Tesla Value to $1 Trillion*, Bloomberg, 25 okt 2021.

193. ˆ *Survey: Job Engagement Declines For A Third of Workers; Remote Work Is Not to Blame*, The Conference Board, 18 oktober 2022.

194. ˆ *Societal Leadership Is Now a Core Function of Business*, 2022 Edelman Trust Barometer, 2 sept 2022.

195. ^ *France: The Helicopter Caper*, Time Magazine, 9 juni 1986.

196. ^ Adam Azra'el, *The Vaujour Escape*, thelesserstories.com.

197. ^ Matteüs 25:36.

198. ^ Daniel Michaels and Marina Rozenman, *These Days, French Prisoners Find Walls Not So Daunting*, Wall Street Journal, 29 aug 2002.

199. ^ John Voelcker, *1.2 Billion Vehicles on Roads Worldwide Now, 2 Billion in 2035*, greencarreports.com, 29 juli 2014.

200. ^ *Maryland, Fatal Copter Crash*, New York Times, 24 juli 2009.

201. ^ *Maryland Helicopter Crash Ruled Accidental*, Washington Post, 30 juli 2010.

Euripides	You-*rip*-ee-deez	An ancient Greek playwright of drama and tragedies.
Gaia	*Guy*-a	In Greek mythology, the mother of all life, the goddess of earth; the name means "Earth".
Greaves		A piece of armour that protects the leg.
Gyges	*Gee*-ges (soft "g"" for both)	A real-life king of the ancient world. After his death a myth attached to him about a ring that granted the wearer invisibility.
Hades	*Hay*-deez	In Greek mythology, the god of the dead and the king of the underworld. By extension, the underworld is also called Hades.
Hagiography	Hag-ee-*o*-graff-ee	Writings about saints. The Greek word "*agios*" means "saint."
Harpe	*Har*-pee	"Harpe" is a type of sword or sickle used in Ancient Greece.
Harpe of Kronos		The weapon used by Kronos to castrate his father, Ouranus.
Harpokratis	Har-*pok*-rat-iss	In Greek mythology, the god of silence and secrets. Note: not to be confused with Hippocrates, the ancient Greek who is associated with the birth of modern medical practice.
Hecate	*Heck*-cat-ee	In Greek mythology, a goddess of many things, including light, sorcery, magic and witchcraft, among others.
Hephaestus	Heff-*ess*-tous	In Greek mythology, the god of craftsmen: blacksmiths, carpenters, sculptors etc.
Heracles (modern name "Hercules")	*Hair*-a-cleez	In Greek mythology, the greatest hero. He killed his own children, and his punishment was to complete ten "labours". The first of these was "to slay the **Nemean lion**".
Herodotus	Hair-*rod*-o-tous	An ancient Greek writer, geographer and historian
Hoplite	*Hop*-lite	An ancient Greek citizen-soldier.

Ichor	*I*-kor (The "I" as in "ill")	In Greek mythology, the special fluid that is the blood of the gods and immortals.
Kronos	*Kron*-os	In Greek mythology, the leader of the Titans.
Lampad, plural Lampades	Lamp-*a*-deez	Nymphs of the underworld, companions to **Hecate**.
Medusa	Med-*you*-sah	In Greek mythology, a winged human female with venomous snakes instead of hair.
Nemean lion	*Nem*-ee-en	In Greek mythology, a lion whose fur could not be penetrated by mortal weapons. Slaying the Nemean lion was the first labour of **Heracles**.
Nereid	Ne-*ree*-id	In Greek mythology, one of 50 sea nymphs, friends to sailors.
Nereus	Neh-*ree*-ous	In Greek mythology, son of **Gaia**, and father of the **Nereids**.
Nyx	Nix	In Greek mythology, the goddess of the night.
Odysseus (also known as Ulysses)	Oh-*dee*-see-ous	In Greek mythology, the king of the island of Ithaca.
Orpheus	*Awe*-fee-ous	In Greek mythology, a musician and poet.
Pankration	Pan-*kray*-shun	An ancient, no-holds-barred, martial art.
Paris		Appears in Greek legends, primarily known for killing **Achilles** by shooting him in the heel with an arrow.
Pegasus		In Greek mythology, a winged horse.
Peleus	*Pel*-ee-ous	In Greek mythology, the father of **Achilles**
Peneus		In Greek mythology, a river god, father to Daphne, a sea nymph.
Perseus	*Per*-see-ous	A mythological Greek hero, slayer of various beasts.

Ploughshare		The cutting blade of a plough. The ancient Greek word for this blade is "*harpe*".
Polydeuces	Poly-*dew*-seas	Polydeuces is an alternative name for Pollux, one of the twins "Castor and Pollux" of Greek mythology.
Poseidon	Poss-*eye*-don	In Greek mythology, the god of the sea, storms earthquakes and horses.
Pteruges	Pterr-*ooge*-ez	A piece of armour that protects the hips and thighs.
Pythia	*Pith*-ee-ah	A high priestess at the Oracle of Delphi.
Python		In Greek mythology, a serpent, the son of **Gaia**.
Scylla	*Sill*-ah	In Greek mythology, a female monster with dog-heads or serpents growing from her body.
Sisyphus	*Siss*-ee-fous	In Greek mythology, the King of Ephyra. He twice cheated death and his punishment was to forever push a boulder up hill, from where the boulder would roll down the hill and he would start again.
Sophocles	*Soff*-o-cleez	An ancient Greek playwright of drama and tragedies.
Styx (goddess and river)	Sticks	In Greek mythology: 1. The river that separates the Earth from the underworld 2. The goddess of the river.
Talos	*Tal*-oss	In Greek mythology, a giant automaton (robot) made by **Hephaestus** to defend the island of Crete.
Theseus	*Thee*-see-ous ("Th" is soft, as in "think")	In Greek mythology, a great hero and king, founder of Athens.
Thetis	*Thee*-tiss ("Th" is soft, as in "think")	In Greek mythology, the mother of **Achilles**.
Thucydides	Thew-*sid*-ee-deez	An ancient Greek general and historian.

Titans		In Greek mythology, the six sons and six daughters of **Gaia** and **Uranus**.
Uranus		In Greek mythology, the god of the sky.
Zeus		In Greek mythology, the king of the gods and god of the sky and thunder.

Prologue

Sing to me, Muse, about the hero from the ancient texts, who carried the bright weapon. The one who cast out the monsters and the demons.

Tell me, O Muse, about the same undaunted hero whose new achievements will be lauded by the scribes of the future.

Sing to me of the armour – the armour. The greatest armour to ever grace these lands.

Show me how it began, Dear Muse. Tell me about the boy with the blood of the gods who defied all odds.

Sing to me, Daughter of Zeus, about the story that remains unfinished for over 2000 years ... the story of Echetlaeus.

Chapter One: The Copper Leg

On Mount Olympus did each God dwell
Under light from heaven, above darkness from hell
What lay in the middle was the true heart of Man
One in particular who roamed the land
Bold in heart, swift in mind
The Gods saw fit to make him one of their kind
For never was a tale of one more perilous
Than of the challenges that faced the boy, Echetlaeus.

"Echetlaeus! Echetlaeus! For goodness sake, boy, wake up! You're going to be late for work!"

Echetlaeus wasn't sure which one was worse. The drilling, relentless sound of his alarm bell ringing in his ear or his Aunt Eunice squawking his name repeatedly with her shrill, high-pitched voice. Neither was a particularly welcome wake-up call in the morning, especially when he had been having one of his strange dreams again. What was it? This time he had been talking to a skeletal old man who'd been waving a weird metal walking stick in front of his face...

"ECHETLAEUS!" came his aunt's screams from downstairs.

Moaning, he grabbed his pillow and thrust it over his ears, anything to block out the sound of his aunt and that darned alarm clock. He forced himself to emerge fully into reality, pushing dreams and any other odd fluff that had entered his brain to one side. Aunt Eunice was screaming and shouting, and when she did that, the only thing left to do was hop in the shower and pretend she wasn't there.

Heaving himself out of bed and yawning disgruntledly, he managed, through bleary eyes, to find his dressing-gown and pulled his bedroom door open.

"YOU'RE GOING TO BE LATE AND –"

"Yes, yes, I'm up!" he yelled down the stairs, heading her off before she could get any further. "Just jumping in the shower. I'll be down in fifteen!"

His shower was quick this time as he knew how volatile Aunt Eunice could be when it came to lateness. Plus, she always insisted he had his morning porridge before work, stating that "a growing boy should have growing food."

"There is no muscle on you, Echetlaeus!" she would scold him every morning, while dolloping a heap of sloppy oats onto his bowl. "You need to build some muscle - you're a strong, clever boy and you just need a bit of beefing up!"

"I try, Aunt Eunice," would be his rather grumpy response. "I learn pankration in my spare time …"

"Pankration?" his aunt would cluck disapprovingly. "You can't learn that on your own! How many times have I told you to join up with the pankration school? You need to work as a *team* if you want to learn pankration, not by yourself!"

"Well, I do try," would be his sour response. "And if you want me to beef up, Aunt Eunice, it's eggs I need, not porridge …"

"Eat up, silly boy!" would be his aunt's swift response, usually accompanied by a sharp rap on his shoulder with her spoon. "And it's about time you started actually getting up when your alarm clock goes off!"

Echetlaeus would then be treated to a lecture from his aunt about how the first alarm clock was invented by the Ancient Greeks.

"It was the great Plato who invented the first alarm clock, you know. A huge water clock that he'd use to wake up his students. Where would we be without the alarm clock, hmmm?"

Probably waking up to your screaming every morning instead,

Echetlaeus would think to himself, but he would never dare say it out loud.

Now, as he stood under the shower with hot water spattering down on him, Echetlaeus wondered if he really was silly after all. Pankration was an elite martial art, said to have been the very first martial art to have graced the world, spreading across every continent on Earth; the foundation of fighting practice. It was widely believed that the legendary Greek heroes Heracles and Theseus invented the practice and that Theseus himself defeated the Minotaur with his bare hands using pankration techniques.

Echetlaeus loved the martial art, but his aunt wasn't wrong. He wasn't exactly the biggest and strongest out there, and joining the local Pankration Academy of Greek Martial Arts would have been humiliating for him for multiple reasons. He was seventeen years old, but still quite scrawny for his age and, as his Aunt Eunice pointed out on multiple occasions, somewhat lacking in muscle. With tousled black hair and a rather quiet demeanour about him, Echetlaeus looked more like a librarian than a pankration martial artist.

But what he lacked in brawn he easily made up for in brains. Though only seventeen, Echetlaeus had skipped school by several years and now found himself an archaeology student at university, working part-time in the local cafe. The only problem with this, however, was that the pankration School of Martial Arts was opposite the place where he worked - and with the pankration school came the bane of his existence, Polydeuces.

Echetlaeus' face hardened as the hot water continued to splurge down on his body. The thought of Polydeuces was enough to ruin his day before it had even begun. Polydeuces was a big, swaggering brute. They had been through high school together and now attended the same university. Polydeuces had made it his mission to make Echetlaeus' life as hellish as possible. What was more, Polydeuces had been training at the pankration academy since he could walk and had won multiple competitions throughout the district for his skills in martial arts. That was

another reason Echetlaeus wouldn't join the academy, and instead contented himself with attempts to learn through online videos. Aside from the fact that he was quite shy in general, the thought of seeing Polydeuces' sneering face any longer than he had to was too much to bear.

With one last fleeting thought about how he imagined himself as Theseus strangling the Minotaur - which happened to have the face of Polydeuces - Echetlaeus switched off the hot water, shook himself off, threw on his work uniform and rushed downstairs.

He gobbled his porridge as Aunt Eunice's lectures on timekeeping became ever more fierce, and headed out the door, hopping on his motorbike and placing his helmet on his head.

But just as he was fastening the helmet correctly, a bird caught his gaze out of the corner of his eye.

It wasn't just the fact that it was a bird that made him slowly stop what he was doing and tilt his head fully in order to stare at it. Birds were in abundance in Greece, nothing new or exciting about that. No, there were two things about this bird that caused the hairs on Echetlaeus' neck to stand on end and the strangest feeling to rush through him.

One was the way it was actually looking at him. Echetlaeus had never had a bird, or indeed anyone, look at him in the way this odd creature was staring at him now. There was something bizarrely intense and strangely *human* in the way it was gazing at him. If Echetlaeus wasn't much mistaken, the pupils of this bird were not the pupils of an ordinary bird. They were dilated, magnified to the extreme, like something out of a horror movie. But the second thing was probably what creeped him out the most. Its right foot was made of metal; some kind of bronze metal that reflected oddly in the light of the sun. Flashes of AI movies went through Echetlaeus' mind as he fleetingly wondered if the bird was some kind of government invention sent to spy on him. The bird was obviously not a real bird – but what was it?

Just as he pondered whether to reach out to the creature or not, it spread its wings and flew away behind a cluster of trees until it was out of sight. Echetlaeus stared after it, wondering what he should do. What could he do? Report it? Follow it? Forget about it?

Ultimately, he decided on the latter. If the government were after him - though he wasn't sure why they would be when his life was as dull as ditchwater - then they would no doubt send the bird back. Or maybe the bird *was* real. Maybe it was some kind of rare species with this metal addition to the foot applied by scientists to help identify and keep track of the bird.

Whatever it was, it would have to be planted firmly at the back of his head, because what Echetlaeus was right now was *late* – and his boss, Stavros, had no mercy for lateness.

Jumping on his motorbike he rode off down the road and arrived at the *Artemis Café* within fifteen minutes.

"Four minutes late!" boomed a loud voice as he rushed through the door. Several customers turned around to stare at him. Echetlaeus removed his helmet hurriedly from his head and looked into the irate eyes of his boss. Stavros was a short, portly man with an enormous black moustache. He took no prisoners when it came to lateness and he glared at Echetlaeus with one bulging eye, completely ignoring the many customers who were staring at them.

"I've told you before about lateness, Ech! I sometimes wonder if you really want to work here at all – well, do you?"

"Yes, of course," replied Echetlaeus, trying to grin but only managing a grimace. It was hard to think of the bizarre bird with his boss glaring up at him like that, spatula gripped in hand in an almost threatening manner and his eyeballs almost popping out of his head.

"Then get to work! The baps need heating, the burgers need frying, the salads need rinsing, the tables need wiping!"

The morning proved to be a morning like any other for Echetlaeus and by midday he was feeling rather sweaty and rushed off his feet, and had a bit of tomato ketchup smeared across his nose. Stavros took great pride in his café and the *Artemis Café* was always chock-a-block with customers, so it was fairly easy to see why Echetlaeus was stressed. Of course, the one thing that did set the morning apart from any other was the odd bird with the copper leg that still crept its way into Echetlaeus' mind whenever he had a spare moment to catch his breath.

"Um… you've got something on your nose."

He turned to the side and a smile immediately turned up the corners of his mouth.

"Hey Daphne," he said, walking over to a girl at the counter as she stared pointedly at his nose.

Daphne Stamos was his best friend and the resident brainbox. Small and petite with jet black hair and wide green eyes, she had been his friend for several years.

The first time they had ever met was when Echetlaeus had just started out behind the café bar (he only worked there on Saturdays back then) and she walked in. He had recognised her from school though she would have been a couple of years above him. He remembered thinking she was quite cute and his intention at the time had been to impress her.

"Welcome!" he had said with a beam. He was still learning the ropes after all, and putting on some charm was good practice.

"Hey," she'd said, barely glancing at him. "Just a slice of cheesecake please."

"Coming right up. Oh, did you know that it was the Greeks who invented cheesecake? The Greek island of Samos is home to the first-ever cheesecake which was made over two thousand years ago. I mean, it was so delicious that this cheesecake was given to athletes who competed during the first Olympics, and the Ancient Greeks used to use it as a wedding cake!"

He had eyed her eagerly and she momentarily stared at him, her eyebrows raised in surprise.

"No, I can't say I knew any of that," she said slowly.

Echetlaeus felt at that point he had probably made a fool of himself as the thought struck him that he probably sounded like his Aunt Eunice, who had a habit of throwing out irrelevant information at random moments too.

Hardly the best chat-up line!

Cringing, he quickly busied himself with preparing the cheesecake, but it turned out that Daphne had been pretty intrigued by his explanation on cheesecake after all, and she stayed by the counter while she munched it, chatting to him some more about Ancient Greek history, something she too was passionate about. In time, any idea of dating Echetlaeus vanished and the two became firm friends.

Daphne was two years older than him, but they studied architecture in the same year at university due to Echetlaeus skipping a couple of years of school because of his good grades – not the kind of thing he tended to brag about. It didn't exactly make him more popular with the girls and as for the guys – well, that was a sure-fire way to ensure he'd have his head flushed down the toilet, as had happened on several occasions, usually with raucous laughter and screams of "Geek!"

"Hey, Ech." Back in the present moment, Daphne continued to stare at him in that amused manner. "So, yeah… your nose…"

"What about it?"

She leaned in a bit closer.

"Looks like ketchup. Or blood. One of the two."

He wiped his nose with his finger.

"Definitely ketchup," he said, and she grinned. "So, what brings you here? Thought you were out with your parents this weekend?"

Daphne's smile faded and she seated herself down on one of the counter stools, heaving a huge rucksack from her back.

"Yeah, well, that flopped," she said gruffly, removing some books from the bag.

"Oh no. How come?"

"Some stupid ceremony came up at that crazy cult of theirs," she muttered, picking up one of the books which was entitled, *The Plague of Apollo*. "Anyway, I don't want to talk about it… you got any of that moussaka from the other day? It was delicious. Did

Stavros cook it himself? Tasted homemade."

She seemed eager to change the subject and Echetlaeus did not pry any further. Daphne didn't like talking about her parents at the best of times and though he knew very little about them (hadn't ever met them, despite their many years of friendship) he knew that they were part of a strange cult that had origins in ancient Greece. What exactly the cult did was a mystery, and if Daphne knew she wasn't saying anything.

"Yep, Stav's own homemade recipe," he replied, pulling the moussaka out from under the counter and cutting her a large slice. "I'll tell him what you said. He'll be over the moon. It'll earn me some points as well. He's been in a foul mood all morning 'cos I was late…"

Daphne laughed.

"That's not like you. Especially with Aunt Eunice breathing down your neck every morning. Sleep in, did you?"

"No. To be honest, the weirdest thing happened…"

He paused. Daphne was one of his best friends and pretty open-minded, but he suspected even she would have a few raised eyebrows at the idea of a copper-legged bird being sent by the government to stalk him.

"Yes?" Daphne looked at him expectantly.

"Well…"

Luckily, a customer came up at that point asking for a Greek salad with feta cheese and black olives, and some retsina in an iced bottle, so Echetlaeus was provided with the distraction he needed.

"I'm going to go sit over there and do some work, OK, Ech?" Daphne hopped off her stool. "Huge essay on the architecture of the Parthenon, needs to be ready by Monday. And trust me," she added, her face turning sour again, "working on it at home is out of the question."

She waved before gathering her books and moussaka, walking over to a small table near the door of the cafeteria and promptly pulling a laptop from her bag.

The café grew steadily more packed and Echetlaeus barely had a moment to himself for the next three or four hours. He was lucky that Stavros allowed him to take a lunch break at all, but when the time came he threw down his apron with a relieved sigh, grabbed himself a bowl of taramasalata, pitta bread and some of that moussaka (Daphne was right; it was pretty damn delicious) and headed outdoors to sit on the bench in the café's very small garden.

He pulled out a mini-book from his pocket entitled:

"Mythic Tradition in Ancient Greece"

and, chomping on his moussaka, began to devour the book. He had always had a fascination with the Greek heroes, gods and goddesses – indeed, he himself had been named after one such hero, Echetlaeus the Ploughman, who was somewhat of a mystery when it came to Greek legend. Unlike well-known heroes such as Achilles, Theseus and Heracles, Echetlaeus was a warrior who appeared at the Battle of Marathon during the war with the Persians. According to legend, a great man of phenomenal size and strength, who carried what seemed to be an enormous plough as his weapon, appeared at the battle and helped the Greeks win. No one could find him after the battle as he mysteriously disappeared. However, it was said that after consultation with an Oracle, the Greeks were told to hail Echetlaeus the hero with the *echetlon*, which means "the plough handle".

In fact, the ancient hero Echetlaeus did appear briefly in Ech's book, depicted as a mighty, muscled warrior with a huge plough. Reading about Echetlaeus the Ploughman prompted several emotions in him: one was inspiration, the other was a feeling of inadequacy. Being rather short and skinny himself and barely able to master the pankration techniques due to his stature, it was a little disheartening to know he couldn't live up to the hero he was named after.

"Pankration? You can't learn that on your own!" Aunt Eunice's sceptical voice rattled away in his mind and he munched moodily on his pitta bread, temporarily putting his book down.

Well, maybe she was right.

Wiping his mouth, he slipped his book back in his pocket and prepared for another few hours rushed off his feet serving customers.

All was going fine until the clock hit 3:30pm. Echetlaeus was clearing away some dishes and Daphne was still busily poring over books in the corner. The door swung open and raucous laughter burst into the café. Echetlaeus instinctively froze as he realised who the laughter was coming from.

Polydeuces and his band of pankration chums had stepped through the door and Echetlaeus groaned inwardly. Each time they came into the café, they made Echetlaeus' life a misery and often caused trouble to the customers. He couldn't for the life of him understand why Stavros hadn't banned the lot of them, but as he caught sight of them he saw that the Pankration Master was with them and figured that may have something to do with it, seeing as the Master was well-respected throughout the neighbourhood. Besides, perhaps his presence would keep Polydeuces' massive ego in check.

"Oh, look, it's old Ecchy," came the sneering voice of Polydeuces as he and his cronies approached the counter.

Gritting his teeth, Echetlaeus turned to face them.

"What can I get you?" he said coldly.

"Can't be too much fun being stuck in here all day, can it, Ecchy?" said Polydeuces with a smirk, while his gang of hangers-on sniggered behind him. "You know, while we're all out doing pankration and you're here serving up olives and feta to little old ladies. Still, it's not like you've got anything better to do with your life."

His mates guffawed. Echetlaeus tightened his fists. Polydeuces grinned, clearly pleased with himself. He was well above average height and had powerful muscles to boot. His streaky blonde hair and strong jaw usually meant he had girls falling over themselves to get to him; another advantage he had over Echetlaeus. Echetlaeus couldn't understand how any girl could be interested in a nasty brute like Polydeuces, but then again, girls were something of a mystery.

"But seeing as you ask," continued Polydeuces, plainly enjoying the suppressed anger on Echetlaeus' face, "get me a tonic water and a cheese sandwich. Same for my team-mates here. Bring it over – and be quick about it. If it's not with us in five minutes I'll have you sacked for slacking at your – erm - job."

With his hangers-on roaring with laughter and Polydeuces' smug face grinning away, the group left to sit at a table near Daphne by the door. Echetlaeus' breath was slow and heavy. He turned away, trying to quash the rage inside him, and began preparing the cheese sandwiches. How he hated the smug, self-satisfied brute. But he couldn't deny it - he could never quite muster up the courage to tell him what he thought of him. For years, Polydeuces and his chums had made Echetlaeus their plaything, humiliating him as often as possible – and Echetlaeus had taken it. Shy and introverted by nature, conflict was something that made him uncomfortable and it was easier to sit there and say nothing rather than have any extra embarrassing attention drawn towards himself whenever Polydeuces acted up.

Now would have been another of those times, were it not for Daphne. At first, Echetlaeus ignored the laughter coming from near the door. The pankration master was sitting close to the counter and currently involved in conversation with Stavros, who was raving about a new chicken pie he had coming in. Echetlaeus figured he'd just grit his teeth and see this next hour through while Polydeuces continued to parade his ego around. But as he prepared to take a large tray of cheese sandwiches over to them, he stopped in his tracks.

Daphne was sitting by herself near the door, but she was barely visible. She was flanked on either side by Polydeuces and his friends. Echetlaeus couldn't hear what they were saying, but he could see Polydeuces holding up one of Daphne's books, slapping it every now and then, with laughter coming from the gang. Echetlaeus could just about see Daphne's face. She seemed close to tears.

Rage boiled up inside him again. Alright, the brute and his friends had targeted him for years, but doing it to his best friend was a different story.

Grabbing the tray of sandwiches, he made his way to the table near the door and dumped it down on the gang's table with a bang. The gang jumped. Daphne looked up at him, her eyes watery. Polydeuces turned carelessly to glance at him.

"Bit forceful there, aren't you?" he said contemptuously. "Anyway, get back to work, Ecchy."

Polydeuces turned his back on him and addressed Daphne.

"Seeing as you're the first and only girl who's spoken to me like that, let me show you what happens as a result."

He held the book firmly in his hands and shredded the pages. Daphne looked on in horror as the gang grinned. The rage flared up ten-fold in Echetlaeus and he stepped forward.

"Back off," he snarled at Polydeuces.

Polydeuces briefly stopped shredding the book.

"What?" he said.

"I said, back off," repeated Echetlaeus, moving even closer.

Polydeuces blinked for a second. Then he burst into laughter and his gang did the same.

"Back off?" said Polydeuces, throwing the book down and advancing towards Echetlaeus, tears streaming down his eyes from laughter. "Or what? Going to throw a sandwich at me? Or how about take a pop at me with those little twigs you call arms?"

Echetlaeus had to admit it - he was afraid and he was shaking. But he was also fuming. The sight of his friend being bullied by this idiot triggered something deep within his very core. Suddenly, it didn't matter that he was small and scrawny and Polydeuces and his mates were hulking great brutes with muscles.

His anger overpowered his fear. In a flash, he reached out and took a swing at Polydeuces, his knuckles almost reaching Polydeuces' jaw. But Polydeuces wasn't named the pankration champion three years running for nothing. He easily sidestepped

Echetlaeus' punch, but the smile had now vanished from his face.

"Think you should be careful who you throw your twigs at, Ecchy," he said menacingly, advancing forwards.

"What's going on here?"

The pankration master had appeared at the table. His heart beating wildly, Echetlaeus spotted Stavros staring at him from behind the counter, looking outraged.

At the sight of his master, Polydeuces halted in his tracks. Even he wasn't fool enough to pick a fight with his teacher present.

"Nothing, sir," he said reluctantly. "Just having a little chat with a friend. To be honest, I think we're done here. I've kind of lost my appetite."

His eyes lingered for some time on Echetlaeus, and Echetlaeus saw the threat behind them. Then Polydeuces, his gang and the pankration master walked out the door.

Echetlaeus had sweat dripping down his forehead and his hands were shaking. He couldn't quite believe he'd just thrown a punch at Polydeuces. He briefly caught Stavros still glaring at him from behind the counter before his boss was distracted by a customer. Echetlaeus looked down at Daphne who was trying to salvage her shredded book.

"You OK?" he said to her.

She nodded, wiping her eyes quickly and looking mournfully at the book which looked beyond repair.

"Yeah…I'm fine. Can't say the same for this book though. And it's a library book!"

She looked up at him and her expression softened.

"You shouldn't have done that, Ech," she said. "He's an idiot – should have just left him to it."

"Left him to it? Don't be ridiculous, Daphne, I saw the way he was bugging you."

"Yeah, but he bugs everyone – especially you! Now he's probably going to treat you ten times worse."

Echetlaeus laughed bitterly.

"Not sure it could get any worse to be honest. He's been at it for years. What happened? Why did he start on you?"

"Oh, he kept trying to talk to me. Asking me what I was reading. Asking me what I studied at uni. Eventually, I asked him to leave me alone. That's when he got nasty."

"Sounds like he fancies you."

Daphne pulled a face.

"Urgh, don't say that! Besides, I doubt I'm his type. You really shouldn't have done that Ech, it wasn't worth it."

She looked at him sternly but her expression softened when she saw his pained expression.

"But he was upsetting me and you did stand up for me. Thank you… and quite honestly you got the better of him Ech. Just be careful. I don't think that jerk takes kindly to people getting one over on him."

Stavros didn't take too kindly to it either. As soon as Daphne had left and Echetlaeus had returned to work behind the counter, his boss let out a hissing stream at him about 'having fights with customers' and how he needs to be 'more professional'. It took every bit of Echetlaeus' restraint not to throw down his apron and simply quit, but instead he simply swallowed the injustice of it all, apologised and said it wouldn't happen again.

It was with an enormous sigh of relief that Echetlaeus watched the clock strike five o'clock and it was finally time to leave. Saying a brief goodbye to Stavros, who merely grunted at him, he quickly left the building and headed to his motorbike at the back of the café. He still could not quite believe what had happened in the café earlier. Had he seriously aimed a punch at Polydeuces' face? Daphne was right. It would probably come back to bite him, but at the same time he couldn't deny it had felt good – even if he *had* missed. He suspected that if he saw Polydeuces at university this coming Monday, the brute would have plenty to say to him then.

He was just pondering on this when he caught sight of a stray, shaggy brown dog near his bike. Echetlaeus liked dogs and he rummaged in his pocket for a scrap of beef jerky that he had a tendency to keep in his pockets every day, with the intent of building muscle (not that it appeared to be having much effect).

However, as he neared the dog, he froze in his tracks, his heart skipping a beat.

No, his eyes were not deceiving him. No, it was not a trick of the light. No, he was not imagining things.

The dog wagged its tail as it caught sight of him, moving slowly towards him.

Its right leg was made entirely of copper.

Chapter Two: Empusa

"What the...?" Echetlaeus muttered, wondering if he was losing his mind and had simply been hallucinating since this morning. First the bird with the metal leg and now this?

Echetlaeus had no idea what was happening, and he wasn't sure he wanted to find out. As the dog proceeded towards him, its tail still wagging, he wondered if he should stay put or simply flee.

However, he didn't get to make that decision.

One minute he was standing there, staring at the dog in awe, the next, a hand roughly shoved him to the ground and he landed flat on his face, mud splattering all over his head, his hands scraping the gravelled earth.

"This is what happens when you don't mind your own business, Ecchy!"

A boot appeared out of nowhere and kicked him in the head. Agony shot through him. He managed to turn his eyes upwards and noted the sneering face of Polydeuces and about four of his pankration chums.

Echetlaeus felt the blood dripping from his nose as another swift kick booted him in the groin. This time he yelled in pain. Laughter filled the air.

His head and groin in agony, Echetlaeus could barely see anything except the blurred shadows of the boys above him. In the back of his mind an old pankration move he'd watched on YouTube shot through his brain and he attempted to kick out at his attackers with his right leg.

The attempt was futile; one of them immediately slammed his foot down on him, causing a cracking sound in his leg and sheer, splintered pain to shoot through him. The next thing he knew was that Polydeuces had grabbed him by the scruff of his neck, pulling him up close to his own sneering face. Echetlaeus could feel the spittle as Polydeuces hissed, "Remember this next time you start sticking your nose in where it's not invited."

With that, Polydeuces tensed his neck muscles and slammed Echetlaeus with a ferocious headbutt; Echetlaeus fell to the ground once more. Seconds later the gang had strolled off, their laughter echoing in the air long after they had turned a corner, leaving Echetlaeus lying beaten, bloodied and bruised in the dirt.

It wasn't just rage that seared through him; humiliation and helplessness were there too. All those months of attempting to learn pankration through online videos had proved futile. Polydeuces and his friends had beaten him to a pulp.

What's the point of it all? he thought furiously.

Moaning in pain, he eventually managed to pull himself to his feet. Feeling lucky he could walk at all - his entire body was aching in pain and his rib cage was absolutely killing him - Echetlaeus hobbled over to his bike, blearily wiping the excess mud from his eyes and face. The brute. The absolute smug, smarmy brute. Echetlaeus could think of no consolation at this time. He realised, in that one awful moment, that Polydeuces may as well be king. He would never be able to beat him. If Polydeuces wanted him lying face-forward in the mud, then that's what Polydeuces would get.

The dog with the copper leg had all but flown from his mind (not to mention, disappeared) as he attempted to mount the bike. Wincing, he wondered if he would be able to ride it at all, but luckily his legs were working well enough and his hands could just about grip the handlebars.

With his bag hung over his shoulder – which was aching horribly – he revved up the engine and began to drive off, going slowly due to the creaks and pains he was experiencing. He would have to avoid Aunt Eunice as much as possible as she would undoubtedly freak out over this and probably have a word with Stavros, which would be deeply humiliating. Echetlaeus was not sure how much more humiliation he could endure.

Dark thoughts plaguing his mind about what he would like to do to Polydeuces given half the chance, and wondering if he would be able to serve customers and wash dishes with the multiple painful bruises aching through him, he continued driving slowly along the road as the sun was beginning to set. He was about ten minutes from home now and he had a horrible feeling that Aunt Eunice, whose obsession with timekeeping extended to every area of life, would have noticed he was ten minutes late for dinner and would have already slipped into panic mode. The traffic was terrible, so to avoid losing more time he turned off the main road and took the quieter back street route. It was a longer distance, but should save a couple of minutes.

He was just thinking of what excuse to give her for his lateness when a cow appeared in the middle of the road in front of him.

Yelling, Echetlaeus reacted purely on instinct. He swerved the bike to avoid the cow, which stared at him, and before he could do anything the bike rammed into a tree at the side of the road. He squeezed his eyes shut, preparing for the impact, but luckily he was unharmed as he had been driving at such a slow pace. Tentatively opening his eyes, he was relieved to find he was intact (or at least, as intact as he could be after Polydeuces had given him a thumping), but there was no doubt about it – his motorcycle was a wreck.

Slowly, he disentangled himself from his motorbike, though when he was finally able to stand he realised his ankle had been hurt; it ached painfully when he put pressure on it. Wincing, he looked at his machine, which was completely smashed at the front and had smoke wafting from it. Could things go any more wrong than they already had today?

The cow that had originally caused the accident was still standing in the middle of the road, staring gormlessly at him.

"Thanks a lot!" said Echetlaeus furiously, waving his hands at the cow. His patience had run out. First Polydeuces, and now this?

Furthermore, what in the world was a random *cow* doing in the centre of Athens? He had never seen anything like it before and frankly, he doubted anyone else had either. This sort of thing just did not happen in this area.

He could not understand why the cow was just standing there, and his frustration increased. If he didn't get it out of the way, it would either get hit by a passing vehicle or cause another accident.

He started limping towards the cow, his foot still throbbing painfully, but stopped dead in his tracks when he got closer.

He couldn't believe his eyes, he really couldn't.

The cow had a *copper leg.*

Right, this was too much. Echetlaeus wondered if today was just some kind of bad dream and that he would wake up at any moment with Aunt Eunice shouting his name. The fact that he was hoping to wake up to the sound of his aunt's screeching voice spoke for itself. This was nothing but one long nightmare, a nightmare plagued by various animals turning up at random places, all of them with a copper leg!

He stood there for a moment, staring at the cow as it stared back at him. Right – if he was going to get to the bottom of this, he at least needed proof that this was real. Rummaging in his pockets he pulled out his mobile phone. He was momentarily filled with further horror when he realised his phone had a cracked screen – the brute, Polydeuces, must have stomped on it during the attack.

Praying his phone still worked he fiddled around with it and was relieved to find his camera working. Focusing on the cow he took a photo of the stationary creature whose gaze continued to creepily fixate on him. Then he went to his address book, found Daphne's name and clicked 'Send Photo' before typing in the message:

Tell me what u see.

A reply came almost immediately as his phone beeped to indicate he had received a message back.

Looks like a cow.

His fingers typed quickly.

Look at its leg.

A couple of minutes passed. Then his phone beeped.

Looks like it's wearing some kind of metal boot.

He responded fast.

That's not a metal boot, that's its leg! The cow has got a metal leg! Something weird is happening.

The phone beeped moments later.

What are you on about? Where are you anyway?

Echetlaeus wrote back:

It'll take a while to explain. Can u talk on the fone?

The beep came a moment later.

No, not right now. My mum and dad are doing this annoying meditation thing and they've told me I have to be in the room while they do it. I can only text. Tell me what's happening?

As quick as his fingers would allow (and several of them were still bruised from the attack earlier), Echetlaeus wrote:

This morning I saw a bird and it had a metal leg. After work there was a dog with the same metal leg. Then that prick Poly jumped me. After that I was riding home but this cow was in the road so I swerved and hit a tree. The cow has a metal leg. Do u see what I'm saying? These weird animals with metal legs are following me!

Another couple of minutes passed until his phone beeped again.

OMG. Polydeuces JUMPED you? Are you alright? You hit a TREE? OMG. Are you hurt?

He typed back impatiently.

Yes, I'm fine but never mind that 4 now. What about these animals with metal legs? I'm not imagining them, they're real! I even sent you a pic of 1! What does it all mean?

There was silence for some time. Echetlaeus, helplessly looking at his motorbike, pondered on what to do. He still had to get that damn, creepy cow out of the road.

Then, for no apparent reason, the cow turned around and walked back to the side of the road, disappearing behind some wheelie bins. Echetlaeus stared after it, wondering if he should follow (though not sure he'd get very far hobbling on one leg) but at that moment his phone beeped again.

Is this some kind of sick joke?

Confused, Echetlaeus responded to Daphne's message:

No? Y would u think that?

Her response was swift and Echetlaeus could practically read the fury in her words.

All this stuff about animals with copper legs! Is this your attempt at making fun of me? Did you even get jumped by Polydeuces? Did you really have an accident? Or is that part of this joke as well?

Echetlaeus was completely baffled.

Of course I got jumped and had the accident! This isn't a joke! Why do u think this? U can see the copper leg 4 urself!

Another few moments passed before the beep sounded again.

My parents talk about the Empusa all the time. That's what this copper leg thing sounds like to me! So, assuming you're not lying and this isn't some twisted joke, it sounds like the Empusa!

Echetlaeus' eyes widened. Empusa?

What's that? He typed hurriedly.

His phone beeped again.

Empusa is from Greek Mythology. My parents have got this weird obsession with it. Always talking about it, hence I thought you were making fun. It always has a copper leg but can turn into different things. It

Her message appeared to be cut off. Echetlaeus waited for the rest of the message, but nothing came.

Daphne? He typed back.

A few moments later, that familiar beep occurred.

My parents need me for something. Hold on. I'll get back to you in a moment.

Echetlaeus wondered what to do. He couldn't very well stay here out on the road all evening. He was surprised his aunt hadn't yet called him, so he dialled their home number to let her know he was alright, but the phone went dead immediately. Echetlaeus suspected the option to ring out was destroyed internally when Polydeuces smashed his phone. Aunt Eunice didn't have a mobile phone either so she was probably frantic with worry.

He also wanted to know more about this Empusa that Daphne mentioned. After today, he was just about ready to believe anything. He pressed the Google app on his phone but the webpage was black. He couldn't believe it. Was his ability to browse the internet ruined too?

Cursing Polydeuces under his breath, Echetlaeus figured he had better begin making his way home. His bike was finished and he'd never be able to lug it home anyway, not in this state. Hobbling forwards towards his house (it would be a good thirty-minute walk) he wondered if he'd be able to make it home at all; his foot was absolutely killing him!

So… Empusa.

That's what had been following him around all day? Some kind of shapeshifter with a copper leg?

He was still wrestling with the idea of a government invention sent to spy on him. Believing a mythological Greek creature had appeared just to follow him around was somewhat far-fetched… but then, who was he to think like that after the crazy events of the day?

Lost in thought as he continued tottering home, wincing every now and then, he almost didn't notice that a girl was sitting on the edge of the road, not too far from him. She wore a white dress and her hair was long and red, covering parts of her face. She looked up briefly as he got closer, but quickly hid her face again behind her hair as he caught her eye.

Curiosity welled up inside him. In her white dress, she looked as if she had just got back from a party. What was she doing out on the road on her own?

"Hello," he said cautiously, coming to a halt a short distance from where she sat.

She looked up slowly.

"Hi," she said in a soft voice.

"Are you alright?"

She nodded, though judging by her expression it didn't seem like it.

As Echetlaeus continued staring at her, he couldn't help noticing how stunningly beautiful she was. He hadn't seen it before because her hair had covered her face, but now he could see her he was mesmerised. She had large, sparkling blue eyes and full, red lips. Her skin was incredibly smooth and pale, but not pasty-pale; pale instead like the gentle, delicate light of the moon.

He forced himself to look away, feeling embarrassed and confused. He'd never really had much time for girls (not that they'd had much time for him either). The only girl that featured in his life was Daphne, but then, Daphne wasn't really a 'girl' (not that she was like a boy; it was just he could never really see Daphne like a girl – like a *girlfriend* sort of girl).

And anyway, he certainly shouldn't stand there gawping at her when she was plainly in distress about something.

"Erm," he said awkwardly, hobbling forward. "What are you doing out here? It's getting dark … probably not safe to be out on your own right now."

She looked up at him and, to his dismay, her eyes filled with tears.

"I've lost something," she said softly. The tone of her voice was like music to his ears.

Echetlaeus wanted to slap himself.

"What did you lose?" he asked, feeling a strong urge of wanting to comfort her and wrap his arms round her.

"My bracelet," said the girl, tears flowing freely now. "I lost it this afternoon as me and my friend were walking here on our way to her brother's wedding... so I came back to check if I dropped it... it's nowhere to be found. My grandmother gave it to me, it's irreplaceable..."

She burst into a fresh wave of tears. Echetlaeus stood there helplessly, wanting to comfort her but being too afraid to do so. He felt a strong desire to help her. She was so very beautiful.

Stop it! He scolded himself. *She's in trouble, so stop being such a sleaze!*

"Do you want me to help you look for it?" he asked her eagerly, edging a little closer.

She briefly stopped crying.

"Oh! Would you?"

"Of course! I mean, I just had an accident and got a broken foot and all –" he grinned - "but I would be happy to help you search for it for a while."

She looked up at him and slowly got to her feet, moving a little closer to him.

"That's so kind," she sniffed. "You're really nice to do that."

Echetlaeus blushed.

"Nothing to it," he said, with a wave of his hand. "So, where shall we begin looking?"

"Well, I lost it somewhere around here, only it would have been more off the road... close to an alleyway. I can't believe I lost it. It was my grandmother's only bracelet, passed down to her from her mother, my great-grandmother. She made me promise to take good care of it always."

"It's OK," said Echetlaeus soothingly, as she looked as if she was about to cry again, "we'll find it. We just need to retrace where you were walking. It'll probably get dark soon so we'd better make a start."

She gave him the tiniest of smiles. All thoughts of the pain in his foot and Aunt Eunice screaming with worry melted away. The girl was so very lovely. And she smelled amazing too. What was that scent? Lavender?

"You're really nice," she said to him. "What's your name?"

"Echetlaeus. My friends called me Ech. What about you?"

"Jane."

"OK, Jane. So where shall we start?"

"Just along this road, but I've already checked up and down and there's nothing here. It's that alley I told you about … my friend and I stopped off at a café there 'cos we wanted a bite to eat. My friend had the idea to walk to the wedding rather than get a cab – she's crazy like that! Some time between here and there … I lost my bracelet …

"OK, let's check out the alley then," said Echetlaeus, at the same time thinking about what a rotten person Jane's friend must be to have left her in this type of mess.

They made their way towards the alley and he had to admit his heart was pounding. He couldn't understand it. He had never met a girl who could make him feel this way before. Sure, he'd come across pretty girls and liked the look of them, but he had never met one who had him practically swooning in this embarrassing way.

He sneaked another glance at her. She was so beautiful. He wondered what it would be like to touch her hair, it looked so silky and smooth. He wondered if he might be able to broach the subject of whether she had a boyfriend or not. His heart sank at the same time, thinking that even if she didn't, why would she be interested in him?

And how could he even be thinking about this when she was so upset about her bracelet!

"So, do you live around here?" he asked casually as they came to the alley she had spoken about. It was quite dark and narrow, with a few solitary cafes here and there.

She nodded.

"Yes, in one of the houses about ten minutes from here. By the way, I'm really sorry I didn't ask before but are you OK? You mentioned earlier you had an accident.”

“Oh yeah, I’m fine. Crashed my bike.”

“You look like you have some serious injuries,” she said, halting in her tracks and looking him up and down with concern.

“Nah, I’m fine. That wasn’t from the bike. I got into a fight earlier.”

Her eyes widened.

“A fight?”

“Yeah. Some jerk jumped me. I’m fine though.”

She gasped.

“Jumped you? Why?”

“Oh, it’s just some idiot I know. He likes picking fights with me.”

He was too embarrassed to say he’d been beaten to a pulp, but Jane’s next words caused his heart to soar.

“You’re very brave,” she told him quietly.

He could hardly believe his eyes when she tentatively edged nearer and reached for his hand.

“Your hand is bruised,” she said, taking it very gently and holding it in her palm.

He went as red as a beetroot.

“I-I’m fine!” he exclaimed, not sure what to do. The touch of her hand was electrifying.

She released his hand, seeming embarrassed herself.

“Sorry,” she murmured. “I’m just so upset about my grandmother’s bracelet. And so grateful you’re helping me, even though you’re hurt..."

“It’s totally my pleasure,” he told her, clearing his throat, hoping the heat he felt in his face wasn’t actually visible. “So, erm, what does your grandmother’s bracelet look like?”

“It’s silver with a half-moon charm attached,” she told him.

They continued walking along the alley, scouring the ground for the bracelet. Echetlaeus noted the sky with some concern. It was starting to get dark and they would shortly run out of time.

“Hey, it might be a bit better if we split up a little while searching for it," he said to Jane, who nodded. "So how about you go to the left and have a look around and I'll look to the right?"

"Yes, definitely. I can't thank you again for all this, Ech."

He slightly trembled as she spoke his name.

"Anytime!" he said, a little too enthusiastically.

They split to search for the bracelet. By this point, the red sky of sunset cast a shimmering ray of light on the street and a flock of birds flew past, zipping through the trees and towards the west. Echetlaeus, searching for the bracelet on the ground, wondered if he might be able to ask for Jane's phone number at some point. He could offer to search for the bracelet with her tomorrow perhaps, or, if he found the bracelet now, she may even want to see him again just to hang out.

A mouse appeared in his vicinity. By now, Echetlaeus had learned to treat every animal with the greatest suspicion. His eyes swiftly darted towards its leg and he saw with relief there was no damned metal there.

His phone beeped.

Sorry about that. My parents go on and on!

It was Daphne. Echetlaeus had completely forgotten he'd been waiting for her message.

No worries, he replied.

Her text came back quickly.

Yeah, so as I was saying. Empusa. It's a creature from Greek Mythology, a child of the Greek goddess, Hecate. It's able to shapeshift into any animal and always has a copper leg. It can even turn into people. Empusa is well known for turning into women to seduce men. After she's seduced them, she drinks their blood and eats their flesh!

Something about her text caused the hairs to rise on the back of his neck.

Sounds terrible! he wrote.

His phone beeped again.

Yeah. There's only one way to get rid of Empusa and that's to curse it. Listen, why don't you come round mine for dinner? We can talk more about it then. My parents are almost done. This all sounds so weird, but if you really are seeing things then we need to talk about it - or get you off to the local shrink!

He started typing back.

I'm not sure I can 2night, I

He was momentarily distracted as he caught sight of something glittering by his foot. Bending over, he couldn't believe his eyes when he saw a silver bracelet with a half-moon charm attached.

Forgetting about his message to Daphne, he swooped it up, his heart thudding with excitement.

"Jane!" he yelled, turning around, holding the bracelet triumphantly. "I've found it! It's -"

But as he turned to face her, he stopped dead, the creeping sensation he'd originally felt upon reading Daphne's text messages amplified to the extreme. Jane was quite near and was staring at him in an odd way, an unnatural smile on her face, her red hair glittering under the sunset.

That moment, a gust of wind lifted up her dress.

One leg was slender, shapely and had that moonlit transparency to it.

The other was copper.

Chapter Three: Aunt Eunice's Secret

Blistered, thwarted, left for ruin
Yet all this time curiosity growing
The mystery that lies beyond the land
Shall now force him to take a stand.
Things are never as they seem
Is it real or all a dream?
"Trust in no one" is what she said
Now to the waters he will be led.

"J-J-Jane?" he stuttered, stumbling backwards on his one good leg and almost tripping over.

The horror welling up inside him was coming on fast now. He could hardly believe his eyes. The girl slowly walking towards him on this copper leg was not the same girl he had been so enraptured by only moments before. Though her face was still beautiful and her skin still illuminating, her expression gave her an ugliness he couldn't quite fathom. Either way, the revelation of her copper leg and its affiliation with the animals he'd seen earlier struck terror into his heart such as he had never known.

A sneer twisted her features, revealing rather pointy teeth he had not noticed before.

"How pathetic men are," she hissed at him, moving closer. "So easily taken in by pretty things. Tell me Echetlaeus, why are men so stupid?"

"Who - who are you?"

She laughed. Her voice no longer had the same hold it had over him previously. The magic was broken. Her voice was raspy and harsh.

"Mortals have feared my name for thousands of years. I am the stuff of darkest nightmares and deepest despair, the one who turns your laughter into screams, your joy into horror. With one touch I bring death itself. I am Empusa, the harbinger of disaster."

Echetlaeus swallowed as she came nearer; she was within touching distance of him now.

"What do you want from me?" he managed to ask her.

"It is you, you I want. Aren't *those* the words you had hoped to hear from my lips?"

She cackled wildly. Echetlaeus was almost paralysed with terror but he knew he had to act fast. This creature could want him *dead* for all he knew. What was it Daphne had said?

There's only one way to get rid of Empusa and that's to curse it.

Echetlaeus didn't stop to think any longer. Immediately, a tirade of words began to stream from his mouth.

"You're wicked, vile and disgusting!" he roared at the girl, who immediately froze in her tracks. "Hideous, monstrous and repellent! Get away from me, you horrible creature!"

As he yelled those final words at her, her face changed to reveal a wrinkled, hideous old hag. Echetlaeus watched in horror as her beauty vanished to be replaced with an enormous hooked nose and sunken beady eyes. Warts and boils covered her face. She screamed, her body trembling violently, before she vanished into thin air.

He stood there breathing heavily, his blood ice-cold and his hands clenched into fists. Had that seriously happened? Had a creature from Greek mythology appeared to him in the form of a beautiful girl and had he actually repelled it with a curse?

Shock still coursing through his veins, the truth was that the main thought dominating his mind was to get out of there as quickly as possible. It was almost dark now and he would much prefer to be back home, away from the threat of ghoulish mythological creatures that exploded in thin air.

Hobbling as fast as his one good leg allowed, he set off down the road, eager to get back home. His phone beeped several times as he limped along. Whipping his phone out, he saw Daphne had sent him a stream of messages:

You alright?

What's going on?

Haven't heard back from you for the last 20 minutes? You coming round?

He typed back as fast as he could while continuing to shuffle down the road.

Met a girl. It was Empusa. Like u said. Cursed it and it went away. On way home.

The text came back almost immediately:

WHAT?

He put his phone back into his jacket pocket. There was no time to explain right now. He just needed to get home. The thought of being back home and listening to Aunt Eunice's screeches presented, for once, a very welcome prospect. He'd get back home, have a bath, and think about how he'd met Empusa.

Even in his head, and despite the fact he'd seen it with his own eyes, it sounded ridiculous. Had it *really* happened? Was he sure he hadn't lost the plot? What had this apparition wanted with him? Was this some kind of psychological trauma, manifesting itself as a beautiful-girl-turned-hag? Years spent listening to Aunt Eunice's lectures was enough to traumatise anyone, but had he finally lost his mind?

He continued fearing for his sanity throughout the rest of the journey home, all the while keeping an eye out for any more bizarre creatures or girls with copper legs. This was the stuff of nightmares. He finally made it back home just as the moon had started to rise in the sky. He shrank back from it, as the light of the moon simply reminded him of "Jane's" glowing skin.

As he approached his house, he registered with vague surprise that all the lights were out. Odd. He had anticipated Aunt Eunice to be utterly frantic with worry, racing to meet him outside the house. He opened the door and was met with pitch blackness. Deeply confused, he switched on the light. Aunt Eunice was nowhere to be seen.

All sorts of horrors started whirling through his mind. After his experiences today anything was possible. What if Empusa had found his aunt and murdered her? What if some other supernatural being had kidnapped her? What if? What if?

Slowly, he moved through the house. A dirty dinner plate was on the table. It was very unlike his aunt to leave any dishes lying around.

"Aunt Eunice?" he called softly.

He began to creep slowly up the stairs. His phone beeped again.

Is everything alright? Seriously, Ech, what's going on?

This time he responded quickly.

If u haven't heard back from me in 15 mins, call the cops.

He put his phone back into his pocket and grabbed a nearby vase. Perhaps he should have gone to the kitchen and picked up a kitchen knife instead, but frankly he was just about managing to keep a cool head at the moment and a vase would have to do.

A stream of frantic text messages from Daphne went off, but he ignored them all, quickly putting his phone on silent.

He crept up the stairs and towards Aunt Eunice's bedroom. Slowly, he opened the door.

Aunt Eunice lay there under the moonlight in her bed. She looked completely still.

This was it. His worst fears had been realised. Aunt Eunice had been murdered.

Then a snore erupted from her mouth.

Relief washed over him, mingled with extreme confusion and bewilderment. A part of him scolded himself for being shocked at all – what was this entire twisted day, if not shocking? But for Aunt Eunice to go to bed, snoring away, leaving dirty dishes on the table, well, that simply wasn't right. It was downright bizarre, just as bizarre as being attacked by the Empusa creature earlier on (and he still wasn't entirely sure if he'd been hallucinating or not; maybe Polydeuces had kicked him in the head harder than he'd realised.)

Either way, what more could he do now? He was exhausted and simply wanted to crawl into bed.

Still, he had to double-check the house first. Echetlaeus wasn't usually the most vigilant of people, but his internal radar was set on high. He crept from room to room, switching on the lights to make sure there were no ghouls or Polydeuces-phantoms hiding in the closet, all the while wondering if he was going mad and if he ought to just check himself into a lunatic asylum.

His phone was still beeping non-stop. As he checked the final room – the kitchen – he figured he had better reply to Daphne, remembering he'd told her to call the police if she hadn't heard back to him within fifteen minutes. The last thing he needed was the cops turning up at his door.

I'm fine. Will chat 2 u tomorrow. Tired.

This, of course, prompted another stream of messages from his friend, but the truth was that he really didn't think he could deal with anything else right now, not even talking to Daphne. His mind was on overload and it felt as though his brain itself would explode. As such, he decided to switch his phone onto silent and make his way to his room. He didn't bother brushing his teeth or even changing his clothes. The throbbing aches and pains throughout his body went ignored. He just wanted to forget the horror, the shock and the unfathomable events of the day and drift off.

Within five minutes, he had crashed onto his bed and was snoozing.

*

Echetlaeus woke up at the same time he woke up every

morning, but it took him several moments to realise something was wrong.

It was quiet. He couldn't hear anything except for the birds chirping outside and the slight sound of pitter-patter as rain spattered down outside.

But that was the problem – the *quietness.*

Where were the shrieks of Aunt Eunice letting him know he was late? Where were her screeches and the familiar thumping noises in the kitchen as she rushed to cook his breakfast?

This was horribly odd. And as Echetlaeus thought about how odd things were, a terrible sensation struck him as he remembered the events of the day before.

It hadn't been a nightmare after all. Polydeuces really had beaten him to a pulp. He really had seen weird animals with copper legs. He really had met what he thought was a gorgeous girl, only to have her transform into a hideous hag from Greek mythology.

And yes, Aunt Eunice really *had* been behaving oddly, from her leftover dishes last night to her absence of screeching this morning.

Tentatively, he got up from bed, had a shower and changed. Slowly, he went down the stairs. He could smell bacon frying in the pan but still no noise to indicate that Aunt Eunice herself was anywhere to be found.

He opened the kitchen door.

"Aunt Eunice?" he said.

To his relief, she was there, pouring a cup of tea and standing over the frying bacon. She did not turn around when he came in.

"Um, Aunt Eunice?" he tried again, stepping slowly into the kitchen.

She finally turned around to look at him.

"Ah, Echetlaeus," she said. Her voice was strange, not a trace of her usual hysteria. Her tone was calm and her face strangely blank.

Wild thoughts started to zoom through Echetlaeus' mind. Was this even Aunt Eunice? After his experience yesterday with "Jane" anything was possible. What if this wasn't really his aunt? What if it was some shape-shifting Empusa currently taking the form of his neurotic aunt?

"Sit down," she gestured to a seat at the table. Echetlaeus hesitated, unsure what to do.

"Oh, sit down, silly boy!" she snapped, regaining some of her usual neuroticism. This was slightly more reassuring. Echetlaeus slowly and carefully placed himself in the chair.

Aunt Eunice brought a cup of tea and a plate of toast and bacon over, placing it in front of him. Then she sat down opposite.

He eyed her warily as he picked up his fork.

"Now," she said, that same odd expression on her face, "tell me what happened yesterday."

"Yesterday, Aunt Eunice?"

"Yes. Tell me about the scars on your face. About the girl you met, about the Empusa."

Echetlaeus gasped.

"How do you know about... have you been speaking to Daphne?"

"No. I haven't spoken with your friend."

"Then how...?"

"It doesn't matter how!" his aunt snapped. "Just tell me what happened, from start to finish."

Echetlaeus was utterly perplexed that his usually volatile and hysterical aunt was now behaving in this calm, rational manner. Added to that was the fact she appeared to not only know about what happened to him, but to *believe* in this Empusa as well. Echetlaeus figured he may as well just answer her question.

So he told her all about the strange animals he'd seen with copper legs. About Polydeuces jumping him and then how he ran into a tree with his bike (at this point, Aunt Eunice briefly exposed some of her usual self as she launched into a hysterical tirade about driving carefully, though when he explained it was because he'd seen a cow with a copper leg, she suddenly stopped dead and let him continue). He told her about the girl, "Jane", and then hesitantly went on to tell her how the girl had transformed into a monstrous hag.

"And how did you get rid of her?" his aunt asked sharply.

"Well… I cursed her… just called her a load of nasty names… that's what Daphne said to do…"

"Clever girl," Aunt Eunice grunted. "Alright, go on."

"Then I walked home. Came home, but couldn't see you. All the lights were off and you'd left a few dishes out… look, Aunt Eunice, what's going on? Do you believe me? Everything I said about this Empusa?"

"Yes, I believe you."

"But I don't understand. Why did it come after me?"

His aunt was quiet for a while.

"Eat up your bacon," she said softly.

He obeyed and munched on his bacon, his heart beating faster.

"I cannot tell you what is going on here," his aunt said, looking him straight in the eye. There was a look in her eyes he had never seen before.

"It's become clear the time has come. I need you to meet me in two days at the River of Styx. This flows through the Helmos Mountains of Achaea. In the meantime, I have things to sort out."

Her eyes darted towards the door. Echetlaeus followed her gaze and noticed a small suitcase on the floor.

She stood up. A pained expression had filled her features. Echetlaeus could not help the feeling of fear that shot through him.

"Aunt Eunice, what…?"

"Don't ask questions now. Just meet me at the Styx river in two days' time. Speak to no one about what happened, not even your friends. You can trust them, but you need to keep a low profile until we speak at the river."

She moved over to him and gave him an enormous hug. Echetlaeus noticed tears in her eyes. Then she quickly moved to the suitcase, picked it up and made her way towards the door.

"Remember," she said, "trust no one. I will see you in two days," and with that she departed from the kitchen, and moments later Echetlaeus heard the front door slam shut behind her.

39

Chapter Four: Water of Styx

River, gold and burning bright
Come to me, reveal your light
The fear that clutches around my heart
Can only by your flow depart
I seek answers I cannot seem to find
My aim is pure, yet my eyes are blind
From your depths and watery glow
Give me the knowledge that I must know.

The next day was a bit of a blur for Echetlaeus. He had gone to work that morning in a daze, desperate for the twenty-four hours to hurry up and be over with, all the while serving customers the wrong food.

"Table three wanted moussaka and rice, not taramasalata and pitta!" Stavros yelled at him, for what seemed like the dozenth time that morning. "What is wrong with you today? Do you even still want to work here? And what's wrong with your face, did you fall over or something? You could have cleaned your face properly before starting work! It seems like you don't want to be here at all – well, *do you?*"

If Echetlaeus had given his honest answer, Stavros would have kicked him out the door in that instant. Instead, he gritted his teeth, apologised and replied, yes, of course.

Suitably satisfied but still riled, Stavros shot him a filthy look before making his way over to the coffee machine.

But Echetlaeus couldn't get Aunt Eunice out of his head. He

wasn't sure which one was causing him the greater shock – the existence of the Empusa or silly, neurotic Aunt Eunice somehow being embroiled in this mystery, while appearing to have a calm, level head at the same time.

It didn't help that Daphne was constantly on his case, pestering him about what had happened.

"Look, are you going to tell me or not?" she eventually burst out in frustration at the cafe, as Echetlaeus tried to busy himself by wiping the tables clean. She had come to see him after managing to escape her parents' latest weird ritual, all with the intention of prising as much information out of him as possible, though he was thoroughly reluctant to tell her. Somehow, he didn't want to speak to anyone about this, not even his closest friend, at least not until he spoke with Aunt Eunice and gathered all the facts for himself.

And then there was Greg. Greg was Echetlaeus' other best friend. They didn't see each other that much these days because Greg's parents were constantly pushing him towards 'top-of-the-class' status and his poor friend was up to his eyes in books most evenings.

Originally from England, Greg was a real clown and loved to have a laugh. His mother was some rich aristocrat and his father was a Greek sailor who had been on a trip to London when he met Greg's mother and fell in love. They moved to Greece shortly after Greg was born and they had high aspirations for their son. Greg shared Echetlaeus' love of computer games and mythical heroes, but most of the time he was attempting to live up to his parents' expectations.

Echetlaeus became aware quite quickly that Daphne had obviously blabbed the whole strange business to Greg, because Greg had been sending him a stream of text messages all day and there wasn't much laughing going on there.

Dude, Daph's saying you almost got killed in a bike crash! And that twat Poly beat u up! Srsly man, get back 2 me!

Where r u, man?

Get back 2 me, need 2 know what happened!

But Echetlaeus simply could not tell either of his friends the truth of what happened. Not until he met Aunt Eunice at the water of Styx.

Strange that she should ask him to go there. He knew about the river of Styx from his books on Greek mythology. Styx herself was a goddess from the ancient myths. Her legendary waters were located near the village of Peristera which was about two hours from his home by bus. To get to the river itself was a three-hour walk through a forest path, which obviously meant some hiking and traipsing would be in order. Styx was a famous underworld river in Greek mythology. Legend has it that it was where the souls of the dead paid Charon, ferryman of the dead, one coin to cross the Styx, which marked the boundary between the lands of the living and the dead.

Above all else, the Styx was known as the river where Thetis, the mother of Achilles, dipped him when he was a baby, thereby granting him super strength and making him invincible. Echetlaeus had always loved the tale of Achilles. Only the heel which his mother had held when she dipped him in was vulnerable. Indeed, it was an arrow through the heel, shot by Paris, that eventually caused the Greek hero's death.

Styx had ancient connections with the land and with mythology and, after his experiences a couple of days prior, Echetlaeus didn't doubt for one second that Aunt Eunice had asked him to meet her there for a specific reason – though what that reason was, he had no idea.

He had been sorely tempted to just tell Daphne and Greg everything and ask them to accompany him on the journey, but he didn't know what awaited him at the river or what Aunt Eunice would tell him. If anything like the Empusa showed up, he didn't want his friends in danger.

And as for Aunt Eunice – how she, a little old lady, would manage the trip through the forest path for three hours on her own was another story! His concern for his aunt, coupled with his trepidation at what was to come, ensured obsessive thinking while at work, as well as constant absent-mindedness.

It was with relief that five o'clock came on the second day and Echetlaeus was ready to throw in his apron. He left swiftly, because judging by the look on Stavros' face it seemed as if his boss was ready to hurl a huge lecture at him about his lack of enthusiasm, his absent-mindedness and a whole host of other things that Echetlaeus really couldn't deal with right now.

He said a very quick goodbye before rushing out of the door. As he made his way towards the bus-stop, he realised he hadn't seen Polydeuces since that buffoon and his mates had beaten him up the day before. Such a pity that it hadn't been Polydeuces who had met the Empusa on a dark road instead.

The bus came and he hopped on, flopping down onto the nearest seat in relief. Tonight he had to prepare for his trip to the Styx. Aunt Eunice had not given him a time to meet her. She had said nothing about what to bring or what would happen. Her instructions had been so vague.

He worried incessantly about what was to come until the bus arrived outside his home. Once inside, he grabbed himself a quick bite to eat before pulling a camping rucksack down from the top of his wardrobe, opening it and filling it with a variety of things: his wallet, an extra pair of shorts and a penknife. Echetlaeus wasn't sure what he would do with them, but he was going into some unknown forest and to a mythical river. Who knew exactly what would happen?

Pausing briefly, he took the penknife from the bag and slipped it into his coat pocket instead. Better to be safe than sorry.

*

Echetlaeus arrived at the bus station to board a bus to the Styx at eleven next morning. The weather was fine and clear he noted, with relief. The last thing he wanted to do was trudge through rain and wind while on the forest path.

He was early for the bus and decided to take a seat while waiting. He sat down next to a little old lady accompanied by her dog, a Labrador Retriever. The lady looked at him curiously as he sat down, then turned to a man on her other side; Echetlaeus couldn't help overhearing them.

"You don't mind exchanging this for me dear, do you?" she was saying to the man. "I just need these twenty euros exchanged. The station master isn't available today. Going to see my grandson, you see, and want to give him a little something for his birthday."

She handed the man a note. On closer inspection Echetlaeus noticed that it was not a twenty euro note she had handed him, but a hundred.

The man evidently noticed it too. Echetlaeus' eyes moved swiftly to the man's face and he saw the greed in it.

"Yeah, no problem," he said, taking the note out of her hands.

Echetlaeus couldn't believe it. Seriously? He was going to cheat the old woman like that?

"Hey!" he said, before he could stop himself. "That's a hundred euros there, not twenty!"

The man's eyes flashed and he looked at Echetlaeus angrily.

"Oh yeah… so it is," he said gruffly. "Didn't notice."

"Sure you didn't," said Echetlaeus sarcastically.

The old woman looked bewildered.

"Hundred euros?" she said.

The man dropped the hundred-euro bill on the bench. There were about ten other people in the bus station watching. He mumbled something under his breath and scuttled off.

Echetlaeus stared after him, shaking his head. The old woman turned to face him.

"Dear," she said to him, "I do believe that man was trying to swindle me."

Echetlaeus nodded.

"Yeah, I reckon so!"

"But you stopped him dear. I cannot thank you enough."

"Oh, no problem," said Echetlaeus, warming to the old lady. He liked little old ladies and had always felt a rather protective streak towards them. They reminded him of freshly baked bread and crossword puzzles, two things that helped define Aunt Eunice.

"You are a good boy," continued the old lady. "If only we had more young people like you. Isn't that right, Boreas?"

She beamed at her dog, which woofed and wagged its tail.

"I must give you something for your kindness dear," she said, rummaging in her little black bag.

"Oh, no need for that," began Echetlaeus, but she hushed him and pulled out a tiny whistle.

"Here dear. Take this. A gift. I used it to train my dog."

"Oh, that's very kind," said Echetlaeus as she handed it to him, "but I don't have a dog."

"That's alright, dear. When I first bought it, I didn't realise it had such a high frequency and poor Boreas suffered. But you dear, you take it. It can help you if you are in danger."

"Well – erm - thank you very much," said Echetlaeus, accepting the whistle. He knew he would never use it, of course, but he realised from the old lady's eager face how much it meant to her that he accepted it, and he certainly didn't want to spoil that.

The bus appeared at that moment.

"Do you need help getting on?" Echetlaeus asked the old woman as a queue began to form.

"Oh, no, dear, you go ahead," she said, beaming at him. "Boreas here just needs to mark his territory."

Echetlaeus smiled before joining the queue. Moments later he had taken a seat towards the centre of the bus, placing his rucksack on the floor.

The driver started the engine. Echetlaeus looked up to see if the little old woman was on the bus. A quick scan told him she wasn't. As the bus began to drive away he looked outside to see if he could spot her, but she had disappeared.

Odd, he thought. The whistle she had given him was in his pocket, next to his penknife. Well, maybe she'd changed her mind or gone off to change her money somewhere else. She had seemed like a rather eccentric, sweet old lady. This whistle, for example. What a strange thing to give him.

The bus eased into motion and Echetlaeus sat back, gazing out of the window.

A mere couple of hours away, in northern Peloponnese and in the Aroania Mountains, on the rugged mountain of Helmos at an altitude of 2,100 metres, the Water of Styx awaited him. He recalled from his reading that the water formed an impressive waterfall with a drop of 200 metres. It was believed that the water itself came from Hades and the palace of the goddess Styx herself.

He pulled out a sandwich of ham and cheese, a bottle of spring water and a packet of crisps. He couldn't listen to any music on his phone as it was pretty much finished by now, except for the ability to receive and send text messages. Munching on his sandwich, he just let himself sink into his mind, wondering what awaited him at the river.

Two hours later he had arrived at Peristera, the village where the journey to Styx began. Taking a deep breath, Echetlaeus found a rural path with directions to a pine forest that would take him to the waters.

The walk was no easy feat; a series of twists and turns confronted him. The path was a little steep so he had to be careful with his balance. Spiders crawled out from every nook and cranny, landing on his rucksack and his head. Echetlaeus liked spiders but he didn't particularly want masses of them falling on his body. The three hours it took to reach the waterfall seemed a lot longer, and by the end of it he was thoroughly relieved.

Upon seeing the Waters of Styx itself he was blown away by its breathtaking beauty. It would have been worth coming here just to see the magnificent waterfall smoothly and majestically rushing to the waters below. The view was spectacular with its cluster of trees and clear sky. For a while, Echetlaeus just stood there, marvelling.

Then, of course, he remembered his whole reason for going in the first place. Aunt Eunice. But how in the world would he even contact her when she had no phone? She was nowhere in sight either.

He began to panic a little. What now? Did he just sit and wait?

He peered downwards. He was out of water and getting rather thirsty. Best thing to do would be to walk down to the river, help himself to a drink and then have a think about what to do next. Beginning to feel the first warnings of dehydration, he wearily hauled his rucksack higher onto his back and made his way down to the river.

When he got there, he placed his rucksack on the ground, unzipped it and pulled out an empty water bottle. He bent over and scooped up some water, gulping it all down with a relieved sigh. It was delicious.

He was totally unprepared for the crow.

At first, there was just a strange cawing sound from somewhere above. Then, seconds later, a black bird swooped down, stuffed its face inside his open rucksack and grabbed his keys.

"Hey!" shouted Echetlaeus.

Scrambling to his feet and grabbing his rucksack, he ran after the bird which had taken off, soaring away and cawing loudly. Terrified of losing sight of it, Echetlaeus picked up the pace, zooming across the mountain while keeping the bird in sight. It flew into a nearby cave and Echetlaeus temporarily halted in his tracks. It was large, looming and pitch-black inside.

Urgh, just go for it, he thought to himself. *Don't be such a wimp!*

He ran into the cave and followed the crow's persistent cawing, and as the light dimmed he ran a little slower than usual in case he accidentally bashed into a wall or tripped over a rock. Then he noticed the light weakly returning… he was travelling through a tunnel! Within moments he had reached the end and come out into the open again.

Puzzled, he stopped in his tracks, looking behind him. The tunnel he had just run through was behind him and in front of him now were tall trees and several entrances to other caves. It was a lot darker here as the trees blocked out the sunlight. He was confused, pretty sure that this area had not been on the map he had studied.

He started to run again, thanking his lucky stars that his ankle wasn't so damaged from the other night that he couldn't keep up with the wretched beast.

Running into the forest he spotted the crow again flying to a particularly dark and deserted spot where it dropped his keys. Then it flew off with another "Caw!"

"Yeah, thanks!" Echetlaeus shouted at it, running over to the keys and grabbing them from the ground. Panting as he caught his breath, he felt somewhat in despair. Now what? What if Aunt Eunice was waiting for him at the Styx? He had no way of contacting her - he didn't even know where he was!

He would simply have to trace his way back and pray she was there waiting for him.

Hauling his rucksack tightly over his back again, he looked from left to right, trying to remember the pathway back. Wasn't that massive oak tree there when he'd been following the crow? Maybe that small stream could lead him back.

"Echetlaeus?"

He froze. Someone had spoken his name.
"Echetlaeus?" The voice repeated.
Terror shot through him. He looked around frantically, but no one was there.
"Who-who's there?" he stuttered.
"Echetlaeus … help me."
The voice was a little louder now, and more urgent. It was undoubtedly a female voice and sounded oddly familiar.
"I - I can't see you!" he managed to blurt out, trying to tell

himself he wasn't going insane.

"Please… follow my voice."

Alarm bells clamoured in his head. Only a couple of days ago he had almost been attacked by Empusa, a creature that had tried to lure him in. How did he know this voice wasn't something similar?

But at the same time, a niggling feeling in the pit of his stomach urged him to follow the voice. He couldn't explain why, but he felt it was the right thing to do.

Ultimately, he decided to choose his intuition over his rational mind, praying he would not live to regret it - or rather, simply praying that he would live.

"All right," he called out, unable to stop himself from shaking. He reached into his pocket and gripped his penknife, gulping. "Where are you?"

"Just follow me … please … there is not enough time!"

Oddly, the voice started to hum. It began humming in this weird, mournful way that sent shivers down his spine. But he summoned all his courage and moved forwards, following the humming. For a full five minutes and with no idea where he was going, he weaved through a cluster of trees before emerging into a clearing.

To his surprise he saw a row of marble columns set very close to a cliff face. The columns were of such breathtaking beauty and had such a wondrous ancient aura about them that he could only stop and stare at them in awe.

"I'm here… help me."

It was the voice again, louder this time. He turned his head towards it and saw more columns standing in a row. An odd, loud, breathing sound was emanating from them.

But this time, it wasn't the columns that caused him to stop in his tracks. In fact, it took him a moment to tell himself that what he saw was real, that he wasn't hallucinating, that the scene before him was actually happening.

There was his Aunt Eunice, wrapped in an ancient Greek tunic.

He knew now who the voice had belonged to and why it had been so familiar to him – it was his aunt's.

And yet, though it was her, it was not her. Wrapped in the tunic she looked younger and more beautiful. The lines on her face had dissolved and her skin appeared smooth. Her eyes were wider and her hair flowed thick and free. The change was astonishing to behold.

But she was not alone. She was trapped between two columns and the cliff face behind her, escape impossible; for prowling in front of her, its enormous teeth on full display, was a huge black creature with three dog heads. Each of the heads had hissing snakes at the top and its tail was also that of a great serpent. Its eyes were red and gleaming.

It looked up as Echetlaeus approached. Echetlaeus' mouth went dry, his whole body turned to ice for he knew what this creature was - a creature of ancient Greek mythology, a protector of the underworld. He had seen enough pictures of it in his books to know he could not be wrong.

This was Cerberus.

Chapter Five: Revelation

The beast with three heads was a terrifying sight to behold. Echetlaeus felt his insides seize up and the wind almost knocked out of him as he continued to eye Cerberus with horror. No, he wasn't imagining it, and quite frankly, after his experiences a couple of days before, he couldn't have doubted it even if he wanted to.

Aunt Eunice was trapped, and the great three-headed beast was edging nearer to him.

"Echetlaeus, no!" his aunt screamed at him. "Run - you cannot beat it!"

"Hold on, Aunt Eunice!" Echetlaeus roared.

There was no time to think, only to act. Frantically looking around he spotted a flaming torch on the cliff face between two nearby columns. Where it had come from or why it was there mattered little. He sprang up and grabbed it then leapt towards Cerberus, waving the torch at him.

Cerberus lunged back at Echetlaeus, his enormous teeth gnashing furiously. Aunt Eunice screamed in the background. Cerberus reared towards the torch and one of its huge heads snapped it in two as if it were no more than a flimsy twig. Echetlaeus yelled, jumping backwards before Cerberus could take his hand off too.

At that point Cerberus roared and began chasing Echetlaeus who began to run for his life around the columns. He knew he couldn't last for long.

"Echetlaeus - the columns! To your right!" his aunt screeched.

He only had a second to look where his aunt was directing him before Cerberus took a massive swipe at him with one of his heads missing Echetlaeus' hand by a fraction. However, he then saw what Aunt Eunice had intended him to see. Hanging from one of the columns was a huge silver shield and a large, gleaming sword.

He jumped towards it, ducking beneath Cerberus' incoming fangs and using a move he had remembered from a pankration video. He darted towards the sword, grabbing it with one hand and almost dropping it due to its remarkable heaviness. Then he grabbed the shield. It took every ounce of his strength to raise them both but the adrenalin was giving him extraordinary vigour.

"Look out!" Aunt Eunice's shriek was laced with terror.

In a flash, Echetlaeus span round and instinctively swept the sword through the air. In doing so he scratched one of the heads the beast.

But this only incensed Cerberus more. Snarling wildly, he plunged towards him. Echetlaeus dodged the incoming bite from Cerberus, dropping the sword and shield to the ground as he desperately used his hands to balance himself.

But then, Cerberus' tail came out of nowhere and whipped Echetlaeus to the ground. Echetlaeus landed hard on his back, winded.

Groaning, he managed to raise his head and saw Cerberus inching towards him, red eyes gleaming and huge fangs on display.

It seemed the end was nigh. Utterly defenceless and powerless on the ground without the sword and shield, Echetlaeus knew he stood no chance against the great beast that was edging towards him. Out of the corner of his eye he saw Aunt Eunice, tears streaming down her face, her voice shouting something incomprehensible.

And as he looked at her in her youthful state he was reminded of another little old lady who he had met earlier that day.

"It can help you if you are in danger ..."

In a flash, Echetlaeus reached into his pocket and pulled out the whistle.

He blew it hard, just as Cerberus descended upon him.

The transformation was dramatic. The snarls vanished from Cerberus' faces, the three sets of jaws snapped closed and the great beast retreated, wailing pitifully as if it was a puppy that had lost its mother.

In a flash, Cerberus streaked away and vanished into the great forest.

Echetlaeus lay there, panting, hardly able to believe what had happened, but his shock at being so close to death's door was overshadowed by his concern for Aunt Eunice.

Scrambling to his feet, he rushed towards his aunt who was leaning against one of the columns, looking as though she was about to faint.

"Aunt Eunice!" he exclaimed, approaching her and reaching out to her with his hand.

"Echetlaeus," his aunt sobbed, stooping; her voice was weak.

Echetlaeus' eyes darted around, looking for his rucksack. He spotted it lying on the ground.

He ran to it, unzipped it and pulled out a bottle of water before sprinting back to Aunt Eunice.

"Here," he gasped. "Drink."

She took the water from him gratefully and took a few sips.

"Thank you," she said, coughing a little.

He guided her gently to a small rock near one of the columns.

The swords and shield still lay on the ground and Echetlaeus caught a glimpse of them, his blood running cold as he thought how close he had come to meeting his maker. But now was not the time to ponder on this.

"Aunt Eunice, sit down. Are you OK?"

"Yes, my boy… I am fine."

He knelt down, watching her, concerned. She raised her head to look at him. It was strange. Aunt Eunice had only ever tended to look at him with two expressions: disapproval or anxiety. But now, though younger and more beautiful, her face was more haggard and tired than he had ever seen it and yet she looked at him with something different in her eyes. Something that looked oddly like pride.

"It seems we have hope. You may indeed be the one we have been waiting for."

She managed a small smile. Echetlaeus blinked.

"I don't understand. Aunt Eunice – please, what's going on? I don't understand what's been happening! With what happened just now, with the crazy Empusa a couple of days back – I keep trying to tell myself I'm not going crazy, but I wonder if I really am!"

"You are not going crazy, Echetlaeus. Everything you have seen, everything you have heard… what you have fought… it is real. All of it."

"I feel like I'm losing my mind, Aunt Eunice. I'm not even sure if we're really here right now…"

"We are, my boy. And now I am going to tell you everything. I will tell you what's been happening to you. It is something I have had to keep hidden from you for so long… but the time has come where I must tell you."

She took a deep breath, and when she looked at him her expression frightened him to the point where he almost didn't want to hear what she had to say.

"You are Echetlaeus, my nephew, but you are no ordinary boy. You are descended from one of the great houses of ancient Greece, the house of Achilles, and a direct descendant of the god Zeus himself."

Echetlaeus stared at her.

"I'm what?" he eventually managed to say.

"A descendant of Achilles and Lord Zeus. This ancient royal dynasty began with Aeacus, Achilles' grandfather. I presume, from having your nose buried in books of Greek mythology so many times that you know who Achilles is…?"

"Of course I do! But – how can this be? Aunt Eunice, are you *serious?*"

"I am completely serious, my boy. Aeacus was the son of Zeus. The child of Aeacus was Peleus, who later married Thetis, who gave birth to the legendary Achilles. You are the descendant of Achilles, but your blood line does not end with him – the blood of great heroes runs through your veins for you are also a descendant of one of Greece's most powerful kings, Alexander the Great."

Echetlaeus' jaw had already dropped dangerously close to the floor.

"I just – I don't understand."

"It will sink in with time, trust me," said his aunt.

But Echetlaeus just couldn't believe it. His rational mind screamed at him that this was impossible, that Aunt Eunice was not well. But if Aunt Eunice was not well, then neither was he, for hadn't he just seen and fought a dog with three heads?

Despite the tense atmosphere, his aunt chuckled.

"I see you still need much persuasion," she said. "Echetlaeus, do you know who I am?"

"Ye-e-es," he replied slowly. "You're Aunt Eunice… I mean, you look like Aunt Eunice…"

"I am not just Aunt Eunice. In fact, I am not your real aunt at all, at least not in the sense you know me as. You were entrusted into my care when you were a baby and since you were a little boy you have known me as Aunt Eunice. But I am more than that, so much more. I am sorry I gave you such a hard time, Echetlaeus, but I couldn't let you suspect my real identity, not even for a second. So I played the role of foolish aunt for as long as I could, but I can protect you no longer. I am one of the fifty Nereids, the sea nymphs of ancient Greece, and I am the sister of Thetis. This is my true form. Thetis was the mother of Achilles, your ancestor."

"What? But – how?" Echetlaeus' head was spinning.

"I am not merely a middle-aged lady, dear boy," said Aunt Eunice, smiling. "As you can see, I am no longer middle-aged at all! I am thousands of years old, kept alive through the powers of the ancient world running through my veins. The Nereids, my sisters, have been searching for centuries for the Legendary Warrior, the one who will right the wrongs of this world and save us all from the mistakes my family made many moons ago."

"Mistakes?"

"Yes," said Aunt Eunice quietly. "We made a dreadful error. And because of it, my sisters and I have paid the price, searching the world for the one who will make things right once more. The Legendary Warrior will, when the time is right, have his genes activated to fulfil what the Oracles prophesised many centuries before."

Echetlaeus didn't understand a word she was saying. His head hurt in a way it had never hurt before. Aunt Eunice was thousands of years old and he was a direct descendant of Zeus?

If this had been in a normal setting, he would have hauled poor Aunt Eunice off to the doctor's right away.

But this wasn't a normal setting. Echetlaeus could not deny what he had seen with his own eyes.

And yet, how could this be true?

"You still doubt," said Aunt Eunice, watching him shrewdly. "And yet, no lie utters from my lips. Your father..."

"Yes?"

His heart began to speed up for reasons he did not know. Aunt Eunice (who he had believed was his father's sister up till now) rarely spoke of his parents. His mother had died in childbirth and his father had died of a sickness when he was a baby. Or so he had been told.

"What about my father, Aunt Eunice?"

Aunt Eunice hesitated, sorrow filling her features.

"You must forgive me for not telling you sooner, Echetlaeus," she said softly, "but the reason for my silence was to protect you. That was all your father wanted – to protect you. And his desire to do so cost him his life."

Echetlaeus was silent.

"I don't understand," he said finally.

"Your father did not die from an illness as you have believed, Echetlaeus. Have you heard of Ichor?"

"No"

"Ichor is the ethereal blood that runs through the veins of gods and immortals. It is the blood that runs through the Legendary Warrior, the one my sisters and I have been seeking for centuries. Here in the water of Styx lies great power, the watery veil between the underworld and the living. It is here in the Styx that the power of Achilles can be harnessed, so that he or she may acquire the legendary warrior's powers and fight the great evil that is to come. On countless occasions men and women from our ancestral line have attempted to baptise in these rivers in order to acquire this power… all have failed and all have died a brutal death because of it. Though they were direct descendants of Achilles, none of them had the gene – the gene of the gods. Therefore, none survived the initiation. Your father was one who attempted to activate the gene and failed. He did so, wanting to spare you from the same fate. He thought that if he could become the Legendary Warrior, then he could protect you from the grisly death that had befallen so many of your relatives."

Echetlaeus said nothing. This was hard to absorb. An array of emotions was spinning around inside him. Though he didn't say a word, his aunt could not fail to notice his inner turmoil.

"I'm so sorry, Echetlaeus. Truly, so, so sorry. This was what was written in the prophecy. It was why so many of your forebears died and why you are here today..."

"So, my father died for a prophecy?" said Echetlaeus,

swallowing hard.

"The prophecy, yes. It is the prophecy ordained thousands of years ago, which tells us that humanity is in grave danger. Only the Legendary Warrior can save us, and that hero must be a descendant of Achilles. He will be a legend before he is born and the Ichor blood will flow through him, just as it flowed through Zeus and the other gods. I believe now that this prophecy applies to you, Echetlaeus."

"No, stop." Echetlaeus stood up, his fists clenched, his body stiff. He couldn't take any more of this. It was all madness, all of it.

"I am not a hero. My blood is normal. If this prophecy is talking about someone, it definitely isn't about me. I'm no hero and to be honest this all sounds totally nuts."

"You just saved me from a three-headed beast. Do you think that's nuts or do you think maybe it's an indication that there's some truth in what I say?"

"I don't know – I don't even know if that was real."

"It *is* real. All of this is real. Open your eyes and believe, boy. You know in your heart this is the reality, but what matters is what you choose to do about it. Your actions against Cerberus proved your strength, your valour and the heroism that runs through your veins. Come – look at this."

Aunt Eunice hobbled over to indicate a pair of columns, between which was a wall painting. A large tree had been beautifully painted on the stone with names inscribed in tiny writing.

"Look at this tree. Do you know what it is? It is the genealogical tree of Achilles, dating right back from his son until his descendants today. His descendants were chased for millennia by the forces of darkness. Some survived and became kings, determined to fight for humanity against ancient demons."

She turned to face him, her expression sombre.

"You, Echetlaeus, are the only one who has survived from this tree. If you are not the Legendary Warrior as you believe, then the world is doomed to darkness."

Echetlaeus was silent as he viewed the tree.

"You said this all started because of a mistake our family made," he said eventually. "What mistake was it?"

"I am sorry, my boy. But there is no longer time to discuss further. The moment has come. You must decide now. Will you do the test in the water of Styx, or will you leave this place and continue to live the life you've had so far? What will your decision be?"

Echetlaeus could not think. What should he do?

When he looked into Aunt Eunice's eyes he saw there were tears there.

"How I wish this were not so," she murmured. "I have loved and raised you as my own. I have seen many of your relatives perish in the waters. My dear Echetlaeus, I almost pray you will turn away, even if the world does descend into darkness. I cannot bear the thought of losing you too."

She began to cry quietly into her hands. In that moment, as he moved closer to her, Echetlaeus felt an overwhelming love for his aunt, and it was this love that gave him the courage to say what he said next.

"Yes," he said. "I will do it."

"Are you sure? I have seen so many die. Though it is my role to find the Legendary Warrior, I do not know what I would do if you perished also."

"I will do it," he repeated determinedly. "What other choice is there, Aunt Eunice? As you said, if we do nothing and I *am* the one you speak of, then the whole world will turn to nothing - and then, what would be the point of anything?"

He stared at her, resolute. She wiped her eyes.

"You are the true heir of Achilles," she said with a sniff. "I believe you are the One. Very well, let us proceed."

Aunt Eunice gently took his hand and led him towards a place by the river where stood a building resembling a watermill. She guided him inside to a dimly lit room, and Echetlaeus heard the sound of trickling water close by.

"The sacred water in this room can kill any animal or plant and can easily destroy metals with its power, but, whoever has the heart to survive, it blesses with divine powers, great speed and the strength of a hundred men.

"Only a vessel made from a horse's hoof can withstand this water. It was from such vessels that the gods would drink the water of the Styx whenever they wanted to find out if a god was lying or telling the truth. If they were caught lying, they would lose their strength for a year and be as weak as humans. Here…" She pulled something out of her pocket and handed it to him.

"Take this phial. I give it to you with my blessings."

It was exquisitely formed from a hoof. It was black, the length of a man's thumb, and shaped like a teardrop. A black, ball-shaped stopper was its seal, attached to the body by a hinge. The stopper was open. A slender chain of interlocking rings of hoof material was attached, enabling the phial to be worn around the neck.

Echetlaeus passed the chain over his head, and the phial nestled gently against his chest.

Aunt Eunice continued, "Beyond the column to your right is a small stream filled with magical water from the sacred river of Styx. This is no ordinary stream, for it is deep, as deep as a well, and it separates the earth from the underworld. There is a cage floating above it and there is a chain attached. This cage was fashioned by Hephaestus, the god of fire, by fusing together bones from hooves, and it is invulnerable. You must enter the cage and I will pull the lever, which will lower you into the dark waters of the stream. If you can survive the sacred waters for one minute, then you are the Legendary Warrior and you will be blessed with the superhuman gifts of the gods. If you survive, be sure to close the stopper on the phial, as it will be filled with the fearsome water."

Together, they went across to the deep stream and Echetlaeus saw the cage his aunt had spoken of, with a chain attached. He took a deep breath.

"You are sure you want to do this?" his aunt asked him softly, placing a hand on his shoulder.

Echetlaeus nodded. His aunt kissed him once on the forehead, trying to mask the pain in her face. Then he walked towards the cage and fearfully slid to one side a bar made of bone, opening a narrow door. He went inside, having to crouch slightly. Aunt Eunice closed the door; the cage was just big enough to contain his entire body.

"I will lower you down. May the great blessings of Zeus be with you, my beloved Echetlaeus."

With that, Echetlaeus closed his eyes, realising this could well be the end of his life. Oh well. On the plus side, at least he wouldn't have to look at Polydeuces' hideous face anymore.

Trying to keep his thoughts light, he could not stop his heart from pounding out of his chest. He heard a "click" from near where his aunt stood and then the cage started to descend into the water. Echetlaeus' eyes squeezed shut and he clenched his fists.

As soon as the dark water touched his toes he felt a searing pain shoot through his skin. It was as though his entire body was covered in acid. The agony engulfed him and he felt as though he would die any second. As his entire body was immersed in the water, he felt as if it were on fire. It was a pain like no other.

"Arrrrggghhhhhh!" he screamed.

He looked upwards and saw Aunt Eunice staring down at him, horrified. It had gone wrong, terribly wrong. She grabbed hold of the chain and began to yank him upwards.

Blinded from the pain, Echetlaeus could barely see her. But he did not imagine the arrow that suddenly burst through her left shoulder, her blood splattering everywhere. Nor did he imagine the second arrow that erupted from her belly a second later and her ear-splitting screams. Nor did he conjure the snarls and deep breathing that suddenly surrounded his aunt. He imagined none of it as the searing agony continued. The pain ripped through his body like a wildfire engulfing a forest.

Then he fainted.

Chapter Six: Virtue & Vice

Come, traveller, what do you seek
All you shall sow, so shall you reap
Two doors beckon and lie before you
One for vice and one for virtue
Which do you choose, but ask yourself why;
Can you distinguish the truth from the lie?
Do what is easy or do what is true
Know only this: the choice is with you.

When Echetlaeus woke up his head was throbbing. Slowly he opened his eyes but he could barely see anything. White mist surrounded him.

Groaning slightly, it took a while for him to remember who he was, let alone where he was.

A flash of Aunt Eunice being penetrated by arrows went through his mind.

"Aunt Eunice!" he immediately yelled, trying to leap to his feet, terror striking his heart.

But for some reason, he couldn't get up. He blinked several more times, thoughts of Aunt Eunice dominating his mind, petrified that she was in danger. But where was he? He should be with her. He had been in the cage, and she was pulling him up. And what were those creatures, the ones with the dog heads? Had he imagined them? But if he'd imagined them, then maybe Aunt Eunice hadn't really been shot.

It all flooded back to him now. He'd gone into the waters to see if he was the Legendary Warrior. It hadn't seemed likely, considering the water had burned his skin - he instinctively gripped his arm as if he could feel the fire burning into his skin once more. The memories were real and powerful but they did nothing to alleviate his confusion.

The phial! He checked. Ah! Full of water. With relief, he closed the stopper.

But where was Aunt Eunice? Where was *he?*

He was no longer in pain, apart from the slight throbbing in his head. He was wondering how he might get back to Aunt Eunice when suddenly the mist began to clear and he was confronted by two women standing before him.

One was dressed entirely in black, the other dressed in white. Both were beautiful, but their beauty was very different. The one in black had an alluring, seductive type of beauty. Her lips were red and full, her eyes large and green with long, prominent eyelashes. A smile curved upon her lips.

The one in white was also beautiful, but there was something more innocent about her face, something kinder. Echetlaeus was reminded of his friend Daphne for some reason.

As Echetlaeus stared at the women he noticed a crossroads behind them.

"I am Vice," said the woman in black, stepping forwards, her large eyes locking with his. "You have a choice today. Who will you follow?"

"Follow?" repeated Echetlaeus, staring up at her.

"Two paths lay before you. Mine is one of pure joy and happiness. My path is one where you will have no worries and no suffering. Everything you desire shall be yours. The finest food, the finest home, the finest life. My life is an easy and beautiful one."

As Echetlaeus continued to stare at her in awe and he noticed the landscape behind her change. It suddenly became filled with flowers, beautiful trees with ripe fruit, rivers. It was like some kind

of perfect, enchanted garden.

Echetlaeus stood up slowly, enraptured by the woman and the garden, preparing to follow her. All thoughts of Aunt Eunice had flown from his head. Everything Vice promised - who wouldn't want that? Who wouldn't want an easy, happy life?

As he moved towards her the woman in white raised her hand and her eyes flashed towards him.

"Wait," she said to him. Her voice was soft and gentle but there was an underlying sorrow to it. "You have a choice. My name is Virtue. I offer you sadness, suffering and distress. Your life will not be an easy one. It will be hard and many times you will wish it was over. But follow my path, and you will help many people. You will fight for justice, freedom and equality. Because of you, others will be able to live happy lives."

The landscape behind Virtue had changed. Hurricanes, dark clouds and burning buildings were in the background, enough to strike fear into the heart of even the bravest person. Echetlaeus stared at her as her words sank in. Aunt Eunice immediately flashed through his mind and shame filled him. How could he have even possibly considered the other path for even a minute when Aunt Eunice was in danger - when humanity was in danger? How could he choose the path of happiness and pleasure when others were suffering?

His mind was made up. He raised his hand and pointed his finger to Virtue. At that moment, the face of Vice changed into an expression of rage and she vanished in a puff of smoke.

Virtue turned to Echetlaeus, smiling.

"Few choose me Echetlaeus, but those who do are special to this world. Thousands of years have passed so that someone exceptional will appear and walk the earth, someone to inspire and elevate the people. You are a noble and fierce man who has the blood of the Gods running through his veins. And now, you also have the powers of the Gods. If you use them wisely, your name will never be forgotten, but if you fail, all of humanity will pay the price. Now you must awaken."

"Awaken?"

"Yes... wake up. WAKE UP!"

Instantly, Echetlaeus' mind went blank and he fell to the ground, his surroundings vanishing.

He was not sure how long he was out, but when he regained consciousness he noticed two things: one, that he was back near the Styx in the place he had been just before Aunt Eunice had been hauling him up from the river again, and two, his body was on fire again. He screamed, but as he screamed the strangest thing started to happen. His body began to regenerate. Slowly, the pain disappeared, and his wounds began to heal. His tissues were being rebuilt. He felt as though he was being reborn again.

He felt stronger, yet lighter. His body felt heavy as steel in one way and yet as light as a feather in another. Echetlaeus couldn't fully understand what was happening - his vision was clearer, his sense of smell stronger, his hearing more powerful...

A scream interrupted his thoughts.

He leapt up. In fact, he leapt as high as he was tall into the air before landing on his toes. He was barely able to register his shock, for as he turned to face the place where the scream came from his blood ran cold.

Aunt Eunice lay on the floor. Above her stood a creature with the body of a man and the head of a dog, holding an axe. Blood surrounded Aunt Eunice and two arrows projected from her mutilated body.

Echetlaeus watched in horror as the creature raised the axe above its head, preparing to deliver the final blow to his aunt.

"NO!" he yelled.

In a flash, Echetlaeus had reached them. He was not the same person he was when he first entered the water of Styx. His muscles rippled through his clothes, his reflexes were one hundred times stronger than they had been previously, his skin was shining and radiant.

With one swipe he snatched the axe from the creature with ease and grabbed the sword which still lay on the ground. Then he rammed the sword through the creature's belly.

The creature fell backwards and its body fell to the ground with a large thud. Echetlaeus stared at it for a moment, breathing heavily.

Then he turned to his aunt, the horror returning to him as he gazed upon her wounded body.

"Aunt Eunice!" he said, falling to the ground beside her on his knees.

Aunt Eunice slowly craned her neck to look up at him. Echetlaeus could hardly believe what he was seeing, and the distress ripped through him. His aunt's clothes were covered in blood from her mortal wounds and her face was bruised.

"Oh, Aunt Eunice," he said, tears coming to his eyes as he gently took her hand. "I'm sorry. I'm so sorry."

Aunt Eunice squinted up at him and a very small smile crept onto her lips.

"Echetlaeus ..." she whispered. "I ... knew ... it was ... you... righteous people ... suffer ... the most."

Then her mouth and eyes closed and her hand went limp. Her chest fell and her breathing stopped.

She was dead.

The rage, agony and grief that shot through Echetlaeus just then were too powerful to behold. He roared wildly. In his rage he ripped off his shirt, only to reveal a muscular torso and powerful arms that were not his own. Seconds later, he heard snarling coming from all around him and through his tears he saw more of the dog-head creatures coming towards him.

His rage threw him into a fury and he lunged for the creatures. He felt no fear – only grief and loss that his beloved aunt was dead. He plunged himself towards one of the dog-heads, which snarled at him, and with astonishing strength he lifted it into the air before slamming it to the ground, smashing its skull.

One by one he did the same to the other dog-headed creatures, killing them all with his bare hands. Before long, the dead bodies of the creatures surrounded him, their axes scattered about the ground. The sky turned grey and the sunlight was gone.

Echetlaeus stood there silently, breathing heavily. His mind felt numb, yet his body felt powerful, as if ready for more action. A hatred he had never known before surged through his heart as he stared at the body of one of the dead creatures. He lifted his foot as the hatred consumed him, ready to split its head into further pieces.

No, Echetlaeus, came a voice.

He froze. That voice …

"Aunt Eunice?" he said, racing back to his aunt's limp body.

But she was definitely dead. The tears welled up in him again. Then the voice returned.

Do not let your heart grow hard, Echetlaeus. You are the Legendary Warrior, just as I thought. Your body has changed, your powers now bubble within you, waiting to be unleashed. But always remember that your heart is your greatest strength. Never let hatred consume you.

Echetlaeus closed his eyes and listened to the words. In his mind he saw Aunt Eunice's smiling face. There was no blood on her. Her body was not bruised or battered. She looked whole, happy and smiling, much as she looked whenever he ate all his pancakes every Sunday morning while complimenting her home-made maple syrup.

Tears sprang to his eyes again as he remembered this innocent time and he began to sob. The memory and the sight of his aunt in his mind began to melt the anger and hatred in his heart.

Do not be sad, Echetlaeus, his aunt said again in his mind, her voice gentle. *For many years I have walked the earth. I am happy that I accomplished my purpose in the end. This place is the gate dividing the living and the dead. Now I will go and find my sisters.*

"No," said Echetlaeus through his tears, his voice choking. "Stay with me."

Aunt Eunice approached him in his mind and reached out to him with her hand, gently caressing his cheek and wiping away his tears.

Listen to me, my beloved nephew, she said. *Three nights after your birth the three Fates appeared to me and they decided on the course of your life. They told me these words: that if you were the one they were searching for, then I am the one who must die. It was not the first time I heard this so I knew that you are the one, my boy.*

In his grief, Echetlaeus struggled to understand what she meant. For him to live, she had to die? What did that mean?

"I – I don't understand – what do you mean, Aunt Eunice? Please, I don't understand. Why do you have to die?"

But she didn't respond. Instead, she continued to smile at him gently in his mind, waves of love washing over him.

I cannot tell you that, she said eventually. *I must go. But remember... you are not alone my child. Now ... you too must go. Your journey has just begun, your mission is yet to unfold. You must find the armour of Achilles that was forged by the god of fire so that you will be well-protected from the evil that is to come.*

"The armour of Achilles?"

Yes, my boy. It lies at the tomb of Alexander the Great, the last to wield the great power of the armour. Alexander, who is also your ancestor. But you must hurry, for Sirius is coming ...

"The tomb of Alexander the Great? But where ...?"

"Hurry, Echetlaeus. Leave the water of Styx and return home. Trust in your friends, they will help you. Find the armour. Remember ... you are not alone ... I will always love you.

Her face still smiling, she began to fade away as a bright white light surrounded her. Within seconds, Aunt Eunice was gone.

Echetlaeus opened his eyes which were still drenched with tears. The dead body of Aunt Eunice had vanished. All that lay in her place was a small opal brooch - it was one she used to wear on special occasions. He bent down and picked it up, caressing it for a while before placing it gently in his pocket.

"I won't let you down, Aunt Eunice," he whispered.

*

The journey home was a difficult one. As Echetlaeus sat on the bus, attracting curious looks from fellow passengers (most likely because he was sitting there without a shirt on, mud all over his body and several cuts on his face from his fight with the dog-head creatures) he felt as if his mind would either explode or shut down entirely – one of the two.

In the space of a few hours he had fought the creature Cerberus, been dunked in water that had scorched his skin, met two mysterious women called Vice and Virtue, gained incredible superpowers, battled dog-headed creatures and … and Aunt Eunice had died.

Aunt Eunice was the only family member he had ever known and loved. He had to keep the lump that was permanently in his throat from causing him to well up with tears every few minutes. She had been his guardian from when he was a baby. She had nurtured him, told him off, fussed over him, comforted him, and played with him when he was a little boy. She had been mother, father, friend and sibling all rolled into one.

Now she was gone, and he was alone.

No, not alone … Aunt Eunice had told him she would always be with him.

He thought about the last things she had said to him. Trust in his friends. Find the armour of Achilles which was at the tomb of Alexander the Great.

Echetlaeus had no idea where the tomb of Alexander the Great was. As far as he was aware, every archaeologist would kill to be its discoverer.

Aunt Eunice had also told him to trust in his friends. Echetlaeus was now far beyond the point of doubting whether any of this was real. His experiences these past few days, from his encounter with

Empusa to the death of his beloved aunt, were enough to shower away any preconceptions that he was merely losing his mind.

This was real. All of it. And from what Aunt Eunice had told him, the world was about to be plunged into danger. That was why he had been given these powers. That was why his aunt had died. That was why he had chosen Virtue over Vice.

What was it his aunt had said? That Sirius was coming?

He wished he had his book on Greek mythology with him. He knew that Sirius was the brightest star in the night-sky, as well as the Dog-Star. The creatures that had killed Aunt Eunice had possessed dog heads. What was the link?

He couldn't do it alone. Fight alone, work everything out alone, find the tomb alone. His intuition screamed at him that Daphne and Greg would need to be told everything. He could trust them; he knew he could.

The numb feeling that had coursed through his veins since his aunt's death intensified, accompanied by a rumble in his stomach. He reached for his backpack. He had been lucky not to lose it. Fortunately it had been lying on the ground near the water of Styx and he had managed to retrieve it from under the body of one of the dead dog-headed creatures.

However, he discovered on the way back that all his money had gone and so had the bottled water. He figured it had fallen out at some point as the zipper was open.

His body was trying to tell him he was hungry but he had no desire to eat. As he put his bag down he noticed his right arm. With all that had happened he had paid little attention to his appearance or the general change that had happened to his body. He had not viewed himself in a mirror or looked at his reflection, but now he noticed just how different his arm was. It was far bigger than the skinny wrist he remembered. His eyes trailed to his bicep, which looked enormous, made entirely of large firm muscle.

Out of the corner of his eye he noticed two girls around the same age as him, giggling and whispering while staring at him from the other side of the bus. If he had been in his normal state he would have actually cared. He was used to girls laughing at him, especially when Polydeuces felt like ramming his head down the toilet, forcing him to go into class smelling of urine. But frankly, he couldn't bring himself to be bothered what a couple of girls thought of him, not after everything that had happened …

"Excuse me?"

One of the girls had approached him.

"Yeah?" he said sourly.

"Um - my friend was wondering – if she could have your phone number?"

A faint surprise registered within him somewhere. He was still too numb to generate any type of significant feeling towards what the girl had said, but he did acknowledge that a girl asking for his phone number was very rare.

"Why?" was his response.

The girl looked surprised.

"Well - she thinks you're cute!"

Echetlaeus blinked.

"Sorry," he muttered, turning away.

Taken aback, the girl went quietly back to her seat and the giggling promptly ceased.

Normally, Echetlaeus would have been awed, staggered and amazed that a girl had shown any interest in him. He would have wondered why, what to do, how to behave. But today, he simply didn't care. All he could think of was Aunt Eunice and the daunting task that faced him.

Arriving back at his house was difficult to say the least. The route of the journey back had been frozen, yet Echetlaeus didn't feel the cold at all, which was saying something considering he was without a shirt. He entered the empty house and immediately crumpled to the floor.

Oh, Aunt Eunice, he said to himself as the tears fell from his eyes.

Drying his eyes, he forced himself to pull himself together. The grief he felt was still powerful, still prominent, but he felt something else too – unwavering resolve.

He would think about it more in the morning. For now, he just wanted to lie down and shut his mind off, at least for a while.

He collapsed onto the couch, which still smelled of Aunt Eunice's famous cooking. His heart heavy, his eyes still wet, he drifted off to sleep within minutes. He did not notice the slight rush of wind that entered the house, nor the faint white light that appeared by his side as he lay snoozing on the couch. Nor did he hear the voice that whispered close to him:

I will never leave you, Echetlaeus…

Chapter Seven: Days Gone By

Though grief and sorrow grip him now
It is time for the hero to pick up the plough
Lost and alone, he will find his way
Forever reaching for the break of day
With speed and strength, he will wield his sword
For deep inside him, the lion has roared
The darkness is over, he must face the dawn
And fulfil the vow he had solemnly sworn.

The death of his aunt hit Echetlaeus hard. He missed the next few days of classes, staying instead in his house which felt unusually large and empty. The absence of Aunt Eunice only hit him on the first morning when he realised just how quiet it was. No smell of frying eggs. No Aunt Eunice shouting for him not to be late. No heckling him about his lack of muscle.

Aunt Eunice had played her part of the foolish aunt well. Never would he have guessed her true nature or who she truly was. Never had he dreamed that a mere few hours after seeing her she would be dead. Never would he have thought he would be alone in the world, without family, and with new powers that he still couldn't fully comprehend.

He had his friends, of course. Daphne and Greg had been frantic with text messages and phone calls over the last few days, constantly asking him what was going on, asking him where he was and why he didn't want to see them.

He loved his friends, of course he did, but he had to be alone right now. The death of his aunt, the accumulation of these strange powers, the weight of the knowledge that had hit him, that the end of the world was imminent. Unless *he* could stop it.

Despite his generally numb and flaccid demeanour the last few days, Echetlaeus could not ignore the fact that his body had changed and that he was able to do things he could never do before. The way he had destroyed the dog-head creatures had been unbelievable enough. The girls on the bus possibly even more shocking. But it was when he returned home and had spent a long time moping around the house that he realised even further the extent of his new abilities.

For one thing, he lifted his entire bed in his bedroom and moved it to another area of the room, simply through a rather dull desire for some change.

He broke the downstairs table in two after smashing his palm onto its surface out of frustration.

He opened the door in 0.111 seconds after hearing the postman ringing the doorbell, having been up in his bedroom and downstairs in a flash.

The list went on and on. He was part-terrified and part-awed, and when he looked in the mirror his entire body looked different. The rippling, toned torso, the strong, firm muscles – even his face had changed - older and wiser somehow. Gone was the gangly teenager who could barely throw a pankration punch against the weediest kid in school. Here was a man with strength, fire and muscles.

He knew he couldn't hide away forever. On Thursday he forced himself out of bed and brushed his teeth, still trying to bury the lump in his throat that formed every morning when he realised he would never hear Aunt Eunice calling him for breakfast ever again.

Slowly placing a few books in his bag, he took one brief look at himself in the mirror. Most of his shirts no longer fitted him. They were too tight. He found a vest top that had once been very baggy but which now showed his abs, torso and muscles very prominently. Shaking his head and still hardly able to believe it, he swung his bag over his shoulders and made his way out the door. He hadn't had any fresh air for the last few days and the sensation hit him quite powerfully.

He jumped on the bus, remembering dully that he no longer had a bike. While he sat on the bus, his mind drifted to the last thing his aunt had said to him.

You must find the armour of Achilles that was forged by the god of fire so that you will be well-protected from the evil that is to come.

This sentence had swirled round and round in his head for the last few days. He was absolutely at a loss. He had no idea where the armour of Achilles was. He had no idea if he could do any of this.

The bus stopped outside his college twenty minutes later. He got off and watched as many of his peers hurried through the gates, laughing and joking among themselves. He just stood there, blinking for a while. He had never really fitted in with the crowd, but now he felt more remote from them than ever.

Someone bashed into him.

"Ouch!" the person said.

Whoever it was had practically fallen to the floor having collided with Echetlaeus' body. Echetlaeus himself had felt nothing.

He turned to the side and saw his friend, Greg, trying to rebalance himself.

"Damn, that hurt – huh? *Ech?!*"

Greg was staring at him and his jaw had dropped open. Tall and gangly, Greg had one of those cheeky faces that seemed to have a permanent grin. He was dressed in his usual flamboyant clothes (a yellow shirt with black bats on and ripped jeans) and his bag was heaving with heavy books, as always. Greg's parents were determined that their son be top of the class in everything and, therefore, Greg and books often went hand in hand.

"Erm - is that *you?*"

Echetlaeus had completely failed to think of what would happen once his friends – or indeed, anyone – saw him.

"Hey, Greg," he said, feeling a little wary. He was pleased to see his friend, but at the same time he was still in that zone where he didn't want to talk about anything that had happened.

"Woah, man!" Greg moved closer to him, gazing at him in awe as if he'd spotted a rare species of bird in the zoo. "What happened to *you?* Are you on steroids or something? How'd you get so *big?"*

"Er..."

Echetlaeus wasn't sure what to say. He was also aware that some of his other peers were shooting him curious looks as they walked past.

Greg pulled him to one side, his face still flabbergasted.

"Seriously, Ech – what is going on? You haven't been returning my or Daphne's calls. You've been awol the last few days. You look, well, totally different! Fill me in, man!"

"Can't talk here," Echetlaeus muttered. "Look - let's chat after class. Got to get going."

Greg gripped his arm.

"I dunno what's going on with you, man," his friend said in a low voice – and although the usual light-hearted tinge remained in his voice, Echetlaeus heard the anxiety in it - "but you don't have to shut me out. Or Daphne. We're here for you, whatever it is you're going through."

He dropped his arm and Echetlaeus looked into his friend's eyes properly for the first time. A pang of guilt hit him. Some of Aunt Eunice's last words were that he could trust his friends. He was not honouring her words, nor his own feelings, by refusing to do that now.

"I know," replied Echetlaeus. "And I appreciate it, really. Look, let's meet after class at lunch. I'll chat to you and Daphne then."

Greg nodded and punched his arm lightly.

"Got it – damn! Your arm is like *rock!"*

Echetlaeus managed a grin.

"OK, chat to you later. Go on without me, I'll catch up."

They said their goodbyes and Greg rushed off to their class. Echetlaeus walked into the college and made his way to what had always been one of his favourite lessons, 'In-depth Analysis of Archaeology and Art History'. His favourite professor, Mrs. Thenia, taught this lesson which he typically had three times a week. She always taught with a full amphitheatre and this teaching method garnered the interests of students all across the university. A flamboyant, exciting and dynamic teacher with the most stunning bright grey eyes, she was the favourite of many pupils, not just Echetlaeus.

He arrived ten minutes late as he had a momentary relapse in the boy's toilets, dipping his head into a sink full of water and thinking to himself *I can't do this,* a thought that had dominated his mind for the past few days. But he took several deep breaths and pulled himself together and joined the class, his hair still damp as he pushed the door open.

The class was chattering quietly among themselves and Mrs. Thenia was writing something on the board. But as soon as Echetlaeus entered, the class went deathly quiet.

The eyes followed him continuously as he made his way to his seat at the front of the class. The endless jaw-dropping would have been comical if he'd actually been paying attention to them. Echetlaeus felt like death itself, but his peers saw only one thing; a tall, muscular guy with wet hair and muscles that rippled through his vest top. The girls sat staring at him with their mouths wide open, breaking into whispers every now and then, some of them wondering who this mysterious stranger was, and others, with more perceptive eyesight, questioning themselves if this was truly the geeky, scrawny Echetlaeus they knew or if their eyes were deceiving them. Everywhere he went, eyes followed him in awe – with the exception of Greg at the back, who was grinning and giving him two thumbs up.

Mrs. Thenia, plainly curious as to why her class had suddenly fallen silent, stopped writing and turned to see what their attention had focussed on.

Her eyes landed on Echetlaeus who was pulling his chair out from under the desk, preparing to sit himself down.

"Can I help you?" she asked him politely, plainly not recognising him.

"Um - it's me, Mrs. Thenia," replied Echetlaeus in a quiet voice. "Echetlaeus."

Mrs. Thenia's eyes popped open wide behind her glasses.

"Echetlaeus?!" she said, her eyes scanning him in disbelief. "But you look – hmm – different!"

She quickly composed herself.

"Do sit down," she said to him warmly. "You have been absent these last few days. Is everything alright?"

He nodded and managed a slight smile back. Sensing that all was not right at all, Mrs. Thenia gave him a sympathetic nod and said no more. Echetlaeus pulled out his books from his bag, painfully aware that all eyes were on him.

Mrs. Thenia saw it too, along with how uncomfortable he looked, and she cleared her throat loudly.

"Right, slightly different topic for everybody today. How does everyone feel about superheroes?"

That got everyone's attention. All eyes swiftly snapped away from Echetlaeus and towards their teacher. Giggles quickly erupted around the room.

"Ah, I see most of you find it amusing," said Mrs. Thenia with a smile. "However, superheroes are an integral part of our country's history and culture. We have the great privilege of coming from a country where the first superheroes were born, willing to make sacrifices for eternal honour and glory. Our history is rich in myths and legends of some of the greatest heroes known throughout the world. Indeed, one could say that Greece produced the first super suit – armour."

At this, Echetlaeus snapped to attention, his aunt's final words still reverberating around his head.

"The ancient Greek armour was for every warrior, of both high and low status," Mrs. Thenia continued. "It was an emblem of power and bravery. Armour represented the very soul of the warrior himself and was worn with great pride. Each type of armour was individual to the warrior who possessed it."

"I can't imagine Heracles wearing bat armour and fighting crime, Miss!" came the voice of Greg from the back. The class sniggered.

Mrs. Thenia smiled.

"Indeed," she said, "there were many characters of Greek mythology whose uniforms and abilities, as well as their great accomplishments, make them popular icons of our time. Gyges had a ring which granted its owner the power to become invisible. Hades, the god of the underworld, had a helmet that made him invincible too. Orpheus was armed with his weapons, the lyre and his voice. Perseus possessed magical sandals with wings, and as for Heracles, he wore the impenetrable skin of the Nemean lion in conjunction with a heavy club which made him unbeatable."

Echetlaeus felt his mind drift away. What had been Achilles' armour? What distinguished his from the rest?

"And let us not forget Echetlaeus."

His eyes snapped towards his professor again. She was beaming at him.

"Who better to hear from than the one who shares the name of this mysterious hero?"

She nodded to him and Echetlaeus felt all eyes on him again.

"Erm," he said, clearing his throat. "Well, he was an ancient hero of Greek mythology. He appeared at the Battle of Marathon and helped to stop the Persian invasion of Greece. It's said that his name is associated with the weapon he held during his fight with the Persians. Herodotus described Echetlaeus' weapon as bright and glowing, and during the battle, it outshone every other weapon there."

Mrs. Thenia nodded and Echetlaeus was aware of everyone's eyes on him still. He darted a quick glance at everyone and noticed many of them looking at him in admiration. He registered briefly that if he had said this while looking like his old, scrawny self, they would all be giving him bored looks or talking amongst themselves.

"Indeed," said the professor. "The Battle of Marathon was perhaps one of the most important battles, as its outcome could have changed everything for our country today. That battle changed perceptions drastically. Previously, the Persians had been revered as invincible, but Marathon proved the might and strength of the Greeks. The entire western culture may be completely different now if it wasn't for that battle. It is not an exaggeration to say that a different outcome could have changed the fate of European and world culture completely.

"What is interesting," she continued, "is that during the battle it is estimated that six thousand four hundred Persians were killed while only one hundred and ninety-two Athenians lost their lives. This is what leads us to believe the Greeks had a superhero on their side. What do you think, Greg?"

She looked towards Greg at the back who was waving his hand in the air.

"Yeah, I reckon they had a powerful warrior on their side," Greg replied. What happened to Echetlaeus though?"

"Good question. Almost all the myths and traditions of ancient Greece have a message – a beginning and an end. Echetlaeus is an enigmatic presence and leaves us with a lot of questions. He appeared mysteriously at the battle, seen by witnesses walking out of the cave of the god Pan who was very close to the field of battle. He disappeared as the battle ended. The Athenians consulted the Oracle after the battle. Who was this unknown hero who fought with them? The Oracle gave them the answer that they had to honour the hero, Echetlaeus. Most likely, the details of the story of the great hero will remain in mystery and we will never know what really happened that day."

The class again murmured quietly among themselves, their attention now fully gripped by the legend of the hero, Echetlaeus.

"But we have not talked about another hero, one I am sure all of you know more details about," continued Mrs. Thenia. "With this hero, we know that his armour was the best-known of all the heroes. It was forged by the god of fire, Hephaestus, while Homer dedicated one hundred and forty lyrics to the epic of the Iliad, wanting to emphasise the most important and elaborate artwork ever made. Of course, we are talking about the son of Thetis and Peleus - Achilles."

This was it. Echetlaeus' attention was entirely hers.

"Achilles' armour was not the first thing created by the god of fire. For example, the first robot, Talos, was built by Hephaestus. It was made of metal and was the protector of Crete. This giant robot repelled enemy ships by throwing huge rocks and burning with his breath anyone who disembarked. He was also granted terrific speed which allowed him to make a round trip of the island three times in one day."

"Robot though, Mrs?" called out one of the students in disbelief.

"Oh yes. There is no doubt that this vigilant guard of Crete was the first detailed description of an android in the history of the world."

"What other inventions did Hephaestus create?" someone else asked.

"Other well-known inventions of Hephaestus were his golden mechanical female assistants, the shield of Athena, the golden net where he captured the lovers Aphrodite and Aris, the Zeus thunderbolts, Heracles' weapons, Hera's armchair, tables with wheels that rolled by themselves at the assemblies of the gods, and many others.

"You see, all of this may sound strange to your ears, but many of these objects from our legendary past can be found in the modern century. Some may think it's just a coincidence, but never forget that the greatest archaeological discoveries were made by people who knew the myths, stories and traditions of ancient times."

Mrs. Thenia talked for the rest of the lesson, showing them photos of other heroes on the projection board, but Echetlaeus was no longer listening. He was going over and over in his mind about what she had said about Achilles and his armour.

When the bell went to mark the end of the lesson, he gathered up his things along with everyone else.

"Read Chapter Six for the next lesson everyone!" called Mrs. Thenia to the departing students.

Echetlaeus was the last to leave. He approached his teacher as she began to pack away her things.

"Mrs. Thenia? Can I ask you something?"

"Yes, of course, Echetlaeus."

"Do you believe that all that we teach about Greek mythology comes from real events or do you believe that everything derives from the imagination of the ancients?"

"Interesting question," she replied. "The border between myth and reality makes great discussion. I would like to believe that somewhere they meet and intersect, but whatever the ancient myths have, no one can deny that they have a great influence over the morals of western civilization today. I want to believe that behind every myth and symbol there is a true and well-hidden historical background. Following what we said in the lesson, think of that amateur archaeologist who discovered Mycenae and Troy. Afterwards he claimed he'd had Homer as a guide, showing him where the artefacts were."

"Yeah, the famous Henry Sleeman."

"That's right. He just managed to show that research in ancient texts can be a valuable guide to searching for antiquities."

She smiled at him and he pondered for a moment over what she had said.

"Was there anything else, Echetlaeus?"

"No, that's all. Thanks Professor."

He turned away and left the classroom. Now he was faced with something else. It was time to tell his best friends everything.

Chapter Eight: Daphne & Greg

A friendship strong and not forlorn
Awakened by a single scorn
The enemy unites the hearts of three
Unchallenged by the powers that be
But what happens when the circle breaks?
How much to lose, how much at stake?
Only one thing is left to do
To prove to them his heart is true.

Echetlaeus' heart was thumping as he waited in the cafeteria for his two friends. Having piled pitta bread, sausage and salad onto his plate, he found he had little appetite and instead just sat there glugging on a bottle of water while his college friends laughed and joked all around him.

Though he had been friends with Daphne and Greg since high school, he had no idea how they would take his news. He was not even sure exactly how he would express his news to them.

Daphne in particular had become frustrated with him lately. Once she'd realised he was safe and sound, her concern had turned to anger, and accusations about making fun of her parents had been abundant in a string of text messages only this morning. She was clearly still riled about the episode with the Empusa. He sighed. He supposed he couldn't really blame her. He had been completely ignoring her these last few days and she was bound to be upset (much more so than Greg, who was about as sensitive as a teaspoon; besides, Daphne was a girl … they were always more sensitive).

He spotted them at the doorway. Greg made a beeline straight for the food and Daphne went over to the coffee machine. Echetlaeus looked down at his food and mindlessly picked up a sausage, still lost in thought.

Moments later they approached him.

"Hey, buddy!" said Greg, that usual cheerful grin on his face.

He slapped his tray – which was heaving with food – on the table, and plonked himself down opposite Echetlaeus, tucking in immediately. Daphne sat down next to Greg, saying a very stiff "hello" to Echetlaeus and rigidly removing a sandwich from her bag.

There was silence for a few moments while Greg continued to stuff his face. Echetlaeus looked awkwardly around the cafeteria and Daphne resolutely stared at her book of higher mathematics as she sipped her coffee.

Greg finished his meal within minutes, letting out an enormous burp.

"Ahhhhhh!" he exclaimed, sitting back and rubbing his belly. "That was *good*. Never thought I'd say that about cafeteria food, but when you've been studying Pythagoras all morning with the incredibly dull Mr. Lambda, you work up an appetite. Ech – you haven't touched your food at all! You gonna eat that?"

Echetlaeus shook his head. Greg launched at his plate and wolfed the sausages and pitta down within seconds.

"Cheers!" he said, sitting back again, though this time looking as if he was going to collapse.

Daphne looked up from her book, still determinedly ignoring Echetlaeus, and stared at Greg disapprovingly.

"You'll get gastritis," she said frowning.

Greg waved a hand.

"Quit lecturing. It's worth it. Now onto more important things…"

He gazed piercingly at Echetlaeus.

"How'd you get so *big*? Come on, spill! You been taking drugs? Some kind of new and amazing protein bar? When did you start working out? We only saw you a few days ago!"

Echetlaeus shifted uncomfortably.

"Haven't been working out or taking any protein bars..."

"Well, you've obviously been taking something!" Daphne snapped, finally looking at him for the first time. "The human body can't just go from scrawny to bulky within a few days, so you've clearly been doing something you shouldn't during all that time you were ignoring us!"

Her snappy tone and veiled insult about his previously scrawny body could not mask the hurt she was clearly feeling, and Echetlaeus felt a wave of guilt go through him.

"Daphne, I wasn't meaning to ignore you..."

"Oh really? Well, you did a good job of it! There's me thinking we were *friends* - still, friends don't totally ignore each other, especially when *one* of those friends sends them a hundred text messages in one day, wondering if they're still *alive*, only to discover they *are* alive and not only are they alive, but they've been messing around with their bodies and turned into the Incredible Hulk within the space of a week! *Friends* don't make up stories about meeting mythological beasts on the road just because they think it's *funny* that someone's parents are loons! *Friends* let friends know if they're OK!"

She jumped up from her seat after this outburst, her face red, her hands clenched and her eyes tearful.

"I'm going to get another coffee!" she burst out, fleeing to the coffee machine.

Echetlaeus and Greg sat there, staring after her in an awkward silence.

"Er," said Greg eventually. "Don't mind her, she'll be alright in a second ... girls, you know. They don't realise we need our space. But look, you need to tell us what's going on. Seriously, what happened to your body? We even tried contacting your Aunt

Eunice to see if we could get through to you. In fact, we were *this* close to calling the police, and would have if you hadn't finally answered us the other day…"

"Greg, Aunt Eunice is dead."

There, he'd said it aloud. It was as though a great weight had been lifted from him, but an icy shard stabbed hard at his heart.

Greg's jaw dropped, his entire body freezing over.

"What…? But … I don't understand … How…?"

"It was a few days back." Echetlaeus swallowed hard. "She was killed…"

"What the –!"

"Keep your voice down," Echetlaeus hissed, as several students turned to stare curiously at them. "This is what I need to tell you and Daphne … I guess I'm scared you guys won't believe me."

Daphne arrived back again at that moment. Her eyes were still wet and her hand shook as she placed her coffee cup back on the table.

"Daphne, you need to listen to Ech," Greg said, turning to her. "Seriously, no joke."

Despite her upset, Daphne's curiosity at Greg's unnaturally serious demeanour got her attention.

"What is it then?"

Echetlaeus lowered his eyes.

"I just told Greg," he said - saying it a second time was more painful than he realised, but it had to be done - "it's my Aunt Eunice … she's dead."

Immediately, Daphne's face went from stubborn and tearful to aghast and mortified.

"What? I don't understand – *dead?* But … *how? When?"*

Echetlaeus took a deep breath. It was now or never.

"She was killed by demonic dogs in the water of Styx after telling me I was a descendant of Achilles. The world is in danger and I've been granted superpowers because I'm the only one who can stop it."

There was a very long, very awkward and very intense pause.

Daphne stared at him as if she wasn't sure who he was. Greg's face had a striking resemblance to a puffer fish as he appeared to be struggling to decide whether it was a joke and if he should laugh or not.

"I know it's hard to believe..." said Echetlaeus slowly. "But it's the truth. This is how I got so big. Think about it. Even if I was on protein bars, or steroids, or whatever, there's no way I could get this big in the space of a few days. There are things I can do which aren't normal. I can move at incredible speeds. I can lift things with my bare hands that seem impossible. I *heal* in the weirdest way. It's like I can't even be hurt. Aunt Eunice wasn't even Aunt Eunice. She was a mythical being who had been travelling this world for hundreds of years. My father... he died because they thought he was that Hero. But he wasn't ... I am. Guys ... you've got to believe me."

More silence followed. All anger had gone from Daphne's face and now she was just viewing him with deep concern.

"Echetlaeus," she said in a serious voice, as if talking to a very ill person. "I don't know what's happened, but I think you need help. Why don't we go and see the nurse?"

"I don't need to see the nurse," responded Echetlaeus in a frustrated tone. "I'm trying to answer your questions and all you do is think I'm sick in the head! You're meant to be my best friends!"

"We *are* your friends," said Daphne earnestly. "But this – I mean – Greg, say something!"

Greg sat there, his mouth wide open. Then he scratched his head.

"Well, I mean, I dunno," he said. "Ech's not a liar – why would he even lie about this? Maybe it is true, I mean, how else did he pack all that muscle within the space of a few days?"

"I don't know – surgery?" Daphne exploded, the anger returning. "Come on – it's nuts."

"I just told you Aunt Eunice died!" Echetlaeus said angrily. "Are you saying I'm making that up?"

Mortified, tears returned to Daphne's eyes.

"No - no, of course not!" she said. "It's just – Echetlaeus, you're clearly not well!"

"And what about the Empusa, Daphne?" said Echetlaeus, raising his voice despite himself. "*That* happened the other day – you know it did!"

"I don't *know* it did!" Daphne retaliated. "You just said it did! I still don't know if you were just making fun of me because of my parents."

"Daphne, I have better things to do than make fun of your parents!" said Echetlaeus, slamming his fist down on the table in his frustration.

They were totally unprepared for what happened next at that moment. The table split in two. The plates went flying everywhere, Daphne's drink spilt all over the floor and the remnants of Greg's food covered the ground.

Everyone turned to stare as the cafeteria fell silent.

Daphne and Greg stared at Echetlaeus who was breathing heavily.

"Tell me," he said, in little more than a whisper. "Do you believe me now?"

Unable to handle more of the staring, Echetlaeus left his seat and strode out of the hall. Both his head and his heart hurt. He couldn't help feeling a sense of betrayal. Aunt Eunice had said he would need his friends, but how could he get their help when they didn't even believe him?

The altercation with his friends had left Echetlaeus feeling thoroughly disheartened and he spent the remainder of lunch alone on a bench in a more deserted area of the college grounds, watching the other students as they went about their business. He had never felt more cut off and remote from them than he did now. He had never felt more alone since Aunt Eunice had died. At least with Daphne and Greg there had been that sense of comfort. But now…

He sat there, sadness filling his soul as he briefly closed his eyes.

It was up to him now. Was he going to do this alone and move forward without the help of his friends, or was he going to find a way to prove to them that he was telling the truth?

*

The following day, at six o'clock in the evening, the pankration academy had a show in the local square next to the university. This was a quarterly event when the academy sought to show off some of its greatest talent as well as advertise itself to potential new candidates. The show usually lasted two hours and it was always impressive to see the various martial arts moves on display, so it usually attracted a large turn-out.

Typically, a large crowd had gathered, mostly students from the university as well as curious passers-by. Among the crowd were Echetlaeus, Daphne and Greg – albeit, not together. In fact, all three were in separate spots in the crowd. Echetlaeus had barely seen or spoken to either of them since the day before - they'd had no classes together that day. Daphne had walked past him very briefly in the corridor and had either ignored him or not seen him. Greg had sent him a couple of text messages the evening before, asking if he was OK, but Echetlaeus had not known what to say. From what Echetlaeus had gathered, Daphne and Greg had had some kind of disagreement, but he didn't know the details.

However, they were all on show now. Echetlaeus, who was standing at the back of the crowd, briefly caught Daphne's eyes as she was standing on the other side of the square. She caught his gaze and her eyes widened and he looked away quickly.

"Welcome, ladies and gentlemen, boys and girls!" came a booming voice on the stage.

The pankration master had taken the stage, a huge burly man with a big black moustache. On the stage, Echetlaeus saw Polydeuces standing with the rest of his peers, a smug look on his face, undoubtedly looking forward to showing off his latest skills.

"Welcome to our quarterly showing of the finest pankration students this side of Athens!" boomed the pankration master. "Our incredible pankratiasts will show you their moves and some of you in the audience may even have the chance to do a couple of moves with them. Let me give you our usual brief history of pankration before we begin. The word 'pankration' derives from the word meaning 'the one who dominates'. It was a sport during the ancient Olympic Games. It was a combination of boxing, wrestling and grip. During the campaigns of Alexander the Great, pankration spread to India. From there, it arrived in the Far East and was probably the ancestor of all the eastern martial arts."

Those who had never heard the history of pankration listened, enraptured, while those who had watched the quarterlies before nodded in pride and appreciation. The history of ancient Greece and its magnificent warriors instilled a sense of deep pride, one which had survived throughout the ages. Every person at the square felt it. Indeed, it was that same pride and determination to follow in the footsteps of their ancestors that had seen them through dark times and some of the most ravaging wars throughout the centuries. It was a pride that could never be beaten, no matter what.

"And now, let me introduce to you – the finest pankratiasts on this side of Athens!"

There were cheers all around as the students of the pankration academy stepped forward, among them Polydeuces with the usual smirk on his face.

At once, the students broke into a series of synchronized kicks, jumps and punches and the crowd whooped and cheered. Polydeuces took centre stage, aiming a whopping flying kick at one of his contemporaries. His contemporary fell to the floor. The crowd whooped even more, dazzled by his power and finesse.

This carried on for another ten minutes and then the pankration master spoke again.

"And now, let's have some interaction from our audience! Volunteers to come and spar with our champions! Who among you is brave enough to take on the pankration students?"

Three people put their hands up. Two were big, bulky men who stood together.

The third was Echetlaeus.

He tried to avoid the many pairs of eyes staring at him, among them Daphne and Greg who were gazing at him, flabbergasted. His heart was thudding loudly, but he had to do this. Anger had been boiling up inside him the whole time he had been watching the pankration students jumping and kicking on stage. Polydeuces, in all his smugness, who had beaten him up over and over again through the years. Polydeuces, who had forced him to hide bruises and cuts from his Aunt Eunice whenever he'd had one of his beatings. Aunt Eunice who was now gone.

The anger swelled, but mingled with it was determination. This too was the chance to show Daphne and Greg that he wasn't lying, that he wasn't mad, and that his new-found abilities were real.

"Three would-be heroes!" boomed the pankration master, pointing to Echetlaeus and the other two. "Excellent. Up you come, fellows!"

Echetlaeus made his way to the stage. The big, beefy men did the same.

They all climbed onto the stage. Echetlaeus caught Polydeuces' eye, who for a second didn't recognise him and just looked at him passively. But upon closer inspection it became clear he knew who Echetlaeus was and his eyebrows raised in disbelief. But he masked it quickly, the familiar smirk returning to his face as he smacked his left fist into his right palm, his smile broadening.

"OK," said the pankration master, picking up three pieces of wood from the stage floor and handing them to Echetlaeus and the other two men.

"One by one, I want you to attempt to take down our prize fighter, Polydeuces! As an advantage against our champion, each of you will have a wooden baton."

Polydeuces stepped forward and the crowd cheered.

"You first," said the pankration master, pointing to one of the men.

The burly man stepped forward.

"Pleasure," he grunted.

The burly man didn't wait around but lunged towards Polydeuces. Polydeuces side-stepped him in a flash and easily disarmed him, throwing him to the ground. The man landed with a thud on the stage and let out a groan.

The crowd cheered wildly. The pankration master however, threw Polydeuces a stern look, plainly unhappy with how violent he had been with the volunteer.

"Now, for the second volunteer," said the master, pointing to the second burly man. "Try and take down Polydeuces. Polydeuces will *no doubt* go a bit easier on you," - he shot Polydeuces a glare – "than your predecessor."

Polydeuces looked like he had no intention of going easier on anyone and the second volunteer noticed it.

"Er," said the second volunteer, stepping backwards and dropping his baton, "changed my mind, got to be somewhere..."

With that, he hurried off the stage. The crowd began sniggering. Polydeuces and his contemporaries snorted with laughter.

The pankration master wasn't looking overly happy as this wasn't going as he'd planned.

He turned to Echetlaeus.

"OK, young man," he said to him. "You up for the challenge?"

Echetlaeus nodded, fixing Polydeuces with a hard look.

"Bring it on," he replied quietly.

"Good man," roared the pankration master as Polydeuces eyed Echetlaeus contemptuously.

"Shake hands, boys," said the master as the two young fighters eyed each other with loathing. Reluctantly, they briefly shook one another's hands and Polydeuces spat on his afterwards as a sign of contempt.

"The handshake dates back to fifth century BC," boomed the pankration master. "It was a symbol of peace. It showed that neither side carried weapons and each warrior was equal to the other."

"Equal? Yeah right," muttered Polydeuces with a snigger, cracking his muscles. Echetlaeus glared at him.

"Both of you are equals in the eyes of the warrior code," continued the master. "Now – let the fight begin!"

"You're finished, Ecchy," muttered Polydeuces as the two began to circle one another.

Polydeuces lunged for him immediately. Echetlaeus threw his own baton in the air, and simultaneously dashed to the side to evade Polydeuces' lunge. In this opportune moment, Echetlaeus leapt on Polydeuces' back, wrapped his arms around his neck, and twisted his body to pin Polydeuces to the floor. A split-second later, the baton fell down, landing smack-bang on Polydeuces' head, causing Polydeuces to cry out.

Echetlaeus still had him in a rear choke-hold. Polydeuces, who seemed unable to breathe, lifted his index finger, signalling he wanted to stop.

"End!" shouted the pankration master, his jaw open as he stared at Echetlaeus. Many of the audience laughed. Others gazed at Echetlaeus in awe. Who was this volunteer who had beaten the champion of pankration?

Polydeuces was breathing heavily as Echetlaeus released him. He was glaring angrily.

"He got lucky," he panted. "Let's go again. This time, I won't restrain myself."

"No more," said the pankration master. "This young man is clearly a skilled pankration warrior. His technique is phenomenal – what's your name, young man?"

"Echetlaeus," Echetlaeus replied, ignoring the look of fury on Polydeuces' face.

"You're dead," Polydeuces said to him, not bothering to keep his voice down. Those at the front of the crowd who heard it were shocked and then proceeded to frown in Polydeuces' direction. The pankration master was likewise unimpressed.

"The mark of a good pankration warrior is to be gracious in defeat!" he snapped at his student. Polydeuces turned away, glaring.

"I've got no problem doing best of three," said Echetlaeus.

"Good," growled Polydeuces.

"Are you sure, young man?" asked the pankration master, turning to Echetlaeus.

"Yes."

"Alright then! Ready – three – two –"

But Polydeuces didn't wait for his master to finish. With a yell, he flung himself at Echetlaeus, at which Echetlaeus, with phenomenal speed, side-stepped him again and brought his palm crashing down onto Polydeuces' jaw. Polydeuces went sprawling to the floor in a heap.

That was it. The crowd went wild. The pankration master grabbed Echetlaeus hand and shook it.

"You are quite possibly the best pankration fighter I have ever seen!" he told him. "Have you been practicing long? I have never seen you in any pankration tournament!"

"I sort of taught myself," replied Echetlaeus, feeling a bit shy, especially now that the crowd was whooping and cheering for him.

"Incredible! Well, you must come by the academy sometime. Ladies and gentlemen, I present to you – Echetlaeus!"

The crowd roared with approval again and Echetlaeus left the stage. Wow! Had that really happened? Had he really beaten Polydeuces to a pulp in front of everyone? Was everyone seriously cheering for *him?*

"Ech! Ech!"

Amidst the smiles and cheers of the crowd around him, Echetlaeus turned to see Daphne and Greg pushing through the crowd and running towards him.

"Dude - you were awesome!" exclaimed Greg. "The way you whopped Polydeuces – man, he never would have seen that coming! I can barely believe it myself!"

"Yeah," said Echetlaeus, allowing himself a grin.

He turned to look at Daphne whose eyes were very bright as she stared at him.

"Echetlaeus, I'm … I'm sorry!" she burst out. "I'm sorry I didn't believe you. It's just so unbelievable … but after what happened just now I can see there's something going on here that's way beyond my understanding. I should have known you'd never lie to us. Will you forgive me?"

Echetlaeus had to stop the lump coming to his throat.

"There's nothing to forgive," he said gruffly, failing in the attempt to hide the warmth in his voice.

Daphne broke into a smile and gave him a massive hug.

"Yep, told you he was superhuman now!" grinned Greg.

"OK," said Daphne. "Ech … I think you'd better tell us everything. Who's up for some pizza?"

"Great, I'm starving," said Greg. "Besides, we don't want to be hanging around. Polydeuces looks furious. He's gonna hate you even more after this, Ech. Still, not that you have to worry anymore – you could take him out with your little finger!"

"Don't encourage violence, Greg!" scolded Daphne.

"Yeah, yeah! Come on, let's just get that pizza!"

They made their way towards the local pizza restaurant and Echetlaeus felt his heart swell. His friends were with him; now he knew he could do anything.

Chapter Nine: The Pagan Ceremony

It hadn't taken Echetlaeus long to tell Daphne and Greg everything that had happened.

"...and next thing I knew, I could lift things heavier than if there were three of me and … well, you saw what happened with Polydeuces back there," he finished off, as Daphne and Greg stared at him with their mouths open, melted cheese dripping from the pizza slices in their hands.

"I still can't get my head around it," said Daphne finally.

"Well, I can!" exclaimed Greg, taking a huge bite of his pizza. "This *rocks!* Did you see the way Ech dealt with that idiot Poly? And he's a total *babe-magnet* now!"

He was referring to the group of girls in the corner of the pizza restaurant who had been whispering among themselves and giggling while looking over at Echetlaeus the whole time. Greg waved at them, grinning, but they shot him a look of disgust and turned away before resuming their glances at Echetlaeus once again.

Daphne rolled her eyes.

"But what happens now?" she said, turning back to Echetlaeus.

"I have to find the tomb of Alexander the Great – my ancestor," he replied in a low voice. "Aunt Eunice said it was a matter of life and death because Sirius is coming back..."

"But the grave of Alexander the Great is pretty much the holy grail of archaeologists!" said Greg. "They've been searching for centuries and no one's ever found it."

Daphne drummed her fingers on the table.

"Hmm... maybe my parents could help?"

"How's that?" said Echetlaeus.

"Well, I know I go on all the time about how nutty they are, what with their Pagan rituals and everything. But it's like a lot of legends, I'm sure there's some truth in there, maybe even a bit of ancient wisdom. Their cult is called the Cabeirian Mysteries. A lot of what they believe comes from the ancient Greek religion..." She hesitated. "And, erm, magic arts. Now, you know me - I'm more inclined towards science myself - but after what I've seen and after what Echetlaeus has said, well..."

She gave a deep sigh.

"I don't think there's any doubt all this stuff is real. And if this is real, then maybe my parents' Pagan order is real, too. Maybe their belief in ancient magic is real. It all has to stem from somewhere and we can't deny what we see with our own eyes."

"But you always say your parents are nutters!" said Greg.

"Yes, I know what I've said," said Daphne with a bite of impatience. "But it was my parents who gave me the advice about the Empusa that Ech met. And look, it helped him. Probably saved his life. I don't think that was just random information."

Echetlaeus nodded.

"Let's give it a try and see if it works. Maybe Daphne's parents' cult will know where Alexander the Great is buried. Where do we go from here, Daphne?"

"My parents always said that I have to join the cult itself for the secrets to be revealed. They've been telling me for years it's my purpose and destiny to do so. Up till now, I've just dismissed them as crazy. But now, with all this … Well, anyway, that's what we have to do. I have to tell them I want to join. There's usually a ceremony involved for newcomers, from what I know."

Echetlaeus nodded.

"OK. Do you think Greg and me would be allowed to watch?"

Daphne nodded.

"I'll find a way to sneak you in," she said.

"That's agreed then," said Echetlaeus.

They finished off their pizzas and chatted a little more about the forthcoming plan. Echetlaeus knew that his two friends, despite their light-hearted tone of voice, were deeply nervous and were still struggling to believe the whole thing, just as he had been when everything had been happening to him. Though he did not say it out loud, the fact that they were there standing by his side meant everything to him.

They said their goodbyes and Echetlaeus went back to the empty house. He spent the rest of the evening mostly staring at the wall. Could Daphne's parents truly have the answer to the question he sought?

There was only one way to find out.

*

The next day, Echetlaeus received a text from Daphne.

It's all set. Next Saturday at the full moon. The ceremony is at the ancient sanctuary of Cabeirian in Thebes. I've let Greg know. I'll see you at 6pm on the West side of the sanctuary. Ceremony starts at 6:30. Will tell you the best place to watch without anyone seeing you. See you then.

Saturday was only a couple of days away. Echetlaeus read the text over several times, memorising the details. He saw both Greg and Daphne at college, but they spoke little of the coming

Saturday, having silently agreed to talk more when they met at the sanctuary.

Saturday came quickly for Echetlaeus who took the bus to Thebes at 5pm and was there within forty minutes. Twilight was already approaching and the sunset could be seen in the distance. Neither Greg nor Daphne were anywhere to be seen.

He pulled out a protein bar he'd bought with him and started munching on it. Funny, he'd never been one for eating protein bars as snacks, but lately he'd acquired a liking for them.

There was a rustling noise behind him.

"Pssst!"

Echetlaeus turned around. His eyebrows raised as he caught sight of Greg making his way towards him. Greg wasn't dressed as he normally was, but in a black and white jumpsuit with a balaclava wrapped around his face.

"What in the world are you wearing?" said Echetlaeus in disbelief, as Greg came up beside him.

"Spy mission," said Greg in a low voice. "Need to make sure we're not seen."

"Well, you've done a pretty poor job of that!" exclaimed Echetlaeus. "You look as if you're about to rob a bank!"

At that moment, Daphne turned up, clad in black robes.

"Hey guys," she said, scuttling up towards them.

A group of people walked past them, staring curiously at the trio.

"Probably think we're on our way to a fancy-dress party," said Echetlaeus. "OK, Daphne, what's the plan?"

"There's a portable fence not too far from the sanctuary which they're going to erect any minute now," said Daphne. "It's far too high for you to climb over, Greg, but you'll be able to get in through a gap in the fence – I'll take you to it in a second. From there, you'll be able to reach the back of the stage. Most people watching will be at the front, but if you're at the back no one will be able to see you as it'll be dark and you'll get a good view of what's going on."

"What exactly *will* be going on?" asked Greg.

"I'm going to be initiated into the order," said Daphne slowly. "Always said I never would… but here we are."

Echetlaeus nodded.

"OK. Show us where to go."

The sun was almost set now. Daphne led the way and the two boys followed her. The fence she had spoken of was being erected by several workmen. They stopped a safe distance before it and hid behind a tree.

"You see that part of the fence on the far left which is a slightly lighter colour than the rest?" she said quietly. "That's where the hole is. The leaders of the society put it there for anyone who turns up late to the ceremony, but only members of the society know about it. There's a very tiny brown button at the bottom of it – push it and it will open the hole for you. Then you'll be able to get in. Make sure you sit at the back of the stage so no one sees you. I'd better go, it starts in fifteen minutes. Don't enter the hole until the ceremony has actually begun – you'll be able to tell when it's started because there'll be a beating of drums and a loud humming sound. I'll meet you back here at the end of the ceremony."

She nodded to them before dashing off.

Echetlaeus and Greg waited for about twenty minutes until they heard the hand drum sounds and an eerie humming noise resound throughout the evening air. They nodded to one another and then made their way to the hole in the fence. Deftly, they pushed the button as Daphne had instructed and sure enough, a small opening appeared. They climbed through, looking this way and that, before making their way to the back of the stage which they could see was only a couple of minutes away. As they were making their way to the stage a sudden stream of people appeared and they stopped dead. About forty or fifty people in cloaks and hoods were carrying torches and lamps, walking behind one another in a straight line. Echetlaeus and Greg spotted Daphne in the middle of them, her head down and her hood firmly on her head.

Echetlaeus gestured to Greg and they managed to find a spot at the back of the stage once the line of people has passed. No one saw them and they crouched low, keeping a close eye on what was happening.

They watched as the throng of people formed into a circle around the stage and Daphne walked silently to the top of the stage. The humming was coming from the people and the drums were still banging. The two boys watched with bated breath, aware they were about to watch an ancient and mysterious ceremony that had survived for thousands of years.

A fire erupted on the stage. Echetlaeus squinted through the flames to see Daphne seating herself on a throne opposite the fire. Her hood was pulled down and she was wearing an olive wreath on her head and a red band around her waist. With his now superior eyesight he also noticed she was wearing a strange iron ring, one he had seen her parents wear on several occasions.

The drums stopped but the chanting from the robed and hooded figures continued. Echetlaeus noticed Daphne's father step forward, muttering something under his breath. Daphne herself looked very nervous as she stared at the roaring flames. Echetlaeus noticed an odd smell had started to waft around them. He didn't know what the smell was but it made him feel rather dizzy and lightheaded.

He shook himself to prevent his eyes from closing and peered more closely at Daphne and the hooded figures.

Suddenly, a voice behind him said:

"Ἀμύητον Μη Εισιέναι!"

"Ech!" yelled Greg. "Look out!"

Echetlaeus spun round just in time to see a heavyset man with a wild, angry face towering over him. He held a torch in his hand and was about to smash it over Echetlaeus' head, but Echetlaeus' reflexes were too quick for him.

In one second he had disarmed the man and thrown him to the ground. The man landed with a thud and was left temporarily unconscious.

"Who was that!" exclaimed Greg, coming up beside

Echetlaeus.

"Looks like some kind of guard."

"What did he say?"

"Αμύητον Μη Εισιέναι - 'He who is not initiated may not enter'," replied Echetlaeus.

The Greek language has changed a lot through the centuries but Echetlaeus could understand it as he had been studying ancient Greek continuously through high school and now university. He had no time to ponder this. Within seconds, another guard appeared, this time holding a baton.

"Αμύητον Μη Εισιέναι!" the man yelled.

This guard was stronger and quicker than the first and he managed to grip Echetlaeus around the waist and slam him down, just as Echetlaeus shoved Greg out of the way. Echetlaeus hit the floor with a thud but was unhurt. He then swung his fist at the guard's face, his hand making contact with the man's nose. The guard yelled out in pain before dropping to the floor.

Then he heard Daphne scream.

The fire still barred his way to Daphne, but Echetlaeus jumped onto the stage. Now his cover was blown and all he could do was find Daphne and find out why she had let out such a blood-curdling scream.

As he walked onto the stage two things happened. Firstly, the hooded figures immediately began shouting "Αμύητον Μη Εισιέναι", their voices turning into a furious roar. Secondly, Echetlaeus spotted Daphne. To his horror, he saw that she was now on the stage floor behind the fire, her legs tied up and a veil wrapped around her head so that she couldn't see.

"Daphne!" he yelled, racing towards her with Greg following closely behind.

People began jumping on stage, furiously attacking him. Some were big burly men like the guards, except they were clad in cloaks, while some were women in cloaks, holding their lamps and torches and aiming swipes at him and Greg. Echetlaeus easily deflected them, shielding Greg with one arm as he did so. He dodged the flames and neared Daphne, panicking as he saw her lying on the ground, motionless, her hands tied up.

"STOP!"

Echetlaeus looked towards where the shout had come from, as did everyone else. The chaos temporarily froze.

Beside the throne where Daphne had been sitting, an old lady now occupied a three-legged stool. She wore silver robes and her hair was white. She looked about eighty years old, yet her gaze was sharp and piercing, her voice strong and powerful.

The old lady stood up. The cloaked figures who had been trying to attack Echetlaeus and Greg backed away and lowered their heads in reverence. The old lady looked piercingly at Echetlaeus who stood straight and tall as he stared back at her.

"Non-initiates are forbidden to attend this sacred place," she said to him. "You, my child, who brings the power of our ancient gods – what do you want from us?"

Confused murmuring began among the cloaked figures. Echetlaeus cleared his throat.

"Daphne - what did you do to her?"

"She is experiencing the awakening of the soul. She is at the transition stage of death and rebirth, from life to the underworld of Hades and back to life again. She is experiencing knowledge outside of the human senses. Do not worry," she added, as Echetlaeus looked alarmingly at his motionless friend and moved closer to her, "she is perfectly safe and will be back to her usual self in a few moments. Now I repeat, what are you doing here and what do you want from us?"

There was silence for a moment. Greg shifted uneasily beside him.

"I wish to know the burial place of Alexander the Great," said Echetlaeus, fixing her with a steely look.

The murmuring among the cloaked figures exploded into loud whispering.

"Be silent," she told them.

She hobbled ever so slightly as she moved closer to where

Echetlaeus stood.

"I will answer your questions boy," she told him quietly. "For I've been expecting you."

Her eyes flashed at him. In that second, Echetlaeus remembered that Pythia, the high Oracle priestess of Apollo, had the tripod stool.

"Are you Pythia?" he asked her.

She smiled.

"Indeed."

He knew from reading endless books about ancient Greece who Pythia herself was. Otherwise known as the Oracle of Delphi, she was a high priestess who held court at the sanctuary of the Delphinians, a sanctuary dedicated to the god Apollo. The Oracle of Delphi was the world's most famous oracle. At that moment, Echetlaeus realised who these people were. They were the last living remnants of the ancient Greek religion who worshipped the old gods. In Greek legend, Pythia was said to channel prophecies from the god Apollo himself.

"My place alternates through the centuries and survives through the sacred Cabeirian," she continued with a sly smile.

Greg was looking this way and that, utterly confused. Echetlaeus cleared his throat again.

"So you know where to find the tomb of Alexander the Great?"

There was a brief silence. Pythia chewed some laurel leaves to help her into a trance, and soon her eyes rolled into the back of her head. Seconds later, a deep rasp came out of her throat.

"In the grave of the kings, you will not find any other king than the king of kings."

At that moment the fire burst higher into the air. Echetlaeus and Greg jumped back and the hooded figures all crouched on the floor. The old woman's eyes returned to normal.

"Now go," she said to Echetlaeus. "Your work here is done."

She turned to Daphne who was still lying on the floor. Moments later, Daphne began to stir, moaning very slightly.

"Take her with you," Pythia told Echetlaeus, gesturing to his friend. "Her initiation is complete. And so is her mission."

"Her mission?" said Echetlaeus, as he and Greg moved to Daphne's side and began to lift her from the floor.

Pythia smiled craftily.

"Oh yes … her mission to bring you here, Echetlaeus."

With that, she turned away from him, walking slowly away from the stage and being helped down by a couple of hooded figures. Echetlaeus and Greg gently lifted Daphne from the ground. Her eyes opened slowly and then widened when she saw them.

"What happened?" she said.

"We'll tell you later. First, we need to get out of here."

Echetlaeus and Greg, both of them supporting Daphne, moved slowly away from the fire. The cloaked figures stared at them as they walked away and the blazing fire continued to crackle long after they had left.

Chapter Ten: The Tomb of Kings

A puzzle blocks them from this quest
But they must go on, no time for rest
Only through the keeper's key
Can they quench their curiosity.
Now they summon their courage and strength
For there is no obstacle too great a length
No sword too frightening for them to wield
To stop them from reaching the battlefield.

The days that followed were pretty uneventful for Echetlaeus and his friends. In the immediate aftermath of that shocking ceremony, he and Greg had taken Daphne home (her parents were still at the ceremony, it seemed, though they had sent her a series of text messages telling her how proud they were of her for finally joining the cult). They had made her something to eat and propped her up on the sofa, but when they tried to find out exactly what had happened to her she didn't want to talk about it. She was unusually quiet and reserved. Certainly not her usual chatty self.

Echetlaeus was worried that she had undergone some kind of brain-altering experience and he mentioned it to Greg in the kitchen while Daphne was out of earshot. But Greg dismissed his concerns.

"Who *wouldn't* be feeling a bit off after doing some wacko ritual with those nutters?" he said with a wave of his hand. "She'll be fine. Look, she's watching that documentary on astronomy – back to her usual self already."

They left Daphne with a cup of tea and told her they'd contact her again the next day. She nodded without taking her eyes off of the TV. The two boys left her house. It was very late by now, almost midnight, and they decided to walk to Greg's house, which was nearest. Echetlaeus would stay the night at his friend's.

"I can't make head or tail of it," Echetlaeus kept saying. "In the grave of the kings you will not find any other king than the king of kings. What does that even *mean?"*

"I have no idea," said Greg, looking just as mind-boggled. "What if it didn't actually mean *anything?* What if it was just some nutty old woman spouting nonsense at us – have you considered that?"

"No way," Echetlaeus shook his head. "That wasn't just some old woman – it was Pythia. Whatever we think of Daphne's parents, that ceremony was real and its magic was real too. So I definitely believe whatever the Priestess said was real too. The problem is, I have no idea what it meant!"

They arrived at Greg's and snuck in through the back as Greg didn't want his parents finding out he'd been out so late. "Especially as I have three exams coming up this week and they'll be furious if they found out I haven't spent every waking moment studying for it!" he hissed to Echetlaeus as they crept up the stairs. The two fell asleep quickly, Greg snoring within minutes.

But the next few days proved to be just as baffling as that evening. Fortunately, Daphne seemed to return to her usual self. She still wasn't too keen on talking about what had happened to her at the ceremony, but she had been very interested in what Pythia had said. The three of them attended classes as usual for the next few days and then congregated again when Echetlaeus was at work in the café.

Things were a little different for Echetlaeus at work now. His boss, Stavros, had changed his tune towards him completely. Upon learning of the death of Aunt Eunice, he had adopted an almost fatherly attitude – to which Echetlaeus wavered between feeling appreciative and feeling freaked out. Stavros now spoke to him in a gentle, soothing manner, very different to the furious booms Echetlaeus had grown accustomed to. He was always telling Echetlaeus to take days off if he needed it, or help himself to extra pitta bread during lunch if he wished.

Furthermore, Stavros was being extra nice because he suddenly found his café clamouring with extra customers and most of them were teenage girls. Echetlaeus' new physique was getting far more attention than he – or Stavros – could have ever imagined. Stavros regularly asked Echetlaeus how he had managed to bulk up so quickly, to which Echetlaeus replied he had been increasing his protein intake, but either way his boss just seemed pleased that the café was raking in more money than it had in a long time.

So, on the morning when Echetlaeus was working at the café and Daphne and Greg walked in, Echetlaeus was being heckled by a gaggle of schoolgirls who were ordering far more than they needed and spending most of their time sitting at their seats, gazing at him.

"Sorry, guys," he said, when he finally got a chance to go over to their table, bringing them plates of pitta bread and taramasalata, "I'll have a moment free in a sec, just got to finish off these orders."

He rushed away again.

"Really, it's not fair!" exclaimed Greg. "I mean, Ech still has the same *face*, doesn't he? What's he got that I don't? Actually, don't answer that."

"Muscles," replied Daphne promptly, answering him anyway as she sipped on her coffee.

Echetlaeus finally joined them for his lunch break.

"OK - anyone come up with any new ideas?" was the first thing he said to them as he sat down.

But both Daphne and Greg, who immediately knew what he was referring to, were completely baffled. Daphne had spent the last few days poring over books to see if she could make sense of the riddle; Greg had actually taken to scrolling the college library with her to see if he could find anything relevant in the books about Ancient Greece. But there was nothing. They were as clueless about it as Echetlaeus was.

"But what do we do then?" said Echetlaeus, his food untouched.

"Why don't we go back to the cult and ask her to confirm what she meant?" suggested Greg. "Or ask Daphne's parents to help us decipher it?"

"Absolutely not," said Daphne firmly. "My parents are desperate to get me to join the regular ceremonies and there's no way I'm doing that again. Asking for their help will only encourage them. Besides, I asked them about it yesterday and they're as clueless as we are. All they said was that Pythia only gives information once. After that you can get nothing out of her."

"So, we're pretty stuck then," said Greg gloomily.

"Who would've thought that such a simple sentence could be so difficult to understand!" exclaimed Echetlaeus in a frustrated voice.

They chatted a bit more amongst themselves and then Daphne and Greg left, promising one another they would see each other tomorrow at the university where they shared a lesson with Mrs. Thenia.

The next morning, Echetlaeus arrived at Mrs. Thenia's lesson early. He was the first one to arrive in the class and he sat down at the front.

"Good morning, Echetlaeus," said Mrs. Thenia, smiling at him.

"Morning, Mrs. Thenia," he replied.

"Got an interesting topic for you all today," she said to him. "We'll be focusing on the campaign of Alexander the Great."

Echetlaeus' ears immediately pricked up.

"Oh yes?" he said.

She nodded.

"Yep. He was, after all, one of the greatest heroes of ancient Greece and the heroic stories of his campaign have trickled down through the years and across the entire globe. It is only fitting that we should have a lesson about him."

She turned away. Echetlaeus could have sworn she wore an odd, knowing smile on her face but he couldn't fully understand its meaning.

Before he had time to ponder it, his two friends arrived and seated themselves on desks next to his. Slowly, the classroom filled up and Mrs. Thenia began the lesson.

"Alexander the Great," she said, clicking her projector onto the massive whiteboard. The face of the ancient hero instantly appeared as a holographic image on the board. "What do we know about him?"

"He united Greece!" piped up someone from the back.

"He conquered the Persian empire!" said someone else.

"He smelled good!" said Greg.

Giggles erupted around the class. Mrs. Thenia smiled.

"Records state Alexander did have a pleasant smell, it is true," she said. "Though let's concentrate on his global and national achievements for now. Please turn to chapter eight in your books so we can take a look at his earlier campaign."

Everyone shuffled the pages of their books and Mrs. Thenia began to read aloud from the eighth chapter.

"After the crossing of Hellespont, Alexander the Great made a myriad of sacrifices and visited Troy. He was in awe of his ancestor, Achilles, and he wanted to pay homage to him. It was no coincidence that a copy of the Iliad was always beside the bed of Alexander when he slept.

"Alexander honoured the great hero Achilles, and was proud to prove himself worthy of his inheritance since he became the ruler of the Pan-Hellenic alliance against the Persian empire..."

She paused and looked up at the class.

"Just think, everyone. If Alexander had not died so young, imagine what he could have achieved. Perhaps things that were greater still!"

"How old was he when he died?" someone asked.

"Thirty-two," replied Mrs. Thenia. "To think, he survived battle after battle, only to die at such a young age."

"How did he die?" someone else asked.

"We don't know for certain. Some think it was typhoid fever. Others think it was poison."

The fact that they were talking about Alexander the Great's death had Echetlaeus' full attention. He sneaked a brief glance at his friends and saw he was not the only one. Both Daphne and Greg were on the edge of their seats, listening to Mrs. Thenia's every word.

"Greg, would you like to carry on from the book?" said Mrs. Thenia, turning to him.

"OK," said Greg, before clearing his throat.

"The historical sources state that shortly after Alexander's death, Ptolemy stole his royal body to consolidate his power in Egypt..."

Greg's voice trailed off, his jaw dropping. Echetlaeus' and Daphne's eyes widened as he turned to look at them.

"Everything OK, Greg?" said Mrs. Thenia, while the rest of the class stared at him curiously.

"Ahem... yeah," replied Greg, clearing his throat with a cough and returning to the book. Echetlaeus knew his friend was thinking the same thing as he was. If anyone could estimate where Alexander the Great's body was buried, it was Mrs. Thenia!

"Latest reports show it is likely Alexander's tomb is in Alexandria," continued Greg, before pausing once again.

"Mrs Thenia, do you think his grave is there?" He looked up at the professor.

"Well, let's look at what we know about Alexandria in Egypt," said Mrs. Thenia. "The Ptolemaic Dynasty ruled Egypt for roughly three centuries and ended with the suicide of the well-known Cleopatra in 30BC. There was political instability in the years of Ptolemy's rule in Egypt which would have had a direct impact on where Alexander's body was. There had been many confrontations between Egyptians and the Greeks during the

Greek dynasty. Indeed, in one of the revolts they even set fire to the palace. I personally do not think it was safe to leave Alexander's body somewhere in Alexandria since it could become a target during the fighting. Possession of the body of Alexander was very important in the game of power. It would be far too risky to lose the body during the rebellion stages."

Echetlaeus absorbed all of this information while briefly noticing Daphne on his left-hand side, writing everything down feverishly.

"So, what happened to it?" asked Greg.

"It would have made sense for the Ptolemies to transport the body to a safe part of their territory," Echetlaeus said out loud.

"Most likely, yes," said Mrs. Thenia. "After the Egyptian rebellions in Alexandria, the Ptolemaic pharaohs had to protect the remains of Alexander. Carry on, Greg."

Greg continued reading from the book in front of the class, but Echetlaeus was no longer listening. He had been scouring the book and came across a paragraph that confirmed everything to him. He was itching to discuss all of this with Daphne and Greg.

He got the chance when the bell went and the three of them made their way to the cafeteria for lunch.

Echetlaeus read, "The island of Cyprus was under the Greek Ptolemy's control at the time. The Greeks always remained a privileged minority in Ptolemaic Egypt but Cyprus retained its Greek identity as part of the Hellenistic state of the Ptolemies."

"It has to be Cyprus," he said immediately as they settled down with their trays of food. "It has to be. Think about it. It's the most likely place of his burial. Look, I read it in the book. In the city of Paphos in Cyprus there's a Ptolemaic-period necropolis known as The Tombs of the Kings. What's interesting is that this is a burial site for the Ptolemaic elite. There are no buried kings there but I bet this is where Alexander the Great is buried, it's the most logical place, being that it was the safest part of their territory."

The tomb of kings … the grave of the kings. Echetlaeus' mind was working in overdrive. This had to be the place. It *had* to.

"The tomb of kings," he reiterated to his friends urgently. "The grave of kings? It has to be one and the same!"

"But you said they were no royals in the necropolis," said Greg.

"Yes, but the Ptolemies wouldn't broadcast the fact that they buried Alexander the Great there, would they?" said Echetlaeus. "That was the point of burying him there, to keep him in the safest part of their territory. They'd make sure all their political elite were buried there as a way to hide the fact one of the most important guys in history was buried there too. And it's in the *tomb of kings,* Daphne! What was it the old woman said? 'In the tomb of kings, you'll find no other king except the king of kings.'"

Daphne's eyes widened.

"Of course," she whispered. "The *only* king. The king of kings. Alexander was the greatest king of the ancient world. And if he's buried at the Ptolemaic necropolis in Cyprus, he would be the only king there!"

They all sat there, staring at one another for a moment. Echetlaeus carried on.

"The body of Alexander would be safer there than in Egypt. At least until the rebellions and internal conflicts were solved. Another interesting fact from the book is that, in Cyprus, there was a lot of trouble between members of the royal family of Ptolemy who claimed the throne. They were obsessed with controlling Cyprus, especially towards the end of the dynasty."

Daphne had a sudden thought. "But, Ech, according to the literary tradition, Roman emperors actually visited Alexandria and *saw* Alexander's body."

"Well, maybe they saw a corpse, but I bet it wasn't Alexander's. I mean, after the Ptolemies fell, who could protect the body of the Greek king? That's why its location had to be a secret."

"Hmm, I guess so. I can understand that," said Daphne. "But how in the world would we find it?"

"We know the tomb of kings is in the city of Paphos," said Echetlaeus thoughtfully.

Daphne immediately put down her coffee cup and pulled a book out from her bag. She opened up one of the pages and scanned her eyes across the page.

"Yes, that's what I thought," she muttered.

"What's that?" asked Greg.

"Alexander was the greatest ruler, yes? Even if he had been buried in a secret location, the Egyptians would have stuck to their traditions and rituals when it came to burial. They were big believers in the afterlife and it would have been blasphemous to simply dump his body somewhere without proper respect. I'm quite positive that wherever he is buried, there will be special symbols and wall paintings beside the tomb. We'll need to look for a tomb which has special markings set apart from the rest. Furthermore, they were big fans of secret entrances, especially when they were protecting something of value."

"So, what do we do?" asked Echetlaeus, his heart beating fast, as it had been ever since he heard Mrs. Thenia talk about where the king's body may be buried.

"Well … I suppose we're going to have to go to Cyprus," said Daphne.

"Excellent - a vacation," said Greg.

"But it'll be like finding a needle in a haystack," said Daphne despairingly. "All we know is that we have to go to the Tombs of the Kings, but from there…"

"Let's just get ourselves to Paphos first," said Echetlaeus, ready for action. Even though he knew Daphne was right and they'd probably find themselves hitting a brick wall once they arrived, he felt an enormous sense of relief that they at least had a starting point for where to begin. Why hadn't he thought to ask Mrs. Thenia before? Her expertise and knowledge of ancient Greece were second-to-none, even compared to famous and well-known historians.

"How are we going to do this though?" asked Greg, who was tucking into an enormous burger, his mouth full of ketchup. "We've got exams for the remainder of the week. How long are we going to need to spend in Cyprus? And where are we even going to get the money to go there?"

"Well, I've got some savings," said Daphne, who was the most conscientious when it came to money. "Though nowhere near enough to get us to Cyprus and back, as well as spending a few nights in a hotel or wherever we're staying."

"Don't worry about the funds," said Echetlaeus quietly. "Aunt Eunice made sure I would be well-taken care of."

The others fell quiet and Echetlaeus' eyes fell to his plate. It was true. He had received a letter a few days ago from a trust fund organisation, informing him that Aunt Eunice had left him everything she had. He had not realised before just how wealthy Aunt Eunice actually was or just how many valuable family collectables and antiques she had left him. But he realised afterwards that he would be able to live comfortably for quite a few years, and be able to take his friends on journeys such as this. But of course, Aunt Eunice must have known this day would come.

"It's Thursday tomorrow," he continued. "We could leave on Saturday. I won't have a problem taking a few days off university, but what will you guys tell your parents?"

"Oh, don't worry about me," said Daphne. "My parents never know whether I'm coming or going. I'll just tell them I'm staying with you for a few days, Ech."

"Yeah, mine might be a bit of a problem!" said Greg. "The only thing I can think of is to tell them I'm going away for a few days for a study trip with you two! But I'm going to have to make up a pretty convincing story. You know how strict they are!"

"I've no doubt of your powers of persuasion, Greg," said Echetlaeus. "So, that's settled then. We leave on Saturday. Daphne, could you organise the trip?"

"Transfer some money to my account Ech and I'll book our flights and somewhere for us to stay. How long will we be staying there?"

"Three nights," said Echetlaeus immediately, though unsure

why he came out with that.

"OK." Daphne stood up, taking her cup of coffee with her. "I'm going to my next lesson. I'll see you guys tomorrow and let you know once I've booked the tickets."

They nodded and said their goodbyes. Echetlaeus and Greg also went to their respective lessons and the day passed rather quickly. Echetlaeus was unable to concentrate on the rest of his lessons. All he could think about was the tomb of Alexander the Great. He thought about how they would travel to Cyprus on Saturday and had to pinch himself several times to ask himself if he was mad. They were going all the way to Cyprus and yet they had no idea how to find what they were looking for. Only a couple of vague clues. That was all they had to go on. Could they do it? Could they really find the tomb of Alexander the Great? What happened if they got there and ran into a dead-end?

Everything was being left to chance and this made Echetlaeus feel extremely uneasy. But on the other hand, there was a side of him, way deep down, that felt he was doing the right thing and that he was going in the right direction.

"Trust yourself," he muttered to himself. "You have to. It's what Aunt Eunice would have wanted. It's what you have to do."

As the final bell of the day rang and Echetlaeus walked out of the university with his head low, he failed to notice someone watching him. From her window in the Archaeology department, Mrs. Thenia stared at him. She continued to stare at him long after he had left, a faint smile curling her lips.

Chapter Eleven: Paphos

The flight from Greece to Paphos was not long, roughly a two-hour journey. Daphne had taken charge of pretty much everything. Echetlaeus and Greg had not realised how bossy she could truly be until they discovered what it was like to actually travel with her. She put them in very specific seats and snapped at both of them to use the bathroom before boarding, not on the plane, stating that she had read dodgy things about plane toilets and that it was inadvisable to use them for short flights. Echetlaeus and Greg let her get on with it. Greg seemed very upbeat about the whole thing, more interested in travelling to Cyprus for a holiday, while Echetlaeus was racked with worry, though he tried not to show it.

"I bought you both swimming trunks," said Daphne, when they were about thirty minutes into their journey. "The seas are amazing. It would be a shame not to have a swim while we're there. We've got three nights to find this tomb, but there's no way we can miss the sea off Aphrodite's shore."

Paphos was famous for having a number of sites linked to the goddess Aphrodite. It was quite apt that the goddess of beauty should have such a strong connection with the beautiful city. It was also famous for its ancient ruins and tombs, the trio's goal.

The plane journey went by quickly. Before long they had landed at Paphos International Airport. Daphne immediately went into military mode, taking charge.

"Right," she said. "We need to get a cab 'cos our hotel is about thirty minutes from here. We'll drop off our things, then we'll make our way to the Tomb of Kings. I chose a place next to the tombs – walking distance. This makes it easier for us to explore over the next few days without worrying about transport. Come on, follow me."

Daphne hailed a cab and Echetlaeus and Greg hauled the luggage behind her. Within moments, they were in the cab, windows rolled down, enjoying the scenery of Paphos and the beaches and sea in the distance. The sun was out today and it would have been the perfect time to go for a swim and an ice cream. But there was work to do.

They arrived at their hotel, though it was more of a motel and looked a little shabby on the outside and empty on the inside.

"It's the cheapest place I could find," hissed Daphne as they made their way inside and a moody-looking man behind the reception stared at them.

"What were you bothered about cost for?" whispered back Greg. "You heard Ech – he's loaded!"

"It is still best to be frugal!"

"Names?" said the man behind the counter in a sour voice.

"Daphne Stamos, Echetlaeus and Greg," replied Daphne. "We've booked two rooms, one for me and one for these two."

"Numbers three and four," said the man, handing them a pair of keys. "First floor on your left. Dinner starts at six and ends at eight."

They scuttled off upstairs and the two boys entered their room while Daphne went into hers.

"What's the time?" Greg asked his friend.

"Midday almost," replied Echetlaeus, looking at his watch. "That gives us a good few hours to explore the Tomb of Kings."

"You alright?" Greg asked him.

"Yeah," replied Echetlaeus. He and Greg had been friends for a long time. He wasn't surprised he'd picked up that something was wrong. "I don't know … I've got this weird feeling in my gut. Like something isn't right."

"You think we've come to the wrong place?" Greg asked him, eyes widening.

"No, it's not that. Something else. I think we just need to be careful while we're looking around the tombs."

"Wouldn't worry too much. It's a popular tourist area. Can't be too many booby traps lurking around."

"No, I get that. But I haven't forgotten what happened when I went to see my aunt at the waterfall … things might seem safe but they're not. Especially not now, well, considering who I am … *what* I am..."

"Oi, you're still Ech," said Greg, pausing as he was putting his clothes away and looking Echetlaeus squarely in the eye. "My best mate since primary school. The same nerd as ever, except for the fact you've got massive pecs and all the chicks want you. Same guy. Got it?"

Echetlaeus looked back at him.

"Yeah," he said, a small smile curling his mouth. "Got it. Thanks, Greg."

"You two done yet?" came Daphne's voice from outside their door.

The two boys left the room and the three of them went down the stairs. Daphne carried a map in her hands as they left the hotel.

Outside, the sun shone brightly and there was hardly a cloud in sight amidst the blue skies. A slight breeze pleasantly ruffled their clothes.

"The Tomb of Kings is about a ten-minute walk away," said Daphne as the three of them set off down the road. To the left, the sea stretched out for miles around and not too far away they could see people on the beaches, laughing and swimming.

"You know where we should visit while we're here?" said Daphne as they continued walking, "Aphrodite's Rock."

"Where?" said the boys, almost in unison.

"What's that, Daph?" added Greg.

"Only the birthplace of Aphrodite, idiots! I did some reading… you'll like this. You *do* know that Aphrodite is the Goddess of Love?" Nods from her friends. "She was born in Cyprus from the foam of the sea. That foam was created by the titan Kronos. He castrated his father, Uranus, with the Adamantine Scythe, also known as the Harpe of Kronos, and threw his genitals into the ocean."

"Charming!" exclaimed Greg, pulling a face.

"See, I said you'd like the story! Well, anyway, that's how and where she was born. It's on the way from Paphos to Limassol so we should only go if we have time, but it's supposed to be an incredible place."

They continued walking for a while until they reached the Tomb of Kings. They all stopped and stared for a moment, awed by the sight.

To the casual observer, it may have seemed like a large group of rocks on deserted land. But the three of them knew the significance of it, not least because Professor Thenia had spoken so much about it in class. Large rocks lay next to one another, with entrances at the bottom of each rock. Patches of grass circled the area while the clear blue sea could be seen in the distance. Some tombs had pillars holding up the rocks.

It was a wonderful, atmospheric walk around the site, with lots of empty graves to explore and with all the ancient underground tombs having their own specific beauty. The ancient energy surrounding the place was felt by them all, but none of them felt it more than Echetlaeus. A vibration went through his body as he stared at the tombs. Flashes and images suddenly went through his mind – a battlefield, men in ancient Greek armour, lightning bolts flashing from the sky.

He swayed on the spot for a second, dazed.

"You alright, Ech?" said Daphne, looking at him with some concern.

"Yeah, fine," he muttered.

"Not many people here today," remarked Greg. "Suppose that's a good thing! We can explore to our heart's content."

They approached the entrance and paid two euros and fifty cents each to get in.

"Right," began Daphne, and the excitement in her voice was clear. "Listen to the research I did last night. The tomb with the greatest chance of hiding Alexander is the one with the number eight on it. It's the tomb with the most conflicting views among archaeologists about the identity of the person buried there. It's the only tomb where the remains show it could have supported a temple above it. And the temple was built during that time when the Ptolemies were arguing about who would have the Cypriot throne. This tomb has strong Macedonian influences, and we all know that Alexander was the king of the ancient Greek kingdom of Macedonia. It's also noteworthy that it's the only tomb that was found with sculptures of Ptolemaic eagles. They're in the museum now."

"Why is that noteworthy?" asked Greg.

"Because the eagles are a symbol of royalty. And who is more royal than the one we're searching for?"

She put her hand in her pocket and pulled out a ring, offering it to Echetlaeus. It was metallic, engraved with a five-pointed star.

"Look, here's my ring of magnet stone from the initiation ceremony and perhaps it'll bring you luck. Cabeirians from ancient times believed that, in addition to the power of attraction, the ring can give the owner the power to find what he's looking for."

"You sure, Daphne?" She nodded. "Well, thank you," said Echetlaeus, "let's hope it does some good." Echetlaeus took the ring and placed it on his ring finger. It fitted perfectly.

The plan was a simple one. They'd noticed a few guards who

occasionally checked inside the tombs, so Daphne would occupy the guard who stood at the entrance of Tomb Eight – if Echetlaeus was to explore freely he couldn't have interruptions - while Greg would hang around inside and tell any curious visitors that he and his colleague were doing some research for the university. Echetlaeus himself would explore the tomb and see if he stumbled upon anything. It all seemed very hit-and-miss but they couldn't think of anything better to go on.

Carved out of the solid rock, the tombs were enormous, like an underground maze. The ancient appearance of the stone was incredible to behold. They walked for several minutes, admiring the necropolis, when suddenly they realised they had reached their goal.. Looking down, they saw tomb eight. Instead of having an open atrium like the other tombs, this tomb was a rectangular block of rock. It reminded Echetlaeus of the mastaba style of Ancient Egyptian tombs, and he knew from his Egyptology lessons that these tombs included a huge underground burial chamber, so this was a good sign.

Quickly, Daphne approached the guard and Greg took his place outside the tomb.

"Good luck," Greg said to Echetlaeus.

Taking a deep breath, Echetlaeus went down the steps that led him to the arched entrance of the underground vault. The energy here was very strong and very powerful. The main funerary loculus was carved into the rectangular rock and Echetlaeus could see the Macedonian influences from its decoration.

The hairs on the back of his neck rose as he moved further, not sure what he was looking for.

As he continued, he suddenly felt his ring finger burning. Instinctively, he yanked off the ring and threw it to the ground.

He watched as it rolled towards one of the dark and narrow rock-cut graves inside the chamber. Taking his phone out, he switched on the light to get a better look. He swiftly realised that he had to enter the grave, and he took a deep breath.

He discovered that the ring had landed in a small, shallow hole

that matched it perfectly. Curious, he leant over and pressed his finger down on the ring. Immediately, a click sound occurred and the ring became locked into the hole.

What happened next took a mere split second. The ground beneath him opened up and suddenly he found himself falling through a hatch. He must have fallen about five metres, but as he landed with a thump on the hard, stony ground, he was unhurt and could only put this down to his superior strength. What's more, as he fell, the ring landed on his stomach. He picked it up and put it back on his finger.

His phone was still in his hand and this place was a lot brighter than the last one. His surroundings were completely different now, decorated with beautiful wall paintings. The colours and artwork were striking. There were also numerous torches on the walls as well as several swords and daggers. He stood up, moved towards one of the torches and took it by the hand. Then, without thinking, he lit a fire by striking a stone onto one of the swords.

He watched, awed, as the paintings on the walls appeared to spring to life. Scenes of battles with armies of men fighting monsters, such as the type he had encountered at the water of Styx. Dog-headed soldiers battled ferociously against the troops of Alexander the Great.

He walked further down, still viewing the striking paintings which seemed so vivid and real. It wasn't long before he arrived in a circular room with ornaments and trophies, animal statues such as tortoises, Egyptian gods, cat mummies and scarab mummies, golden valuables, ivory, coins, swords, shields and hundreds of treasures of inestimable value. There were hieroglyphics and ancient Greek in frescoes with genealogical trees and inscriptions, but nowhere could the Tomb of Alexander be found.

He lit the torches in the room and his eyes widened at the impressive space which was packed with statues of all sizes. But it was one particular statue that caught his eye. A statue of gleaming silver stood just in front of him, the statue of a man with his index finger placed on his lips.

He knew who it was: Harpokratis.

He was the god of silence and secrets. Developed back in the time of the Hellenistic religion of Alexandria, when Alexandria was most famous for being a hub of all types of mythical beliefs and magical individuals. Echetlaeus thought back to how Mrs. Thenia had taught them that this deity was created during the time of the Greek rule of Egypt.

Without thinking, Echetlaeus removed the ring from his finger once again. He reached up and placed it on the finger of Harpokratis. Immediately, an enormous groan came from behind the statue. A hatch opened to reveal an impressive stone sarcophagus in the wall. All over the sarcophagus were depictions of battles, similar to the ones in the other room and yet much grander somehow.

His heart thudding, Echetlaeus moved towards the sarcophagus. He placed his hands on the top and opened it, his eyes moving downwards to see what was inside.

There was a mummy, dressed as a Pharoah. Its right hand was marked with the sacred symbol of life, while the left hand was marked with the sceptre of power. There were bandages on the mummy's head, but even through these bandages, strands of blonde hair could be seen. On top of his head was a shiny olive wreath made of pure gold. Echetlaeus almost staggered backwards. There was no mistaking who the mummy was.

It was him. Alexander the Great.

Chapter Twelve: The Armour

Through the twists and turns of the underground
Did our hero bravely turn
The spirits of gods watching from high above
Some excited, others stern.
For now, the prize is within his reach
But how far does he dare to go?
The path of the armour is not an easy one
Keep your eye on every foe.

Echetlaeus just stood there for a minute, trying to take everything in.

"It's you," he muttered. "It's really you."

He approached tentatively, taking in every detail. From pictures he'd seen, Echetlaeus realised the wreath was very similar to the golden oak tree wreath discovered at the tomb of Alexander the Great's father, Philip II of Macedon. His ancestor had been a powerfully built man and, even through the white mummification fabric, Echetlaeus was able to see clearly just how muscular and strong he had been.

Instantly, Echetlaeus understood that the discovery of this magnificent tomb with the body of Alexander and all of these remarkable treasures could be considered as one of the most important archaeological discoveries of all time and he, along with his friends, had solved one of the biggest mysteries of modern archaeology. It was the tomb of the man who established one of the largest empires of the ancient world and spread Greek thought and culture across most of it.

But this came second to what truly mattered right at that moment.

The armour was nowhere in sight. Panic started to set in. Finding the mummy of history's greatest military mind was phenomenal, but they had come to Paphos for a specific reason and that reason was the armour. He knew within his heart that finding the armour was a matter of life and death.

Echetlaeus reached out and took the wreath from the mummy's head. He was shocked when, a split-second later, it began to vibrate.

Not only did it vibrate, it started to melt into Echetlaeus' hand, but it did not burn him. He suddenly felt a sharp, scratching pain on the back of his left shoulder which worked its way through his body, ending at his chest. The sensation was one he hadn't experienced before.

He was given no more time to think about what had just happened. A little distance away, one of the largest statues in the room began to crack. A swooping feeling of dread swept through Echetlaeus' stomach. His body was warning him of the danger before his eyes knew what was happening. A second later the statue had split into pieces and a giant mummy twice as tall as Echetlaeus emerged from the ensuing dust from the splintered pieces.

The mummy had the head of a dog and was dressed in fine Egyptian clothes, holding an Egyptian sceptre. Echetlaeus had read enough books on Egyptian Mythology to know who this was. It was Anubis, the Egyptian god of the dead.

He was completely unprepared, however, when the mummy suddenly let out an almighty roar and started growling in ancient Egyptian. Echetlaeus' quick reflexes saved him as he leapt out of the way, for the mummy had grabbed several objects from around the room and began hurling them at him. In a flash, the mummy was beside him, holding its sceptre with the intent to beat him with it. Echetlaeus dodged in the nick of time, but he could not escape the speed of Anubis, whose enormous mummified paws grabbed him and threw him to the other side of the room.

Echetlaeus landed with a sickening crunch as he hit the wall, the wind knocked out of him. Anubis continued snarling and shouting in Egyptian, appearing by Echetlaeus' side once more and repeatedly striking him with the sceptre.

If Echetlaeus was an ordinary person he would have undoubtedly been killed by now. Luckily, his super-strength and healing abilities allowed him to keep going. Nonetheless, the repeated blows from Anubis were taking their toll. Echetlaeus was on the ground, covered in blood, and the giant mummy punched him hard in the stomach with its paw. More beatings from the sceptre ensued. Echetlaeus began to have trouble seeing and he felt his strength drain from him. The last blow left him motionless, all fight gone from his tortured body.

Suddenly he heard a stern female voice.

"Gather fast and touch your hand on the ground with your palm open."

Could it be true? The voice was coming from a wooden sculpture nearby – the Goddess Athena.

Feeling dizzy from the blows, Echetlaeus didn't stop to think. He touched his hand to the ground with his palm.

"Now, ask the Mighty Hephaestus to provide you with the holy fire," said the voice.

With all his might, Echetlaeus shouted:

"Mighty Hephaestus provide me the holy fire!"

Then an earth-shattering scream which didn't sound human erupted from his mouth.

"Urrrrrrrrrrrrrrrrrrrrrrrrrrrrrrrrrr!"

At once, a mysterious, luminous glow filled the room, blinding both Anubis and Echetlaeus. It was as if fire was passing through the earth into him. The fire passed through his whole body and when it vanished seconds later something remarkable had happened.

Echetlaeus found himself on his feet, his body feeling heavy,

yet stronger than before.

He looked down at himself. He was wearing the armour of Achilles.

He didn't know how or why - he'd stopped asking himself those sorts of questions since all of this started happening. All he could do, in those precious seconds, was look at the armour of his ancestor that had miraculously appeared on his body.

His keen eyesight took in every detail. This armour, crafted by the blacksmiths of the gods themselves, was a shining gold colour – and bright. Almost blindingly bright. Cuirasses formed the breast, back and shoulders, shaped as if they were muscles. The head of a lion sat like a gleaming badge of honour on the right shoulder, sparkling in the light, its majestic appearance ferocious in its entirety. Greaves reached from the top of his ankles to the top of his knees. He no longer wore trainers, but instead sandals which were also a gleaming gold colour. There were pteruges with stunning metal stripes on his hips and thighs to protect them, and bracers on his forearms. The cloak on his back was of a blood red metallic colour, yet it was not made of fabric. Remarkably, it was the same material as the armour, but it was so thin and light that it looked as though it had been woven on. His shoulders were naked, exposing his muscular upper body, his cloak draping over his right shoulder.

But it was the glorious gold helmet that sat firmly on his head that truly expressed the splendour of this attire. This was no ordinary helmet. Flames burst forth from its golden metal, for on its crest was the Holy Fire of Hephaestus.

He registered this in a mere flash and it was a good thing, too, because Anubis seemed completely unfazed by this sudden appearance of armour and launched at him again, its sceptre swinging wildly. It landed on Echetlaeus several times, but he barely felt it. The armour was simply too strong. He was almost untouchable.

Then Anubis raised the sceptre above his head. Echetlaeus reacted instinctively and raised his hand to shield himself.

At once, a magnificent round shield appeared between his fingers, which he grasped. Holding out his other hand in the same defensive way, a double-edged sword was formed. Echetlaeus leapt to his feet, shield and sword in his hands, breathing heavily, facing the gigantic mummy that stood before him.

With a wild yell, he launched towards Anubis and began delivering blow after blow with his sword. His sword mercilessly battered and pierced the mummy which howled in agony, its sceptre standing no chance against the might of Echetlaeus' sword.

With one last heave of his arm, Echetlaeus swung the sword forward and beheaded Anubis.

As the mummy's still frame lay on the ground, blood spattered everywhere and the mummified dog head rolled to the side. Echetlaeus suddenly felt a sharp sensation go through his entire body.

He dropped the sword and shield and gasped in pain.

"By your courage you have done great honour to Alexander's armour, Echetlaeus."

It was the wooden sculpture of Athena, speaking to him once again.

"Now, say the following words," the voice continued. "Hephaestus, suppress the rage of the fire."

Echetlaeus obeyed. A split-second later, his armour had vanished and he was back to his normal clothes again. He stared in awe at the decapitated Anubis before turning to the wooden statue of Athena.

"I am deeply in your debt," he stammered. "How did you speak to me?"

But there was no reply.

"Are…are you there?" he tried again.

Still no reply.

He didn't waste time trying to make head or tail of this. Right now, his logical mind had pretty much switched off and he was left with plain and raw instinct. He had entered the tomb with the intent of finding the armour of his ancestor and he had found it. Where exactly it had gone, he did not know, but it had appeared on him and then vanished again. He could only presume this was ancient magic at work.

There would be more opportunity to discuss it with Daphne and Greg. He looked at the sword and shield on the ground and picked them up. It was proof, both to them and himself, that everything which had just happened *had* happened.

He left the room, walking for a short time and noticing the passage was becoming narrower with each step he took. This was surely not the original way he had entered the tomb and he was certain he was taking a completely different route. It reached a point where he had to walk sideways like a crab in order to fit through the narrow passageway. He had no idea where he was going.

He kept walking until he reached the end; but the end appeared to be an actual dead end. In front of him were a couple of massive boulders. Without thinking, Echetlaeus placed the sword and shield down and, one by one, he lifted the boulders and heaved them to the side. As he did so, he felt a breeze hit his face. Before long, he had moved the boulders completely and he was out in the fresh air, the sun in a blue sky beaming down on him, the sea air wafting all around him.

He climbed out of the passageway completely and he realised he was on top of a cluster of high rocks. The sea glistened beneath him and not too far in the distance he could see a beach with lots of people walking, playing and lounging under the bright sun.

There was no other way for him to reach the beach except to swim. In the past, such a thought would have terrified him and there was no way he would have been able to leap into the sea and swim to the beach. However, he didn't even give it a second thought. Placing the shield on his back and with the sword tight in one hand, he held his breath and dived into the ocean.

It was the first time he had swum since acquiring his new

abilities. His strength and speed were phenomenal. He swam like a fish under the water and did not even need to use both of his arms; his legs were powerful enough to do all the swimming for him. What's more, he found his vision was perfectly clear under the water. He took a moment to marvel at the marine life he passed by as he propelled himself forwards. All types of colourful fish frantically swam away to avoid him and the algae swayed peacefully all around. It was a beautiful sight.

When he arrived at the shore, which took roughly two minutes, he shook himself off and strolled purposefully towards the hotel. He was not sure where the tombs were, but he could see the hotel in the distance. It would make sense to leave the sword and shield at the hotel and change out of these wet things.

As he walked along the beach a number of people turned to stare at him. A gaggle of tourists looked at him excitedly, chattering amongst themselves. A little kid ran up to him, a massive beam on his face.

"Are you a Greek hero?" said the little boy in excitement, staring up at Echetlaeus.

"Er..." replied Echetlaeus. "No, I'm..."

"Your sword is so cool!" said the boy.

The boy's mother came over, a camera swinging from her hand.

"May my son have a picture with you?" she asked.

"Oh... yeah, sure"

Echetlaeus stood still next to the little boy who was grinning toothlessly while his mother snatched a photo.

"Thank you," she said to Echetlaeus as the little boy waved at him. Then, in a lower voice, she said, "It's wonderful what the tourist attraction companies do around here. You've really made my son's day. And your bruises look so realistic! Thank you so much."

"Oh... anytime," said Echetlaeus as the mother and son walked off, talking excitedly together.

Echetlaeus continued his walk across the beach, hoping he

reached the hotel quickly. He needed to find Daphne and Greg fast and tell them everything that had happened.

*

As it was, he found his two friends back at the hotel. It was a wet Echetlaeus that walked into the hotel, gaining himself very suspicious looks from the man behind the counter as he went up the stairs, sword in one hand and shield in the other. He opened the door to the room and was surprised to find Daphne and Greg in there waiting.

Daphne was sitting on the bed, a worried look on her face, while Greg was pacing the room in a state of anxiety. Both of them froze as soon as Echetlaeus walked in.

"Ech!" both of them yelled at the same time.

"Where have you *been?*" cried Daphne.

"We looked everywhere for you!" exclaimed Greg. "Started getting worried when you didn't show. You were in there for hours! We even went into the tomb to look for you but you were nowhere in sight!"

"Hours?" said Echetlaeus. "Was I gone that long?"

"Yes!" exclaimed Daphne. "It's almost dinner time! We came back here after searching high and low. We thought you might have come back here but you were nowhere to be found!"

"What happened?" said Greg. "And – er - what are you carrying?"

"You didn't find the armour!" said Daphne, who looked torn between her relief at Echetlaeus being back safe and sound and her dismay that he had not found what they had been searching for in the first place.

"Let me get out of these wet things," said Echetlaeus. "Then I'll tell you everything."

He put the sword and shield down by the bed, avoiding Daphne's and Greg's awed expressions for the moment, went to the bathroom and quickly changed into some dry clothes. As he looked in the mirror behind him before pulling his shirt on, he gasped.

There was a tattoo on his left shoulder. It looked exactly like the wreath he had seen at the tomb. The markings were exactly the same and the detail was incredible.

He stared at it for a few moments longer before pulling the shirt on and walking back into the room.

He found Daphne and Greg inspecting the sword and shield with open mouths.

"Where on earth did you find these?" asked Greg. "They look like they came from a museum or something. Wow – that sword is heavy!"

Echetlaeus advised the other two to sit on the bed next to him. Then he took a deep breath and told them everything that had happened, right from the moment he entered the tomb and fell through the floor, to when he discovered the mummy of his ancestor, to the battle with Anubis and then finding himself on the top of a rock and swimming to shore.

His friends were completely silent throughout. When he had finished there was a prolonged silence.

"You know," said Greg finally, "I know this is all happening and stuff but I still need pinching every now and then to remind myself it's real. Daphne, pinch me."

She obliged. Greg yelped.

"Right yeah," he said, rubbing his arm where she'd pinched him. "It's all real. Ech," he added, his voice dropping to a whisper, "I can hardly believe it. You found him? You really found him?"

Echetlaeus nodded.

"Yes. And here," he removed the ring from his finger. "Take it for now."

"But what about the armour? Did you find it? Or did it not fit?" said Greg jokingly.

Echetlaeus had refrained from telling them about the armour up till now. He had told the story as if he had fought Anubis with the clothes he was wearing at the time, but this was only because he wasn't sure if his theory was true.

However, there was only one way to find out.

"I did find it," said Echetlaeus, standing up.

He removed his shirt. Daphne and Greg gasped.

"Amazing tattoo!" exclaimed Greg.

Echetlaeus took a deep breath. He touched his palm on the floor and said: "Mighty Hephaestus, provide me with the holy fire."

Immediately, that same sharp sensation appeared and the fire shot through him again. Everything was a blur. Daphne and Greg yelled at the blinding light that suddenly appeared.

A few seconds later, Echetlaeus was wearing the armour of Achilles and atop of his head was the helmet where the Holy Fire of Hephaestus blazed brightly, its burning light filling the entire room, casting shadows across the floor.

"No way," whispered Daphne.

"But how..." said Greg, his voice trailing off as he stared at Echetlaeus in awe.

Daphne and Greg gawped at him as if they had never seen him before.

"Those are *flames!*" gasped Greg, his eyes popping at the sight of the bright and burning fire on top of his friend's head. "Are they *real?*"

"Yes – don't touch!" exclaimed Echetlaeus.

"Unbelievable!" said Daphne. "I just – it's just *incredible,* Ech!"

"And that lion!" said Greg, staring at the lion-head close to Echetlaeus' right shoulder. "It looks like real gold – and expensive! Oh my God ... looks like it could be worth thousands of bucks!"

"Yeah, well, it's not for sale," said Echetlaeus.

"You don't look like you, man," said Greg, shaking his head. "I just can't get over it ..."

"But how is this possible, Ech?" said Daphne.

Echetlaeus told them about the wooden statue of Athena.

"Ah, I get it," said Daphne, who was struggling to get over her shock. "It reminds me of the talking oak of Dodona with the image of Athena. It was fixed onto the prow of Jason's ship, the "Argo". The piece of wood was able to speak and make prophecies, which helped the Argonauts on their quest to recover the Golden Fleece."

"Yeah, that's one of my favourite myths!" said Greg.

"We should probably reconsider what the myth means then," said Echetlaeus thoughtfully.

Daphne began to examine the armour, her hands gently touching the lion's head, still unable to get over her amazement.

"It can only be used by someone who has the footprint of the great Achilles," she said. "In other words, only a direct family member can wear it. The DNA is the trigger."

"Bit of a shame really!" exclaimed Greg, standing up and tentatively touching the armour. "Would have loved to try it on! This fire on your helmet… aren't you getting burned?"

"Not at all!" replied Echetlaeus, with a small shake of his head and a raised eyebrow.

"Well, whatever this is, it sure looks cool! Go on, pick up the sword and shield. Let's see the whole look."

Echetlaeus obliged. In the sunlight streaming through the window, he looked like one of the Greek heroes that had graced the pages of many myths and legends books.

"Woah - did you see that?" said Daphne.

"Yeah!" replied Greg. "He looks awesome!"

"Not Ech – I'm talking about the shield!"

She jumped up and peered closely at the shield which gave off a strange light.

"Extraordinary," she murmured.

Echetlaeus touched the shield with his hand and the shield started to change patterns. First was the sun, then a constellation, then stars, then two farmers and then a vineyard.

"Look at all these patterns. This is the shield of Achilles!" said Daphne.

"It changes its pattern - look! That's the Sun of Vergina, the royal symbol of the ancient kingdom of Macedonia."

Suddenly a new symbol appeared.

"Look at this new symbol – it's the letter Epsilon!" continued Daphne excitedly. "Ech! Your name begins with epsilon - this shield was meant to come to you!"

"Think we've already established that!" said Greg.

"No, but it really was! The first design is Achilles, the second design is Alexander and the third is Ech, as demonstrated by the letter Epsilon. Ech - I think you are officially the new owner of the armour. The other predecessors were two of the greatest heroes of Greece!"

"Well, no pressure then," Echetlaeus mumbled, while Greg laughed. "Still, let's not get ahead of ourselves. We still have a lot to find out."

"Can I take a selfie with you in that armour, Ech?" said Greg, whipping out his phone.

Echetlaeus shrugged.

"Sure, if you don't mind the dog-headed monsters coming after you."

"Er, on second thoughts…" said Greg, putting his phone back in his pocket.

"OK," said Daphne. "We did what we set out to do. We found the armour. We need to get back to Athens. Find out what we need to do next."

"Hold your horses. We're still here for another couple of days!" said Greg.

"One thing I've learned," said Echetlaeus in a rather mysterious tone, "is that things happen for a reason. I mean, we found the armour on the first day but we booked three days here. I don't think our time here is over yet…"

Daphne nodded thoughtfully.

"Hmmmm, yeah," she said. "Alright. Why don't we go grab something to eat and think about where we can go tomorrow. Oh, I know. How about Aphrodite's Rock like we discussed earlier?"

"Good idea," nodded Greg. "And you can tell us all about it on the way."

"On the way to where?"

"To the pizza place down the road. I'm starving!"

"Alright, let's go," said Daphne. "Ech, you might want to, erm, you know, change?"

"Got it," said Echetlaeus.

He thought for a moment. Then he closed his eyes and said:

"Hephaestus, suppress the rage of the fire."

Immediately, the armour vanished, along with the weapons. He was shirtless again. He stared at Daphne and Greg, and they stared at him.

"Cool! So, the sword and shield vanish along with the armour! I was sure that they would arrest us at the airport for stealing ancient artefacts…" Greg said.

Then, for some reason, the three of them broke into laughter. Sometimes, the best way to deal with the weird and wonderful was simply to laugh.

Chapter Thirteen: Unexpected Transformations

As our hero leaves the mighty plain
Returning home to fight once again
The troubles weigh heavy on his mind
Amplified by his spectacular find
He stands as brave and bold as ever
Yet anxiety reigns to leave him never
Who would have thought beneath the sky
He would find the most unexpected ally?

They decided to spend the next couple of days exploring the rest of Paphos, which included Aphrodite's Rock, towards which Echetlaeus couldn't help feeling a strange pull.

"You alright?" said Daphne, as she finished snapping photos and joined him with Greg following closely behind. "You look a bit dazed."

"I'm fine," replied Echetlaeus. "I don't know… there's something strange about this place but I can't put my finger on it."

The rock itself was surrounded by water. They could touch it if they swam out from the beach, but for now the three of them were just sightseeing. Tourists and locals were all around, admiring the impressive spot and enjoying the sunshine and clear blue sea. It was a popular destination for anyone who felt like a day out at the beach.

"Well, it's not a surprise you feel this way," said Daphne,

snapping a couple more photos of the rock. "The place is steeped in Greek legends, and we all know now that you're an ancient Greek hero."

"Oh please," said Echetlaeus, going red.

Greg chortled.

"You mean *modern* Greek hero, don't you?" he said. "Ech's still alive in case you haven't noticed!"

"Yeah, but for how long?" muttered Echetlaeus.

They spent some more time lingering by Aphrodite's Rock, marvelling at the incredible and mystical scenery, the birthplace of the goddess of love. Echetlaeus still couldn't shake off his feelings about the place.

While at the rock, they noticed a strange tree beside it. As they caught sight of it they moved forward to take a closer look.

It appeared to have plenty of handkerchiefs tied to it.

"Erm, what's that all about?" said Greg.

A beautiful female photographer was standing near the tree along with several others who were gazing at it in awe. She was taking multiple photos of the tree and the three of them approached her.

"Well, hello!" said Greg, putting on his smooth voice. "What's so special about this tree?"

The photographer turned and smiled at them.

"It's a tree of tradition," she said. "Dedicated to the goddess Aphrodite."

"Oooh!" said Daphne. "We knew about the rock but not this tree. Why has it got all these handkerchiefs on it?"

"It is traditional to tie a handkerchief to the tree and make a wish to the goddess of love," said the photographer with a smile. "Those seeking love travel far and wide to make their wish to Aphrodite."

"I want to try it!" exclaimed Daphne.

"Who are you going to make a wish about?" said Greg, looking surprised. "I hope you've not secretly got a thing for me. Sorry Daph, you're not my type."

"Not you!" Daphne snapped. "It's none of your business who I wish for!"

"Go ahead," the photographer said. "I'm sure Aphrodite is watching you right now."

Enthusiastically, Daphne reached into her pocket and pulled out a handkerchief, making her way over to the tree and stretching up to a low branch.

"What about you two?" the photographer said, smiling at Echetlaeus and Greg.

"Ah – maybe next time," said Echetlaeus a little awkwardly.

"Are you sure?" the photographer said, her smile widening.

"Very," replied Echetlaeus, but as he continued to look at her beaming face the strangest feeling came over him. Did he know her?

Daphne came back with a spring in her step.

"Done it," she said, grinning.

"So who was it about?" said Greg. "Come on, I'm really curious now. I didn't know you had a crush on someone. Tell me!"

"No, it's between me and the goddess of love. I'm not telling anyone! We're not allowed to speak our wishes aloud or they don't come true. Isn't that right?"

She turned to face the photographer, but the beautiful woman was gone.

"Huh? Where did she go?" said Greg, puzzled. "She was only here a second ago."

"Hey!" said Daphne, "I wonder if she…"

"If she what?" said Echetlaeus.

"Er… never mind," said Daphne. "Come on. Let's get something to eat. I'm starving!"

She started to make her way down the path and the two boys followed her, puzzled.

They went for a meal in a fish restaurant before heading back to the hotel, and as they enjoyed their food, with Greg mercilessly teasing Daphne about hanging her handkerchief for her unknown crush, Echetlaeus couldn't help thinking about how odd their time at the rock and by the tree had been, but he still couldn't quite pinpoint what it was.

On their last night, Echetlaeus lay awake staring up at the ceiling in the dark while Greg lay in the next bed, snoring away. He was amazed, if truth be told. Not so much at the astonishing things that had happened but how easily he had managed to adapt. Battle a dog-headed beast? No problem. Armour absorbs into his body? No problem. Statue talks to him? No problem.

Yes, it was surreal, but there were bigger things to come and doubt no longer played a part in his mind. He kept focusing on the positives. He was strong and determined. He had his two best friends fighting with him. The way his friends stood by his side was a blessing to Echetlaeus. He didn't know how he could have done any of this without them. He had a mission. He was destined.

He drifted off to sleep, thinking about everything that had happened and all that was to come. The last image in his mind was Anubis' head rolling on the ground after he had cut it off.

*

The flight back to Athens was relatively peaceful. Greg slept for most of it, Daphne was absorbed in a book and Echetlaeus spent most of the time gazing out of the window, thinking. For some reason, Aphrodite's Rock dominated his thoughts. That same strange feeling he'd got when he'd been there was filling him once again.

"We need to do some research," said Daphne suddenly.

"Hmm?" Echetlaeus said, breaking out of his thoughts and turning to her.

"Anubis," she said, her eyes still scanning her book. "We need to find out why he was attacking you."

"Well, he was obviously just defending the tomb," said Echetlaeus.

"No, there's got to be a reason for it," said Daphne, shaking her head. "Don't you remember? You said that when you and your

146

aunt were under attack it was dog-heads that attacked you. And now Anubis has attacked you as well? There's obviously a reason for that."

When they arrived back in Athens they said their goodbyes and agreed to meet again at university the next day. Greg was complaining, stating he wanted a day off after all that travelling, but Daphne raised her eyebrows and said they'd literally had a couple of days holiday in Paphos and surely that counted as 'a day off'.

Echetlaeus went home and slept. He wanted some time just to be away from the world for a while. Sleep was the best way of doing that.

However, at the library the next day, getting away from the world was the furthest thing from his mind.

As soon as Echetlaeus walked into the library, about midday, he was accosted by Daphne whose eyes were shining brightly. Greg was trailing behind her with a pile of books in his hands and looking thoroughly disgruntled.

"What's up?" said Echetlaeus as they sat down.

"Well, we've spent the last few hours reading," began Daphne.

"Yes," muttered Greg. "*Hours* sounds about right."

"And we've discovered some fascinating stuff!" she continued, apparently not hearing him. "So it turns out that ancient texts from different countries refer to these strange races – humans who have dog heads. In ancient legend, they are known as cynocephali."

"Hang on," said Echetlaeus as his mind started to churn with long-forgotten information that he had read in his books over the years. "Cynocephali. Doesn't that derive from the Ancient Greek word 'kuon'? Kuon means 'dog' doesn't it? And 'kephalos' means 'head'?"

"Well done," said Daphne approvingly. "It looks like they came from a variety of places: Eastern Europe, India, Egypt, China..."

"Weird," Greg whispered.

"Yes, it's super weird," said Daphne. "Though I guess

nothing's weird these days, is it? Anyway, these human-slash-dog races were almost always associated with gods of death. There are wall paintings and icons showing them in temples, pyramids and churches as people were scared of them. There are loads of texts and hagiographies of Saint Christopher showing that he had a dog head and was descended from this race!"

"Gosh!" exclaimed Echetlaeus.

"So now listen to this," said Daphne, her voice becoming excited again. "It turns out the gods sent Alexander the Great to defeat these dog races and imprison them!"

"Imprison them?" said Echetlaeus, recalling the paintings he'd seen of the dog-heads in the tomb.

"Yes! Ancient texts and sources recorded this – *and* they recorded a prophecy!"

"What kind of prophecy?"

"That they would be released again and the world would be in great peril," replied Daphne. "They were known as 'dirty generations' and once they were unleashed, nothing or no one could stop them."

The three of them shot each other ominous looks.

"My aunt gave me a last warning before she died," murmured Echetlaeus. "It was about the coming of Sirius. Perhaps she meant the brightest star in the sky. I've read that it's a star that has affected our planet since ancient times. It actually changes colour if you look at it in the sky."

"Do you think that Sirius is…?" said Greg, his voice trailing off.

"Do you want to hear his other name?" said Echetlaeus. "Star of the dog. That's his name. For the ancient Greeks, the rise of Sirius signalled the hot weather of summer which they called 'dog days'. They would make sacrifices to the Great Dog and Sirius, pleading for better times. There were even coins representing dogs along with stars and rays."

"So, could this be a coincidence?" said Daphne. "Even if Sirius is getting nearer, it's still light-years away from Earth. Perhaps it *is* just coincidence, all these names and legends…"

"Can't we ask your organisation?" said Greg. "Someone in that wacky cult is bound to have the answer."

Daphne shook her head firmly.

"No way. They won't know anything. Besides, most of them are furious with Echetlaeus for crashing the initiation ceremony. No, we'll need to find another way to verify whether our suspicions are correct. Because if they are, I have a feeling we're in serious trouble."

The three looked at each other, worried expressions on their faces. It was one thing facing strange creatures and battling them. It was quite another realising the entire world may suddenly be thrown into great peril.

"I better go to my lesson," said Greg uneasily. "I'll see you guys later."

He walked off and Daphne and Echetlaeus were left alone.

"Do you think it's true?" Echetlaeus asked her.

"I don't know, Ech," replied Daphne. "I just don't know."

*

As Greg went off to his lesson on applied mathematics in architectural design, and Daphne said her goodbyes to go to her landscape architect lesson, Echetlaeus went off to his history class with Mrs. Thenia. On Wednesdays, he and his two friends didn't have history together, and as today was Wednesday he made his way there alone.

He stopped off in the bathroom for a few minutes, not bothered if he was late for his lesson or not. He crouched on the floor of the bathroom and put his head in his hands. It was beginning to take its toll on him, he could see that. He thought he'd been handling it all pretty well up till now, losing his aunt, fighting the monsters, finding the tomb and attaining the armour.

But it was starting to get to him. The revelation of the impending end of the world scenario was starting to hit home. He felt as though he had been in a dream this whole time. Now it was as if the reality was starting to overwhelm him. He felt as though his head was caving in.

He took some deep breaths. He couldn't afford to lose it now. He had to hold it together.

Breathing deeply, he counted to ten in his head. Then he got up and made his way to class.

He barely listened throughout the lesson. Mrs. Thenia was saying something about Greek myths and legends. Usually, he would be very interested in all she had to say, but today all he could do was stare out of the window and zone out. The truth was, he simply couldn't concentrate and the thoughts he'd been having while in the bathroom were obsessively going round in his head. Thoughts of his aunt whirled around; how he missed her and wished she was here during these dark times. Thoughts of Sirius and the world's possible impending doom. She had told him it was his destiny to save the world from peril, hadn't she?

Was that time to come as soon as now?

He didn't even jump when the bell to mark the end of the lesson reverberated around the room.

"Homework in tomorrow, everyone!" Mrs. Thenia called out to the class as they all scuttled away.

Echetlaeus slowly pushed his chair back, his eyes fixed on his desk as he began putting his books into his bag.

"Echetlaeus - can I have a word?"

Mrs. Thenia was staring at him pointedly. The last student apart from him left the room and the two of them were alone. Echetlaeus hauled his bag over his shoulder and silently went over to where the professor was waiting for him.

"Yes, Professor?"

"You're very quiet these days, Echetlaeus," she replied. "And I noticed you weren't paying much attention in class. Is there anything you would like to talk about?"

Echetlaeus stared at the wall for a while. As he did, the professor moved towards the classroom door and slowly closed it.

In the back of his mind, Echetlaeus registered something unusual about this, but he was more caught up with whether or not he should say anything. He'd be mad to, of course, but on the other hand he needed to get something off his chest. The weight of anxiety was heavy on him and he might not be able to tell her everything, but Mrs. Thenia had always been kind and understanding towards him. Maybe he could just say how he was feeling, but not go into too much detail…

"You wouldn't believe me if I told you…" Echetlaeus began.

"Try me," his teacher said.

A pen dropped from his teacher's desk. Echetlaeus bent over to pick it up and as he did so the strangest sensation shot through him.

When he stood back up again he was totally unprepared for what had happened. In fact, he had to blink several times to make sure his eyes were not deceiving him.

Professor Thenia was gone. In her place stood an old woman who was smiling at him.

"Er… Mrs. Thenia?" he said numbly.

The old woman continued to smile. Echetlaeus realised where he had seen her before. It was the old woman from the bus station who had provided him with the whistle to protect him from Cerberus.

"Who…who are you?" Echetlaeus said, backing away.

"*I* am Professor Thenia," said the old woman, advancing towards him.

Chapter Fourteen: Athena

Blood and bone, toil and trouble
No longer living inside a bubble
Our hero learns of the distant past
Knowing he must act now and fast.
The goddess sends him a warning sign
She has existed since the beginning of time
Only he holds the key to win this war
Now he must pass through the open door.

Echetlaeus couldn't believe his eyes and at first he was not sure if he was hallucinating.

"Where is Mrs. Thenia?" he said slowly, backing away from the old woman.

"As I said," the old woman replied. "I am Mrs. Thenia. I am her. She is me."

This was too much. Echetlaeus had dealt with a lot of crazy things these last couple of weeks, but Mrs. Thenia supposedly transforming into the blind old lady from the bus station took the cake.

"I watched you from the first moment you were born," said the old woman. "Gazed upon you from the very first breath you took. I had expectations for you from birth. I had thought you were a mere mortal at first. Why would you be any different to your ancestors who came before you? But then I saw it. You survived the water of Styx, and now you are among the first people ever to own the armour that Hephaestus made for your ancestor, the mighty Achilles, all those years ago."

She moved a step closer to him, smiling.

Echetlaeus swallowed, trying to pull himself together.

"How do you know all this?" he asked her. "Who are you?"

"I am a believer of humanity. I have always been on the side of people who were different. People like you, Echetlaeus, who were special. People with physical and mental abilities well beyond the average human. Those throughout history who made radical change in the world. The heroes you read about in your history books who brought civilisation and progression to the human race. I have stood beside each one of them, guiding, teaching and helping them, just as I will now do the same for you. I have spent hundreds of years finding the Legendary Warrior and in you I have found the latest."

"Hundreds of years?" Echetlaeus said. "Then… then you must be a goddess. But… who are you?"

The old lady moved closer and, as she did, Echetlaeus saw a fire burn behind her eyes.

"I am the one who stood beside Jason and his search for the golden fleece. It was I who advised Perseus on how to kill Medusa. I was the one who stands beside Odysseus as he tried to return to Ithaca. It was I who stood next to Bellerophon as he attempted to master the legendary Pegasus. I was with Heracles as he battled his twelve labours, and I stood, too, beside your ancestor, Alexander the Great, who wanted to honour me in my true form with his conquests."

The old woman waved her hand to a map that miraculously appeared on the whiteboard. Echetlaeus looked at it. It was a map of the conquests of Alexander. As he continued to stare at it, before his very eyes the figure of a woman's body began to materialise on the map across the conquered areas. Echetlaeus' eyes widened as he saw the woman's body take shape. He had seen it so many times before in his history books.

"Goddess Athena…" he whispered.

He looked up again but the old woman had disappeared. In her

MACEDONIA
Black Sea
Caspian Sea
SPARTA
CAPPADOCIA
CYPRUS
MESOPOTAMIA
EGYPT

place stood Mrs. Thenia once again, but she was dressed in a completely different outfit. She wore an ancient Greek cloak, a helmet on her head and a shield and spear by her side.

"So… this whole time you've been the Goddess Athena?" said Echetlaeus in practically a whisper.

His Art History professor – or so he thought – smiled at him.

"Yes. I only came to teach here because of you, Echetlaeus. I am able to take many forms, as you know. And your dear aunt… it was hard for me not to discuss her with you after her death. But know that she is still with you. She watches you from the other side."

Echetlaeus dropped his eyes, remaining quiet. Talking about his aunt was still painful, but Athena's words brought him a ray of comfort.

"Where is she?" he said quietly.

"When the heroes or deities die, they go to a special place. The old poets called it the Elysium Fields."

"Is she alright?"

"She is proud of you. Do not worry about her, Echetlaeus. Worry only for your next step."

"The next step?"

"Yes. We have to hurry because we do not have much time."

She looked at his perplexed face and chuckled.

"I'm sure you have lots of questions, but we have to go now."

There was a bright flash and Echetlaeus shielded his eyes. When he opened them again, Mrs. Thenia had returned in her usual librarian's outfit and glasses. She beamed at him.

"This is more appropriate, I believe," said Mrs. Thenia – or rather, Athena.

"Now, let's go for a walk. You have questions that need answering and there are things I wish to show you."

They walked for a good ten minutes and though Echetlaeus was bursting with questions he stayed quiet for the time being. Athena was smiling around at the people and streets of Athens and he was looking at her as if he had never seen her before. To think his unassuming teacher had been the goddess Athena all this time was probably the most remarkable thing he'd encountered yet!

They walked towards the highest point of the city until they came to the top of a hill. They stopped outside an ancient citadel. Echetlaeus knew where they were. He had visited many times. It was the Acropolis of Athens. The ancient structure was the Parthenon.

"You like to visit the Acropolis?" Athena asked him.

"Oh yeah," replied Echetlaeus. "Nice monument built in your honour."

"Ha! You should have seen it two and a half thousand years ago," said Athena, a massive grin on her face. "I was extremely proud of it at the time it was built. Not so much for the monument itself, but for all the thoughts and ideas created by the Athenians at the time. They radically changed the image of the city. Not only that, but they also changed the history of Greece and the world at large. It was shortly after the great battle of Marathon that this all began. The victory in this battle started the spread of these great ideas and thoughts. And do you know the greatest idea of them all, Echetlaeus?"

He shook his head.

"Democracy. The idea of fairness and equality in society. The total rejection of authoritarianism. It was during this period that many of Greece's most famous thinkers lived: Pericles, Socrates, Sophocles, Euripides, Thucydides, Aristophanes. So many great people and influential writers. That's why, Echetlaeus, no matter what hardships and suffering Acropolis faced in years to come, where it was bombed and plundered in the worst possible way, it stands strong today as a blessed reminder of all that happened during its golden age. It was the birth of democracy, fairness, justice and equality, which helped shape the modern world as we know it."

They took a few minutes to stare at the beauty of the Acropolis, savouring the ancient history that accompanied it.

Then Echetlaeus turned to Athena. He wanted to just say it

straight up.

"There's something I need to know. Why am I being hunted by dog-heads? What is the connection with Sirius?"

Athena didn't reply for a moment. Then she turned to him and said:

"The dog star is the star that emits a specific radiation that affects the gate through which Alexander the Great, with the help of Zeus and the armour of Hephaestus, banished tens of thousands of dog-headed creatures from our world. Do you know the story?"

He nodded, remembering Daphne's story earlier that day.

"But they are breaking free as foretold in the prophecies. Soon, our worst fears will be confirmed. They will break the shackles of the bronze gates, and the armies of the wild ones will annihilate all human life on the Earth with rabies."

So, their suspicions had been true. The dog-heads he had fought with had simply represented an advanced guard of what was to come.

"What can we do?" said Echetlaeus, his heart beating fast.

"There is only one who can stop them. The ancestor of Achilles and Alexander the Great. You, Echetlaeus. You are the only one with the necessary DNA, the legendary blood of the greatest warriors in the history of mankind. You are the only one who can handle the glorious armour of Hephaestus, the armour that will give you the power of the gods."

He knew his role. He had known for some time now. But still, to hear it from a goddess herself. He couldn't help the intensity shooting through his veins.

"Why don't the gods interfere? Why don't you all stop them?" he asked her.

"Zeus fell a long time ago. Many of the gods and goddesses transformed themselves into animals and mixed with them, all through fear of this omen."

"Why didn't you do the same?"

"I would never do that," replied Athena firmly. "Don't you know what I stand for, Echetlaeus? What this city, Athens, stands for? What the Acropolis stands for? Freedom. Democracy. Equality. I would never cave into tyranny, whether in human or god form. This is why I'm still here. I will find a salvation for the people. I have been looking for you, along with nymphs like your dear Aunt Eunice."

Echetlaeus paused before bringing up his next question.

"My aunt mentioned a mistake that was made by our family," he muttered. "But she was never able to tell me what it was. Do you know what this mistake was?"

"I do," replied Athena in a quiet voice. "It was the mistake that started everything like a chain reaction. Long before, it had been prophesied that Thetis, the mother of Achilles, would have a child that was stronger than his father. Zeus and Poseidon both wanted Thetis for a wife, but this promised profound consequences for the Gods."

"What was that?" asked Echetlaeus.

"They couldn't risk having an opponent for the throne," Athena replied. "Throughout the history of the gods, there were sons overthrowing their fathers. Kronos, the child of Uranus, defeated his father and succeeded him. Zeus did the exact same thing to his father, Kronos. Bringing a son into the heavens always carried with it a threat to the divine order."

"Gosh," murmured Echetlaeus.

"Thetis, as you know from our many classes, was a beautiful sea nymph and water goddess. Zeus and Poseidon were in competition for her; however, both accepted that the risk of a stronger son was too dangerous. So instead, they allowed her to become the wife of Peleus, who was a mortal. That was when Achilles was born, and you already know of the many great deeds your ancestor achieved. But when he died, he was taken by Hades to the underworld. Odysseus, who greatly admired Achilles, met Achilles' soul in the underworld and was saddened. He told him, *"Better slave on the land to a landlord of a small estate, rather than be a king to all the dead."*

"Thetis loved her son deeply, as you know. She could not

accept him living in the darkness of Hades. So Hades, ruler of the underworld and brother of Zeus and Poseidon, struck a deal with Thetis that she would live with him in the underworld and Achilles would return to the land of the living.

"When Achilles found out what had happened, he was furious. He wanted to live, it was true, but not at the expense of his mother being chained to Hades for eternity. He refused to return. However, during the time Thetis was with Hades she had another son, and it was here that the prophecy came true."

Athena looked at Echetlaeus.

"The son of Hades was Acheron. He was stronger than his father. Hades gave him the name 'Acheron' from one of the five rivers of Hades, the river of sorrow. Acheron was so powerful that he was uncontrollable. He wanted a new era of the gods with him as the leader. He was the husband of the goddess of magic and witchcraft, Hecate, and with her help he revolted against the Olympians and defeated Zeus. The polluted race of dog-heads were submissive to Hecate and joined him. Then, all the gods scattered and left Mount Olympus."

Athena walked a little in front of him, taking in the scenery as they remained silent for a moment.

"So you see," she continued, turning back to him, "the prophecy did come true. Only it wasn't about Achilles. It was about his half-brother, Acheron."

Echetlaeus was quiet for a moment while he tried to absorb all this information.

"So, did they beat Zeus?" he said eventually. "Did they kill him?"

"No one knows what happened," Athena replied. "Zeus has disappeared. Acheron and Hecate claim to have killed him."

"So, what happened?" asked Echetlaeus. "We're all here. The dog-heads don't rule the Earth. Where are they?"

"The descendant of Achilles, Alexander the Great, succeeded in defeating Acheron using his armour. Alexander managed to chain Acheron and he sent him, along with the dog-head breed, to

Tartarus where they remain to this day. Tartarus is a planet in the solar system of Sirius. Sirius itself consists of two stars: Sirius A and the white dwarf, Sirius B. The dog-headed race originally came from Tartarus. Also, Hephaestus made the armour of Achilles using tartarium, a rare metal of this planet."

"But how did they get here in the first place?"

"Through the bronze gates, the doorways to other worlds. Your scientists call them wormholes. Homer mentioned them in the Iliad as the 'Gates of Heaven'."

"Gates that take you into space?" said Echetlaeus, amazed. "How does that even work?"

"The binary solar system of Sirius has large magnetic clouds and energy fields that spread throughout the entire galaxy. When Earth aligns with the energy fields it creates diodes from specific caves on our planet. In these caves are crystals from the binary system which have been living on our planet since ancient times. The gravitational structure of Sirius is naturally attracted to these crystals and this is when a connection is formed, creating a gateway that acts as a bridge for inhabitants of different planets to walk through. The dog-head creatures you have already met are simply a taster of the Cynocephali army that is coming."

"Gosh," Echetlaeus said again.

"Sirius A has a planetary system with twelve planets. The second planet is an Earth-sized planet that supports life. It was the most beautiful planet of our galaxy. A great catastrophe thousands of years ago almost caused the destruction of the entire planet," Athena continued. "Zeus then used the planet in Sirius as a horrible prison for the Titans after the great war. Perhaps you know the planet as the region of the underworld with the name Tartarus. The planet is the infernal abyss that is used as a dungeon for eternal punishment. The dog-head creatures that were living on that planet found the opportunity to escape and they migrated to Earth. But they began to multiply, causing havoc and disaster everywhere they went, but fortunately Alexander was able to expel them. Some have managed to survive; others have distanced themselves from the hegemony of their race and live peacefully without disturbing anyone."

"Are they any relation at all to the dogs we keep as pets?"

Athena smiled.

"No," she said. "They descended from wolves and they are loyal and loving to mankind. Man's Best Friend, as they are known. Unlike our friend, the earth dog, there is nothing noble or good about them."

"So, the dog-headed creatures were trapped forever in Tartarus?"

Athena nodded.

"Yes, or at least that's what we thought. The gods closed the gates. But now that Sirius is getting closer to the Earth, we will be connected once more. The goddess Hecate is at work to manage the field and re-establish a connection so that the dog-headed creatures can enter our planet once more."

"But what are we going to do?" said Echetlaeus.

"We have hope in just one thing."

"What's that?"

"You. You are the descendant of Alexander the Great, the one who defeated them the first time around. If the creatures return with Acheron at the helm, we stand zero chance. But with you on our side, Mankind has a way to defeat them."

"But how? How am I meant to do it?"

"You must find the Harpe of Kronos. It is the most powerful weapon that the god Kronos wielded. He castrated his father Uranus with this weapon and took his throne. I have personally seen it bring disaster to entire armies of monsters. You must pass through the gates that will lead you to Tartarus. There you have to locate Kronos himself and find this mighty weapon. It will not be easy. Remember, Zeus imprisoned his father for thousands of years after he overthrew him. Kronos is undoubtedly filled with hatred because of it. But there is a chance his hatred may lessen once he realises Zeus was defeated by Acheron. As far as Kronos is aware, Zeus is still the overlord."

"Oh Gosh," was all Echetlaeus could say.

It was a mighty task. He'd have to find Kronos, the father of Zeus, and convince him to hand him the weapon he used to defeat *his* father, and in the process hope that Kronos didn't try killing him.

It was a complicated business, not to mention a dangerous one.

"I hope this idea works," said Echetlaeus.

"There's no other way," said Athena with a shake of her head. "You will have to find a way to do it. Be inventive. This will not be easy as you know. Tartarus where Kronos is imprisoned is a nefarious planet where almost all exiles will want you dead."

"Great," Echetlaeus muttered. "But like you say, no choice. When shall we do this?"

"Now."

"Now?"

Athena nodded firmly.

"Yes. Are you ready?"

Echetlaeus took a deep breath.

"Show me the gate," he said.

Chapter Fifteen: Kronos

It happened so fast. One moment he was standing in front of a smiling Athena - or Professor Thenia; he wasn't sure how to think of her now - the next, the great Goddess had gently touched his shoulder and he felt his entire body vibrate in the strangest way. Suddenly, he found himself in a completely different place.

He was in some kind of desert. There was a white-stepped pyramid in front of him - the ziggurat type. It was chilly here. If Echetlaeus didn't have his superpowers he would have been freezing.

"Come with me," Athena said to him.

It wasn't just the scenery that had changed - so had the atmosphere. So had Athena. She still wore her librarian's outfit but there was something harder about her, something tense. Echetlaeus felt the hairs on the back of his neck stand on end.

She led him underneath the pyramid. As they walked beneath it, he understood that an ancient cave had been built beneath the pyramid.

They approached the entrance of the cave. Athena motioned him to look inside. It seemed very dark, but then he started to see things. His eyes widened as the images became clearer.

He saw frescoes from the battle of the Titans and the Olympians. At the end of the long corridor through the cave, the legendary bronze gate appeared.

He turned back to Athena.

"You have to find Kronos in the black mountain. It is the highest mountain on the planet and Kronos is in prison there. You will find him in the gigantic cave of Nyx, the goddess of the night. Nyx is a primitive existence, born of the cosmos, but with great abilities. Try to avoid her."

Echetlaeus stared into the heart of the cave where the bronze gate beckoned. He looked back at Athena, whose eyes were flaming. In this light, they looked a striking orange.

"Do not be afraid," she told him. "I am waiting here for you. You will succeed as long as you stay true to your goals and as long as you remember the might of your own power. Go now. There isn't much time."

Echetlaeus nodded. Then he took a deep breath and walked through the cave which had paintings all along the sides.

It wasn't long before the bronze gate stood before him. Bracing himself, he walked through it. He turned back briefly to see Athena staring at him with an unfathomable expression on her face. Turning again to continue on his path, he saw to his surprise that all of the frescoes now showed images of dogs devouring people and gods.

Light appeared before him, and he realised he was traversing a tunnel, and shortly he came to the exit. A great scene lay before him. The sky heralded a yellow and white sun which was dazzling to behold. Three satellites wandered across the clouds, immediately filling him with a warm, soothing feeling. This was a binary solar system - the planet had two suns. One was a faint white dwarf star.

By the purest chance the planet had been formed at just the right distance from the two suns to allow life to be created.

He moved forward with caution. So, *this* was what life on another planet was like. The area he stood on was rocky, with low vegetation and few trees. He slowly turned full circle, scanning the vast horizon; it was an unchanging scene of black mountains of darkness with rocky edges. But one reared above the others… that had to be his goal.

It was what he saw next that shocked him more than anything else.

Out of nowhere, two figures approached him from the sky. They were not human. They had the heads and wings of eagles and the bodies of lions. Echetlaeus recognised them as mythological beasts: griffins.

Riding them were two dog-headed creatures.

As they got nearer to him, it became clear they had no intention of being friendly.

They lunged for him, their claws flailing wildly. Echetlaeus' reflexes were super-sharp. Immediately, he activated the armour and with the splendid weaponry of Achilles he was ready for battle. As the griffins simultaneously leapt to attack him and the dog-head soldiers swiped their swords at him, he prevented one sword from slicing him in two with his shield, knocking the dog-head off its griffin with his phenomenal strength and crushing its head beneath his feet. A split-second later, he spun round just as the other dog-head tried to stab him. He swung his sword, but missed. The other dog-head did not wait around, but galloped off on its griffin into the distance, eventually disappearing from sight.

Echetlaeus knew he had to act fast. It would not be long before the creature alerted the rest of his kind to his appearance on their planet. He began walking quickly towards the tallest mountain. The distance was still far away and so he sped up. He barely had time to register his surroundings as he practically ran towards his destination. Many snakes slithered around him, large and small, as well as some kind of rodent species. He climbed a small hill, and as he glanced down he saw one of the griffins, whose rider he had

killed, not too far from him. He immediately realised he'd be quicker on a griffin than on foot.

He slowed down and watched as the griffin killed a big snake and ate it.

Let's try this, he told himself.

He leapt from where he was standing and landed on the griffin's back. The creature screamed but Echetlaeus pulled it up firmly, gripping its neck as he moved into the saddle position. He grabbed the ropes that were already attached to the griffin. At first, the beast tried throwing him off, bucking wildly to and fro, but Echetlaeus held firm. He tightened the straps, and within seconds the griffin had submitted to his authority.

"Magical beast," he whispered. "Now fly me to the mountain."

The creature obeyed. The griffin spread its powerful, vast wings and lifted them into the air. Together, they soared spectacularly through the air, the wind rushing past Echetlaeus' ears, the sensation of which he had never experienced before in his life. According to legend, griffins pulled the chariots of Zeus and Apollo. Now he, Echetlaeus, was riding one.

But the trip to the mountain was not to be so smooth. Before long, a group of twelve griffins, with two dog-head soldiers riding on the back of each one, surrounded him. Undoubtedly, the dog-head he had defeated earlier had alerted the others to his presence.

They circled him, and the ones directly in front of him held bows. They pulled the strings back and the arrows shot towards Echetlaeus, who swerved his griffin furiously to avoid them.

Then one made a direct hit on his arm, but miraculously he was unhurt. The arrow could not penetrate through his armour.

He saw the dog-head soldier shout in confusion. Echetlaeus seized the opportunity. Directing his griffin, he zoomed past each one of them, hacking at them with his sword with great skill. One by one they fell from their griffins.

Then, an arrow shot so close to his griffin's head that the beast cried out and swerved. Echetlaeus lost his grip on the reins and fell to the ground, landing with an almighty crash that would have killed an ordinary person.

But with his phenomenal strength and even more phenomenal armour, he pulled himself up quickly. The remaining dog-heads that had survived his attack flew down to meet him.

There were about five in total and they shot arrows at him simultaneously. One arrow veered dangerously close to his face but he avoided it in the nick of time. Echetlaeus stood tall, facing them as they snarled. Then, using his swiftness of foot and divine strength, he employed the skill-set bestowed to him by the all-encompassing combat-art of pankration, conquering them one by one; with no need of sword or shield. With nothing but his bare hands he delivered blow after devastating blow, tossing them to the earth brutally – yet also with finesse – until all five were dead at his feet.

Echetlaeus stood in the middle of the bodies, panting heavily. The griffin he had been riding was nowhere in sight. There was no time to lose. There would be more on the way, he knew that.

Instinctively, he swerved his head to the side. In the distance he saw a large horde of dog-headed soldiers on the backs of griffins advancing towards him. They were already on his tail and no more than a few minutes away. His superior sight gave him the ability to see them from far-off, but they wouldn't be long reaching him. He had to move – fast.

He began to run up the mountain as fast as his legs would carry him. He prayed he was going the right way.

As he neared the top of the mountain, he noticed there was a crater in front of him. A man wearing rags was pushing a rock, clearly struggling as he perspired and wheezed. When he reached the top with the rock, the rock rolled back down to the bottom, a few slopes below Echetlaeus. The man walked back down and began to push it again.

Echetlaeus slowed down and watched him, puzzled. Then he realized who the man was. It was Sisyphus of Greek legend. Sisyphus had been the king of Ancient Ephyra whose arrogance, cunning and deceit angered the gods during his reign. He was punished by Zeus to push a boulder up a hill, repeating this action for all eternity.

"Sisyphus?" Echetlaeus called out.

But Sisyphus ignored him, continuing to push the boulder up the hill.

"Sisyphus?" Echetlaeus called again.

The man continued to ignore him. He carried on pushing the boulder, that weary look on his face.

Echetlaeus felt himself overcome with something. The sight of the man pushing this boulder, the strain on his face, the tiredness… and being condemned to do it for all eternity.

Maybe it was the adrenaline rushing through his body after the battle with the dog-heads, but fury gripped him. So this was what Zeus did? Imprison people for eternity, forcing them to push boulders for ever?

Not anymore.

Echetlaeus gritted his teeth. As Sisyphus neared him, slowly pushing that boulder, Echetlaeus raised his hands and formed his sword. With a huge yell he brought the sword crashing down on the boulder, slicing it in two.

Debris from the rock scattered through the air, causing Echetlaeus to cough. Sisyphus' haggard face stared at him in amazement. His long, matted hair lay stuck to his shoulders which were packed with beads of sweat, and his eyes focused on Echetlaeus fixatedly. As Echetlaeus looked back at him he saw tears in the old man's eyes.

"It … it is finished," whispered Sisyphus, his voice croaky and weak.

"You … you broke the curse. It is finished … at last. Young man … thank you. Thank you from the bottom of my soul."

Sisyphus approached Echetlaeus, the tears falling freely now and he grasped Echetlaeus' free hand in his own.

"Who are you? Tell me your name?"

"My name is Echetlaeus," came the reply.

Sisyphus held Echetlaeus' hand to his forehead.

"Bless you Echetlaeus. I will remember and praise your name young man. Before I embrace the freedom I have been craving for so long, tell me how you would like me to help you."

"Help me?"

"Yes. I must give you something in return. You have saved my very soul."

Echetlaeus knew very well the story of Sisyphus. Yes, his arrogance and cunning had gained him the wrath of the gods, but he was also brilliant and resourceful. It was his ability to cheat death, not once but twice, that had earned him Zeus's anger in the first place.

Echetlaeus looked at him. He had not expected anything in return, but he realised at that moment that this clever and cunning man may be able to help him.

"I am trying to reach Kronos," he said to Sisyphus. "I need him to reveal to me where I can find the Harpe that he wounded Uranus with. But I don't know if he will give me the information I seek."

Sisyphus was silent for a while. Then he stared at Echetlaeus, his eyes dropping to the phial. Echetlaeus followed his gaze, realising that the phial must have been jerked from beneath his armour during the battle.

"That phial," said Sisyphus. "It is made from a hoof, I can tell. Is this because it hides the water of Styx?"

"Yes, that's right," said Echetlaeus, a bit astonished.

"Make Kronos drink the water, then he will tell you the truth. Or, at least, he will tell you if he does not want to suffer from mortal pains. When one drinks the Water from Styx, they must speak the truth or else they will be subjected to torturous agony. He already suffers enough, thanks to his son, Zeus." Sisyphus' eyes darkened. "That son of his who tormented me to an eternity of hell."

Sisyphus began to walk away but before he left, he turned once more to Echetlaeus and bowed.

"Follow my words, brave boy," he said to him. "You will

succeed, I know it."

Echetlaeus watched him go. He heard barks and yells somewhere behind him. He turned around and saw the dog-heads were gaining on him. Quickly, he continued to climb, using his phenomenal strength and speed to put as much distance as he possibly could between him and the army of dog-head soldiers who were approaching.

Within a few minutes, he had arrived at a giant cave. He could hear the army gaining on him. With a huge leap, he hauled himself into the cave and crouched with bated breath. This was surely the cave of the Nyx that Athena had told him about.

He moved deeper in, the light dimming until it became pitch black. But Echetlaeus was not lost to the darkness. The powerful light from the burning flames of his helmet enabled him to see.

As his eyes began to adjust, he heard hissing all around him and as he cast his vision to each side, he found that the entire cave was full of snakes.

He took care not to trample on any. Huge feathered rodents hung from the ceiling. They could have been bats, but Echetlaeus couldn't be sure.

He edged deeper into the cave and as he did so, he felt the hairs on the back of his neck stand. A moment later, he saw why.

Turning a corner, he saw him. Kronos. White-haired and ancient-looking with a long beard and pure white eyes, he sat on a huge throne.

The eyes stared directly at Echetlaeus, who moved forward cautiously.

"I have been waiting for you, Echetlaeus," Kronos said.

Chapter Sixteen: The Grudge

"I have been waiting for you," Kronos repeated.

His voice was croaky, gravelly almost. Echetlaeus could sense the ancient aura that surrounded him. He did not deny there was something intimidating about him, even more than the dog-head beasts he had been fighting.

"Come forward," Kronos said.

Tentatively, Echetlaeus obliged.

"You have the courage to come to the Cave of the Night, Echetlaeus," said Kronos. "The ancient goddess who accompanied me here in my prison predicted your arrival. You can only imagine how long I have waited."

"So … you knew?" Echetlaeus said, finally finding his voice.

"Yes."

"Did you … did you know the reason I would come?"

"Yes. You came for the Harpe with the adamantine blade."

At that, Kronos' face became even harder and colder than it was before. The transformation startled Echetlaeus, who swallowed before speaking up again.

"Yes, that's why I came," he said. "The Harpe … it will help save mankind."

"What is this to me?"

"Well," said Echetlaeus, "if I don't get the Harpe, mankind will be lost."

"And why should I care if that happens? Mankind was created by my son, Zeus. The same one who stole my power and imprisoned me in the darkness for all eternity."

"But Zeus has been gone for a long time."

"Gone?"

"He's lost. No one knows where he is."

Kronos let out a booming laugh.

"Ahhh … some good news at last," he said.

"If you give me the Harpe, you will help save billions of lives," began Echetlaeus, but he was cut off by Kronos.

"You came here with empty hands to beg me to help you in a war I care nothing for," Kronos sneered, with a laugh that had a mixture of contempt and bitterness attached to it. "I had thought your foretelling meant something for me. Something to release me from this wretched place so I might seek revenge on my cursed son, but no. All you want is help for your pathetic war. You will not have it. Leave! You're lucky Nyx begged me not to kill you."

Echetlaeus could sense Kronos' fury from where he was standing. He steeled himself.

"Great Kronos," he said, removing the phial from around his neck. "I brought you water from the Earth. It has been a long time since you drank this water. I'm sure you would have forgotten the taste by now."

Kronos' face changed and awe replaced it.

"Sweet water of the Earth," he murmured. "Yes. Bring it to me so I might look."

Echetlaeus opened the phial, walked forward and handed it to Kronos.

"Be careful the water does not spill," he said.

Kronos took the phial. His eyes twisted into pure delight as he saw the glittering water inside.

"Water!" he said gleefully.

He tipped it into his mouth. Echetlaeus watched with bated breath.

Immediately, Kronos howled with agony and threw the phial to the floor.

"It burns!" the god screamed. "It burns! This is from the water of Styx! You … you dishonest scoundrel! You tricked me!"

It gave Echetlaeus no pleasure to see Kronos wriggling around in agony on his throne, nor that he had tricked him into drinking the magical water. But humanity was at stake.

"I'm sorry," he told him. "But if you do not tell me where the weapon is, you will suffer just as mankind will. You know the power of the water and what it can do."

"You are no different to my son, Zeus," Kronos spat. "Deceitful. Cruel. Dishonest."

"Tell me where the weapon is," said Echetlaeus firmly.

Despite his clear agony, Kronos boomed with laughter that resonated throughout the cave.

"You are brave, but foolish. I would not tell you where it is, even if I suffer these mortal pains. Mortal agony is fleeting. It is nothing compared to the eternal agony I have suffered. It is yet another example of how puny mortals really are. I hope the race of Sirius wipes you all out. But more than this, you came here for nothing. I do not know where the weapon is. It was a gift from Gaia, my mother. She gives it only to the one who is worthy of it and when circumstances demand it. She gives it only to avoid disaster and destruction of the world. If I had it, Zeus would never have taken power. When I injured my own father, the Gaia told me to throw it into the sea. It was lost there forever."

Echetlaeus knew that Gaia was an ancient goddess also known as Mother Earth. She had given birth to Uranus and was also the mother of the Titans. In essence, she was the ancestral mother of all life on Earth.

"How can I reach Gaia?" Echetlaeus asked Kronos.

"Gaia will not speak to a mortal. If she wanted to give you the Adamantine Harpe she would give it. The weapon has already been given several times in the past to those who needed it, and the goddess of the night prophesied that no one else shall receive it hereafter."

"So we are doomed," said Echetlaeus with a sinking feeling in his stomach. It had been for nothing. All of it.

"Correct," said Kronos with a nasty smile. "We're all in the same situation. Doomed. Though at least all you have to do is to suffer death. You will not bear immortal agony as I do. Let that be a consolation to you and your puny humans. Now get out of here and leave me be."

Echetlaeus realised there was no more to be said. With a heavy heart, he began to walk towards the cave exit. As he was about to leave he turned once more to look at Kronos who was staring at him.

"I am sorry," he said quietly. "About what happened to you."

He turned away again and left the cave. Kronos continued to stare at him long afterwards, a single tear sliding down his cheek.

*

As he left the cave, Echetlaeus felt panic start to set in.

OK ... I'm not getting my hands on the Harpe, he thought to himself.

He took the path down the mountain, keeping an ear and eye out for the dog-headed soldiers. But even his worry about them could not overpower the overwhelming concern he felt after his meeting with Kronos.

If he didn't get the weapon, what was he going to do? How would he defeat the dog-headed monsters? How would the world survive?

Was he, Echetlaeus, going to fail as his ancestors had? Was he going to prove himself unworthy as the descendant of Achilles and

Alexander the Great?

This couldn't be happening, it just couldn't. There had to be another way.

He continued walking towards the valley, his mind racing a mile a minute. What would he tell Athena once he saw her? That he had failed? What else could he tell her?

As he was lost in thought, he caught sight of something in the distance which caused his heart to sink even further.

Something that looked like hundreds upon hundreds of feathers gathering in the sky. He saw that they were griffins. The griffins had riders, by the looks of things.

On the ground there were beasts that looked like Cerberus, but with two heads attached to their canine bodies, roaring fiercely as the army of dog-headed men moved forward.

They spotted Echetlaeus. At once, the army charged forward. Echetlaeus prepared himself, his sword and shield materialising immediately. Despite his strength, despite the phenomenal power of his armour, he knew the danger he was in. There were so many of them, what hope was there?

His spirit had never felt more crushed, his soul never more hopeless. Not only had he failed to retrieve the Harpe, but it was likely he would die here. He would never see his friends again. The world would be lost to darkness.

He had failed.

The tears came quick and fast and he could not stop them. Nor did he try to.

With a wet face, he raised his shield and sword for what seemed to be the final battle. His final battle.

He braced himself as the army approached him, ready to take down as many as he could. At the head of the army was a man, a burly, strong-looking man with black curly hair down to his neck. His face was rugged and handsome and he had a beard as curly as his hair. He wore silver armour and his gaze was powerful and penetrating as he stared directly at Echetlaeus.

They were closing fast, and Echetlaeus swung his sword behind his head, his eyes flashing.

The man with the silver armour came to a grinding halt and held up his palm. The army stopped behind him.

Echetlaeus observed this, his heart beating fast.

Then the man with the silver armour spoke.

"Hello stranger," he said, addressing Echetlaeus. His voice was deep, very deep. It had a commanding air about it and when he spoke, the army behind him all bowed their heads.

"Welcome to our domain," the man continued. "I am Acheron, king of these lands. I see you killed many of my warriors. I could have you killed right here for trespassing and for the murder of my soldiers. But why don't you instead give me that armour you stole and I will let you live?"

"Stole?"

Fury shot through Echetlaeus' veins. "This armour was not *stolen!*" he shouted. "It belonged to my ancestor, Alexander the Great, and his ancestor before him, Achilles! It is my birthright. If you want it, come and get it!"

King Acheron stared at him piercingly.

"I was hoping you would say that," he said. "Army – ATTACK!"

So Echetlaeus battled. This was surely the end. As the army advanced upon him, he fought with the greatest skill, the greatest courage and the greatest determination that any warrior of ancient Greece had ever mustered. He could not save the world, but he could kill as many of these creatures as possible. A small consolation. No… in fact no consolation at all. But at least he would die fighting.

He killed many, but there was no end to the blows, the arrows that pierced his armour, the swords that beat him mercilessly. He fought with all his might, repelling every soldier, slicing the head of every griffin that swooped down on him. But these were hundreds versus one man and not even Echetlaeus could push them back. One by one, they fell upon him. They cut into his armour, they beat his head into the ground. Echetlaeus felt the strength drain away from him. His armour was weakening, he could feel it. The fire on his helmet petered out.

Then the place filled with a strange, blinding light. Echetlaeus squinted, looking up, witnessing the leader of the beasts form a powerful purple ball of energy from his hands. With an almighty scream, he threw the energy ball at Echetlaeus.

Soldiers were blasted to the floor, killed by the fearsome flame which scorched them to death. Echetlaeus fell to his knees as his armour dissolved into his body. He could no longer fight. The tattoo reappeared on his body and he lay on the ground, finished, his face bloodied and bruised, his body battered, the jeers and yells of the soldiers all around him.

He waited for death to come. Thoughts of Daphne and Greg went through his mind. Their faces brought him more sorrow than anything yet. The way they had gone to the ends of the earth for him, yet he had failed them. He could not protect them. He could not protect the world.

Athena went through his mind. She'd had such high hopes for him. Aunt Eunice flashed before his eyes. She had thought he was the one. She had thought he would succeed where his father and forefathers had not.

But it wasn't to be. He was not the one. They had wasted time, energy and effort on him. He had not retrieved the Harpe. He could not defeat the dog-heads. He could not stop the imminent destruction of the Earth. For all his powers, for all his mighty armour, he was still just Echetlaeus, the failure. Now he had failed everyone he loved and the world at large, his spirit was broken. He could not fight now, even if he wanted to.

Then an odd thought went through his mind as he felt his brain would explode and his heart would burst. Daphne. Was it his name she wrote before she hung her handkerchief on the wishing tree?

He realised he would never know.

Shining silver boots appeared before him and he could just about raise his head and peer through his bruised eyes to look into the face of the one who owned them.

The king was looking down on him, smiling behind his black beard.

Then he reached out and knocked Echetlaeus hard on the head.

Echetlaeus saw spots for a second. Then he blacked out.

Chapter Seventeen: Hecate

Battered, bruised and now forlorn
Our hero is the object of scorn
His heart in pieces, now a sorry sight
Has he now given up the fight?
In comes the queen of beauty supreme
By looks appears to be one of a dream
But she is dangerous as much as she's fair
For she represents the worst type of nightmare.

"Is the scum awake?"

"Shhh! Acheron wanted to be here when that happens."

"Why don't we rough him up a bit in the meantime?"

"If we rough him up any more than he already is, he'll be dead by the time Acheron returns – and then it'll be our heads on the spike!"

Echetlaeus could hear the voices but it took him a while to realise where he was. In fact, he didn't have a clue where he was and could barely remember what had happened.

He only knew that his head was absolutely killing him and his limbs were in such pain it felt like he was on fire.

It took him a while to come to his senses. Slowly, his memory returned. His conversation with Kronos, the dog-heads, the king with his silver boots - his failure.

He opened his eyes very slowly, blinking in the sunlight. He realised his arms were chained to a massive post. He no longer wore his armour, just rags. As his vision cleared, he realised he was in the middle of a large city square and guards stood all around him. Large statues of dog-head soldiers were everywhere. He caught curious frightened glimpses from dog-heads dressed in odd clothes and little dog-headed children running past with their dog-headed mothers, staring at him in awe.

As he sat there, he tried not to think about the fact that all was lost. What was he doing there? Why hadn't they already killed him? Perhaps they planned just to leave him there to die and gloat over him as he withered away.

Someone approached him. Looking up, he saw the king with the silver armour walking forwards. A woman was with him.

She was extraordinarily beautiful. With raven hair, piercing green eyes and a fine figure dressed in a silken red dress and silver cloak, she walked like a leopard slinking through the forest. Echetlaeus would have been struck by the beauty if he hadn't felt like he was at death's door.

They approached him. She knelt in front of him and cupped his chin in her hand.

"Look at me," she said, her voice powerful and commanding.

Echetlaeus did, with reluctance, and was immediately entranced by the depths of her green eyes.

The woman smiled. Then she dropped his chin and her fingers moved to his tattoo.

"This is what will set us free," she murmured.

"Who are you?" Echetlaeus managed to whisper.

The woman stared at him for a while.

"Acheron," she then said, turning to the king in the silver armour. "Let us take him to the castle and give him something to eat. He wants to know more. This is hardly a fitting place."

King Acheron didn't look too pleased at the suggestion.

"But surely, my Queen, we should keep him here and –"

"Do as I say," said the woman, eyes flashing.

King Acheron bowed his head and flicked his fingers at a couple of the guards. Immediately, Echetlaeus felt his chains unshackled and he was dragged roughly to his feet.

"Bring him to the castle," said the woman with a smile before turning away, Acheron at her side.

*

A few hours later, Echetlaeus found himself sitting unwillingly at a long table laden with the finest food. He was inside a grand room with guards standing all around.

His bruises were still plain on his face. His body still ached, but when the guards had roughly shoved a dirty tunic at him in the dingy room they had dragged him to, he had slipped it on, his mind dull.

He sat there, viewing the sumptuous food before him, not saying a word. He was alone at the table.

What was going on? Why was he here? Why hadn't they just killed him already?

Moments later, the doors burst open. The beautiful woman entered and so did King Acheron.

The woman was now dressed in a silver and black gown. She took a seat opposite Echetlaeus, smiling.

"Are you hungry?" she said to him.

He shook his head. King Acheron took a seat beside her, his displeasure at this situation clear.

"Well, I am," she said, her voice as pleasant as could be. "And you, my dear?"

She turned to the king.

King Acheron grunted his approval.

"Serve us," said the woman, waving to a couple of maids who were standing nearby.

The maids scurried over and quickly began serving meat, vegetables, pies and fish onto the plates.

The king quickly tucked in. The woman, however, continued smiling at Echetlaeus.

"Fill my glass," she said to the maid.

The maid hurried over with a flask of red wine and moved to

182

pour the drink into the woman's glass. However, as she was doing so, she tripped and the wine went splashing all over the woman.

The woman stopped smiling. The maid regained her footing, looking absolutely petrified.

"I'm s-s-s-orry, my Queen," she stuttered, trembling as the woman stared at her without blinking, the wine having drenched her dress. "P-p-please … I'm s-s-sorry."

The next second, the woman stood up, raised out her right hand, murmured something under her breath and there was an enormous puff of smoke. Echetlaeus practically jumped back in his seat, horror filling his veins though he was not yet sure why. There was a horrifying scream and the smoke cleared seconds later.

Snarls and barks came from where the maid had once stood. She was no longer a maid. Instead, she had the head of a black dog and her hands were now claws, though she was still dressed in the maid outfit.

The creature lunged for the woman, who laughed and deflected it with her hand, throwing out an invisible shield which caused the beast to fly backwards, slamming into the wall. Quickly, guards grabbed the now-immobile creature and dragged it away.

Echetlaeus watched all of this with horror in his eyes. King Acheron continued eating his chicken drumstick, shaking his head. The woman sat down again, looking over her damp dress disapprovingly.

"Urgh," she said. "Now I have to eat dinner wet."

Echetlaeus just stared at her, speechless. She caught him staring and then laughed.

"I don't know why you look so shocked," she said in her amused tone. "You've seen much worse surely?"

"You … turned her into a dog?" he said, words finally finding their way through his windpipe.

She shrugged.

"She wasn't a very good maid anyway," was the reply.

She picked up her fork and stabbed at a piece of meat.

Echetlaeus just stared at her. He still didn't know who she was, but he was itching to put his armour on again - itching to kill her, the king and all the guards in this room. Why not just do it? It was all over anyway.

"I am Hecate," the woman said, staring at him intently as if she had read his mind, "goddess of magic and witchcraft."

He continued to stare at her. She smirked.

"You haven't heard of me," she said. "I'm one of those you wouldn't have heard of, I suppose. Not like our lovely Athena. Isn't that right, Acheron?"

She turned to the king who stopped eating briefly to smirk.

"My Queen is not as popular as the other gods and goddesses from your stories," he said to Echetlaeus.

"I have heard of you," Echetlaeus said.

It was true. There was not much about Hecate in the books. She was a chthonic deity known as the 'Queen of the Night' and the 'Goddess of Witchcraft and Necromancy'. Her sacred animals were the wolves, dogs and snakes, especially creatures of darkness. She was known for punishing those who wronged her. She was also known as the 'Mother' or the 'Maiden'. A mystic goddess whose mysteries were celebrated in ancient Greece. She was one of the chief goddesses of the Eleusinian Mysteries. She was capable of both good and evil.

If Hecate had captured him, there was only one thing she could want.

"What is it that you want?" he asked her, though he already knew the answer.

"Revenge," she replied, and his suspicions were confirmed. "Zeus and the other gods were weak. I believed in him once. I didn't oppose him in the great war against my brothers and sisters, the Titans. I helped him to retain his power when the Giants attacked him. Yes, he allowed me to keep my privileges but later allowed the mortals to take the control."

"So it's all about power and control," Echetlaeus said.

She smiled callously.

"You do nothing but cause destruction and devastation with

your selfish ways. You used to honour and worship us. You abuse your power. Everything you do is for your own gain: to hurt, to plunder, to thieve and take what is not yours. You forgot your gods and now we are just fairy tales for you."

Her voice started to rise and her pupils flashed.

"You hurt the land, the sea, the air! My territories. I cannot stand the insult! The hubris!"

Her eyes turned black and Echetlaeus saw real hatred there. For a moment, despite the fact that she was clearly the enemy and probably worse than an army of a thousand dog-heads, he couldn't help but feel sorry. Sorry for her and sorry for what she was angry about. A part of what she said was true. Humans did destroy everything in their path. Mankind had been given a duty and had failed.

But there was something else too, something she had failed to mention. It was the same thing he saw whenever he looked into the faces of his best friends, Greg and Daphne. It was the same thing he saw when Mrs. Thenia had treated him with such concern when she saw something was wrong. It was the same thing that had driven Aunt Eunice to sacrifice her life so that he may become who he truly was.

Love. Kindness. Goodness. Yes, there was evil in this world, but there was good too.

And it was worth fighting for.

He felt his strength come back to him. He felt himself rise from his seat.

"There's good in humans too," he said slowly. "I will not let you have your way with mankind."

"Too late!" Hecate hissed.

As Echetlaeus moved to touch the ground to release the armour, the Queen held out her hand and Echetlaeus was suddenly struck with excruciating pain. He bellowed, his voice shattering through the air. Some kind of invisible force was paralysing his body and causing him agony at the same time.

"Did you think," Hecate said, moving towards him as he

writhed on the spot, tears springing to his eyes from the pain, "that you had a say in this? I brought you here for one purpose. The good in humanity is small compared to the bad. There is only one solution. Destroy the humans and allow a new race to populate the Earth. My dear dog-heads may be primal now, but they will evolve, and I will not allow them to sink into evil in the same way Zeus allowed humans to."

"You're… wrong," Echetlaeus managed to gasp through his pain.

"Wrong? Not really. But it doesn't matter what you think, O Great Echetlaeus. For I have a secret that I will reveal to you. I knew you would come. I wanted you to come. Before this glorious day I could send only a few loyal soldiers to Earth: namely my beasts that killed your lovely aunt, and the Empusa."

"The Empusa?" Echetlaeus gasped.

Hecate chuckled.

"Oh yes," she said. "It is amazing how easily men are fooled by pretty things, isn't it? You see, you have been working for me all this time without even realising it. You found the armour that kept us trapped in this world. You brought it straight into my hands. And there you were, thinking you were the hero, when you have been nothing more than a pawn this whole time."

"No," Echetlaeus whispered, feeling sick.

"Yes," Hecate hissed, a triumphant smile on her lips. "I also know why you went to Kronos. You will never receive the weapon that could make you victorious. You have lost. Accept defeat. Swear your allegiance to me. Swear it and I may yet let you live. I will make you commander of my armies and you will live on Earth while all humans perish. For you are not human. You have our blood, different to puny mortals."

"Never," winced Echetlaeus.

"I thought you would say that. Then you will perish the same as them. And now, let us proceed with the reason I brought you here in the first place."

She moved towards him as her magic continued to paralyse

him. Then she pressed hard down on his tattoo.

She began to chant under her breath and Echetlaeus could only watch helplessly. He watched, horrified, as her face of beauty was transformed into one of hideous horror. Holes appeared in her face and maggots began to crawl out of them. Two dog heads then sprang up from her neck and her own face grew fur. Within seconds, a three-headed creature was before him, chanting different spells in a language he didn't recognise. He desperately tried to free himself but it was no good.

Behind her, a group of grotesque creatures had appeared carrying torches. In his chaotic state, Echetlaeus recognised them as Lampades, the torch-bearing nymphs of the underworld who, according to Greek mythology, were Hecate's companions. The light from the torches had the ability to drive a person insane. Echetlaeus felt like going crazy. His mind became flooded with thoughts of going mad and dying. He was sweating and had a feeling of choking.

He squeezed his eyes shut in desperation.

Then he felt her fingernails pierce deep into his skin. Each creature of the Cynocephali army in the castle square screamed simultaneously and with a mighty tug she ripped from him the wreath that was buried in his skin.

Despite his determination, the agony forced his eyes open and he saw the dreaded light. As he continued to writhe in pain, he saw the creature transform back into a woman; the horror that flooded his veins was worse than any he had felt yet, for he knew what the loss of the wreath meant.

The armour. It was his no more.

Chapter Eighteen: The Open Cave

The next few moments were a blur for Echetlaeus. The removal of his armour from his very soul caused his brain to turn to mush for a while. He couldn't really fathom what was going on. The second his fighting spirit returned to him it was snatched from him once again.

Hecate returned to her beautiful form, the beast vanishing in an instant.

"Acheron, my husband, son of Hades the god of the dead, and Thetis, the leader of Nereids. I offer you the sacred armour. It was never meant for any mortal."

She spat the last word as she looked at Echetlaeus. Echetlaeus felt too weak and powerless to stop her as she threw the golden wreath at Acheron.

King Acheron caught it and, in a flash, the golden wreath attached itself to his body, just as it had with Echetlaeus. The despair Echetlaeus felt almost exploded inside him. He was weak. He had no armour. He was, as she said, a mere mortal.

Acheron's face was jubilant, his eyes manic.

"I am the son of Thetis," he said with an enormous grin as Hecate looked on approvingly. "This means the Hephaestian armour belongs to me, the true Legendary Hero of the prophecies. Hephaestus, I order you to give me the power of the holy fire!"

Seconds later, the armour appeared on his body, just as it used to do on Echetlaeus. Echetlaeus felt his very soul weep as he saw the armour that had served him and his ancestors so well now dishonoured by the body of this man.

"I am now invincible," said Acheron, and the fire on his helmet fiercely blazed. "With this armour I can now rule the mortals and destroy all the gods who are going to resist. And you, Echetlaeus, will have the honour of watching it all happen."

He laughed.

"N-no," said Echetlaeus, trying to move from his position on the floor.

But he was too weak to stand.

Acheron smirked.

"You'd better get some rest," he told him. "You need your strength to witness what happens next. Tomorrow is the day we return to our rightful home, Earth. And it's all thanks to you."

He moved towards his queen.

"You know that he saw the light of the Lampades don't you, my Queen?" said Acheron to Hecate.

"Indeed?"

"Oh yes. Hence, he lost all of his powers."

Acheron chuckled and Echetlaeus watched him with horror.

"His powers are gone and he is nothing more than a mere, weak man. Or should I say, boy ..."

The king and queen linked arms, and, turning their backs on Echetlaeus' despairing face, walked towards the exit door. Acheron flicked his hand and several guards rushed towards Echetlaeus, grabbing him by the arms and dragging him to his feet.

Echetlaeus didn't even try to resist. All hope was vanquished. It was finished.

Echetlaeus was thrown into a tiny jail cell; and that wasn't all. It looked like Acheron was intent on torturing him for the big day tomorrow.

He was bound with rope inside the cell which was home to a huge treadwheel, vertically mounted on an axle. There were steps inside it, and the guards forced him to turn the wheel using the steps and his weight, and not stop. This was the ultimate humiliation.

Time after time Echetlaeus collapsed, only for the guards to prod, kick and punch him to restart his labour.

He was filled with remorse and shame. He had come here, strong and confident, with the desire to stop the very thing that was about to happen.

He had failed miserably. Now everyone left on Earth who he loved - Daphne, Greg and everyone else who depended on him - was going to die.

And it was all his fault.

As he toiled at the wheel, he managed to raise his head and look up to the moulding on the stone ceiling. He closed his eyes and prayed to the gods.

Please, he thought. *Don't let this happen. Give me back my strength. Let me stop this. I won't fail again, I promise.*

But no one replied.

It would be better to die in the cell than be used as a wheel-driving pawn for Acheron and Hecate. Instead, he would watch his friends die and be powerless to stop it, not to mention the further devastation that would occur.

Finally, his exhaustion was so great that he fell once more and whatever the guards tried they could not wake him.

*

The day of reckoning had arrived. Echetlaeus was hauled to his feet at the crack of dawn and forced into rags.

Not long afterwards, King Acheron came to visit him, a huge smirk on his face.

"You get to watch the first part from the bars of your window," he said. "You'll join us soon enough. You see, there's a big cave right in your line of vision outside and you're going to witness something spectacular from my queen, the holder of the key of the worlds. You deserve it, Echetlaeus. After all, if it wasn't for you this wouldn't even be possible."

He chuckled and left. Echetlaeus said nothing.

A guard approached.

"Look outside the bars," said the guard menacingly. "And don't turn away from them until you're told to."

An hour passed. Echetlaeus continued staring out of the bars. There was very little outside except a barren wasteland and a large cave in the not-too-far distance.

Then Acheron's army appeared, thousands of dog-heads in armour. They formed a line outside the cave.

A strange chill seemed to go through the air and Echetlaeus felt it. Then Queen Hecate appeared. She was beautiful as always, but seconds later she had transformed into her hideous, monstrous triple form. In her six arms she was holding a pair of burning torches, a dagger, a robe and a key. Her Lampades were close behind her, their grotesque faces leering, their torches burning faintly.

Echetlaeus watched, his body frozen, as she began chanting spells while facing the cave. A part of him was screaming at himself to do something. To act. To stop the horror that was about to be unleashed.

But what could he do? His armour was gone. His powers were gone. His spirit was broken.

They had won.

Echetlaeus watched with terror in his eyes as Hecate continued with her chants. In front of her stood Acheron who was clad in the armour of Achilles. The sight of it made Echetlaeus feel sick.

Hecate had created a magical circle of fire that connected the armoured Acheron to the cave.

Slowly, a silver, transparent-looking gate appeared out of thin air at the entrance of the cave. Echetlaeus felt his heart sink even lower. This was the gateway to Earth.

He closed his eyes. He couldn't bear to watch anymore.

Suddenly, he could hear screaming from outside. His eyes flashed open once more. He could see the army of dog-heads in chaotic excitement, shrieking and howling. He watched, horrified, as the army continued to howl and scream. What was happening? Acheron was nowhere to be seen. Hecate was still chanting. A strange mist was descending from the sky and a great gloom darkened the atmosphere.

There was a loud knocking on his prison door.

His head still feeling light as though he had been drugged, Echetlaeus turned dully to face the door.

It swung open and Acheron stood before him.

"My invincible queen opened the gate," said the king, smiling in the armour. "You hear them screaming outside? It's because they can feel it. The portal to their new home. Our dog friends have an excellent sixth sense, you see. But I have something even more important to reveal to you."

He moved further into the room.

"Hopefully you will not miss the twenty-first century and all your loved ones," he said with a smile.

"What?" said Echetlaeus dully, not understanding what he meant.

"My dark queen is not only beautiful but she is very powerful, as you can see. It was no coincidence that the ancients depicted her holding the keys to the unseen worlds. Even Zeus was afraid of her tremendous dark and mystical powers. She will transport us back to Earth but in a different era."

Echetlaeus just stared at him, not sure he understood correctly.

Acheron chuckled.

"Fascinating, isn't it? We will go back to just before the golden age of Athens and we will destroy the foundations of its birth. After that, we will build an entirely new history, with me at the head."

The horror on Echetlaeus' face was palpable. He had not thought it could get any worse than it had, but it could.

This meant everything he knew would never exist. This meant all those he loved would never exist.

But he - he would exist. They would keep him prisoner and he would live with the torture of knowing what had happened. All because he had failed.

No. He had to find a way to stop it.

"You're too late, you know," said Acheron, as if reading his mind. "You have no armour. No strength. There is nothing you can do. You may as well surrender and be glad for the life we will allow you to live in our world."

He clicked his fingers and several guards rushed towards Echetlaeus, untying him and dragging him out of the cell. Echetlaeus didn't even try to fight back. He was too numb, too confused, too desperate to find a solution, even if a solution was possible to find.

They dragged him outside and towards the cave where hundreds of dog-heads loomed. They howled and sneered when they saw Echetlaeus. Acheron followed close behind before stepping in front of the cave where Hecate continued to chant. The cave was no longer a cave but a great portal with colours of blue, red and silver swirling around inside.

In a flash, Acheron leapt into the air, and to Echetlaeus' shock he did not return to the ground. He flew over the army of thousands of dog-heads and around him was an odd, purple aura that was deeply sinister. The fire on his helmet shimmered angrily, taking a purple colour.

"Armies!" shouted King Acheron, silencing the dog-heads as he flew over them.

His voice boomed through the vicinity.

"It is time we took our rightful place as rulers of Earth! I and

Queen Hecate will transport you all back to a time before Zeus and those other fools who ruined the planet. Now we will right the wrongs that have been committed. Are you ready for your new life on Planet Earth?"

The dog-heads howled in jubilation.

"Then come – through the cave you go!"

One by the one, the dog-heads jumped through the cave, snarling, whooping and screaming as they went. The madness was complete. Hecate continued to chant louder and louder. Acheron returned to the ground and watched with a manic gleam in his eye.

Echetlaeus stood there, powerless. He watched, his body like an empty shell. The end of the world was nigh and there was nothing he could do to stop it. His powers had abandoned him. Fortune had abandoned him. The Gods had abandoned him.

Or so he thought.

Chapter Nineteen: The Persian Army

Besieged, the city meets its doom
Now the sky is cast with gloom
It seems no more than a sticky end
With brother on brother, friend on friend.
Our hero, bruised, battered and forlorn
Now no more than an object of scorn
Will he find the strength to fight
To conquer the wrongs and make them right?

"You really are a loser!"

"Ha! Look at his puny arms!"

"Imagine him running around pretending to be a hero!"

"Quick, grab him!"

The boys descended on him. Echetlaeus backed away, unable to stop the fear in his heart pulsating through his body.

"L-leave me alone!" he stuttered.

But the boys just laughed.

"Leave me alone," repeated one of them in a high-pitched voice, swooning mockingly.

Echetlaeus tried to be brave, he really did. But there were too many of them. He was outnumbered. They mocked him, laughed at him, told him he was worthless.

Maybe he was.

"Go on, grab him!"

The boys continued laughing and Echetlaeus let the fear overpower him. He resigned himself to his fate.

"ROOOOOOOAAAAAAAAAAARRRR!"
The sound forced him out of his stupor. Echetlaeus had to take a second to remember where he was – indeed, *who* he was.

How he had gone into this dreamworld, he didn't know. Being surrounded by monstrous dog-heads, chained and bound with soldiers either side of him, yelling and screaming on every side, the sneering face of Acheron and the hideous beauty of Hecate – all should have been enough to keep anyone awake. But, no - he hadn't dreamt, exactly.

Trembling, sweating and shaking from terror, Echetlaeus fought to compose himself. Had it been a hallucination? A psychotic episode? The memory had been so vivid it was as if he had been there again, fourteen years old and at the mercy of Polydeuces and his cronies. It was the day he had met them for the first time, the day they had flushed his head down the toilet.

They had been after him because they had been trying to steal Greg's lunch and Echetlaeus intervened. He wasn't sure what possessed him to take on the bully and his gang. He only knew that he couldn't stand watching his best friend being picked on like that, especially by this thug and his friends.

Polydeuces and his gang soon showed him that there was a price to pay for playing the hero. He could still recall the humiliation of having to walk into his next class stinking of urine.

Echetlaeus had no idea why such an episode had hit him. Little did he know that it was the unholy magic of the nymphs, playing with his mind and bringing every traumatic memory to the surface.

However, thinking of Polydeuces brought him an odd sort of solace. Thinking about it with greater depth, he realised it was because Polydeuces, as vile as he was, reminded him of his world, his life, his existence. The same world, life and existence that was about to come to an end.

Then the memory of Polydeuces came back to him once more.

He recalled how scared he had been, how easily he had given up.

It was as though his life flashed before his eyes. He saw himself with the armour. Saw Daphne and Greg's smiling faces.

Saw himself, strong and powerful, fighting the monstrous dog-heads.

Then he was dragged back to reality again.

The screams and roars of the dog-heads had ceased. They had gone, all of them were now on the other side of the huge, vast black portal that lay before him.

"Your turn," said Acheron with a smirk, turning to Echetlaeus.

The soldiers grabbed Echetlaeus, dragged him to his feet and leapt with him into the void.

*

It took a mere second for Echetlaeus to be transported to the other side of the portal, though it felt like a lifetime and he felt as though the wind has been knocked out of him. It took him a while to adjust his eyesight, for he was suddenly confronted by blinding sunlight.

When he did manage to get a good look around him, he saw a shocking sight.

Rows upon rows of men in armour stood in front of him. There must have been thousands of them. They stood there, rigid and plainly powerful. Each of them held the same gaze, cold and calculating. And facing them stood the armies of dog-heads. It looked as though they were going to have a confrontation, as if a war would break out in a matter of seconds.

"Eretria," came the booming voice of Acheron.

Echetlaeus squinted to look at him. The king stood before the armies of men and the armies of dog-heads, his hands held high in the air. Beside him, Hecate in her beautiful form smiled and looked Echetlaeus' way, as though sensing he was watching.

"Here is the Persian army, just as we calculated," she said. "An army now at our command, of course. What perfect timing."

"Indeed," said Acheron. "They will be under our control now."

"The combination of our beloved dog-heads and the Persian army will be enough," mused Hecate. "The date is 490 BC. Everything is going according to plan, dear husband?"

"Indeed my queen," replied Acheron, taking her hand and kissing it.

"What's happening?" Echetlaeus muttered.

"The Persians have been attacking Eretria," spat one of the soldiers who had him chained.

Eretria was a city in Greece. As Echetlaeus' mind began to come back to him and he recalled the date Hecate had mentioned, he realised they had been thrown into the Siege of Eretria – the first Persian invasion of Greece.

"Eretria," he whispered.

"Keep up, fool!" snapped the soldier. "Our majesties chose this moment because of the ferocity of the Persian army. We will join forces with them and then the world will be ours."

Echetlaeus remembered the brutal bloodbath committed by the Persians from his history lessons with Professor Thenia. His eyes widened in horror.

Acheron turned to the army of thousands and his voice boomed throughout the vicinity. The army stood to attention.

"Commander!" he shouted.

The army remained silent.

"Commander! Come out and face me!"

There was silence, an extraordinary stillness from so large an army. Echetlaeus watched with bated breath. The Persian army had been notorious for its discipline. Here he was witnessing it first-hand. He now knew why Hecate had chosen to come back to this specific moment. The Persian army was bloodthirsty and brutal. He now knew what Acheron wanted to say to the commander.

At that moment, a general dressed in fine golden weave stepped forward. His face was hard, his body powerful and muscular.

He walked towards Acheron, a steely look on his face.

"Who are you?" he said to Acheron in a brash, harsh voice.

"My name is King Acheron," repeated the king.

"What is your business here?"

Acheron smiled beneath his beard.

"To conquer."

The general's eyes furrowed and his face became fierce.

"As you can see, you are too late," he said menacingly. "My army already claims this territory. You will have to find somewhere else to conquer. Greece is ours."

"You have been besieging Eretria for days," said Acheron in an amused tone. "You're not getting very far."

"We've almost captured it and the people of the city will pay for their support of the revolt," snarled the general.

"Not quite," said Acheron. "It is not yours to capture. You see, this country will be ours, as will the rest of the world. You have a choice. Help us, or suffer the consequences."

The general stared at him for a moment. Then he burst into laughter.

"Is this some jest, *King Acheron?*" he sneered. "We are the most feared army in the world. Our empire is just beginning. And you come along with your strange-looking animals and tell us to submit? You will meet your death here and now for your arrogance alone."

"Indeed," said Acheron. "My dear?"

He turned to Hecate who came forwards. The general stared at her, gripping his spear tightly.

"Our general friend does not want to comply," said Acheron.

Hecate looked at the general with a smile.

"Ah," she said. "I suspected this might happen."

Then, without warning, Acheron raised his hand and the massive bolt of purple energy appeared in the skies. He shot it towards the Persian Army who were too late in scattering. In an instant, over a hundred of them were in flames, running and screaming as the fire tore through their bodies.

"Now… what were you saying?" smirked Acheron, as the

general watched in sheer, helpless horror as his men ran in all directions, burning to death.

Despite this devastation, the rest of his army quickly regained their discipline, their spears automatically pointing towards Acheron, Hecate and the army of dog-heads. The dog-heads snarled at the men, their claws ready.

"We are gods," said Acheron to the general. "You are mortals. Strong-looking ones, yes, but all men are weak. Our dog-heads will rip the hearts out of you ten at a time. See sense, man. Either watch your army be destroyed or join us as we take over the world. You will be handsomely rewarded. I will be your king and Hecate your queen. You do not seek such power yourself, but you enjoy the fruits of your labour. Under us, all gold, power, riches and women will be yours. What say you, man?"

The general stared at Acheron. Then he stared at the dog-heads. Then at his own army and his men burning in flames.

"What guarantee do I have that you will not kill me and my men once we have fought your battles?" he said.

"We do not want to wipe men out entirely," said Hecate. "Those who wish to follow us into this new world are welcome to. We simply want no opponents. We know what is best for Earth, and humans who obey us are welcome to share it with us. We are generous and merciful."

The general continued to ponder for a moment.

"I see…" he said eventually. "Our mortal king Darius, no matter how strong he is, cannot be compared to a god."

And with that, he bowed down on one knee. In unison, his army did the same. Acheron and Hecate were triumphant.

Echetlaeus felt sickened. How quickly the Persian army had capitulated. They were nothing more than rogues and plunderers. He remembered the story of Eretria and at that point he didn't know what was real and what wasn't. Is this how they had taken the city? Because of the dog-heads and combining forces? But none of that was written in the history books. Still, the future could not possibly be the same as it was now, not if Acheron's army took over the world.

He simply didn't understand any of it. All he knew was that in the space of a few minutes, Acheron and Hecate had the entire Persian army at their command.

Still, you can't exactly talk, he told himself dully. *Look how quickly you gave in. You just let them defeat you, like Polydeuces.*

He didn't know why the bully came into his mind just then. No doubt it was because of the vision he had seen earlier, but to think of him now at this moment was laughable, especially as Polydeuces probably wouldn't exist in the new world order.

Then something clicked in him.

Polydeuces wouldn't exist in the new world.

Echetlaeus wasn't entirely sure what happened at that moment, but it was as if a flash of insight suddenly penetrated his skull.

The new world would be whatever he imagined it to be. Reality would be whatever he chose it to be. He did not have to accept a reality if he didn't want to.

He didn't have to be a slave in this new world.

He didn't have to give in.

He didn't have to accept that this was the end and his fate was out of his hands.

His fate *was* in his hands. Like his aunt said, it was all in the mind.

Just as he didn't have to accept Polydeuces as a bully, just as he proved it several weeks ago when he defeated him in front of everyone, he knew that he could do the same now.

The world didn't have to fall. Acheron and Hecate didn't have to rule the world. The humans didn't have to be slaughtered.

He could change it.

But now he remembered.

He was weak physically. He had no armour. He had no magic. He was alone.

Chapter Twenty: Pan

The latest god to make his mark
Ignites in our hero the smallest spark
No longer surrendering to his foes
Our hero embarks on the quest he knows
To be good and true with a mind of his own
To his enemies he will have shown
A courage unbound to thwart their plan
Aided and abetted by the great God Pan.

The attack of Eretria began. A devastating and mighty attack which combined not only the Persian Army, but also the forces of darkness under the command of Hecate and Acheron.

It went on for days. During this time, Echetlaeus was imprisoned in a cell. He could not see what was happening in the dark, damp, confined space, but he could hear it. The horror of the voices of men who were being bludgeoned and murdered, the screams of women and children. They seeped into his ears, morning, noon and night. It was enough to drive him mad and he would surely have gone mad if it wasn't for the promise he had made to himself the day they arrived at Eretria. The promise that not all hope was lost and that he would, one way or another, find a way to fight back.

Admittedly, it wasn't looking good. With tears and sweat pouring down his face, Echetlaeus had done everything in his power to free himself from the chains that bound him, but to no avail. His efforts had not gone unnoticed by the guards who were watching over him, who hooted with laughter at his attempts to break free, throwing him the odd bit of mouldy bread every now and then, mocking and jeering him and telling him he needed to keep his strength up.

Echetlaeus did not know how many days passed. Weak, tired, hungry and unable to see a way out, his tunic in tatters and the screams and roars raging in his mind every second of the day, he eventually fell to his knees, sobbing, his head thrown to the sky.

Then Eretria was destroyed. Echetlaeus was transferred to a cage on wheels, tethered inside like a wild animal. Then they were on the move and many more days passed. Echetlaeus lay on the floor of the cage for most of the time that he was imprisoned. At times, he would burst with rage, attempting to free himself as he remembered his promise. But most of the time he just lay there, his spirit almost broken. Only the promise kept him going, but he was a shadow of his previous self, a pitiful figure whose enemy was just too strong.

Many days passed. He didn't know how many. One night they stopped to set up camp and Echetlaeus remained in his mobile cell, hearing the guards laughing outside as they roasted meat around a fire and laughed about the death and destruction they had caused.

"Sssssssssssss!" came a noise.

Echetlaeus' ears pricked up. He was currently lying on the ground, weak from hunger, and the smell of the roasting meat was tormenting him.

"Sssssssssssss!" came the noise again.

He managed to sit up, blinking. The strange noise appeared to come from inside his cell.

Then two horns appeared in the shadows. Echetlaeus' heart almost stopped.

Slowly, a creature emerged. It was dark so he couldn't see too well but he could make out the formidable form of a horned beast with a crooked nose, pointed ears and a wrinkled face.

Then the creature spoke.

"Well, well," it said, its voice rasping. It had a strange tone to it which was definitely not human. "A familiar smell. A familiar face."

Echetlaeus almost fell backwards in horror but he steadied himself.

"Who are you?" he forced himself to say. "What do you want?"

"I came to find the great warrior. Yet here I see only an empty shell of a man, if indeed you can be called a man."

The creature's tone was mocking. Echetlaeus was confused.

"Who are you?" he repeated. "What are you?"

The creature ignored his questions and its horns continued to loom down on him.

"Where is your unshakeable spirit, brave hero?" it said, moving closer to Echetlaeus. There was the sound of clip-clopping. The creature had hooves.

"I don't know what you mean," said Echetlaeus. "I have never seen you before."

The creature smirked beneath its wrinkly face.

"Perhaps the great warrior needs some motivation," it said.

It came closer to Echetlaeus and waved its hands high in the air. Suddenly, a cloud appeared out of nowhere. Echetlaeus watched in awe, because as he watched the cloud he saw moving images inside it.

There was a battle raging. Blood, destruction and screams were everywhere. Then a girl appeared and she looked strangely familiar.

"Daphne!" Echetlaeus gasped.

She was surrounded by dog-heads.

"I want her," one of the dog-heads snarled.

"She will cost you more. She is too pretty to simply be given away," said another of the dog-heads who was gripping her arm.

The first dog-head dropped the golden head of the goddess Artemis at the feet of the second dog-head, a decapitation from a statue he had destroyed in the village where the battle had taken place. Daphne screamed in horror as the head rolled across the ground.

"I don't understand," said Echetlaeus in a panic. "What is this?"

"Your friend, I believe?" said the horned creature. "She is in danger."

"This is happening now?" said Echetlaeus.

"Yes. While you're busy lying on the ground feeling sorry for yourself, Acheron's army has attacked her village. Time is running out."

"But… how can it be?" said Echetlaeus, struggling to understand.

"If you want to save your friend, you had better get a move on."

At this point, Echetlaeus no longer cared if this was all in his mind - the result of hunger, fatigue and devastation that had plagued his mind since he got here.

The terror and fear in his best friend's voice triggered something inside him. Perhaps it was the thought of her in such terrible danger and him being powerless to stop it. Perhaps it was the spirit he had been desperately clinging onto since he made a vow that he would not give up.

Whatever it was, it fired something deep within him, just as potent as when her book had been shredded by Polydeuces in the café. That scene hadn't ended well for Echetlaeus, but now was not the time to question that. Daphne was in danger. He had to find her.

When he next yanked on his chains, screaming as he did so, the clasp came loose and the chains broke with a massive clanging sound as they shattered to the floor.

The nymph's curse was broken and he realised that the incredible had happened.

His powers had returned.

The creature vanished and so did the cloud. As soon as Echetlaeus was alone again, he heard screams from outside. He saw burning flames from the gaps in his cell.

Seconds later, his hands now freed, Echetlaeus rushed out of his cell. Acheron's army had laid siege to a village and people were running around screaming as swords and spears pierced through their bodies.

Echetlaeus ran forward, images from the cloud fresh in his mind. If the creature was right, Daphne was here somewhere, in grave danger.

"Daphne!" he shouted. "Where are you?"

And then, as if by some miracle, a voice answered back. It wasn't the guards.

"Someone please help me!"

It was Daphne, no question about it.

He wasted no time as he raced further and further away from the cell that had held him. It was as if the sky was a blaze of red, for everything was in flames. He saw women and children screaming and crying, their muddied faces stricken with terror as the monstrous dog-heads chased them. The ones that were caught were killed in an instant or, as he saw to his horror, eaten alive.

Buildings were burning, soldiers live and dead were hanging from poles or dead on the ground, their bodies mauled in the most horrific manner. The dog-head soldiers barked and roared with glee as they descended on their prey. Meanwhile, the Persian army could be seen scattered around, looting and stealing from the dead.

Smoke and fire filled the village. It was a village, not of life or the beauty that it had once been, but of hell and horror.

"Help!"

The scream came from his right. And there she was. Daphne, his best friend, surrounded by five huge dog-heads, closing in on her, their tongues drooling, saliva dripping down their chins. It looked just the same as it had looked in the cloud-vision he had seen only moments before.

"DAPHNE!" he roared.

She looked up and saw him, her face stricken with terror.

He sprinted towards her, the broken chains still dangling from his wrists. With one swoop of his arms he whipped the chains heavily on the dog-head soldiers. In an instant and as though in a domino effect, the dog-heads fell to the floor. Echetlaeus did not have the mighty strength of his armour, but he was strong enough to defeat them.

Immediately, he rushed to his best friend who continued to lie on the ground, briefly noting the odd attire she was wearing. She wore a cotton garment with sandals on her feet. It looked as though she was in fancy dress and belonged in a village in ancient Greece somewhere.

"Daphne, what are you doing here?" he said anxiously, helping her to her feet.

She looked dazed, swaying on the spot. She coughed and then looked at him, her eyes coming slowly back into focus. There were cut marks on her face.

"Did they hurt you?" Echetlaeus said, his finger pressing gently on the cuts.

"You … you saved me," she said, still coughing.

"How did you get here?" he repeated. "I don't understand it! How are you even here? It's not possible!"

"Who are you?" she said, gazing up at him, as if seeing him clearly for the first time.

Echetlaeus blinked.

"Huh?" he said, wondering if she'd hit her head and concerned for her mental state. "It's me, Echetlaeus! Daphne, how did you know I was here? How did you *get* here?"

"I…I don't know where I am," she replied in a frightened voice. "I'm sorry, I don't know you … thank you for saving me."

Echetlaeus' concerns tripled.

"OK, look, we'll have to discuss this later, but now we have to get out of here," he said, his eyes darting back and forth frantically. How was he going to get them both out? Dog-head soldiers were everywhere. The Persian army surrounded them.

Then he spotted a path curling into a forest-way close to a burning hut. If they could find their way to the path, they may be able to escape.

"Daphne, quick! Follow me, there's a path there, we -"

But he was cut off as something slammed his head from behind and sent him rolling to the ground.

Daphne screamed. Within seconds, three dog-heads had surrounded Echetlaeus. They wore a special seal on their armour which, through Echetlaeus' swimming focus, he recognised as being part of Acheron's personal guard. They knew he had gone missing and had been sent to find him.

They grabbed him, another one taking a swipe at his head.

"Daphne, run!" he screamed.

Daphne, shaking uncontrollably, stood frozen to the spot.

"I said, RUN!" Echetlaeus yelled again, but Daphne was still in shock.

The dog-heads turned towards her, advancing forward.

Echetlaeus was totally immobilised; what could he do? Then he noticed on the ground the whistle Athena had given to him at the bus station. It had fallen from his pocket when the dog-heads smashed him down. Its ultrasonic frequency had defeated Cerberus… could it work again?

"DAPHNE! The whistle! Blow it!"

The dog-heads were almost upon her, and in her trauma the words barely registered. But Echetlaeus' voice had been so commanding, she obeyed, just as a dog-head's heavy hand was about to strike her down. The transformation was electric; the dog-heads near her were helpless and confused. But in her terror her breathing had been shallow and the whistling had been weak; Echetlaeus' captors were unaffected and stared in dismay at their colleagues' confusion.

Seeing the opportunity, Echetlaeus bellowed "GO NOW!", and Daphne turned and fled before the dog-heads could recover their senses. They soon did, and as Echetlaeus was held firm by his captors they took revenge, punching him several times in the head, their claws slicing through his body. As he began to lose consciousness, he glimpsed Daphne fleeing towards the forest, and – what was that? – an impression of flashing horns and hooves, and dog-heads screaming in fear and agony. His last thought was his desperate wish for Daphne's safety.

*

Echetlaeus did not know for how long he had been unconscious. When he came to, it was all over. The smell of fumes and blood filled the air. The scent of death was profound.

However, he had no idea exactly where he was. It was sunset now and the place was deserted.

He sat up, shaking his head, moaning with pain. His head was throbbing.

It took him a while to realise there was someone with him.

In front of him was the creature. The one with horns and a wrinkled face. The same one that had visited him in the cell just before he had broken free.

In the light, it looked like a mythical satyr. The bottom half of its body was of a goat and the top half was of a man. He had a beard and a stubby nose, along with the horns on his head.

"My gosh, you are ugly," was the first thing Echetlaeus said in his disoriented state.

"Someone's not going to eat today!" said the creature, plainly offended.

"Who are you?"

"My name is Pan. I am the god of wild nature."

Echetlaeus tried to sit up straight, attempting to ignore the throbbing pain in his head.

"What…" he muttered.

Flashes of what happened returned to Echetlaeus and his heart began to thump louder.

"Daphne!" he exclaimed, turning wildly about, his eyes searching. "Where…?

"She's fine," said Pan. "She escaped."

"Why is she in this era?"

"Don't worry about that boy. Everything will be revealed in time."

"Where are the armies? Acheron. Hecate?"

"Gone for now. But not for long. You will most definitely see them again."

Echetlaeus stared at the horned creature and as he did so he realised properly for the first time who he was speaking to. The god Pan, who ruled over nature and wild flocks, who was known in Greek mythology as the companion of the nymphs. Echetlaeus would have been blown over had he not become used to making acquaintance with the ancient gods and goddesses by now.

"I suppose you're wondering what I'm doing here?" said Pan in a rather sly voice.

"You could say that," muttered Echetlaeus, still trying to ignore his throbbing head.

"I have visited your world. By that I mean, your time. Your original time. Where your clothing is a little less, er, Greek, shall we say."

"You've been to the future?" Echetlaeus asked.

"Yes. Your time, as I said. Well, a bit further off from your time actually. In that era, there's this famous hero of modern Greece. Statues of him everywhere, a brave and fearless legendary warrior. Not only a champion of Greece but an acknowledged hero across the globe. He is a light of inspiration for men and women everywhere. The Epsilon on his shield became an iconic emblem which is recognised as a symbol for the Earth's protection. And do you know who this famous hero is? You."

There was a slight smirk on Pan's face. Echetlaeus didn't have to ask why. He knew what Pan was thinking. That he, someone who had no powers, no armour and had been held prisoner for days, maybe weeks, should be this legendary hero.

"Guess you got it wrong," muttered Echetlaeus. "Must be someone else."

Pan shook his head.

"No, it's definitely you," he said. "You have just proved it. You still have the power of the water of Styx inside you."

"Who told you I would be imprisoned at that location?" said Echetlaeus.

"Your future self," replied Pan. "He told me we would meet again in my era. He told me exactly where I would find you. He had a lot more spirit than you though."

Echetlaeus didn't bother to defend himself. He already felt like a failure. It wasn't as though Pan could tell him something he didn't already feel about himself.

At that point, Pan struck him with a piercing look.

"Come on, boy," he said, his wrinkled face contorted into a frown. "Find yourself. Do you think being imprisoned or losing a battle means you've lost? A real warrior takes his setbacks on the chin, stands up and dusts himself off. You can't afford to mope around right now feeling sorry for yourself. In a few days, the greatest battle the world has ever seen is going to take place. You will need to obtain the Harpe of Kronos. You'll need to pass through my cave which is located west of Marathon. That is where the battle will be. My cave leads to the palace of Gaia, the goddess of the earth. It is there that you will ask for the Harpe."

"I already tried to get the Harpe," said Echetlaeus, "Kronos told me that Gaia will not speak to a mortal. Also, the goddess of the night prophesied that the weapon had already been given many times in the past and none would receive it afterwards."

"Ah yes," said Pan. "There is something important you need to understand. If Gaia does not give you the Harpe during your era, then it will not affect us in this era. Do you understand what I mean?"

Echetlaeus nodded. The prophecy was about his era, the future; and he knew that now, in this era, he *could* be one of the those to whom Gaia bestowed the weapon.

"Good," said Pan. "Now, I have a plan. This can be done, but it'll take some strength on your part. First things first, it's time to eat."

A second later, Pan waved his hands and food appeared on golden plates in front of them.

"Plakous," said Pan, gesturing to the food. "Help yourself."

"Plakous?" said Echetlaeus, taking a slice of flat bread with a variety of toppings on it.

"Oh yes. Delicious stuff. Not like the stuff you have in your modern times, but far more delicious, an ancient Greek delicacy. The original pizza, you could call it!"

Echetlaeus took a bite. He thought he had died and gone to heaven. It melted in his mouth. He had never tasted anything so divine.

He wolfed down another few pieces.

"Listen," said Echetlaeus, his mouth full. "I want to say thanks … for helping me."

"Don't mention it."

Echetlaeus was curious as to why Pan was helping him, but he felt it wasn't the right time to ask.

"And, er, sorry … for calling you ugly. I didn't mean it."

Pan waved a hand.

"The Nymphs are happy with my looks. Well... most of them."

They continued eating and then Pan told Echetlaeus to get on his feet. After the meal, Echetlaeus felt his powers beginning to return. He felt a lot stronger, extraordinarily so, for there appeared to be a similar strength running through his veins as when he had saved Daphne. Pan instructed him to follow him and the two began walking through a large field with mountains in the distance.

How long they walked, Echetlaeus did not know, but they crossed many rivers and fields, and night passed twice before they finally reached the destination Pan had planned for them.

They came to a halt outside a cave and Echetlaeus knew this must be Pan's cave, the one that led to the palace of Gaia.

"Follow me," said Pan.

He trotted inside and Echetlaeus followed. The cave was large and dark with a narrow entrance. Several rooms were decorated with rich stalactites and stalagmites. Small limestone basins had formed in the mother rock of the cave. Some of them were filled with water.

Echetlaeus noticed pieces of crystal around the cave and the words of Athena came back to him:

"The gravitational structure of Sirius is naturally attracted to these crystals and this is when a connection is formed, creating a gateway that acts as a bridge for inhabitants of different planets to walk across."

Pan caught him staring at the crystals.

"Yes," he said, as if reading his mind. "These are the same crystals that enable you to walk through time and space. This is a very special cave. One day, I was seeking a playful nymph and I found this ancient and mystical cave. The crystals transported me to an era where people considered my appearance to be the ultimate evil! Me! Can you believe that?"

"With your beauty, Pan? Can't imagine it," said Echetlaeus with a wry smile.

Pan grinned but as they moved further into the cave and closer to the crystals, neither was smiling anymore.

"From here you must follow the path alone," said Pan. "If Gaia will not give you the Harpe we will have to steal it."

"Steal from the Gaia?"

Pan nodded. Then he moved to a rock nearby and stuck his hand inside a hole in the rock. He pulled out a wooden box and opened it. A gold ring was inside.

"Once, a shepherd found this ring in a cave and he discovered that it had the power to make him invisible. He took advantage of this power and became king of Lydia. This is the magical ring of Gyges."

"What a treasure! You forgot to mention that in order to gain the throne he seduced the queen using the ring, and finally he killed the king," said Echetlaeus.

Pan looked at him with surprise. Echetlaeus knew the story.

"I am impressed, Echetlaeus. But remember, sometimes you have to do what must be done."

He handed the ring to Echetlaeus who could feel its power beneath his finger and thumb.

"This ring is our only hope of winning this war and stopping the dark forces. You must steal the Adamantine Harpe with the help of this ring. Now … put it on."

Echetlaeus obeyed. He put the ring on and suddenly he was invisible.

"Echetlaeus," said Pan, and now his tone was different, more serious and less condescending. "I have seen what you have accomplished and the legacy you have left. You are going to be an inspiration, a hero who uses his powers for the greater good. Go. Do what you are destined to do. You are the hero of this world and a champion for all men. You had better hurry. The great battle will begin soon."

He bid him farewell and ushered him deep into the cave. Echetlaeus walked deeper in and it began to get darker. Pan, still watching him, soon faded into the distance. Moments later, he saw a large door and he almost gasped when he saw what was in front of it.

A sleeping giant lay at the foot of the door. The creature was huge, almost double his own size. Echetlaeus gulped a little. He was invisible, yes, but he felt slightly vulnerable. The giants were a race of strong and aggressive creatures. To be caught by one would mean certain death.

Echetlaeus walked carefully, tiptoeing around the sleeping giant, and he managed to grab hold of the door handle, turning it and creeping through it. As he started to shut it, the giant opened his eyes. Alarmed, Echetlaeus slammed the door shut quickly and the roars of the giant could be heard on the other side.

When he turned around however, he was taken aback. He was in some kind of garden palace. Surrounding him were statues, trees, ponds and flowers. Animals roamed freely around, birds flew in the skies singing, and nymphs were dancing all around.

Towards the far end of the garden was a huge golden throne. A woman sat on the throne – at least, the form of a woman. She was made of clay and there was a crown on her head. Floating next to the throne, as if suspended by an invisible cord, was a stunning sword with a long, curved diamond blade shaped like a scythe. It tapered into a vicious point. The hilt was gold. A gentle breeze slowly twisted the weapon to and fro, causing flashes of reflected sunlight.

This had to be the mighty Harpe of Kronos.

Still invisible, Echetlaeus moved deftly towards it, avoiding the nymphs and dodging the animals that were walking around. Beneath the weapon were black ashes. He could have easily grabbed the Harpe and disappeared there and then. There was no one to stop him.

But it didn't feel right. He was not a thief.

Wondering if he was completely insane but choosing to do it anyway, Echetlaeus removed the ring.

He was seen immediately. Some of the nymphs screamed and ran, shocked at finding this strange human in their midst. The clay figure opened her eyes. Echetlaeus attempted to kneel before her but he was shoved hard from behind.

He fell flat on his face and then spun around. It was the giant from before. It had entered the garden and found him.

Echetlaeus had to move quickly as the giant's enormous fist came crashing down on him. Echetlaeus rolled out of the way. He no longer had his superior armour, but he was extremely fast and his reflexes were terrific.

The two began to wrestle, and though it was true Echetlaeus did not have his armour, the strength bestowed upon him from the waters of the Styx was once again running through his veins. He had enough powers to fight the giant and not be killed. Plus, he had his speed. The giant was strong but slow.

Echetlaeus used a wide array of his pankration techniques in his attempt to best the giant. He landed heavy strikes with both hands and feet, and through masterful use of leverage, he was able to drop the giant multiple times. But every time he turned his back, thinking the giant was defeated, the giant would simply get back up again.

"You fight well, stranger," said the giant in a deep rumbling voice, "but you do not stand a chance against me."

"Take him down, Antaeus!" one of the nymphs screamed.

Antaeus? Echetlaeus knew that name. He was the giant of Libya, the son of Gaia and Poseidon. He used to challenge travellers to wrestle with him. Whenever Antaeus touched the earth, his strength was renewed. Echetlaeus now knew why none of his moves affected the giant. He was drawing strength from Mother Earth. According to the myth, when Antaeus fought the hero Heracles, Heracles discovered the source of his strength and lifted him from the earth, successfully beating him and crushing his bones.

Echetlaeus rushed toward the giant, and through the use of his lightning-fast footwork, he once more struck the giant from every angle imaginable until Antaeus was dazed and barely conscious. But this time, before Gaia could recharge Antaeus' strength, Echetlaeus lifted the giant from the ground. Through a display of phenomenal strength and with his brow perspiring and arms trembling with effort, Echetlaeus held the giant aloft. As the moments passed, Echetlaeus felt the giant's body drain of the last drop of energy to become flabby and limp. At last, Echetlaeus could no longer bear the giant's weight. With a mighty roar, Echetlaeus used the last of his strength to throw the now weakened giant into a nearby pond that lay within the palace grounds. The nymphs and surrounding creatures shrieked and jumped back in horror as the enormous giant went flying into the pond, landing with an almighty splash and soaking everyone who was within ten arms' length.

Then the clay figure stood up. Astonishingly, despite her huge size while seated on the throne, when she stood she was the same height as a mortal woman.

"Who dares to enter my house?" she said, her voice loud and echoey. Around the garden, the nymphs stood shocked, gripping each other in fear as they gazed at Echetlaeus. The animals stood with them, some of them hissing and the birds squawking loudly.

Echetlaeus approached the clay figure and knelt before her. He knew who she was. She was Gaia.

"Great Mother," he began. "My name is Echetlaeus. I come

today in front of you to ask for a favour, one that I hope you will grant me. The favour I ask is not for myself, but for humanity and the world at large."

Gaia glared down at him. Though not as large in size or stature as originally he had thought, her gaze was formidable and Echetlaeus, who had already faced all manner of horrors, had to control the shivers that rapidly went down his spine under her penetrating gaze.

"You made a huge error entering my sacred place, mortal," she said to him. "I should strike you where you stand. You come here under guise of invisibility and then attack my people."

"Forgive me," said Echetlaeus, bowing again. "I would not have done so unless the matter were an urgent one. I come for one reason. To seek the Adamantine Harpe and to request that you lend me the mighty weapon. I have literally travelled through time and space for this request."

There was a rippling murmur around the palace at Echetlaeus' words.

Gaia continued to stare at him.

"Let me see you, stranger," she said, beckoning him forward.

She placed her hands on his forehead and images from Echetlaeus' life flashed across the whole garden. The nymphs gasped in awe.

They saw his battle with the dog-heads and his talks with Athena. They witnessed his struggle with his aunt as she passed away, and the armour of Achilles transferring to him. They saw Daphne, Greg, his university, and even the moment that the god Pan gave him the ring.

Then they began to see the future. Gaia and her people saw the golden age of Greece after their military victory over the Persians. They witnessed the decline of the Olympians and the fall of the Greek religion. They saw the technological and scientific revolution which brought forth all manner of fascinating devices and accomplishments. They saw the devastating wars in human history and the horrendous death and destruction that accompanied them. They saw the pollution of the planet and the eradication of nature. They saw the cruelty inflicted on animals and the environment. They then saw an army of dog-heads marching forwards to create more devastation and destruction, to destroy the last vestiges of nature and hope.

The images vanished. By the end of it, the nymphs, animals and other magical creatures were clinging to one another, trembling and weeping.

"So, this is where the era of man ends," said Gaia in a quiet voice. "The impact it will have on the plants, on my animals, to the environment and to my very existence will be catastrophic."

Then, as the flashing images returned, she saw the shield with the Epsilon.

"But tell me, time traveller. Why are you wearing this symbol?" she asked Echetlaeus.

"When the armour of Hephaestus came into my possession the Epsilon appeared on the shield," he replied.

"Do you know what this symbol represents?"

"I do not."

"There was a time when I was able to communicate with humans from the sanctuary of Delphi, the centre of the world. Before Apollo came and slew my son, the mystical serpent Python, my temple was there. The original oracle was my son, Python, and later the priestesses of Apollo took the name of my son along with his power."

"Pythias," said Echetlaeus, the legend dawning on him.

"Yes," replied Gaia. "Stolen from me. This is the Delphic Epsilon. This is my symbol. It was at the top of my temple's pediment. My son Python told me that I would recognise the last of the great heroes and that he would bear this symbol. He will be a great champion, my great champion, and a protector of the Earth that I hold so dear."

She gazed at Echetlaeus and at that moment, Echetlaeus felt the love of Mother Earth wash over him.

"You could have taken the Harpe," she said to him, "but you

chose to remove the ring of invisibility. You have honour. That honour has saved your life and shown me who you are. The black ashes on the ground under the Harpe are from warriors and gods who tried to steal the Harpe. Your ring would not have protected you. This is an old curse which means no one can steal the Harpe from my side. Even the mighty Zeus cannot. Only I choose who is able to take it."

Echetlaeus stared at the ashes. Now he knew why it had felt so wrong to steal the Harpe under a cloak of invisibility.

"I could have chosen to stay neutral," Gaia continued. "I could have allowed Hecate and Acheron to take control. But you bear my symbol, Echetlaeus. It was written that you would be my champion. I know that you will fight for me - for Earth. So be it! You can take the Harpe, time traveller."

Echetlaeus felt a lump come to his throat and a tear to his eye.

"Thank you, Mother of Life. I will do everything in my power to protect the Earth. I will not allow them to win."

Everyone stared at Echetlaeus. She nodded gently to him.

"Take the Harpe now, great warrior, and complete your destiny," she said.

Echetlaeus obliged and grasped the weapon. Within seconds, he could feel its incredible power and he knew this weapon had been held by some of the most powerful gods the world had ever seen.

Suddenly, it began to tingle in his hands. He could feel its tremendous, powerful energy. He felt as if his body would collapse. The magic of the Harpe was too strong to contain.

"Focus!" said Gaia. "Clear your mind! Be at one with the Harpe!"

At that, Echetlaeus let out an enormous scream as the Harpe's power sank into his veins. There was a flash of white light and then Gaia, garden, nymphs and animals were gone.

When Echetlaeus opened his eyes again he was outside the cave. Pan was sitting by it. He jumped up when he saw Echetlaeus with the mighty weapon. A strange golden aura surrounded

Echetlaeus.

"You did it," said Pan.

Echetlaeus stood strong on his feet, the weapon in his hands. His face was calm, serious and yet aggressive. Strength soared through his body. He knew now that the time had come to fight.

"Stay here, Pan. I will return soon."

The god Pan stared at him, his eyes burning bright.

"May the great Zeus be with you, boy," he said, lowering his head.

Echetlaeus nodded to him and began to run. He was on his way to the battlefield of Marathon and with the tremendous power of Harpe in his blood he felt invincible.

Chapter Twenty-One: The Battle of Marathon

The drums of war beat throughout the land
Our hero needs a helping hand
The gods they watch and place their bets
Prophecy and reality now have met
The last battle looms, a shadow is cast
Not the first, but finally the last
The dice are rolled, the world at stake
Will our hero make or break?

After the siege of Eretria, the monster's army started for the plain of Marathon, destroying everything in their path, ready to engage in the final battle.

It was at Marathon that the legends spoke of the mythical hero, Echetlaeus, who slew an army of Persians with his mysterious weapon and the battle ended with the victory of the Athenians. Echetlaeus the enigmatic warrior, dressed like a farmer, who stood with his strength, power and ploughshare against the vast invading army of the Persian Army. This is what the myth had said. It was what they had learned in Professor Thenia's class.

As Echetlaeus ran, the Harpe pulsating in his hands, he thought of everything Mother Earth had said to him. He felt a powerful burst of rage shoot through his entire being, a level of anger he had never experienced before.

The memory of everything Acheron, Hecate and their armies

had done so far flashed through his mind. The devastation and cruelty they had inflicted on others shot through his body like multiple daggers piercing his skin. Never in his life had he felt such intense hatred and rage as he did now. Never had he known what it was like to desire vengeance with such fury.

The desire to avenge the death of his aunt and stop the Cynocephali army sparked something in him like never before. His fury turned to strength, his strength turned to power. The gold that blazed from his entire being was like a gift from the gods of Mount Olympus, an aura of royalty and power that few, if any, mortals had ever experienced. The emotion generated in his being now provided him with a phenomenal power that made him feel even more confident, even more determined to strike his enemies down once and for all.

In the distance he could see the Greek army on the plain of Marathon, armoured and ready to defend it with their lives. This was where the final battle was to take place.

The Persian infantry was lightly armoured and no match for the heavily armed Athenians. However, there were a large number of Persians and they outnumbered the Athenians. Echetlaeus briefly paused to take a breath as he watched the armies square off to one another.

The Greek generals employed what appeared to be an unusual strategy. Confronting the enemy at Marathon offered them several advantages, as the land surrounding Marathon was flanked by boggy marshlands. The Persians had recruited heavy cavalry, but it would be ineffective on the marshlands, better suited as it was to large and flat plains. Moreover, the Persians preferred to use arrows while the Greeks preferred swords.

There was the sound of a horn and the battle began. The Persians advanced and the Athenians easily repelled them. This was Greek territory and the Greeks knew their homeland. The Persians were inexperienced and many Persians and their warhorses fell to the Athenian blades. The Athenians were some of the most skilled warriors in all of Greece.

For a while it looked as though the Athenian army would win with ease. But then horror struck, and Echetlaeus' eyes widened as the dog-head army appeared between the ranks, salivating and roaring wildly. He saw the fear in some of the Athenian army and the generals shouting at them to regroup.

The emergence of the dog-head army created a dire situation for the Greeks. Echetlaeus wasted no time and raced towards the battlefield.

As he arrived on the battleground, his fury was ready to manifest in the ultimate explosion and his golden aura was blindingly bright. The intensity of his emotions, plus the power of the Harpe, brought to him a tremendous strength that few could compete with.

"Ahhhhhhhhhhhhhhhhhh!" Echetlaeus screamed as he pelted through the Greek army.

The Greeks turned to him with surprise. Who was this mysterious stranger with the unusual glowing light and the dreadful weapon in his fists? He was fast and strong and even those at a distance could feel the great power soaring through his veins.

Echetlaeus continued to scream his battle cry as he raced in front of the soldiers. He could barely contain his own strength and as he stood to face the Cynocephali army he directed his scream at them, his eyes blazing ferociously.

There was no doubt that his war cry struck fear into the hearts of the dog-soldiers. Confused, as they saw this strong looking warrior before them, many of them shrank backwards as his golden aura blinded them and his fury cowed them.

His screams brought pain to their highly sensitive ears. Within seconds, Echetlaeus had thrown himself at the Cynocephali army. One by one, he struck them down with the Harpe, the most powerful weapon known to Gods and man. His light blinded many of them and the dog-heads fell back, whimpering. The Harpe struck them and the screams of the dog-soldiers pierced the sky. Taking heart, the Greek army yelled as one, before throwing themselves at the invading army.

Echetlaeus' rage, combined with the power of the Harpe, was too much for any opponent to handle. Through the Harpe his fury was unleashed. Not one of them who stood in his way had a chance against him. Enemy after enemy fell, some of them by the dozens. Not one of them could withstand the enormity of the Harpe's strength. The Greek army watched him in awe as he took down hundreds of the enemy.

The yells and stench of death filling his nostrils, he desperately looked around for a way to push back the enemy armies and buy some time for the Athenians.

In one swipe, Echetlaeus took down ten monsters with the destructive blast force of his weapon. Then he threw back seven Persians who came flying towards him. Whoever came into contact with him was met with his fists and his kicks, his pankration skills far superior to their weapons, and of course, the great Harpe which repelled them with a single blow. To the mind-blown Greeks, it was as though Echetlaeus was Death himself. Their enemies fell to the ground, slain by the Harpe, with the same swift ease as the farmer who reaps his crops. Echetlaeus had taken out nearly a thousand soldiers and monsters within a few minutes of battle, but he could not fail to notice that the Greek army was wavering. The Athenians fought bravely, but they were outnumbered and everywhere he looked he saw Greek soldier after Greek soldier fall down.

Echetlaeus knew he had to think quickly.

There was only one way to end this battle. Only one way to end this war.

He had to reach the source.

Passion and fury soaring through his veins, he spun his head to where King Acheron stood by the creature Cerberus, his sword out, a wide smirk on his face. Anger conquered Echetlaeus. There Acheron stood, sneering, while the noble Athenians fell one by one, overpowered by an army of monsters who did not even belong in this world. Because of him, men, women and children had been slaughtered. They hadn't even stood a chance.

The war cry that fled Echetlaeus' lips shattered through the battlefield. Anyone watching would have witnessed a striking similarity between Echetlaeus and Achilles when the latter entered the glorious Battle of Troy. The strength of his physique and the anguished yet powerful yell from his lips was akin to that of his ancestor and indeed Achilles' strength flowed through his veins.

As Echetlaeus ran towards Acheron, he swiped countless monsters and Persian soldiers out of the way in the process, throwing them to the side and bashing them with his fists. His anger at the king and Hecate, at all they had done and planned to do, on the suffering they inflicted on others, all of it came out in his war cry - the rage, hatred and fury.

He came to a standstill before the king who was just about to deliver a death blow to a panting Greek soldier who was on his knees. In a flash, Echetlaeus dashed in front of the soldier, grabbing hold of Acheron's arm and throwing him backwards.

Acheron stumbled back. Then, steadying himself, he caught sight of Echetlaeus and his eyes widened. Echetlaeus stared at him with eyes of fire, his teeth marring into a snarl.

Acheron at first displayed amazement as Echetlaeus stood before him. Then a wide smirk filled his face.

"Well, well!" he said, coughing a little. "Look who it is."

Echetlaeus said nothing. The Persian soldiers watched in awe and formed a circle around the two men, giving them space. The dog-heads fell back, snarling quietly at Echetlaeus. Even they could sense the power running through his veins and they knew this was not the same prisoner they had been holding captive for the past few weeks.

"You're looking well, at least," sneered Acheron as he and Echetlaeus began to circle one another. "Tell me, how did you escape?"

"Not your concern," replied Echetlaeus, his gaze not leaving the king's.

Acheron barked with laughter.

"I'm sure. Well, it doesn't really matter either way, does it? As you can see, the Greek side is about to fall spectacularly, and you, dear prisoner, are about to fall with it."

Acheron lunged at him and the dog-heads began to howl with delight. Echetlaeus dodged Acheron's blow, blocking his attack.

Acheron was determined to kill Echetlaeus this time. His fury at the prisoner escaping, at the blast that killed some of his soldiers, at this pesky boy, got too much for him. Within seconds he had created a fireball with his hands and Echetlaeus momentarily froze. He had seen Acheron's power before and the way in which the purple blaze could be destructive. He did not know if he could survive it without his armour, even if he now possessed the Harpe.

Electricity filled the air and lightning crashed across the sky as Acheron's energy ball swelled in size.

Within seconds, the energy ball came crashing down on Echetlaeus. Instinctively, he shielded himself with the Harpe.

There was a huge explosion and smoke filled the air. But it was not Echetlaeus who was harmed. He continued to stand tall, the Harpe still in its hands.

Around him, hundreds of dog-head soldiers were dead.

Acheron watched as Echetlaeus stood there, fierce and strong, the weapon in his hand.

"It cannot be," Acheron whispered, horror in his eyes.

Fury and madness shot through Acheron. He raised his hand and began to manifest an even bigger energy ball, three times the size of the previous one. Acheron flew the height of two men from the ground and the sky itself changed colour.

"So be it," he thundered to Echetlaeus from above. "You will have the honour to die from this blow that Zeus himself could not survive. You, pathetic mortal, will be burned to ash."

Echetlaeus' eyes widened. He knew that if this huge amount of energy was released then all of the Greek army would perish. In a flash, he ran towards the king and just as Acheron released the fireball Echetlaeus jumped up, waved the Harpe and struck the energy ball in half with the adamantine weapon.

There was a blinding light and the clouds in the sky disappeared.

When Echetlaeus returned to the ground only Hecate's screams could be heard. Acheron had split in two, his decapitated body landing with two thuds on the ground. The wreath landed beside his dismembered corpse.

Echetlaeus looked quickly at Hecate. She had arrived at the scene of the battle just in time to watch the dead figure of her husband crash to the ground. Fury filled her as she turned her gaze on Echetlaeus, and in doing so, turned her fire on him. Within moments she had transformed into a creature that filled the entire vicinity with horror. The Greek soldiers shrank back and Echetlaeus steeled himself, gripping the Harpe of Kronos.

Hecate turned into a creature that looked like the mythical monster that went by the name of Scylla. In Greek Mythology, Scylla meant 'female dog' and Echetlaeus recalled that according to legend the monster Scylla was the daughter of Hecate. With her face and top half of her body now completely naked and on display, her bottom half was transformed into what looked like enormous snake-like long tentacles with dog-heads at the tips; dogs with huge pointed teeth in their jaws. She looked like a half-woman, half-octopus, but with gnashing teeth and dogs protruding from her body.

With a scream, Scylla lunged for him. In one swoop he cut off one of her dog-heads. The creature screamed, her voice piercing the air. The monster attacked again, and he cut off another head with the Harpe. At this point, the creature stayed back, and the Greek Army continued watching in abject horror.

With twelve of her tentacle-like legs she grabbed twelve Greek soldiers, devouring four of them. The soldiers cried out, desperate to disperse. Echetlaeus leapt towards her, waving the Harpe, determined to stop her attack on the soldiers. He cut three of the tentacles that held the soldiers and they went flying to the ground. Scylla saw her opportunity and she grabbed Echetlaeus with one tentacle before throwing him to the ground with all her might in a bid to crush him to death.

The Harpe flew from his hands and he felt the wind knocked out of him as he landed on the ground. Struggling to breathe, he watched as the beast towered over him, ready to deliver the death blow.

Echetlaeus looked to the side and saw the wreath within arm's length. Mustering all the strength he had, he reached out for it with his right hand, pressed his left hand to the ground, and yelled:

"Mighty Hephaestus provide me the holy fire!"

That was it. The familiar feeling of the armour cladding itself around his body occurred once more. The strength returned to Echetlaeus and the holy fire of Hephaestus was blazing once again on his helmet. To clasp eyes upon it was to dread it. The flames were enough to strike fear into the enemies' hearts. The power of the flames was almost blinding, a stark warning to those who would dare cross its path.

As the monster's teeth snapped around him, her molars broke on the armour's steel. Then, in a flash, Echetlaeus grabbed the sword of Achilles and chopped off one of the heads. The monster attempted another attack, but Echetlaeus was too strong and fast. He swiped again twice and two more heads fell to the ground.

Finally, there was only one head left and the beast was terrified. It turned away, ready to escape, but Echetlaeus was ready for her.

He raised his hand and from it a spear appeared – it was the spear of Achilles, the hero who had pierced Hector with the same spear during the Battle of Troy.

With all his might he reached back his hand and threw the spear into the jaws of the monster. It penetrated her neck with one swift swoop, causing the beast to crash to the ground.

Hecate, queen of the underworld, was dead.

At once, the Persians began to flee. They watched the so-called all-powerful gods be destroyed by this strange mortal and they

dropped their weapons and fled for their lives. Some of the Athenians pursued them, hot on their heels. Others watched Echetlaeus before breaking out into cheers of joy and triumph.

Chapter Twenty-Two: The Hero Echetlaeus

The steady cry of victory
The joyous cries of the Earth
The mighty defeat of the enemy
Their devious plan unearthed.
Now history will remember him
He who halted them in their tracks
The trials were worth the pain it birthed
Heroism is not separated from facts.

As Echetlaeus retrieved the Harpe from the ground, strength and victory surged through his veins. He was not the only one to feel it. The dog-heads shrank back in fear, sensing the mighty power of the Harpe and of Echetlaeus himself.

At the same time, the Greeks killed most of the remaining dog-heads. However, some of them survived and fled to the mountains where they lived as savages.

Only the Greek hoplites remained standing. The Persians who had not fled had fallen.

There was silence for a while, marred only by the groans of wounded men and comforting words from soldiers who knelt to help their injured comrades. The Marathon soldiers surrounded Echetlaeus who stood among them, shining as though a star in the sky, his armour glittering in the sunlight, the Harpe in his hands as he stood over the decapitated bodies of the beast and her dead husband.

The battle was over. They had won.

Almost immediately, cries of victory sounded through the air. The Greek soldiers were cheering. They surrounded Echetlaeus and cheered him so loudly that their voices could be heard for miles around.

Miltiades, one of the great Athenian generals, came forward. He was bruised and battered but he stood before Echetlaeus, reverence in his face.

"Great warrior, we don't know if you are a god or a man," he said to him. "But you have saved us from the evil that threatened to destroy us. You will forever have our gratitude."

He fell to his knees and grasped Echetlaeus' hand. Echetlaeus took Miltiades' hand and, lifting him up, told him the dead and wounded had to be tended to.

At that moment, before anyone could blink, there was a rumbling sound within the earth, causing the boots of everyone present to tremble and jitter.

A hand shot out from beneath the earth. Everyone stared at it in shock and Echetlaeus froze.

Then the hand, which was clenched into a fist, opened wide.

At that moment, Echetlaeus understood. The Earth Mother had arrived to retrieve her weapon. The war was over and now it was time to return the Harpe from where it came.

Kneeling, Echetlaeus placed the Harpe into the hand. He bowed his head as he felt the Harpe's great power leave him.

Thank you, Mother Gaia, he said silently, closing his eyes and imagining the great clay goddess. *I hope now the world is safe from the evil that threatened it.*

As soon as the Harpe was placed in the hand it vanished from the earth, shooting back under the ground in a flash. The ground beneath them trembled and Echetlaeus felt an odd shudder go through his body.

As he stood up and faced the army, he knew it was time to leave and return to where he had come from - to the present, and to the life that was fully worth living, worth fighting for, and worth dying for. Something he knew with every fibre of his being to be true. Saying quietly, "Hephaestus, suppress the rage of the fire," he felt his armour melt away.

He said his goodbyes to the men of Marathon, who could not understand why he was leaving them or where he was going. Despite their pleas for him to stay, he declined, telling them it was time for him to leave.

"I must return to my home," he told them. "But I want you to know something. No one will forget this great victory. The historians in the future will consider this battle as one of the most significant battles in human history, even if they will never know what truly happened today. Athenian democracy will survive and Greece will thrive. The threat is over."

"We will not forget you," said Miltiades, sombrely. "We will ensure that your role in this battle is remembered for all time. You, and the Harpe you wielded, will never be forgotten."

The soldiers lowered their heads and Echetlaeus bid the valiant army goodbye. Then, with a deep sigh, he made his way to the cave of Pan.

*

As he walked towards the hill, he was struck by the silence that surrounded him. It was very different to the atmosphere earlier where the smell and the stench of blood had dominated his senses. The peace and quiet of the forest, where only a few birds chirruped among the trees and woodland animals darted behind the bushes, was almost unnerving.

Many thoughts went through his mind as he continued walking to his unknown destination. He thought of the dead king and queen. At their hands, innocent people had died and the world had been placed in peril. He himself had been their prisoner, tortured and starved by them.

But they were gone. The threat was gone. When all hope

seemed lost, the right side had prevailed.

He carried on walking, thinking of everyone back home. Of Daphne and Greg, of Aunt Eunice appearing to him in the darkest hour, of the battles he had faced and the challenges he had overcome. He had come a long way since all those weeks ago when he was still being harassed by Polydeuces and his gang.

The walk continued for another thirty minutes and before long he came to a cave bounded by a stream. As with the rest of the forest, it was extremely quiet.

However, an eerie chill soon swept through his body. Echetlaeus had the feeling that he was being watched. He stopped and looked around. The wind suddenly became stronger and the air temperature dropped.

It happened in a flash. Within seconds, fifty aggressive women appeared out of nowhere. By pure reflex, Echetlaeus touched his hand to the ground:

"Mighty Hephaestus provide me the holy fire!"

At once he was once more clad in armour and he drew his sword. The women whispered words to one another and in an instant, stones and tree trunks pelted at him from the sky. He shielded himself and as a huge trunk came flying towards him, he used his sword to cut it into two.

"STOP."

One of the women had spoken. She was at the back and Echetlaeus couldn't see her but the other women made space for her to approach him.

"This armour cannot be worn by any god or man who does not have my blood. Who are you, stranger?" said the one that had spoken.

But Echetlaeus' attention was elsewhere. He was staring at one of the women. Was it true or was he dreaming? For there was no denying that one of them was his Aunt Eunice.

His sword and shield fell to the ground with a clang, he removed his helmet and walked towards her.

However, Aunt Eunice punched him in the face. He didn't feel pain but he looked at her in astonishment.

"When our sister speaks to you, you must show her respect!" she said.

Echetlaeus was puzzled, but slowly it dawned on him. The time difference may have been the reason she did not know who he was. Eunice of this era was alive, but saw only a man in a suit of armour that she clearly didn't recognize.

"I know you can't recognise me, Aunt Eunice," he said. 'I am so happy to see you here with all of your sisters, the fifty sea-nymphs.' A tear rolled down his cheek.

"What nonsense are you saying? I have never seen you before."

Suddenly, a warm and playful music could be heard nearby. It was a flute. Everyone looked to where the music was coming from and they saw a horned beast sitting on a rock above the large cave with a flute in his hands.

It was the god Pan.

"Greetings to the beautiful daughters of Nereus, the old man of the sea," said Pan with a twinkle in his eye. "If you would like the opinion of an old god who is not staying on Mount Olympus then you should let the boy enter my cave."

"Is this one of your games, Pan?" said the leader of the nymphs.

"Not at all," replied Pan.

"Dear Thetis," he continued, gazing at her. "Mother of legendary Achilles. Some places have strange powers. This ancient cave with the crystals can transfer this young warrior to his era in the future."

"What do you mean?"

"The young warrior who has your eyes, Thetis, has also caused much panic to the odd-looking enemies of the Athenians. He knows Eunice in another time."

"A time traveller? Is this true?" Thetis asked Echetlaeus.

"Yes," replied Echetlaeus.

Eunice stared at him in astonishment.

"But I have no idea who this is," she said. "When will I meet you again, young warrior?"

"I am afraid you would be searching for me for a long time," said Echetlaeus, feeling his heart breaking. "Unfortunately, when we meet again it will be your end."

"But… but, what are you telling me? It can't be true," gasped Eunice, in total shock.

"I wish things could have been different," said Echetlaeus, as he fought to hold back tears. "But … righteous people suffer the most."

Thetis stepped forward.

"If Pan is correct, we should not ask any more questions of the time traveller."

She struck her sceptre on the ground and all of the nymphs disappeared.

"Aunt Eunice," whispered Echetlaeus, staring at the empty space where she had gone.

Only he and Pan remained in the vicinity outside Pan's cave.

"If you want to go into your world, Echetlaeus, you can cross the cave wearing your armour. It will lead you to the right time."

Echetlaeus nodded.

"Pan… thank you," he said as he stepped into the cave.

"No, Echetlaeus. Thank you."

The god smiled and suddenly vanished. Echetlaeus walked further into the cave, his mind going blank. Before long he came to a deeper part of it where strange crystals surrounded him. Then he remembered the words of the goddess Athena.

His armour and the crystals began to glow brightly.

Suddenly, he felt as though he could not breathe. His windpipe felt constricted and for a second all he could think of was that he was going to die. To have come through the battles and struggles he had faced, only to meet his end now in this cave in circumstances he did not understand, would have caused him to laugh out loud if he had full control of his windpipe.

But it was only for a moment.

In an instant, he was transported away from the cave. It was as if a blinding flash appeared and he quickly shielded his eyes, his breathing returning to normal.

He was outside again, but not in the forest. This was a different place completely.

He recognised it as the portal of the white pyramid. It felt like it had been a lifetime ago, but he had been here before.

This was the desert where Athena had left him all that time ago. Where he had been told to seek out Kronos.

He stood outside the same cave he had previously entered.

Then to his left he saw her, the goddess Athena.

He was no longer in his armour. Apart from his ragged tunic, and the bruises and cuts on his body and face, he looked no different to when they had last seen each other.

For a while he was simply speechless and could not say anything.

Athena chuckled at his bemused face.

Echetlaeus pondered, trying to wrap his head around it all.

She chuckled again. "Look at you! What a mess you are!"

With a small wave of her hand, he was again in his favourite street clothes.

Then she moved forward, her eyes piercing him.

"I take it your endeavours were a success?" she said softly.

He nodded.

She smiled.

"You know I never actually doubted you, don't you?" she said. "You have proven me right. You are the hero, Echetlaeus, as you were destined to be from the day you were born."

"Daphne," he said suddenly. "She was there too. She didn't recognise me."

Athena smiled.

"Daphne is a unique girl, you know."

"In what sense?"

"Have you heard of the Isle of the Blessed?"

"No?"

"It is a section of the underworld reserved for only the most heroic and noble of souls. When a soul achieves Elysium, it has the choice to either stay in the fields or be reborn. If a soul manages to achieve Elysium three times, it is then sent to the Isle of the Blessed to live in eternal paradise. Your friend Daphne is a soul from the Elysium Fields and she has already twice chosen rebirth, so this is her third and final life on earth."

Echetlaeus was shocked.

"What did she do during her first life!" he exclaimed.

"It is an intriguing story," said Athena. "You know of my brother Apollo? Well, my dear brother just doesn't know when to keep his mouth shut sometimes. One day, he insulted the god of love, Eros, who, in his vengeance, shot my brother with one of his golden arrows. You know what they do?"

"Cause people to fall in love?"

"Correct. Apollo fell in love with the first person he saw – the beautiful sea nymph, Daphne."

Echetlaeus gasped.

"Daphne?"

"Yes. But she rejected his advances time and time again because Eros also shot a lead arrow into her heart, which made her resistant to Apollo's romantic offer. But Apollo simply could not get over it. In the end, Peneus, her river father, turned her into a plant to protect her from my brother. This plant became known as Daphne or Laurel and it possessed the most beautiful smell. From that time on, the laurel is the symbol of Apollo."

"So our Daphne is the well-known nymph," said Echetlaeus in awe.

"That's right. A beautiful soul who, of course, in this lifetime has no idea who she is. You see, Echetlaeus, you are not the only famous one from our legends."

"Don't tell me Greg is some random hero from Greek Mythology too!" said Echetlaeus.

Athena smiled.

"No, he is an ordinary boy. But a dear friend to you, which makes him very special in his own right."

No more was said between them. Instead, Athena took him by

the arm and, with a flick of her hand, weaved magic to take them back to his home and to those he loved.

*

Echetlaeus could say with confidence that few things were better than saving the world from a monstrous, evil force and being back with his best friends. This was further amplified for him when, after so many weeks, he came face to face with Daphne and Greg again.

He saw them outside the gates of the college, chatting to one another.

Athena, who stood next to him as they both appeared at the end of the road, turned to him.

"Just remember. Not everyone may understand the degree of what you went through," she said to him. "Your friends are there to support and guide you. This does not necessarily mean they will understand everything that happened. You may be the only one to truly know just how close mankind came to destruction."

Something in her voice disturbed him. It sounded as if she was saying goodbye.

"You are still going to be our professor, right?" he said to her suddenly.

"Oh Echetlaeus. My work here is done. Just like your Aunt Eunice, my job was to help guide you to your destiny. You have achieved that now."

"But… are you leaving? Where will you go?"

She smiled at him.

"I have already informed the university that I am going to resign, but you will see me again my boy."

With that, she vanished. Echetlaeus looked in all directions but she was gone.

An emptiness began to fill up inside him. Athena, Professor Thenia. She had done so much for him. Her guidance had seen him through some of the toughest times. Now she was gone.

"Echetlaeus?!"

He turned to see who had called his name.

Daphne and Greg were running towards him.

"Echetlaeus! Where have you *been?*" exclaimed Daphne, coming to a halt in front of him.

"What happened to your *face*, man?" said Greg, gawping at the cuts and bruises on his face.

Echetlaeus could barely contain his excitement at seeing them, nor could he deny the warmth that flooded through his blood to see their faces again.

"I know – it's been crazy. I have loads to tell you both. How long exactly was I gone?"

He braced himself, expecting them to say weeks, maybe even months.

"Well, you didn't show up for class yesterday and Daphne and me were worried!" exclaimed Greg.

"Wait – just yesterday?"

"Yeah. You were missing the whole day yesterday. Couldn't find you and couldn't get through to you. Where did you go?"

He was speechless.

"A day? I don't get it. I've been gone for weeks!"

Daphne and Greg stared at him.

"What do you mean?" said Daphne. "And Echetlaeus, how did you get those cuts and bruises?!"

Echetlaeus did not know why, in the current world, he had only been missing for a day. It had to have something to do with the differences of time and space. In a way it was a good thing. They'd have gone nuts if they knew just how long he'd been away and the horrors he'd been subjected to.

"Boy, do I have a lot to tell you two," he said, shaking his head.

"What about the important stuff though?" said Greg in a low voice. "Last you told us, Professor Thenia was sending you to get that weapon. What was it called again?"

"The Harpe of Kronos."

"That's it! What happened? Did you find it?"

Echetlaeus nodded.

"Oh, I found it alright. Used it as well."

Daphne and Greg stared at him, dumbstruck.

"*And?*" they both said at the same time.

For no apparent reason, Echetlaeus burst into laughter. In fact, he couldn't stop laughing. He put his hands on his friends' shoulders and kept laughing until tears came to his eyes.

"Er… you alright, man?" said Greg, tapping him on the shoulder in a rather concerned way.

"Oh, yeah," said Echetlaeus. "I'm good. Great actually. Just happy to see you guys."

"Well, we are happy to see you too," said Daphne.

"Tell you what," said Echetlaeus, wiping his eyes. "How about we go get a pizza? Then I can tell you all about it. Though I'm not sure you'll have much of an appetite by the time I'm done."

"Yeah, let's do that, I'm starving!" exclaimed Greg. "And don't worry, Ech. Nothing you can say could put me off my ham and mushroom pizza!"

They laughed, making their way to the local pizza place. Echetlaeus' heart soared. The trials and tribulations were behind him. A new dawn was breaking and he had never felt more alive.

"Hey, check that out!" exclaimed Greg. "Never seen that before!"

Outside the university there was a statue depicting a muscular warrior with a plough in his hands.

"What the …" said Echetlaeus, his mouth dropping open.

"Ah. Before Mrs. Thenia resigned from university she donated this statue which depicts the hero Echetlaeus," said Daphne.

"Echetlaeus of Marathon?" repeated Echetlaeus.

He couldn't say a word after that. He was speechless.

"You know, he looks a bit like you, Ech!" said Greg.

"Yeah," grinned Echetlaeus. "I guess he does."

As they approached the pizza place, something struck Echetlaeus' memory.

"Guys. Did you know that in ancient Greece they had a bread

similar to modern pizza? It was probably the ancestor of pizza itself!"

"Seriously? How do you know that?" said Greg.

"Just trust me," laughed Echetlaeus. "I'll tell you all about it once we're inside. The god Pan treated me to one, you know!"

"The who?" said Greg, baffled.

"The god Pan!"

"Riiiight," said Greg. "And I suppose the goddess Hera made you a cheeseburger with fries?"

Echetlaeus burst into laughter.

"You know what. I didn't actually come across Hera," he said finally.

"Shocking," said Greg, shaking his head. "Still, I don't know what I'm so shocked about. Lunacy has become an everyday part of life. We ready to stuff our faces?"

"Oh yeah," said Echetlaeus with a grin.

As he followed his friends inside the pizza place, he couldn't stop the smile that spread across his face. They had done it – all was now right with the world.

Epilogue

The Goddess Athena entered the palace of Mount Olympus where all the other gods and goddesses sat regally on their thrones. Only the biggest throne made out of black marble with small pieces of gold remained empty. The one which Zeus normally occupied.

One of the goddesses spoke as Athena entered.

"It has been a long time since we gathered," said the goddess. It was Hera.

"Athena," she said in a warm voice as the goddess of War approached. "It seems the humans have a new champion."

"Not only the humans," said god Apollo with a smile.

"What do you mean, my dear?" said Hera. "What have you been up to now?"

Apollo chuckled.

"Don't ask me. Ask Aphrodite."

The gods and goddesses turned to the goddess of love. Aphrodite stood up from her throne looking beautiful beyond belief, dressed in silken robes, a knowing smile on her face.

In an instant, she manifested a photo in her hands out of thin air and there was a brief flash as her face transformed into that of the blonde photographer whom Echetlaeus and his friends had met by Aphrodite's Rock.

"He may be shy, but he has incredible eyes in close-up photos," said Aphrodite with a pearly laugh. "Ahhh, I do so love pictures…" she sighed.

"Have you a new love interest then, Aphrodite?" said Hera with a coy smile.

"Unfortunately, his heart is already given but he doesn't know it yet."

The god Poseidon, who was seated next to Aphrodite, cleared his throat, plainly impatient.

"We expected my brother and our king to arrive, now that Hecate and Acheron have been defeated," said Poseidon from his throne.

"Have faith in our king. He will come," said Athena, turning to him.

"Olympus needs a new leader," said Poseidon, shaking his head. "We have been waiting for Zeus for too long. We –"

There was a sudden, earth-shattering rumble. The palace of Mount Olympus appeared to tremble and the ground beneath them shook. Then, a deafening roar filled the air.

"What was that?" cried a number of them.

"It is coming from the great portal of the white pyramid," said Hera grimly.

She opened her hands wide and a cloud formed. Images flashed before their eyes and they could see an enormous hand shoot out from a white pyramid.

Kronos and the Titans, who had been imprisoned by Zeus, had been set free. The portal was open. They were free to roam.

"It cannot be!" gasped Athena.

They watched in horror as the creatures blasted their way out of the white pyramid. Their cry called out for only one thing – revenge.

"Without Zeus' leadership we are doomed," said Apollo, terror in his voice.

"That's true," said Poseidon. "Olympus will fall. Protect yourselves brothers and sisters."

"Wait!" shouted Athena, as the gods and goddesses started to disperse, weaving their magic to protect the palace. "What about the humans?"

"This is no longer our fight," said Poseidon.

"We cannot do this!" yelled Athena. "We will leave the humans to the mercy of the Titans!"

But they ignored her and one by one they disappeared. Athena alone remained in the room.

"Now the boy has too much to bear," she muttered to herself.

She vanished from the room and only the roars and cries of the Titans could be heard echoing across the sky.

About The Author

By day, Michael spends his time drafting contracts and informing his clients about their legal obligations. By night, he is secretly writing tales about gods, heroes, and other mythological creatures.

His passion for Greek mythology came to him at the age of six when his parents gave him a book about the labours of the most popular Greek hero of all, Heracles. The colourful illustrations enclosed in the book set his imagination on fire and he knew from there that this was where his passion lay.

From that day on, he spent nearly three decades studying history and mythology in his spare time.

Echetlaeus and the Harpe of Kronos is his first work of Greek mythological fiction.